Oswald Chambers

WAS IHN VERHERRLICHT

Oswald Chambers

WAS IHN VERHERRLICHT

Tägliche Wegweisung für Nachfolger Jesu

Blaukreuz-Verlag

Bibliografische Information Der Deutschen Bibliothek
Die Deutsche Bibliothek verzeichnet diese Publikation in der
Deutschen Nationalbibliografie; detaillierte bibliografische
Daten sind im Internet über http://dnb.ddb.de abrufbar.

© der deutschen Ausgabe
Blaukreuz-Verlag 1978, 5. Auflage 2010
© der englischen Ausgabe
Oswald Chambers Verlagsgesellschaft,
Marshall, Morgan & Scott, London,
unter dem Titel: Daily Thoughts For Disciples
Übersetzung: Gudrun Gebhardt
Umschlagfoto: photodisc
Umschlaggestaltung: Blaukreuz-Verlag
Druck und Herstellung:
Seltmann GmbH Druckereibetrieb, Lüdenscheid

ISBN 978-3-941186-40-8

Zum Gebrauch dieses Andachtsbuches

Dieses Buch gehört zu einer Kategorie von Andachtsbüchern, die ihren Wert weniger in schwungvoller, mitreißender, moderner Sprache haben. Doch für die persönliche Stille, zum Wachsen im Glauben und im Gehorsam — einfach um Jesus Christus näher zu kommen und in Seiner Kraft zu leben: dazu ist dieses Buch geradezu eine Fundgrube. Die Schätze wollen geborgen werden, und das manchmal nicht ohne Mühe: aber der Einsatz lohnt. Neue Perspektiven der Heiligen Schrift und des Lebens mit Christus eröffnen sich.

Oswald Chambers Andachten eignen sich nicht zum Vorlesen am Familientisch, in christlichen Erholungsheimen oder dergleichen. Seine Sprache wäre dafür zu schwer, seine Gedanken zu gewichtig.

Dieses Buch wurde vom Verfasser nicht als Andachtsbuch geschrieben. Die einzelnen Betrachtungen sind vielmehr Auszüge aus Ansprachen und Veröffentlichungen Oswald Chambers nach Niederschriften seiner Frau, die als Mitarbeiterin ihres Mannes in der Leitung der Bibelschule in London und später in Ägypten vieles mitstenographierte.

Es ist der Wunsch des Verlages, daß dieses Buch mit beiträgt zur Verherrlichung unseres hochgelobten Herrn und Heilandes.

Blaukreuz-Verlag

Oswald Chambers
1874–1917

Oswald Chambers wurde am 24. Juli 1874 in Aberdeen in Schottland geboren. Im Kreise seiner Brüder und Schwestern verbrachte er eine glückliche Kindheit. Als Schüler zeigte er eine seltene künstlerische Begabung. Schon als junger Mann nahm er nach einer Predigt von Rev. C. H. Spurgeon Jesus Christus als seinen Erlöser an und wurde in London, wo er damals lebte, ein eifriger Arbeiter für Christus. Er besuchte die Kunstschule in South Keningston und erhielt mit 18 Jahren ein Meisterdiplom für Unterricht und Illustration. Oswald Chambers erkannte schon damals, daß er seine künstlerische Begabung der christlichen Berufung unterordnen mußte, daß sie die Dienerin sein mußte, nicht die Meisterin. Im Jahre 1895 trat er in die Universität Edinburg ein, um Archäologie und Kunstgeschichte zu studieren.

Dort vernahm er den göttlichen Ruf, alles zu verlassen und Jesus Christus nachzufolgen. Dies bahnte seinem späteren Leben in stetigem Gehorsam und in der äußersten Hingabe an Jesus Christus den Weg. Er wurde an den Ort geführt, den Gott für ihn bereithielt, nach Dunoon, wo er an der Bibelschule zuerst Schüler und dann Lehrer war. Dort blieb er bis 1906. Während jener Jahre erkannte er die Bedeutung des Heiligen Geistes im Leben eines Glaubenden.

Im Jahre 1911 wurden er und seine Frau Leiter der Bibelschule (Bible-Training-College) in London. Eine große Zahl von Männern und Frauen besuchten seine Kurse, in denen sie in den wahren Glauben an Gott, in das Verständnis Seines Wortes und in ein praktisches Christentum eingeführt wurden. Jene vier Jahre bildeten den Ursprung von Segensströmen, die heute durch die ganze Welt fließen.

Während des Ersten Weltkrieges diente Oswald Chambers mit dem CVJM in Ägypten, wo er mit seiner Frau und einigen Studenten eine Stätte der christlichen Nächstenliebe und des geistlichen Zeugnisses aufrechterhielt. Mit unerschütterlicher Treue schärfte er den Menschen die Forderungen Jesu Christi ein. Um seiner großen Treue zu Gott und zu den Menschen willen wurde er sehr geliebt; und als er im November 1917 plötzlich heimgerufen wurde, hinterließ er eine große Lücke. Doch waren fast alle seine bemerkenswerten Ansprachen von seiner Frau stenographiert worden, so daß dieser hingebungsvolle Dienst ohne Unterbrechung fortgesetzt werden konnte, indem seine Botschaften durch Drucklegung veröffentlicht wurden.

Rev. David Lambert

Vorwort

Vor einigen Jahren hatte ich ein Gespräch mit der inzwischen ebenfalls heimgegangenen Witwe von Oswald Chambers. Sie wies damals darauf hin, daß die Bücher ihres Mannes nur solche Menschen ansprechen, die ihr Verhältnis zu Gott ernst nehmen. Sie äußerte auch, daß die Bücher wohl in Krisenzeiten – sei es im persönlichen oder auch im nationalen und internationalen Bereich – dankbar aufgenommen würden.

In einer Zeit tiefgreifender Erschütterungen, wo die Menschen »vergehen vor Furcht in der Erwartung der Dinge, die über die ganze Erde kommen sollen«, ist dieses Buch mit täglichen Andachten von unschätzbarem Wert. Wenn wir unseren Blick auf Jesus, den Anfänger und Vollender unseres Glaubens, gerichtet halten, können wir fest und unbeweglich bleiben, wir bekommen »Stehvermögen«.

Oswald Chambers las viel in Dr. James Denneys' Buch »Jesus und das Evangelium«. Eine der vielen Stellen, die er unterstrichen hat, lautet etwa so: Die Worte in Matthäus 10, 38 bedeuten, daß niemand es wert ist, sich auf die Seite Jesu zu stellen, der nicht bereit ist, Ihm mit allen Konsequenzen nachzufolgen – sozusagen mit einem Strick um den Hals – und lieber den schmählichsten Tod zu sterben als untreu zu werden.

Oswald Chambers war von leidenschaftlicher Liebe zu unserem Herrn Jesus erfüllt und hatte sich ganz an Ihn gebunden. In allem war er restlos abhängig von seinem Herrn. Für ihn war Gottes Wort unantastbare Autorität, und er glaubte vorbehaltlos an den Einen, der der Herr ist.

ERIC PEARSON
Oswald Chambers Verlagsgesellschaft

1. Januar

Wenn du Gott ein Gelübde tust, so zögere nicht, es zu halten; denn Er hat kein Gefallen an den Toren; was du gelobst, das halte. Prediger 5, 3

Zum Jahresbeginn werden viele gute Vorsätze gefaßt. Salomo gibt den Rat: »Gelobe nichts; denn wenn du ein Gelübde ablegst – selbst, wenn es sich nur um gewöhnliche Dinge handelt – und du löst es nicht ein, wird dir das zum Schaden sein.« Ein Versprechen zu geben, kann ganz einfach dem Wunsch entspringen, einer Verantwortung aus dem Weg zu gehen. Häufe nie Versprechen auf Versprechen gegenüber den Menschen, und schon gar nicht gegenüber Gott. Es ist besser, du gehst das Risiko ein, daß man dich als unentschlossen ansieht; es ist besser, unsicher zu sein und nichts zu versprechen, als ein Versprechen zu geben und es nicht zu halten. »Es ist besser, du gelobst nichts, als daß du nicht hältst, was du gelobst« (Prediger 5, 4).

Die moderne ethische Erziehung gründet alles auf die Willenskraft, aber wir müssen auch die Gefahren des Willens erkennen. Wer sich unter Aufbietung seines Willens durchsetzt, zeigt sich wahrscheinlich gegenüber der christlichen Botschaft weniger aufgeschlossen als jemand, der an seine Grenzen gekommen ist und darunter leidet. Der Eigensinnige macht Gott Versprechungen, und indem er sie erfüllt, wird er nur noch unfähiger, die Dinge so zu sehen, wie Jesus Christus sie sieht. Wenn jemand in Erregung ist, sei es durch Freude oder Schmerz oder durch den Einfluß der Jahreszeit, ist er geneigt, Gelübde abzulegen, deren Einlösung menschenunmöglich ist.

Jesus Christus gründet den Eintritt in Sein Reich nicht auf Gelübde, die jemand eingeht, oder auf Entscheidungen, die dieser Mensch trifft, sondern auf die Erkenntnis des Menschen, daß er unfähig zu einer Entscheidung ist.

Entscheidungen für Christus führen zu nichts, weil die Grundlage des christlichen Glaubens außer acht gelassen wird. Nicht um unsere Versprechungen gegenüber Gott geht es, sondern darum, daß wir genauso, wie wir sind, zu Ihm kommen, mit all unserer Schwäche, und dann von Ihm gehalten und bewahrt werden. Geh nicht mit Versprechungen ins neue Jahr, sondern sieh auf zu Gott und verlaß dich auf die Realität Jesu Christi.

2. Januar

Als sie aber vom Berge herabgingen . . . Markus 9, 9

Wir sind nicht für die Berge geschaffen und für die Sonnenaufgänge und für ästhetische Erlebnisse. Diese Dinge berühren unser Leben immer nur für Augenblicke und geben uns Anregung und Auftrieb, das ist alles. Wir sind für das Tal geschaffen, für das ganz alltägliche Leben. Da haben wir uns zu bewähren. Falsches Christentum bringt uns auf die Berge, und dort möchten wir gern bleiben. Aber was geschieht dann mit der Welt, die in der Hand Satans ist? Mancher von uns denkt vielleicht: »Ach, soll sie doch in die Hölle fahren! Wir haben es hier oben so gut.«

Der Weltverbesserer oder Träumer, dem seine Träume oder seine Abgeschiedenheit nicht Kräfte zur Bewältigung des Lebens zuführen, beweist, daß seine Träume nur hysterisches Geschwätz sind. Wenn sie lediglich bewirken, daß er sich von seinen Mitmenschen fernhält als ein Schwärmer, der sich ausschließlich mit Gipfelerlebnissen beschäftigt, dann macht ihn das in höchstem Maße ichbezogen. Keiner hat das Recht, seine Mitmenschen aus der Distanz eines Zuschauers zu beobachten – sonst verliert er den Kontakt mit der Wirklichkeit.

Es ist etwas Großartiges, auf dem Berg bei Gott zu sein. Die Berge sind uns zur Wegweisung und zur Erneuerung gegeben; aber wer dort hinaufgeführt wird, empfängt zugleich den Auftrag, anschließend zu den vom Teufel Besessenen hinunterzusteigen und sie emporzuheben . . .

Wenn wir es nicht aushalten können, im dämonenverseuchten Tal zu leben – lediglich unter dem Schutz Gottes – und wenn wir sie nicht aufheben, die geknechtet sind von der Macht des Bösen, die in uns allen ist, dann ist unser christlicher Glaube nur eine Theorie.

3. Januar

. . . war ich der himmlischen Erscheinung nicht ungehorsam . . . Apostelgeschichte 26, 19

»Das Leben gleicht nicht dem ruhenden Erz, sondern dem Eisen, das aus tiefem Dunkel gegraben und unter den Schlägen, die es vernichten, in Form gebracht und zur Verwendung zubereitet wird.« –

Danke Gott für alles, was Er dir zeigte und was du noch nicht bist. Wenn Gott dir deinen Auftrag klarmacht, so ist das keine Ekstase noch ein Traum, sondern ein vollkommenes Verstehen dessen, was Gott will. Durch das göttliche Licht können wir die Berufung Gottes erkennen. Du kannst das Reden Gottes als ein Gefühl oder ein Verlangen empfinden, aber es ist auf jeden Fall etwas, das dich völlig ergreift. Lerne Gott dafür zu danken, daß Er dir Seine Forderungen klarmacht.

Du hast die »himmlische Erscheinung« erfahren, aber du bist noch keineswegs dort, wohin sie dich ruft. Du hast gesehen, wie Gott dich haben will, aber du bist noch nicht so. Bist du bereit, zuzulassen, daß dieses »Eisen« aus dem »tiefen Dunkel gegraben« wird und unter Schlägen »in Form gebracht und zur Verwendung zubereitet« wird?

Die Schläge, von denen in obigem Gedicht die Rede ist,

erinnern an den Schmied, der das Metall in die richtige Form bringen muß. Die Schläge kommen an gewöhnlichen Tagen und auf gewöhnliche Art. Gott braucht einen Amboß, um uns die Form zu geben, die Er uns zeigte, als Er redete. Wie lange Gott dazu braucht, hängt von uns ab.

Wenn wir lieber auf dem Berg der Verklärung herumstehen, wenn wir bei der Erinnerung an die Erfahrung der Nähe Gottes stehenbleiben, sind wir untauglich für ein Leben, das in gewöhnlichen Bahnen verläuft. Wir sollen nicht ständig in hochgestimmter Begeisterung leben und Gott gewissermaßen aus der Nähe anschauen, sondern wir sollen leben, indem wir uns mitten in den Anforderungen des Alltags auf die Zusagen verlassen, die Gott uns gegeben hat. Die meisten Christen ergreifen die Flucht, wenn ihr Weg durch das Tal führt, in das doch Gott uns leitet, damit wir uns als die »Auserwählten« erweisen. Die meisten von uns sind nicht bereit, die Schläge anzunehmen, die kommen müssen, wenn wir umgestaltet werden wollen zu dem Menschen, den Gott aus uns machen will.

4. Januar

Ein neues Gebot gebe Ich euch, daß ihr einander lieben sollt, wie Ich euch geliebt habe; so werdet ihr auch einander lieb haben. Johannes 13, 34

Kein Gesprächsthema findet bei modernen Menschen größeren Anklang als die Beziehungen der Menschen untereinander. Darum reagieren sie ungeduldig, wenn ihnen gesagt wird, daß es zuerst darauf ankommt, Gott über alles zu lieben. »Das vornehmste Gebot ist das: ... du sollst Gott, deinen Herrn, lieben von ganzem Herzen, von ganzer Seele, von ganzem Gemüte und von allen deinen Kräften ... Das ist das größte Gebot.« Hat

Gott den ersten Platz in unserem Herzen, gehört Ihm unsere Liebe, auch in allen Krisen unseres Lebens? Hat Er zu bestimmen, wenn wir vor einem Übermaß von Aufgaben nicht mehr ein noch aus wissen?

»Und das andere ist dem gleich, nämlich: Du sollst deinen Nächsten lieben wie dich selbst.« – Halte dir dabei die Grundregel vor Augen: ». . . wie Ich euch geliebt habe.« Ich frage mich, wo nach diesem Maßstab die besten von uns einzuordnen sind. Wie viele von uns haben sich immer wieder verärgert von Menschen abgewandt! Wenn wir dann in der Stille vor dem Herrn Jesus sind, spricht Er kein Wort. Aber die Erinnerung an das, was Er sagte, genügt, um uns zurechtzuweisen: ». . . wie Ich euch geliebt habe.« Es erfordert konsequente Übung, wenn wir Menschen werden wollen, die gewohnheitsmäßig so handeln, wie Jesus Christus es geboten hat, wenn es auch sein mag, daß wir uns manchmal spontan so verhalten.

Wer von uns läßt sich von Jesus Christus in Seine Denkschule nehmen? Der denkende Nachfolger Jesu gleicht einem Menschen, der inmitten eines großen Trinkgelages keinen Tropfen anrührt. Die Menschen der Welt hassen solche Leute. Über einen Christen, der den richtigen Glauben hat, aber nicht denkt, machen sie sich nur lustig. Ein denkender Christ dagegen – natürlich meine ich einen solchen, der auch richtig lebt – ist ein Ärgernis, weil er die Denkweise Christi darstellt und widerspiegelt. Laßt uns heute den Entschluß fassen, künftig jeden Gedanken gefangenzunehmen unter den Gehorsam Christi.

5. Januar

Damit bezeugt ihr über euch selbst, daß ihr Kinder von denen seid, die die Propheten getötet haben.
Matthäus 23, 31

Im geistlichen Leben geht es für uns nicht vom Guten zum Besseren und vom Besseren zum Besten, weil es nur einen gibt, auf den wir zugehen; und dieser Eine ist der Beste, nämlich Gott selbst. Bei Gott gibt es nichts Zweitbestes. Zwar können wir in unserer Verkehrtheit Gottes Ordnung verlassen und unter Seiner duldenden Langmut in Sünde leben, aber das ist etwas anderes.

Wenn wir das Beste suchen, finden wir bald, daß wir in unseren *guten* Zügen unseren Feind sehen müssen, nicht in unseren schlechten. Was uns von Gott abhält, sind nicht Sünde und Unvollkommenheit, sondern die Dinge, die für das natürliche Empfinden richtig und gut und edel sind. Sobald wir erkennen, daß unsere natürlichen Tugenden der Übergabe unseres Lebens an Gott im Wege stehen, ist unsere Seele sogleich mitten auf unser größtes Schlachtfeld versetzt. Kaum jemand gibt sich dazu her, Schmutziges und Falsches zu verteidigen, aber eben das tun wir, wenn es um das Gute geht. Je höher wir auf der Skala der natürlichen Tugenden kommen, desto entschiedener wird der Widerstand gegen Jesus Christus; es ist also gerade umgekehrt, als man üblicherweise annehmen sollte.

6. Januar

Und Er ging mit ihnen hinab ... und war ihnen gehorsam. Lukas 2, 51

Ein außerordentlicher Erweis von Unterordnung! Und vergiß nicht: »Der Jünger ist nicht über seinen Meister.« Bedenke: Dreißig Jahre zu Hause mit Brüdern und

Schwestern, die nicht an Ihn glaubten! Wir sehen meistens nur die drei Jahre, die im Leben unseres Herrn Jesus außergewöhnlich waren, und vergessen völlig die früheren Jahre zu Hause, dreißig Jahre absoluter Untergebenheit.

Vielleicht widerfährt dir auch etwas Derartiges und du sagst: »Ich sehe nicht ein, warum ich mir das bieten lassen soll.« Bist du mehr als Jesus Christus? »Gleichwie Er ist, so sind auch wir in dieser Welt.« Die Erklärung für das alles finden wir in dem Gebet unseres Herrn: ». . . daß sie eins seien, gleichwie wir eins sind.«

Wenn Gott dir eine Zeit der Unterordnung unter andere gesetzt hat und es dir vorkommt, als würdest du deine Individualität und überhaupt alles verlieren, dann, weil Jesus dich eins mit sich macht.

7. Januar

Abraham sprach: »Ach siehe, ich habe mich unterwunden, zu reden mit dem Herrn.« 1. Mose 18, 27

Die Fürbitte hat einen festen Platz in Gottes Planen und Handeln. Wenn nicht gläubige Menschen für uns beten, wäre unser Leben unendlich ärmer. Daher ist auch die Verantwortung derer, die nie Fürbitte tun und so Segen von unserem Leben abhalten, wirklich erschreckend.

Unsere Einstellung zum Fürbittegebet leidet unter unserem falschen Verständnis des Ausgangspunktes. Wir gehen davon aus, daß das Gebet Vorbereitung für die Arbeit ist, während in Wirklichkeit das Gebet selbst bereits die Arbeit ist. Wir glauben weithin nicht, was die Bibel darlegt, nämlich, daß Gott auf fürbittendes Gebet hin schöpferisch handelt auf Grund der Erlösungstat Jesu. So entspricht es Seinem Willen. Wir aber verlassen uns auf unseren Verstand, oder wir verlegen uns auf den Dienst für Gott und geben das Beten auf. Dann haben wir vielleicht im Äußeren Erfolg, aber im Ewigen versagen wir; denn im Ewigen können wir das Ziel nur erreichen, wenn wir beten, bis Gottes Hilfe da ist.

Jesus Christus betet für uns im Himmel; der Heilige Geist betet in uns auf der Erde; und wir, die Erlösten, haben den Auftrag, für alle Menschen zu beten.

8. Januar

... werdet ihr bitten, was ihr wollt ... Johannes 15, 7

Sehr viele Menschen beten nicht, weil sie es nicht für nötig halten. Das Zeichen dafür, daß der Heilige Geist in uns wohnt, ist die Erkenntnis, daß uns etwas Entscheidendes fehlt. Wir brauchen unbedingt Hilfe. Wir kommen mit Menschen zusammen, die uns nicht liegen, befinden uns in einer schwierigen Lage oder werden mit einem bestimmten Problem nicht fertig. Das alles erweckt in uns ein Verlangen nach Hilfe, das ein Zeichen für die Gegenwart des Heiligen Geistes ist.

Wenn wir je frei sind von dem Verlangen nach Hilfe, so nicht, weil der Heilige Geist uns alles gegeben hätte, was wir brauchen, sondern weil wir mit dem, was wir haben, zufrieden sind. Wir sollten uns nach mehr ausstrecken, als wir in Händen haben. Das Bewußtsein unserer Hilfsbedürftigkeit ist ein großer Segen für uns; denn es hält unser Leben in der richtigen Beziehung zu Jesus Christus.

Wenn wir lernen, im Heiligen Geist zu beten, wird uns bewußt, daß es Dinge gibt, für die wir nicht beten können. Wir fühlen uns zurückgehalten. Stoß dann nicht weiter vor mit dem Argument: »Ich weiß, daß es Gottes Wille ist, und ich lasse nicht davon ab.« Laß dich warnen; denk daran, was von den Kindern Israel berichtet wird: »Er aber gab ihnen, was sie erbaten, und sandte ihnen genug, bis ihnen davor ekelte« (Psalm 106, 15). Laß Gottes Geist dich lehren, worauf Er hinaus will, und lerne, Ihn nicht zu betrüben. Wenn wir in Jesus Christus bleiben, werden wir das bitten, was Er von uns erbeten haben will, ob uns diese Übereinstimmung bewußt wird oder nicht.

9. Januar

... sie glaubt alles. 1. Korinther 13, 7

Es ist etwas Großartiges, an Jesus Christus zu glauben; aber das Neue Testament kann mißverstanden werden in dem, was es darüber sagt. Es geht nicht darum, daß wir glauben, daß Jesus Christus dies oder das *tun* kann, oder daß wir an einen Heilsplan glauben. Es geht darum, daß wir *an Ihn* glauben, daß wir, was auch immer geschieht, an der Tatsache festhalten, daß Er treu ist. Wenn wir sagen: »Ich will glauben, daß Er die Sache in Ordnung bringt«, wird unser Vertrauen erschüttert, wenn wir mitansehen müssen, wie alles daneben geht.

Wir stehen in der Gefahr, den Karren vor das Pferd zu spannen und zu sagen, daß jemand, der Christ sein will, zuvor gewisse Dinge glauben müsse. In Wirklichkeit ist sein Glaube die Folge seines Christseins, nicht die Ursache. Wenn unser Herr Jesus vom »Glauben« spricht, fordert Er uns nicht zu einem Akt des Intellekts auf, sondern des Herzens. Für unseren Herrn Jesus bedeutet »glauben« soviel wie »sich ausliefern«. »Liefert euch völlig an Mich aus« – und es kostet einen in der Tat alles, um an Jesus Christus zu glauben.

Das erfüllte Leben erwächst aus dem Glauben, daß Jesus Christus kein Schwindler ist. Die größte Sorge, die ein Mensch hat, ist nie die um sich selbst, sondern, daß sein Held schlapp macht, daß Er nicht imstande sein wird, alles zufriedenstellend zu erklären, z. B. warum es Kriege und Krankheit gibt. Die Probleme des Lebens ergreifen den Menschen und machen es schwer für ihn zu erkennen, ob er angesichts dieser Dinge wirklich auf Jesus Christus vertraut.

Die Haltung eines Glaubenden muß sein: »Die Sache sieht hoffnungslos aus, aber ich glaube Ihm. Ich vertraue darauf, daß mein Glaube am Ende bestätigt wird und Gott sich als ein Gott der Liebe und der Gerechtigkeit erweisen wird.« Das bedeutet nicht, daß wir keine Probleme haben werden, aber es bedeutet, daß unsere Probleme sich nie zwischen uns und unseren Glauben an Ihn stellen. »Herr, ich kann das nicht verstehen, aber ich bin gewiß, daß Du die Erklärung dafür hast, und in der Zwischenzeit lege ich es beiseite.«

Unser Glaube hat eine Person zum Inhalt, die sich nie täuscht in dem, was sie sagt, oder in dem, wie sie eine Sache einschätzt. Der christliche Glaube ist eine unsere ganze Person und Existenz umfassende leidenschaftliche Hingabe an Jesus Christus als den im Fleisch geoffenbarten Gott.

10. Januar

... damit ihr ohne Tadel und lauter seid, Kinder Gottes ohne Makel mitten unter einem verderbten und verkehrten Geschlecht, unter dem ihr leuchtet als Lichter in der Welt. Philipper 2, 15

Ist es möglich, in unserem gesellschaftlichen Leben ohne Tadel zu sein? Der Apostel Paulus behauptet es, und wenn wir gefragt würden, ob wir glauben, daß Gott uns zu Menschen »ohne Tadel« machen kann, würden wohl alle sagen: »Ja«. Dann möchte ich fragen: Hat Er es denn getan? Wenn Gott uns nicht geheiligt und untadelig gemacht hat, gibt es dafür nur *einen* Grund: Wir wollten es nicht. »Das ist der Wille Gottes, eure Heiligung.« Wir brauchen Gott nicht zu drängen, es zu tun; es ist Sein Wille. Ist es auch dein Wille? Die Heiligung ist das Werk der übernatürlichen Kraft Gottes . . .

Hüte dich davor, Jesus Christus Anbetung zu bringen, wenn du dich ständig geschickt dem Heiligen Geist entziehst, der die empfangene Erlösung in deinem Leben ausgestalten will. Denke daran, daß der Kampf sich im Bereich unseres Willens abspielt. Sooft wir sagen: »Ich kann nicht« oder gleichgültig sind, heißt das soviel wie: »Ich will nicht«. Es ist besser, Jesus Christus den Eigensinn aufdecken zu lassen. Wenn wir an irgendeiner Stelle sagen: »Ich will nicht«, werden wir nie Seine Erlösung erfahren.

Wenn Gott uns ein Stück unserer Verkehrtheit aufdeckt und wir uns weigern, daß Er den Schaden anpackt, wird im gleichen Augenblick der Zweifel in unser Herz einziehen. Wir werden anfangen zu spotten und nach Fehlern im Leben anderer Ausschau zu halten.

Wenn wir uns aber völlig in Seine Hand geben, macht Er uns untadelig in unserem persönlichen Leben, in unserem praktischen Leben und in unserem verborgenen Leben. Das kommt nicht durch Frömmigkeit zustande, sondern wird in uns durch die überwältigende Gnade Gottes gewirkt. Deshalb hegen wir auch nicht im geringsten den Wunsch, in irgendeiner Weise auf uns selbst zu vertrauen, sondern allein auf Ihn.

11. Januar

**Ihr habt bei Mir in Meinen Anfechtungen ausgehalten.
Lukas 22, 28**

Wir neigen zu der Ansicht, daß unser Herr Jesus nur einmal versucht wurde, und daß Seine Anfechtungen dann vorüber waren. In Wirklichkeit war Er vom ersten bis zum letzten Augenblick Seines bewußten Lebens versucht, weil Seine Heiligkeit nicht die Heiligkeit des all-mächtigen Gottes war, sondern die Heiligkeit des Menschen, die nur fortschreitet durch die Dinge, die gegen sie stehen (siehe Hebräer 2, 8; 4, 15).

Bleiben wir bei Jesus in Seinen Anfechtungen? Es ist wahr, daß Er bei uns ist in unseren Anfechtungen, aber sind wir bei Ihm in Seinen Anfechtungen? Viele von uns folgen Jesus nicht mehr weiter nach, sobald sie einmal erlebt haben, daß Er nicht nach ihren Vorstellungen handelt. Wie für Petrus hat es für uns alle schon Situationen gegeben, da Jesus zu uns sagen mußte: »Könnt ihr denn nicht eine Stunde mit Mir wachen?«

Die Versuchungen Jesu in den Tagen Seines Fleisches sind denen vergleichbar, denen Er im Tempel unseres Leibes ausgesetzt ist. Sei auf der Hut, wenn Gott in deine Lebensumstände eingreift, und achte darauf, ob du bei Jesus bleibst oder überwechselst zu Welt, Fleisch und Teufel. Wir tragen Sein Abzeichen, aber stehen wir bei Ihm? »Von da an wandten Seiner Jünger viele sich ab und wandelten hinfort nicht mehr mit Ihm.«

Die Versuchung kann sein, irgendeine große, aufrüttelnde Tat zu tun, um zu beweisen, daß wir tatsächlich Gottes Kinder sind. Satan sagte zu Jesus: »Bist Du Gottes Sohn, so wirf Dich hinab«, und zu uns sagt er: »Wenn du gerettet und geheiligt und gehorsam gegen Gott bist, sollte jeder, den du kennst, ebenfalls gerettet sein.« Wenn das wahr wäre, hätte Jesus uns eine falsche Gottesoffenbarung gegeben. Wenn wir aufgrund unserer Errettung und unseres richtigen Verhältnisses zu Gott dazu imstande wären, die Welt auf den Kopf zu stellen, was hat dann Jesus die ganzen drei Jahre getan?

Die Versuchung ist, daß wir beanspruchen, Gott müsse etwas tun, um zu beweisen, wer wir sind und was Er für uns getan hat. Es ist eine Versuchung des Teufels. Nur durch Gottes Geist kann sie als Versuchung entlarvt werden.

12. Januar

**Ebenso hilft auch der Geist unserer Schwachheit auf.
Römer 8, 26**

Zu fragen, wie unsere Gebete wohl Erhörung finden,
steht nicht im Einklang mit den Aussagen des Neuen Testamentes. Dort wird uns gesagt, daß das Gebet die Antwort Gottes auf unsere Armut ist; nicht eine Macht, die
wir ausüben, um erhört zu werden. Wir sehen das Gebet
nur als eine Übung unseres geistlichen Lebens an. »Betet
ohne Unterlaß.«

Wir lesen, daß die Jünger zu unserem Herrn Jesus sagten:
»Herr, lehre uns beten.« Die Jünger waren rechtschaffene Männer und mit den jüdischen Gebetssitten wohl
vertraut. Doch als sie mit Jesus Christus in Berührung
kamen, erkannten sie sich keineswegs als gute Beter,
sondern kamen zu dem Schluß, daß sie überhaupt nicht
beten konnten, und der Herr lehrte sie die Grundbegriffe
des Betens.

Wahrscheinlich können sich die meisten von uns an eine
Zeit erinnern, als wir religiös waren, bevor wir von Gottes
Geist wiedergeboren waren, und recht gut beten konnten. Doch als wir wiedergeboren waren, wurde uns – davon spricht Paulus hier – unsere totale Unfähigkeit bewußt: »Ich weiß nicht, was ich beten soll.« Wir werden
uns nicht nur der Kraft bewußt, die Gott uns durch Seinen Geist gegeben hat, sondern auch unserer eigenen
völligen Hilflosigkeit. Wir hindern unser geistliches Leben, wenn wir diese beiden Grundtatsachen nicht mehr
auseinanderhalten.

Was Paulus in diesem Vers herausstellt, ist das Vertrauen
auf den Heiligen Geist im Blick auf das Beten. Das wird
weithin übersehen, so sagen wir, und es geht uns leicht
von der Zunge. Aber Paulus legt den Finger auf etwas,
das uns unbedingt gegenwärtig sein muß. Er deckt auf,
daß wir in Wahrheit zum Beten unfähig sind. Die einzige

Quelle unserer Kraft ist, daß wir den Heiligen Geist anerkennen und uns auf Ihn verlassen.

13. Januar

Wenn ihr nicht umkehrt und wie die Kinder werdet . . .
Matthäus 18, 3

Ich muß unaufhörlich das natürliche Leben dem Geist Gottes in mir unterwerfen. Es wäre fanatisch zu sagen: »Ich will nie wieder meiner Natur folgen.« Wenn durch Gottes Vorsehung mein Leib in eine neue Verfassung gebracht wird, habe ich dafür zu sorgen, daß mein natürliches Leben nach den Anweisungen des Geistes Gottes in mir ausgerichtet wird. Ist das einmal geschehen, besteht noch keine Gewähr, daß es wieder geschieht. »Wenn ihr nicht umkehrt und wie die Kinder werdet . . .« gilt für alle Tage des Lebens eines Glaubenden. Wir müssen immer von neuem zu Gott umkehren.

Die Haltung ständiger Umkehr ist die einzig richtige Haltung gegenüber dem natürlichen Leben, und doch ist es genau das, wogegen wir uns wehren. Entweder wir sagen, das Natürliche sei falsch, und wir versuchen, es zu töten, oder aber wir sagen, daß es nur das Natürliche gibt und daß alles Natürliche und Impulsive richtig ist. Keine dieser Auffassungen ist richtig.

Das Hindernis für unser geistliches Leben ist, daß wir nicht fortgesetzt in der Umkehr leben wollen. Unsere Selbstgerechtigkeit spaltet wie ein Keil unser geistliches Leben, und dann kommt es dazu, daß unser Hochmut den Thron Gottes anspeit und schreit: »Nein, ich tue es nicht! Das habe ich zu bestimmen!« Wir können aber nicht die Bestimmenden bleiben durch bloße Willenskraft. Früher oder später muß unser Wille sich einer Kraft beugen, die größer ist als er selbst – entweder Gott oder dem Teufel.

14. Januar

Denn dem Menschen, der Ihm gefällt, gibt Er Weisheit, Verstand und Freude; aber dem Sünder gibt Er Mühe, daß er sammle und häufe und es doch dem gegeben werde, der Gott gefällt. Prediger 2, 26

Es gibt einen Unterschied zwischen Gottes Plan und Gottes Zulassen. Wir sagen, daß Gott uns durchbringt, wenn wir Ihm vertrauen: »Ich betete für meinen Jungen, und Er blieb auf mein Gebet hin bewahrt.« Heißt das, daß für den Mann, der getötet wurde, nicht gebetet wurde, oder daß die Gebete für ihn nicht erhört wurden? Es ist falsch zu sagen, daß in dem einen Fall der Mann durch Gebet Hilfe erfuhr, aber nicht im zweiten. Es ist ein Mißverständnis dessen, was Jesus Christus uns lehrt.

Das Gebet ändert einen Menschen innerlich, es ändert sein Denken und seine Einstellung zu den Dingen. Beim Beten geht es nicht darum, daß wir etwas von Gott bekommen, sondern daß wir dadurch lernen, den Unterschied zwischen Gottes Plan und Gottes Zulassen zu erkennen. Gottes Plan ist: Kein Schmerz, keine Krankheit, kein Teufel, kein Krieg, keine Sünde. Doch läßt Er das alles zu. Was ein Mensch braucht, ist das Erfassen des Willens Gottes in dem Herrschaftsgebiet in ihm. Dann kann er anfangen, sich darum zu kümmern, wie das Rätsel der Welt um ihn her anzupacken ist.

Das Problem des Menschen, der sich mit praktischen Dingen befaßt, ist nicht das Weltproblem, sondern das Problem in seiner eigenen Brust. Wenn ich erkenne, wohin das Raubtier in mir es bringt und wo der kluge Mann in mir enden wird, wenn ich erkannt habe, daß das einzige, was Bestand hat, eine persönliche Beziehung zu Gott ist, dann ist es Zeit für mich, die Probleme um mich herum zu lösen. Wer erst einmal soweit ist, daß er den »Krebsschaden seines eigenen Herzens« kennt, läßt seine Einbildung fahren.

Ich muß im ganz alltäglichen Leben herausfinden, ob die Weisheit der Anbetung Gottes mich leiten kann.

15. Januar

Und worum ihr bitten werdet in Meinem Namen ...
Johannes 14, 13

Mach nie den Fehler, eine Voraussage zu versuchen, wie Gott dein Gebet erhören wird. Als Gott Abraham eine gewaltige Zusage gab, dachte dieser den besten Weg aus, wie er Gott helfen könnte, Sein Versprechen einzulösen. Er tat das Klügste, was er seinen natürlichen Überlegungen entsprechend tun konnte. Aber Gott redete dreizehn Jahre lang überhaupt nicht mehr mit ihm, bis ihm jede Möglichkeit genommen war, sich auf sein eigenes Verstehen zu verlassen. Dann kam Gott zu ihm und sagte: »Ich bin der allmächtige Gott« – El Shaddai –, »wandle vor Mir und sei fromm.« Immer wieder muß Gott uns lehren, geduldig zu warten und gespannt Ausschau zu halten nach Seiner Antwort.
Es ist immer ein Wunder, wenn Gott Gebet erhört. Manche Leute sagen: »Wir dürfen nicht sagen, es sei wunderbar, daß Gott Gebet erhört.« Aber es ist doch wunderbar. Es ist so wunderbar, daß sehr viele Menschen es für unmöglich halten. Höre: »Und worum ihr bitten werdet in Meinem Namen, das will Ich tun.« Ist das nicht wunderbar? Es ist so wunderbar, daß ich nicht annehme, daß mehr als die Hälfte von uns es glaubt.
»Wer da bittet, der empfängt.« Ist das nicht wunderbar? Es ist so wunderbar, daß viele von uns Gott noch nie gebeten haben, ihnen den Heiligen Geist zu geben, weil sie nicht glauben, daß Er es tut. »Wenn zwei unter euch eins werden auf Erden, worum sie auch immer bitten wollen, dann soll es ihnen widerfahren von meinem Vater im Himmel« (Matthäus 18, 19). Ist das nicht wunderbar? Es

ist überaus wunderbar. »Des Gerechten Gebet vermag viel, wenn es ernstlich ist.« Ist das nicht wunderbar?

16. Januar

... denn Er wußte, was im Menschen war. Johannes 2,25

Wir haben eine sentimentale Neigung in uns, die uns veranlaßt, uns schlechter darzustellen, als wir nach unserer Meinung sind. Wir hegen dabei insgeheim die Hoffnung, daß, wenn wir uns ausnehmend schlecht darstellen, jemand sagen wird: »Oh nein, so schlecht sind Sie nicht!« Doch Jesus setzte Sein Vertrauen nie in einen Menschen, ».. . denn Er wußte, was im Menschen war.« Aber Er war kein Zyniker, denn Er hatte unerschütterliches Vertrauen auf das, was Er für jeden Menschen tun konnte. Deshalb geriet Er nie in panisches Erschrecken über eine ausweglose Situation, wie wir es erleben, weil wir unser Vertrauen auf Menschen setzen und auf Dinge, denen Jesus kein Vertrauen entgegenbrachte.

Paulus sagte: »Niemand rühme sich eines Menschen. Sagt nicht: ›Ich bin paulisch‹ oder: ›Ich bin apollisch!‹ Niemand unter euch halte höher von sich, als es sich gebührt zu halten, sondern er soll mäßig von sich halten, ein jeglicher, wie Gott ausgeteilt hat das Maß des Glaubens.« Vertraut (in der Grundbedeutung dieses Wortes) nie einem anderen außer Jesus Christus. Das wird zur Folge haben, daß du zu keinem Menschen, der über die Erde geht, unfreundlich sein kannst, ob er ein verkommener Verbrecher oder ein moralisch hochstehender Mensch ist. Du bist dir dann nämlich im klaren darüber, daß das einzige in einem Menschen, worauf du dich verlassen kannst, das ist, was Gott in ihm getan hat.

Wenn du dich anschickst, für Jesus Christus zu arbeiten, solltest du dich immer fragen: »Glaube ich, daß Jesus Christus in dieser Sache alles zum Guten wenden kann?«

Wenn du mit Menschen umgehst ohne Glauben an Jesus Christus, wirst du dich dabei völlig ruinieren. Wenn wir an Jesus Christus glauben, können wir jedem Problem der Welt ins Auge sehen.

17. Januar

Nicht ihr habt Mich erwählt, sondern Ich habe euch erwählt . . . Johannes 15, 16

Es wird so viel geredet von unserer Entscheidung für Christus, unserem Entschluß, Christ zu werden, unseren Entscheidungen für dies und jenes. Wenn wir das Neue Testament ansehen, erkennen wir, daß die andere Seite des Glaubens, Gottes Entscheidung für uns, am häufigsten herausgestellt wird. »Nicht ihr habt Mich erwählt, sondern Ich habe euch erwählt . . .«
Wir werden nicht in ein Verstehen und nachfolgendes Zustimmen zu Gottes Vorhaben geführt, wir werden in Sein Vorhaben hineingenommen ohne jegliches Verstehen auf unserer Seite. Wir haben keine klare Vorstellung davon, worauf Gott hinaus will, und es wird im Laufe der Zeit immer weniger verständlich.
Am Anfang unseres Lebens als Christ haben wir unsere eigenen Gedanken über Gottes Absicht: »Wir sollen hierhin gehen oder dorthin«, oder: »Gott hat uns gerufen, diese oder jene Arbeit zu tun«. Wir gehen und tun sie, und immer noch ist dieses unwiderstehliche Drängen in uns. Das Allermeiste, was wir tun, ist nur Rüstzeug dafür, uns dem Ziel des unwiderstehlichen Drängens Gottes näherzubringen. »Er rief die Zwölf.« Er ruft uns die ganze Zeit zu sich. Es gibt mehr, als wir bis jetzt erlangt haben, etwas, was wir noch nie gesehen haben.
Der Ruf Gottes bringt uns aus zweierlei Gründen in Verlegenheit: Er stellt uns vor versiegelte Aufträge und drängt uns zu einem gewaltigen Wagnis. Wenn Gott uns

ruft, sagt Er uns das, was uns erwartet, nicht so, daß unser natürliches Verstehen es fassen könnte. Gottes Ruf ist ein Befehl, zu dem wir Stellung zu nehmen haben. Das heißt, daß immer die Möglichkeit einer Ablehnung unsererseits besteht. Der Glaube weiß nie, wohin er geführt wird, doch er kennt und liebt Den, der führt. Es ist ein Leben des Glaubens, nicht des Verstandes und der Vernunft; aber es ist auch ein Leben in dem Wissen, wer einen in Marsch setzt.

18. Januar

Da nahm Petrus das Wort und sagte zu Jesus: »Rabbi, es ist gut, daß wir hier sind. Wir wollen drei Hütten bauen, für Dich eine, für Mose eine und für Elia eine.«
Markus 9, 5

Wenn Gott uns eine Zeit Seiner besonderen Nähe schenkt, ist das immer eine Ausnahme. Solche Erfahrungen haben ihre Bedeutung für unser Leben mit Gott, aber wir müssen auf der Hut sein, daß unser geistlicher Egoismus nicht nur noch solche Zeiten will.
Die beglückenden Erfahrungen der Gegenwart Gottes sollen uns nichts lehren. Wir neigen zu der Meinung, daß alles, was uns widerfährt, zu einer nützlichen Lehre werden soll. Aber das Nahekommen Gottes soll mehr an uns ausrichten, als uns zu lehren. Es soll uns Charakter geben. Wir werden herausfinden, daß die Sphären, in die Gott uns bringt, uns nicht etwas lehren, sondern uns zu etwas *machen* sollen.
Eine große Gefahr liegt in der Frage: »Welchen Nutzen hat es?« Einen *Nutzen* hat es überhaupt nicht. Wenn du ein nützliches Leben führen willst, sei besser kein Christ in der Schule unseres Herrn. Du bist dann als Nichtchrist nämlich viel nützlicher. Das Schreien nach dem Maßstab der Nützlichkeit setzt den geistlichen Christen sofort au-

ßer Gefecht. Er wagt es nicht, nach Nützlichkeit zu fragen, wenn er seinem Meister treu sein will.

Nimm doch einmal das Leben unseres Herrn Jesus: Drei Jahre lang ist Er nur umhergewandert und hat geredet und Kranke geheilt – ein unnützes Leben, vom Gesichtspunkt des Erfolges und des Unternehmungsgeistes aus gesehen. Wenn unser Herr Jesus und Seine Jünger in unseren Tagen gelebt hätten, hätte man sie als höchst unnützen Verein abgetan. Bei geistlichen Dingen können wir uns nie von der Frage leiten lassen: Welchen Nutzen hat es?» Was nützt es, auf eine Bibelschule zu gehen, Psychologie und Ethik zu lernen? *Tu* etwas!« In solchem Denken liegt eine große Gefahr.»Das Gute ist immer der Feind des Besten.« Die Erfahrungen auf dem Berggipfel sind seltene Augenblicke, aber sie haben ihren Sinn in Gottes Plänen. Erst als Petrus seine Briefe schrieb, erkannte er den tiefen Sinn, warum er auf den Berg der Verklärung geführt worden war.

19. Januar

. . . sie werden laufen und nicht matt werden.
Jesaja 40, 31

Immer wenn du bis zur Erschöpfung schuften mußt oder verdrossen oder heruntergewirtschaftet bist, kannst du sicher sein, daß du eines von zwei Dingen getan hast: Entweder hast du ein Naturgesetz außer acht gelassen, oder du hast dich bewußt von Gott entfernt. Im Dienst für Gott gibt es so etwas wie Überdruß nicht. Wenn du an die Freude Gottes angeschlossen bist, empfängst du um so mehr Kraft von Ihm, je mehr du für Ihn ausgibst.

Sobald sich aber die ersten Anzeichen der Erschöpfung und Verdrossenheit bemerkbar machen, ist mit Sicherheit etwas falsch gelaufen. Wenn wir das Warnsignal nur beachten würden, würden wir darin Gottes wunderbar sanftes Mahnen hören: »Nicht so; das mußt du sein lassen; jenes mußt du aufgeben.« Geistliche Müdigkeit kommt aus dem unbewußten Vertrödeln von Gottes Zeit. Wenn du dich abgespannt oder erschöpft fühlst, laß dir keine heiße Milch bringen, sondern kehre zurück zu Gott.

Ursache der Abspannung und der nervösen Erkrankungen ist in der natürlichen Welt der Mangel an einem übergeordneten Interesse, und genauso verhält es sich auch im geistlichen Leben. Vieles von dem, was sich christliche Arbeit nennt, ist übertünchte geistliche Krankheit. Was zählt, ist christliche Tätigkeit, die von dem nicht zu unterdrückenden Leben aus Gott gespeist ist und jeden Augenblick mit einer Kraft geladen ist, die nicht von uns kommt, ein überfließendes Leben, dem nichts widerstehen kann.

20. Januar

Ihn nennt Mich Meister und Herr und habt recht damit, denn das bin Ich auch. Wenn nun Ich, euer Herr und Meister, euch die Füße gewaschen habe, so sollt auch ihr euch gegenseitig die Füße waschen. Johannes 13, 13 u. 14

Wir müssen einsehen, daß wir zur einen Hälfte ein Mechanismus und zur andern Hälfte ein Geheimnis sind. Ausschließlich in einem dieser Bereiche zu leben und den anderen zu ignorieren, hieße ein Narr oder ein Fanatiker zu sein. Das große, übernatürliche Wirken der Gnade Gottes ereignet sich im unkalkulierbaren Teil unseres Wesens. Wir müssen im mechanischen Bereich herausarbeiten, was Gott in den verborgenen hineinarbeitet. Die Menschen lassen sich Glaubensbekenntnisse gefallen, aber sie verschließen sich den heiligen Maßstäben der Lehre Jesu Christi.

Es ist Humbug, sich auf das grundlegende Werk der Gnade Gottes zu verlassen und gleichzeitig die Tatsache zu ignorieren, daß wir dies in einem mechanischen Leben auszuleben haben. Es hieße, das verborgene und das praktische Leben auseinanderzureißen. In Johannes 13 sind das verborgene und das mechanische Leben eng ineinander verwoben.

Du kannst niemandem auf verborgene Weise die Füße waschen; es ist eine ganz und gar mechanische, tatsächliche Arbeit. Du kannst sie nicht tun, indem du dem betreffenden Menschen Andachtsbücher gibst oder für ihn betest. Du kannst jemandem nur die Füße waschen, indem du dich ganz praktisch an die Arbeit machst.

Unser Herr Jesus sagte den Jüngern nicht, *wie* sie es tun sollten. Er sagt nur: »Tut es.« Er wirft nicht die Frage auf, ob sie es können oder nicht. Er sagt, daß sie tun müssen, was ihnen durch den Vorrang Seiner Herrschaft als Arbeit angewiesen wird.

21. Januar

Wir wissen aber, daß denen, die Gott lieben…
Römer 8, 28

Erinnerst du dich daran, wie Paulus nie müde wurde zu sagen: »Wißt ihr nicht, daß euer Leib ein Tempel des Heiligen Geistes ist?« Ruf dir doch einmal ins Gedächtnis zurück, was Jesus über den historischen Tempel sagte, der das Symbol des Leibes ist: Er warf unbarmherzig die hinaus, die im Tempel verkauften und kauften, und sagte: »Es steht geschrieben: ›Mein Haus soll ein Bethaus heißen‹; ihr aber macht eine Räuberhöhle daraus.« Wenden wir das auf uns an.

Wir dürfen nicht vergessen, daß wir unser bewußtes Leben, obwohl es nur ein winziger Teil unserer Persönlichkeit ist, als einen Schrein des Heiligen Geistes anzusehen

haben. Der Heilige Geist wird sich schon um den unbewußten Bereich, den wir nicht kennen, kümmern. Wir
müssen darauf sehen, daß wir den bewußten Teil, für den
wir verantwortlich sind, als Heiligtum des Heiligen Geistes bewahren. Wenn wir das gebührend bedenken, werden wir sorgfältig darauf achten, unseren Körper unbe-
fleckt für Ihn zu erhalten.

22. Januar

**Füllt heute eure Hände zum Dienst für den Herrn.
2. Mose 32, 29**

Im englischen Text heißt die Bibelstelle: »Weiht euch
heute dem Herrn«.
Wir werden nie aufgefordert, unsere Gaben dem Herrn
zu weihen, sondern wir werden angewiesen, uns selbst
Ihm zu weihen.
Die Freude jedes Lebewesens, von einem Grashalm auf-
wärts, ist es, seinen ihm gegebenen Sinn zu erfüllen.
»... denn wir sollten ein Lobpreis Seiner Herrlichkeit
sein« (Epheser 1, 12). Wir sind nicht dazu da, Seelen zu
gewinnen oder anderen Gutes zu tun. Das ist eine natürliche Folge, aber es ist nicht unser Ziel, und hier hören so
viele von uns auf, Nachfolger Jesu zu sein. Wir wollen
Gott gehorchen, solange Er uns zu einem Segen für andere macht, aber wenn Er das nicht tut, machen wir nicht
mehr mit.
Angenommen, unser Herr Jesus hätte Sein Leben daran
gemessen, ob Er ein Segen für andere war oder nicht! Er
war für Tausende nicht mehr als ein »Stein des Ansto-
ßes«, in der Tat für Seine eigenen Nachbarn, für Seine eigene Nation; denn an Ihm lästerten sie den Heiligen
Geist, und in Seiner Heimat tat Er »nicht viele Zeichen
wegen ihres Unglaubens« (Matthäus 13, 58). Wenn unser Herr Jesus Sein Leben an seinen tatsächlichen Ergeb-

nissen gemessen hätte, hätte Ihn große Niedergeschlagenheit ergreifen müssen.

23. Januar

**Am guten Tage sei guter Dinge, und am bösen Tag be-
denke: diesen hat Gott geschaffen wie jenen, damit der
Mensch nicht wissen soll, was künftig ist. Prediger 7, 14**

Leid und Freude sind der Prüfstein für die Aufrichtigkeit
eines Menschen. Ein Mensch, der sich natürlich verhält,
gibt seiner Freude oder Trauer unverhüllt Ausdruck. Wo
man die jungen Leute in unseren Schulen einen Stoizismus lehrt, der seine Gefühle nicht zeigt, da bringt das äu-
ßerlich bewundernswerte Burschen hervor, aber innerlich sind sie gar nicht so bewundernswert. – Wenn wir mit
Gott in Ordnung sind, müssen wir für die Ereignisse offen
sein und nicht vortäuschen, daß die Dinge nicht so sind,
wie sie sind. Es ist schwer, nicht Trauer oder Freude zu
heucheln, sondern natürlich und in beständiger Treue
gegen Gott die Dinge zu nehmen, wie sie kommen. Stelle
dich nicht nur auf den Bereich ein, der traurig ist, oder
den, der freudevoll ist, sondern nimm beides zusammen.
Wenn wir Gottes Absicht für uns in Jesus Christus annehmen, wissen wir, daß uns »alle Dinge zum Besten dienen« müssen.
Der Stoizismus macht den Menschen hysterisch und sen-
timental, er führt zu geistlicher Undurchdringlichkeit.
Wenn du froh bist, *sei* froh; wenn du traurig bist, *sei* traurig. Wenn Gott dir einen süßen Kelch gibt, mache ihn
nicht bitter; und wenn Er dir einen bitteren Kelch ge-
reicht hat, versuche nicht, ihn süß zu machen. Nimm die
Dinge, wie sie kommen.
Eine der letzten Lektionen, die wir lernen, ist die, daß wir
nicht selbst Vorsehung spielen, etwa in der Art, daß wir
sagen: »Ich lasse es nicht zu, daß dieser Mensch leidet.«

Leiden und die unausweichliche Folge des Leidens ist für einige von uns die einzige Art, wie sie lernen können. Wenn wir davor abgeschirmt werden, wird Gott zuletzt den, der sich einmischt, am Kragen packen und abseits stellen. Die Hand, die ein Kind liebkost, kann auch seinem Fleisch Schmerzen zufügen. Es ist die Macht der Liebe, die sie zu einem Schmerzensbringer macht.

24. Januar

Wer sein Leben findet, der wird's verlieren; und wer sein Leben verliert um Meinetwillen, der wird's finden. Matthäus 10, 39

Wir müssen uns darüber im klaren sein, daß unser persönliches Leben für Jesus Christus bestimmt ist. Das moderne Schlagwort heißt »Selbstverwirklichung«: »Ich muß mein Leben retten«. Jesus Christus sagt: »Wer sein Leben verliert um Meinetwillen, der wird's finden«. Das Kreuz ist die bewußte Anerkennung dessen, was unserem Ich zukommt, nämlich, daß es an Jesus ausgeliefert wird und wir dieses Kreuz täglich auf uns nehmen und dadurch anzeigen, daß wir nicht mehr uns selbst gehören. Sooft zur Auslieferung an Jesus Christus aufgerufen wird, hört man den Einwand, das sei anstößig und geschmacklos.
Das unechte Gegenstück zur Lebensübergabe ist die irreführende Redewendung vom »Dienst für Gott«. Ich will mich für Gott verzehren, ich will alles, wirklich alles tun – außer dem einen, worum Er mich bittet, nämlich, mein Recht auf mich an Ihn abzugeben. »Aber ist nicht der Dienst für Gott etwas Richtiges?« Sobald wir so fragen, haben wir die falsche Richtung eingeschlagen. Es geht um die richtige *Person*, um den Herrn Jesus Christus, nicht um die richtige Sache. Klammere Jesus nicht aus deinem Christsein aus: »um Meinetwillen«. Die große,

alles bestimmende Erkenntnis ist, daß ich selbst Jesus gehöre.

Wenn ich den Heiligen Geist empfange, empfange ich nicht die Möglichkeit des Einsseins mit Jesus Christus, sondern ein wirkliches, intensives Einssein mit Ihm. Die Frage ist nur, ob ich mein persönliches Leben Ihm ganz ausliefere. Das wird zur Folge haben, daß ich Ihm nicht nur das Schlechte ausliefere, sondern auch das Richtige und Gute (vgl. Matthäus 5, 29 f.). Wenn du auf die Frage hin, was du für Jesus Christus aufzugeben bereit bist, erst überlegen mußt, sage nicht, daß du Ihn liebst. Jesus Christus bittet uns, das Beste, was wir haben, an Ihn abzugeben: unser Recht auf uns selbst.

25. Januar

... bis Christus in euch Gestalt gewinnt! Galater 4, 19

Hüte dich davor, der Lehre unseres Herrn den radikalen Aspekt zu nehmen, indem du sagst, daß Gott etwas einsetzt, um der falschen Veranlagung entgegenzuwirken. Das ist ein Kompromiß. Jesus lehrt uns nie, die falsche Veranlagung zu zügeln und zu unterdrücken. Er gibt uns eine völlig neue Veranlagung. Er ändert die Haupttriebfeder unseres Handelns. Die Lehre unseres Herrn Jesus kann nur durch den neuen Geist, den Er gibt, ausgelebt werden; sie kann nie verstanden werden als eine Reihe von Regeln und Vorschriften.

Ein Mensch kann nicht das Wesen Jesu Christi nachahmen; es ist entweder da, oder es ist nicht da. Wenn der Sohn Gottes in mir Gestalt gewinnt, nimmt Er in meiner menschlichen Natur Gestalt an, und ich muß den neuen Menschen in Übereinstimmung mit Seinem Leben anziehen und Ihm gehorchen; dann wird Sein Wesen unaufhörlich in mir hervortreten.

Wir bilden unseren Charakter aus unserer Veranlagung.

Der Charakter ist das, was wir aufbauen, die Veranlagung das, womit wir geboren sind. Und wenn wir wiedergeboren werden, wird uns eine neue Veranlagung gegeben. Das ist ein Geschenk. Unsere natürliche Veranlagung wird uns durch die Vererbung übertragen; durch die Neugeburt gibt Gott uns die Veranlagung Seines Sohnes.

26. Januar

Erhaltet euch in der Liebe Gottes. Judas 21

Wenn Gott einen Menschen rettet und heiligt, wird seine Persönlichkeit zur höchsten Stufe der Freiheit erhoben. Er ist jetzt frei zu sündigen, wenn er will. Vorher ist er nicht frei. Die Sünde treibt und beherrscht ihn. Wenn er von der Sünde befreit ist, ist er frei, nicht zu sündigen, oder ist frei zu sündigen, wenn er das vorzieht.

Die Lehre von der völligen Sündlosigkeit und der daraus resultierenden Freiheit von der Versuchung basiert auf der Überlegung, daß ich, weil ich geheiligt bin, jetzt nichts Falsches mehr tun kann. Wenn das so ist, hörst du auf, Mensch zu sein. Wenn Gott uns in eine solche Lage brächte, daß wir nicht ungehorsam sein könnten, wäre unser Gehorsam ohne Wert für Ihn. Aber gelobt sei Sein Name: Wenn die Liebe Gottes durch Seine Erlösung in unsere Herzen ausgegossen ist, gibt Er uns etwas zu tun, um das zu zeigen.

Genauso wie die menschliche Natur im praktischen Leben auf die Probe gestellt wird, so wird auch die Liebe Gottes in uns auf die Probe gestellt. »Erhaltet euch in der Liebe Gottes«, sagt Judas. Das heißt: Haltet eure Seele offen nicht nur für die Tatsache, daß Gott euch liebt, sondern, daß Er *in* euch ist, und zwar so in euch ist, daß Er Seine vollkommene Liebe in jeder Lage, in der ihr euch befinden mögt, kundtun kann, wenn ihr euch auf Ihn verlaßt.

27. Januar

Es werden nicht alle, die zu Mir sagen: »Herr, Herr!«, in das Himmelreich kommen, sondern nur die, die den Willen meines Vaters im Himmel tun. Matthäus 7, 21

Die menschliche Natur hat eine Vorliebe für Etiketten, aber ein Etikett kann dennoch das Bekenntnis vermissen lassen. Es ist so leicht, sich Etiketten anzuhängen, viel leichter oftmals, ein Band oder ein Abzeichen zu tragen, als zu bekennen.

Jesus hat nie das Wort »bezeugen« verwendet; Er gebrauchte das viel weitergehende Wort »bekennen«. »Wer Mich bekennt vor den Menschen . . .« Die Echtheit des Bekenntnisses zeigt sich dann, wenn es abgelegt wird durch das Tun des Willens Gottes. »Wenn ihr Mich nicht bekennt vor den Menschen«, sagt Jesus, »wird euch euer himmlischer Vater auch nicht bekennen.«

Sobald wir bekennen, müssen wir ein Abzeichen haben. Wenn wir uns keines anheften, werden andere es tun. Unser Herr Jesus warnt davor, das Etikett zu tragen, ohne die Sache selbst zu haben. Es ist möglich, daß ein Mensch das Abzeichen trägt, das ihn als Seinen Jünger ausweist, obwohl er keiner ist. Etiketten haben ihren Sinn und ihre Berechtigung, aber wenn wir das Etikett mit der Sache verwechseln, kommen wir durcheinander.

Wenn der Jünger unterscheiden soll zwischen den Menschen mit dem Etikett und dem, der die Sache hat, braucht er den Geist der Unterscheidung, nämlich den Heiligen Geist. Am Anfang sind wir ganz überzeugt, daß das Etikett und die Sache eine Einheit bilden. Sie gehören eigentlich auch zusammen, aber Jesus weist uns warnend darauf hin, daß sie manchmal getrennt werden. Wir begegnen Fällen, wo Gott den Dienst für Ihn gelingen läßt, obwohl diejenigen, die Sein Wort verkündigen, ihr Leben nicht nach Seinem Willen führen. Bei der Beurteilung des Verkündigers, sagt Er, müßt ihr die Frucht zugrunde legen.

28. Januar

Denn wenn ihr eurer selbstsüchtigen Art folgt, werdet ihr sterben müssen; wenn ihr aber durch den Geist das selbstsüchtige Handeln tötet, werdet ihr leben.
Römer 8, 13

Sinnlichkeit ist keine Sünde. Durch sie erlangt mein Körper Verbindung mit äußeren Gegebenheiten. Sie bildet den Ausgangspunkt für die Befriedigung meiner natürlichen Triebe. Die Sinnlichkeit ist in einem Menschen, der durch Jesus Christus von seiner Sünde befreit ist, genauso vorhanden wie in einem Menschen, für den das nicht zutrifft. Du magst noch so bewährt sein als Christ, du kannst dennoch jederzeit in die Falle der Sinnlichkeit gehen.
Paulus sagt: »Tötet durch den Geist das selbstsüchtige Handeln«. »Töten« heißt hier soviel wie »durch Nichtbeachten zerstören«. – Eine der ersten großen Lektionen, die der Mensch auf dem sittlichen Gebiet lernen muß, ist, daß er *Sünde* nicht zerstören kann, indem er sie unbeachtet läßt. Sünde kann nur durch das Erlösungswerk Jesu Christi ausgetilgt werden; ich kann sie nicht austilgen. Die Erbanlage ist ein so großes Problem, daß ich es nicht bewältigen kann. Aber wenn ich die Gabe des Heiligen Geistes auf der Grundlage der Erlösungtat Jesu Christi annehme, befähigt Er mich, die Erlösung in meiner Erfahrung zu verwirklichen.
Die Sinnlichkeit aber geht mich an. Ich muß sie töten, und wenn ich es nicht tue, wird sie nie getötet. Wenn ich irgendeinen Teil meines natürlichen Lebens nehme und zu meiner eigenen Befriedigung gebrauche, dann ist das Sinnlichkeit. Ein Christ muß lernen, daß sein Körper nicht ihm gehört. »Oder wißt ihr nicht, daß euer Leib ein

Tempel des Heiligen Geistes ist . . . und ihr nicht euer eigen seid?« Achte darauf, daß du dieses Töten lernst.

29. Januar

Wenn jemand nicht von neuem (griechisch: von oben) geboren wird, kann er das Reich Gottes nicht sehen. Johannes 3, 3

Die Neugeburt beruht nicht auf einem Naturgesetz. Allem, was in diese Welt kommt, wird durch eine umwälzende Veränderung Bahn bereitet. Bevor ein Baum wachsen kann, muß er gepflanzt werden; bevor ein Mensch aufwachsen kann, muß er geboren werden: ein einschneidendes Ereignis.

Jedes Kind, das in diese Welt geboren wird, bringt für irgend jemanden einen gefährlichen Wendepunkt herbei, die Mutter muß praktisch den Tod durchleiden. Das gleiche gilt auch auf geistlichem Gebiet. »Von oben geboren« zu werden ist kein einfacher Vorgang. Wir können nicht in das Reich Gottes hineinrutschen. Rein verstandesmäßig ist es vielleicht vorstellbar, daß es möglich sein müßte, in das Leben Gottes einzugehen. Aber nach den Aussagen der Bibel und unserer tatsächlichen Erfahrung geht es so nicht. Unser Leben gründet nicht in einem rationalen, also vernunftgemäßen Gefüge, sondern in einer Tragik. Der Zweck des Kommens Jesu war, das Leben des Menschen auf die Grundlage der Erlösung zu stellen, damit jeder Mensch das Erbe des Sohnes Gottes empfangen und in den Bereich erhoben werden kann, in dem Jesus Christus lebt.

Der historische Jesus stellt Gott und den Menschen in Personalunion vor, d. h. Er vereint beide in Seiner Person. Er lebte dreiunddreißig Jahre auf der menschlichen Ebene und stellte während jener Zeit dar, wie der Mensch Gottes sein soll.

Wenn wir von neuem geboren werden, treten wir in Gottes Reich ein, wir beginnen zu wachsen, und als Ziel steht vor uns: ». . . wir wissen aber, wenn es erscheinen wird, *daß wir Ihm gleich sein werden*; denn wir werden Ihn sehen, wie Er ist.« Aber bevor ich anfangen kann zu erkennen, wer Jesus Christus ist, muß ich in ein anderes Reich eintreten: »Es sei denn, daß jemand von neuem geboren werde, *so kann er das Reich Gottes nicht sehen*.« Ich trete in Gottes Reich ein, indem es in mich eintritt, d. h. ich gebe meine Zustimmung dazu, Wohnstätte des Lebens des Sohnes Gottes, »Bethlehem«, zu werden. Mein Leben stammt nicht von mir selbst; ich empfange es von dem Einen, der die Quelle des Lebens ist.

30. Januar

Kein einziger sagte, daß seine Güter noch sein Eigentum wären, sondern es gehörte ihnen alles gemeinsam. Apostelgeschichte 4, 32

. . . und laßt uns aufeinander achtgeben und uns anspornen zur Liebe und zu guten Werken. Verlaßt eure Gemeindeversammlungen nicht . . . Hebräer 10, 24 f.

Diese beiden Stellen weisen auf das Hauptmerkmal des Christentums hin, das Miteinander. Falsche Religionen fordern ein abgesondertes heiliges Leben. Versuche einmal, ein heiliges Leben in der Zurückgezogenheit zu führen, und du erkennst, daß es nicht geht. Der einzelne kann ein echtes Leben nur führen, wenn er in einer Beziehung zu anderen Menschen steht.

Nach der Auferstehung erlaubte unser Herr Jesus es Maria nicht, eine geistliche Erfahrung für sich allein zu behalten, sie mußte Verbindung mit den Jüngern aufnehmen und ihnen eine Botschaft überbringen: »Rühre Mich nicht an! . . . Gehe aber hin zu Meinen Brüdern und sage ihnen: Ich fahre auf zu Meinem Vater und zu eurem Vater, zu Meinem Gott und zu eurem Gott.«

Nach seiner Verleugnung war Petrus in Gefahr, unweigerlich in seinem Jammer zu versinken. Er hätte sich von seiner Umgebung abzukapseln versucht und sich mit ständigen Selbstvorwürfen gequält, wenn unser Herr Jesus dem nicht vorgebaut hätte, indem Er ihm etwas Positives zu tun gab: ». . . und wenn du dermaleinst dich bekehrst, so stärke deine Brüder.«

Sobald du allein deine Heiligkeit aufbauen willst und dein Augenmerk darauf richtest, wie weiß deine Weste geworden ist, geht dir der ganze Sinn des christlichen Glaubens verloren. Der Heilige Geist bringt einen Menschen dazu, sein Augenmerk auf seinen Herrn zu richten und auf aktiven Einsatz für andere.

Im frühen Mittelalter meinte man, Christ zu sein bedeute, ein heiliges Leben zu führen abgewandt von der Welt, von ihren staatlichen und gesellschaftlichen Gegebenheiten und von ihrer Arbeit. Dem Neuen Testament ist dieser Typ von Heiligkeit fremd. Er kann nicht mit der Überlieferung des Lebens Jesu in Einklang gebracht werden. Die Menschen Seiner Zeit nannten Ihn den »Freund der Zöllner und Sünder«, weil Er ihnen soviel Zeit widmete.

31. Januar

Darum geht hin und macht alle Völker zu Jüngern . . .
Matthäus 28, 19

Der Ruf zur Nachfolge kommt ebenso unerwartet und ist ebenso unbegreiflich wie die Neugeburt. Wer ihn hört, wird total verändert. Es ist wie beim Ruf der See oder dem Ruf der Berge. Nicht jeder hört diesen Ruf, nur wer durch seine Veranlagung zur See oder zu den Bergen hingezogen wird – und auch dann nur, wenn er dem Ruf

Aufmerksamkeit schenkt. Um den Ruf Gottes oder den Ruf in die Nachfolge Jesu zu hören, muß man einen geübten Verstand und ein ausgebildetes Unterscheidungsvermögen haben. Fürchte dich nie vor dem, was dir unbestimmt erscheint und du nicht richtig zu fassen vermagst; die größten Dinge im Leben sind wenig faßbar, und doch sind es Realitäten.

»Darum geht hin und macht Jünger aus allen Völkern.« – Nicht: »Geht hinaus und rettet Seelen«, sondern: »geht und macht Jünger.« Es ist verhältnismäßig leicht, die Rettung von der Sünde zu verkündigen, aber Jesus kommt und sagt: »Wie ist es mit dir? Wenn *du* Mein Jünger sein willst, verleugne dich selbst, nimm täglich dein Kreuz auf dich, und folge Mir nach.«

Das hat nichts mit unserer ewigen Erlösung zu tun, aber es hat alles zu tun mit unserem zeitlichen Wert für Gott. Die meisten Christen kümmern sich überhaupt nicht um ihren zeitlichen Wert für Gott. Ihnen geht es lediglich darum, von der Hölle errettet und für den Himmel zurechtgebracht zu sein. Es gibt etwas unendlich Größeres als das, und Jesus Christus gibt uns eine wunderbare Gelegenheit, unser Recht auf uns selbst aufzugeben, an Ihn abzugeben, damit wir in unauflöslicher Gemeinschaft an den Einen gebunden sind, der uns eine so unbegreiflich große Errettung geschenkt hat.

1. Februar

Und Er sagte zu ihnen: »Laßt uns über den See fahren.« Und sie stießen vom Lande. Lukas 8, 22

»Wenn du Jesus gehorsam bist, wird dein Leben voll Freude und Glück sein«, so kann man es hören. Das stimmt nicht. Jesus sagte zu Seinen Jüngern: »Laßt uns über den See fahren«, und sie kamen in den stärksten Sturm, den sie je erlebt hatten. Du sagst: »Wenn ich Jesus nicht gehorcht hätte, dann wäre ich nicht in diese schwierige Situation gekommen.« Genau richtig. Das ist die Erklärung für die Probleme in unserem Wandel mit Gott, und die Versuchung tritt an uns heran, zu sagen: »Gott kann mir gar nicht gesagt haben, dorthin zu gehen, sonst wäre das nicht passiert.« Dann stellt es sich heraus, ob wir Gottes Rechtschaffenheit vertrauen oder auf unseren eigenen, ausgesprochenen Zweifel hören.

Der Zweifel, der über unsere Zunge kommt, ist meistens nur kurzlebig. Wirklicher Zweifel sitzt tief im Herzen eines Menschen, der weiß, daß er nicht aus eigenem Antrieb dorthin ging, wo er ist. Er findet nur schwer Worte für seinen Zweifel: »Ich habe nicht meinen Willen und Vorteil gesucht. Ich bin nur gekommen, weil ich glaubte, daß Jesus mich rief, und jetzt ist alles nur Dunkelheit und Hoffnungslosigkeit.«

Dunkelheit ist nicht gleichbedeutend mit Sünde. Wo Dunkelheit in geistlichen Dingen ist, rührt sie sehr viel wahrscheinlicher vom Schatten der Hand Gottes als von der Sünde; sie kann die Schwelle zu einer neuen Offenbarung sein, die auf eine einschneidende Unterbrechung der persönlichen Erfahrung folgt. Vor der Morgendämmerung ist alles trostlos; aber warte nur, der Morgen wird in strahlenden, hellen Tag einmünden.

Wenn du in deinem persönlichen Leben die Dunkelheit der Hoffnungslosigkeit erfährst, gehe unbeirrt weiter, und du wirst Jesus Christus so real erfahren wie nie zuvor. »Ich bin gekommen, daß sie das Leben haben« – Leben, in dem kein Tod ist –, »Leben im Überfluß.«

2. Februar

So wappnet auch ihr euch mit derselben Gesinnung ...
1. Petrus 4, 1

Manche Leute haben eine Rüstung von Unschuld angelegt wie Tennysons Ritter, dessen Kraft die von zehn Männern war, weil er ein »reines Herz« hatte. Andere haben einen Panzer der Liebe. Paulus sagt: »Legt die volle Waffenrüstung Gottes an.« Verlaß dich auf nichts Geringeres als das, kleide dich in deine Verbindung zu Gott, halte sie aufrecht. Wenn du dich nicht mit der von Gott bereitgestellten Rüstung bewaffnest, bist du offen für Angriffe übernatürlicher Mächte auf dein verborgenes persönliches Leben, über die du keine Gewalt hast. Aber schnall dir die Rüstung um, bring dich in eine wirklich lebendige Verbindung zu Gott. Dann bist du bewahrt nicht nur in der bewußten Schicht, sondern auch in den Tiefen deiner Persönlichkeit unterhalb der Schicht des Bewußten.

»Betet ohne Unterlaß«, sagt Paulus. Jedesmal, wenn wir beten, wird unser Gesichtskreis verändert, unsere Einstellung zu den Dingen wird verändert; nicht manchmal, sondern jedesmal, und das Verwunderliche ist, daß wir nicht *mehr* beten. Das Gebet bringt uns völlige Befreiung, wahre Emanzipation, es hält uns auf der geistlichen Ebene.

Wenn du dich in völliger Übereinstimmung mit einem anderen Menschen befindest, steht ihr ständig in intensiver Verbindung. Wenn du von oben geboren bist, besteht die Verbindung zwischen Gott und dir. Weiter so, sagt Petrus. »Wappnet euch mit derselben Gesinnung.«

Läßt du das Gebet zu kurz kommen? Reserviere dir unbedingt sofort wieder ausreichend Zeit für das Gebet, auch wenn jetzt etwas anderes zu kurz kommt. Wenn du das nicht tust, wirst du einen gefährlichen Einfluß auf die Menschen um dich herum ausüben. Sei wachsam gegenüber dem Fallstrick des Selbstmitleids: »Warum muß es mir so gehen?« Vorsicht, du bist eine Gefahrenquelle. Ich habe den Eindruck, daß Jesus Christus einige von uns traurig ansieht und überrascht ist über das, was wir zu Ihm sagen, verwundert über unsere Einstellung zu Ihm, über die beleidigten Mienen, die wir ziehen, weil wir vergessen haben, uns mit derselben Gesinnung zu wappnen.

3. Februar

Alles nun, was ihr wollt, daß euch die Leute tun sollen, das tut ihnen auch! Matthäus 7, 12

Unser Herr Jesus spricht diese Grundregel positiv, nicht negativ aus. *Tu* andern genau das, was du gern von ihnen getan haben möchtest. Das ist etwas ganz anderes, als anderen das nicht zu tun, was sie dir nicht antun sollen. Was wollten wir gern von andern Leuten getan haben? In Ordnung, sagt Jesus, tu du ihnen das. Warte nicht darauf, daß sie es dir tun. Der Heilige Geist wird deine Phantasie beflügeln, so daß dir vieles einfällt, wovon du gern hättest, daß andere es tun, und auf diese Weise sagt Er dir, was du ihnen tun sollst.

»Ich wollte, daß andere meine uneigennützigen Motive anerkennen.« Erkenne du ihre uneigennützigen Motive an. – »Ich wünschte, niemand würde lieblose Urteile über mich fällen.« Fälle du keine lieblosen Urteile über andere. – »Wenn doch andere für mich beten würden!« Bete du für die anderen.

Das Maß unseres Wachsens in der Gnade entspricht unserer Haltung gegenüber anderen. »Liebe deinen Nächsten wie dich selbst«, sagt Jesus. Satan kommt zu uns als Engel des Lichts und sagt: »Aber du darfst nicht an dich selbst denken.« Der Heilige Geist bringt dich dazu, an dich selbst zu denken, weil Er dich auf diese Weise erzieht und befähigt, mit anderen umzugehen. Er veranlaßt dich, dir zu überlegen, was du dir gern von anderen tun ließest, und dann sagt Er: »Jetzt geh und tu das.« Diese Anweisung ist der Maßstab unseres Herrn Jesus für das praktische sittliche Verhalten.

4. Februar

Da wurde Jesus vom Geist in die Wüste geführt, um vom Teufel versucht zu werden. Matthäus 4, 1

Dreißig Jahre lang war Jesus nicht hervorgetreten, dann ließ Er sich taufen und empfing eine wunderbare Kundgabe des Wohlgefallens des Vaters. Das nächste, was wir lesen, ist, daß Er »vom Geist in die Wüste geführt« wird, »um vom Teufel versucht zu werden«. Der gleiche Vorgang verwirrt uns in unserer eigenen geistlichen Erfahrung: Wir wurden von obenher geboren, machten die wunderbare Erfahrung der Taufe mit dem Heiligen Geist und dachten: »Gewiß sind wir jetzt imstande, etwas für Gott zu tun.« Und Gott schiebt uns unübersehbar und auf völlig unerklärliche Weise beiseite, in einen staubigen, von Spinnweben überzogenen Winkel.

Die Qual, die Jesus in Seiner Versuchung erlitt, kam aus der Erkenntnis, wie lang der Weg sein würde und welches Leiden über Menschen aller Zeiten kommen würde, wenn Er den Weg beschritt, den Sein Vater Ihm bereitet hatte. Er erkannte das in einer Weise, wie wir es nicht ahnen können. Sein Mitempfinden übersteigt alles, was wir uns vorstellen können. Wenn Er nicht den von Seinem Vater gewiesenen Weg gegangen wäre, wäre nicht Seine eigene Familie in Aufruhr versetzt worden, Sein eigenes Volk hätte nicht den Heiligen Geist gelästert. Wenn wir Gethsemane verstehen wollen, müssen wir uns um das Verstehen der Versuchung Jesu bemühen.

Wenn wir Jesus Christus gehorchen, geht es nie um die Frage, was es uns kostet – es kostet uns nichts: Nachfolge Jesu ist eine Freude – sondern, was es die kostet, die wir lieben. Wir stehen immer in der Gefahr, der Versuchung einer »Abkürzung« nachzugeben. Bin ich bereit dazu, den Gehorsam gegen Gott andere etwas kosten zu lassen? Jesus hat bewußt ja gesagt zu dem beschwerlichen Weg, und Er sagt, daß der Jünger nicht über seinen Meister ist. »Weil du bewahrt hast das Wort von Meiner Geduld . . .« Wir würden gern alles beschleunigen durch Erweckungen. Immer wieder nehmen wir den Rat des Teufels an und sagen: »Es muß schnell gehen, die Not ruft. Es müssen Menschen gerettet werden.« Wenn wir verstehen, welche Versuchung Jesus in Seinem Inneren durchkämpfte, wird sich uns das Verständnis der Geschichte der Christenheit und auch unseres eigenen Weges erschließen.

5. Februar

Gott aber kann machen, daß Seine Gnade euch auf jede Weise reichlich zuteil wird . . . 2. Korinther 9, 8

Unser Herr Jesus entäußerte sich völlig und besaß die ganze Zeit Seines Erdenlebens hindurch nichts. Folglich war Er frei dafür, daß Gott Seine Gaben durch Ihn als Überbringer auf andere ausgoß.
Denke doch daran, mit welcher Betriebsamkeit wir vor unseren himmlischen Vater treten. Sooft wir einen Anlaß erkennen, eilen wir vor Ihn und sagen: »Das kann ich tun, lieber Gott, darum brauchst Du Dich nicht zu kümmern.«
Ob wir es wohl lernen werden, nichts zu besitzen und das zu bejahen? Das Besitzen macht uns so eingebildet: »O ja, ich kann für dich beten; ich kann dies und das für dich tun.« Wir müssen an den Punkt kommen, über den Jesus mit dem reichen Jüngling sprach, wo wir so total leer und arm sind, daß wir nichts haben, und Gott weiß, daß wir nichts haben. Dann kann Er durch uns tun, was Er will. Wenn wir uns doch schleunigst von allem trennen würden, was wir besitzen, es weggeben, bis nichts mehr übrig ist! Dann besteht für Gott die Gelegenheit, Ströme in uns hineinzugießen für andere Menschen.

6. Februar

So hört nun ihr dieses Gleichnis von dem Sämann ...
Matthäus 13, 18

Der Pflug bereitet den Boden für die Saat vor. Der festgetretene Weg durch die Felder besteht aus demselben Boden wie das gute Land, aber er taugt nicht für den Getreideanbau, weil er nie gepflügt wurde. Übertrage diesen Tatbestand auf deine eigene Seele und die Seelen der Menschen.

Es gibt Menschen, die absolut unansprechbar sind für Gott. Sie sind lediglich ein Weg für den Verkehr ihrer eigenen Belange. Wir tragen die Verantwortung für die Art von Boden, der wir sind. Kein Mensch auf dieser Welt hat das Recht, eine Hauptverkehrsstraße zu sein.

Jeder hat die Möglichkeit, dem Pflug zu gestatten, durch sein Leben zu fahren. Kummer oder der Verlust eines Menschen oder das Erkennen eigener Sünde, alles was uns von dem ebenen, festgetretenen Weg des Lebens herunterholt und Schweres auferlegt, tut das Werk des Pfluges. Ein Mensch, der sich um sein ewiges Heil sorgt, gibt damit zu erkennen, daß der Pflug angefangen hat, sich in seine Selbstgefälligkeit hineinzugraben. Die Worte unseres Herrn Jesus: »Ihr sollt nicht meinen, daß Ich gekommen bin, Frieden auf die Erde zu bringen. Ich bin nicht gekommen, Frieden zu bringen, sondern das Schwert« (Matthäus 10, 34–36) beschreiben, was geschieht, wenn das Evangelium verkündigt wird: Uneinigkeit, Sündenerkenntnis, Beunruhigung, Verwirrung.

7. Februar

Alle diese bösen Dinge kommen von innen heraus und machen den Menschen unrein. Markus 7, 23

Salomo war der weiseste und wohlhabendste aller Könige, doch sagt er, daß »die Plage seines Herzens« ihm sehr zu schaffen machte (1. Könige 8, 38). Das ist die erste Lektion, die jeder von uns zu lernen hat. Wir sind anfangs noch nicht bereit, die Diagnose Jesu Christi über das menschliche Herz anzunehmen. Wir vertrauen lieber auf unsere eigene Unwissenheit und vermeintliche Unschuld.

Jesus Christus sagt: »Aus dem Herzen der Menschen kommen die bösen Gedanken: Unzucht, Diebstahl, Mord, Ehebruch, Habgier, Schlechtigkeit, Arglist . . .« usw. (Markus 7, 21–23). Das hat noch nie jemand geglaubt. Wir denken nicht im entferntesten daran, daß das, was Jesus über das Herz des Menschen sagt, wahr ist, bis wir eine bestimmte Erfahrung machen. Wir sagen vielleicht entrüstet: »Ich glaube nicht, daß so etwas in meinem Herzen ist« und weisen die Diagnose des einzigen Meisters des menschlichen Herzens, den es gibt, zurück.

Wir brauchen die Plage unseres eigenen Herzens und die furchtbaren Möglichkeiten, die das menschliche Leben umschließen, nie kennenzulernen, wenn wir uns an Jesus Christus ausliefern. Aber wenn wir auf unserer Klugheit und unserem Recht beharren, kann sich jeden Augenblick ein Ausbruch ereignen, und es kann sein, daß wir zu unserem unbeschreiblichen Entsetzen erkennen, daß wir zu einem Mord oder sonst zu einer verabscheuungswürdigen Tat fähig sind. Das ist eine der grauenhaftesten und demütigendsten und verheerendsten Wahrheiten im ganzen menschlichen Erfahrungsbereich . . .

Die Erziehung kann die Plage des Herzens nicht bewältigen, alle unsere Gelübde können ihr nicht beikommen. Der einzige, der ihr gewachsen ist, ist Gott, und wir können Seine Hilfe erfahren durch eine persönliche Beziehung zu Ihm und durch den Empfang des Heiligen Geistes, nachdem wir die Diagnose Jesu Christi angenommen haben.

8. Februar

Und Abraham reckte seine Hand aus und faßte das Messer, daß er seinen Sohn schlachtete. 1. Mose 22, 10

Wenn die Bibel von Opfer redet, bedeutet das, daß wir Gott das Beste geben, was wir haben. Das Opfer ist die höchste Form der Anbetung. Opfern heißt nicht, irgend etwas aufzugeben, sondern Gott das Beste, was wir haben, mit Freude zu geben.

Wir haben den Gedanken der Lebensübergabe und des Opfers entwertet, wir haben diesen Worten das Leben entzogen und ihnen eine Bedeutung gegeben, die an etwas Trauriges und Müdes und Verachtenswertes denken läßt. In der Bibel bedeuten sie das genaue Gegenteil. Mich Gott ausliefern heißt, meine eigene klägliche Bedeutungslosigkeit abgeben. Bin ich bereit, sie für den großen, guten Plan hinzugeben, den Gott für mich hat? Bin ich bereit, Ihm die Tatsache auszuliefern, daß ich ein unwissender, nutzloser, wertloser, zu alter Mensch bin?

Gottes Wirken wird mehr dadurch aufgehalten, daß Menschen am Bewußtsein ihrer Unwürdigkeit kleben, als wegen ihrer Selbstgefälligkeit und Einbildung. »Wer bin denn ich?« Sofort gehen die Gedanken in die Richtung: »Ich habe doch gar keine entsprechende Ausbildung«. – »Ich habe einfach zu spät angefangen.« Bin ich bereit, alles Gott auszuliefern und als ein an Ihn Gebundener zu leben? Als einer, der dem fleischlichen Leben absag, um das geistliche zu ergreifen? Als ein »Narr um Christi willen«?

Abraham lieferte sich völlig dem übernatürlichen Gott aus. Hast du Verbindung mit einem übernatürlichen Gott? Ich frage nicht, ob du weißt, was Er tun wird. Das kannst du nicht wissen. Aber es geht darum, daß du an Ihn glaubst und Er deshalb tun kann, was Er will.

9. Februar

Leide mit als ein guter Streiter Christi Jesu.
2. Timotheus 2, 3

Das erste Erfordernis für einen Mitarbeiter ist freiwillig übernommene Disziplin. Es ist leicht, begeistert zu sein, leicht, von geistlichen Impulsen gepackt zu sein. Aber es braucht ein Herz, das in Liebe mit Jesus Christus verbunden ist, wenn wir unsere Füße in Seine Fußspuren setzen wollen und unser Leben konsequent auf ein beständiges »Hinaufgehen mit Ihm nach Jerusalem« ausrichten wollen. Disziplin ist etwas, wovon der moderne Christ nichts weiß. Wir ertragen heutzutage keine Disziplin mehr. »Gott hat mir eine Erfahrung Seines göttlichen Lebens und Seiner Gnade gegeben, deshalb habe ich mein eigenes Gesetz«, so denken wir.

Die Disziplin eines Mitarbeiters dient nicht der Fortentwicklung seines eigenen Lebens, sondern den Absichten seines Befehlshabers. Der Grund für die große Zahl der Niederlagen ist, daß wir vergessen haben, daß wir für *eine* Sache hier sind: Treue gegenüber Jesus Christus. Sonst haben wir unsere Hingabe an Gott ohne jegliche Berechtigung vollzogen. Wenn ein Soldat nicht bereit ist, sich töten zu lassen, gibt es für ihn gar keinen Anlaß, sich anwerben zu lassen. Der einzige Weg, Gott treu zu bleiben, besteht in der steten, ausdauernden Weigerung, sich für christliche Arbeit zu interessieren, sondern allein für Jesus Christus.

Ein diszipliniertes Leben umfaßt dreierlei: Ein Ziel, das das Leben überragt und an dem es ausschließlich orientiert ist; ein Gesetz, das von außen, von dem Befehlshaber, kommt und verpflichtend ist, und absolute Treue gegen Gott und Sein Wort als tief eingewurzelte Haltung des Herzens und Verstandes. Es darf keine Gehorsamsverweigerung geben. Jeder Antrieb, jede Gefühlsregung, jede Erleuchtung müssen rigoros unter Kontrolle genommen und unterbunden werden, falls sie nicht in Einklang mit Gott und Seinem Wort stehen.

Unser Herr Jesus selbst ist das Vorbild eines disziplinierten Lebens. Er lebte ein heiliges Leben, indem Er sich Seinem Vater opferte; Seine Worte und Sein Denken waren heilig, weil Er Seinen Verstand dem Wort Seines Vaters unterstellte. Er wirkte die Werke Gottes, weil Er ständig Seinen Willen dem Willen Seines Vaters unterordnete – und wie der Meister so ist auch der Jünger.

10. Februar

Freut euch, daß ihr mit Christus leidet. 1. Petrus 4, 13

Wenn Gott uns gebrauchen will, führt Er uns durch eine Vielzahl von Erfahrungen, die nicht als Selbstzweck für uns gedacht sind, sondern uns für Seine Hand brauchbar machen sollen. Wir machen Erfahrungen durch, die nicht anders zu erklären sind. Je näher wir Gott kommen, desto unerklärlicher erscheint der Weg. Nur in der Rückschau und durch Hinweise in Gottes Wort verstehen wir Sein Handeln an uns.

Nach dem Urteil der Menschen verschwendet Gott nicht nur Seine Heiligen, sondern Er scheint sie höchst unbarmherzig zu zerbrechen. Du sagst: »Aber es kann niemals Gottes Wille sein, mich zu zerbrechen.« Wenn es

Gott gefiel, Seinen eigenen Sohn zu zerbrechen, warum sollte Er nicht auch dich zerbrechen? Leiden selbst zu wählen ist krankhaft; aber Gottes Willen zu erwählen, selbst wenn Er in Leiden führt, das ist Leiden, wie Jesus es auf sich nahm.

In der Bibel wird nie der Leidende herausgestellt und idealisiert, sondern es geht um die Verherrlichung Gottes. Gott mehrt immer Seine Ehre durch die persönliche Leidenserfahrung des Glaubenden.

11. Februar

Ja, ich achte es noch alles für Schaden gegenüber der überschwenglichen Erkenntnis Christi Jesu, meines Herrn. Philipper 3, 8

Das erste, was der Geist Gottes in uns tut, ist, die Dinge auszulöschen, auf die wir uns natürlicherweise verlassen. Paulus legt das in Philipper 3 dar, indem er ausführt, wer er ist, und auf welche Dinge er sein Vertrauen gründen könnte. »Aber«, sagt er, »ich sage mich bewußt von allen diesen Dingen los, damit ich Christus gewinne.«

Die ständige Aufforderung, wir sollten unsere Gaben Gott weihen, ist ein Betrug des Teufels, der unsere Heiligung verhindern will. Wir sagen etwa: »Welche gewaltige Ausstrahlungskraft hätte dieser Mann oder diese Frau im Dienst für Gott.« Wenn wir über die unvollkommenen Tugenden eines Menschen Überlegungen anstellen, legen wir uns auf etwas Falsches fest. Wenn ein Mann oder eine Frau jemals Gott dienen will, dann kann das nur dadurch geschehen, daß sie bereit sind, allen ihren natürlichen Vorzügen zu entsagen, und entschlossen sind, schwach zu sein in Ihm: »Ich bin allein dazu hier, daß Jesus Christus Seine Kraft in mir erweist.« Das soll die beständige Lebensweise eines Christen sein.

Jedesmal, wenn wir meinen, wir täten etwas für Gott,

sind wir Ihm im Wege. Wir müssen uns in die Haltung einüben, daß wir Gott Sein Werk ungehindert durch uns ausführen lassen, wie Er es durch Jesus tat. Dann wird Er uns gebrauchen und schon dafür sorgen, daß wir das nicht erkennen.

Wir müssen jeden anderen Gedanken außer den an Jesus Christus auslöschen. Das kann man nicht ein für allemal tun. Wir müssen das ständig praktizieren. Wenn du je erkannt hast, daß Jesus Christus alles in allem ist, übe dich darin, Ihn alles in allem sein zu lassen. Das wird dazu führen, daß du nicht nur in deinem Kopf glaubst, daß Er alles in allem ist, sondern daß du deinen Glauben auch auf die Probe stellen läßt und beweist, daß Er es ist.

Nachdem Er uns geheiligt hat, ist es Gott eine Freude, uns an Plätze zu stellen, wo Er uns reich machen kann. Jesus Christus zählt als Dienst nicht das, was wir für Ihn tun, sondern was wir für Ihn sind. Das Geheimnis dafür liegt in der persönlichen Identität mit Ihm. »Ich möchte ja Ihn erkennen.«

12. Februar

Denn Er ist ein heiliger Gott, ein eifernder Gott, der eure Übertretungen und Sünden nicht vergeben wird.
Josua 24, 19

Bist du jemals in deinem Gewissen durch den Geist Gottes von Sünde überführt worden? Wenn ja, weißt du eines: Daß Gott es sich nicht erlauben kann, dir zu vergeben und zugleich Gott zu sein. Es wird viel sentimentales Gerede darüber gemacht, daß Gott vergibt, weil Er Liebe ist. Doch Gott ist so heilig, daß Er nicht vergeben kann. Gott kann nur auf ewig zerstören, was anders ist als Er.

Das Sühnopfer bedeutet nicht, daß Gott einem Sünder vergibt und ihm erlaubt, weiter zu sündigen und Vergebung zu erlangen. Es bedeutet vielmehr, daß Gott den

Sünder rettet und ihn in einen Heiligen umwandelt, d. h. daß Er den Sünder aus ihm herausholt und zerstört und daß der Mensch in seinem Gewissen erkennt, daß Gott durch das Sühnopfer Jesu getan hat, was Er sonst nie hätte tun können.

Wenn jemand Zeugnis ablegt, kann man immer feststellen, ob er vom Geist Gottes überführt ist oder ob lediglich sein inneres Gleichgewicht gestört wurde, weil er verkehrte Dinge tat. Wer von Gottes Geist in seinem Gewissen von Sünde überführt wurde, hat absolut keine Schwierigkeiten mehr, mit anderen Menschen auszukommen. Wenn man dir, als du von deiner Sünde überführt warst, gesagt hätte, du solltest den Staub von den Schuhen deines größten Feindes lecken, hättest du es bereitwillig getan. Dein Verhältnis zu den Menschen ist das Letzte, was dir zu schaffen macht. Dir macht dein Verhältnis zu Gott zu schaffen.

An mir ist keine Spur der Liebe Gottes, keine Spur der Heiligkeit Gottes zu finden, und ich zittere vor Schrecken bei dem Gedanken, daß Gott mir nahekommt.

13. Februar

Leidet er aber als Christ, so soll er sich nicht schämen. 1. Petrus 4, 16

Es ist kein »Leiden als Christ«, wenn du wegen deiner Ansichten als Sonderling hingestellt wirst oder weil du dich den Gepflogenheiten deiner Umgebung nicht unterwirfst. Diese Dinge sind nicht Merkmale des Lebens eines Christen, sondern normale menschliche Züge, unter denen alle Menschen leiden, unabhängig von ihrem Glaubensbekenntnis oder ihrer Religion oder ihrer Religionslosigkeit.

Als ein Christ zu leiden heißt zu leiden, weil es einen grundsätzlichen Unterschied zwischen dir und der Welt gibt, der die Verachtung der Welt erregt und den Abscheu und Haß des Geistes, der in der Welt ist.

Als ein Christ zu leiden heißt, keine Antwort zu haben, wenn der Spott der Welt über dich ausgegossen wird, wie er über Jesus Christus ausgegossen wurde, als Er am Kreuz hing und sie mit Seinen Worten ihren Spaß trieben und darüber höhnten. Sie werden es dir gegenüber genauso tun. Er gab keine Antwort, ebensowenig kannst du eine geben.

». . . leidet er aber als Christ, so soll er sich nicht schämen.« Diesem undurchdringlichen und unverständlichen Problem sah Petrus sich gegenüber, als er ins Wanken geriet. Petrus war es ernst damit, mit seinem Herrn in den Tod zu gehen. So geschah es auch. Aber nie hatte er gedacht, daß er ohne Ihn gehen müßte. Daß er Jesus von der Macht der Welt ergriffen sähe, »wie ein Lamm, das zur Schlachtbank geführt wird«, und keine Antwort, kein Wort der Erklärung hätte – das ließ ihn bis in den Grund seiner Seele erstarren.

Das ist es, was damit gemeint ist, als Christ zu leiden: zu hören, wie andere über Ihn spotten; mit anzusehen, wie sie Seine Worte zerpflücken, und zu spüren, daß du nicht antworten kannst; unter ihren unbarmherzigen, bemitleidenden Spott zu fallen, weil du zu jener verachtenswerten Sekte der »Christen« gehörst . . . Aber wenn du von Seinem Stecken und Stab »getröstet« wurdest, siehst du es für lauter Freude an, durch dieses Gott verherrlichende Leiden zu gehen.

14. Februar

Ich taufe euch mit Wasser zur Buße ... Er wird euch mit dem Heiligen Geist und mit Feuer taufen.
Matthäus 3, 11 ff.

Ich möchte dir eine sehr persönliche Frage stellen: Wovon willst du befreit werden? Du sagst: »Ich möchte vom Unrecht befreit werden.« – Dann brauchst du nicht zu Jesus Christus zu kommen. »Ich möchte, daß andere mit mir und meinem Verhalten zufrieden sind.« – Dann brauchst du Jesus Christus nicht. Aber irgendwo schreit ein Herz: »Ich will, Gott weiß es, daß Jesus Christus in mir alles tut, was Er zu tun zugesagt hat.« Wie viele von uns wollen das? Gott gebe, daß dieses »Wollen« zunimmt, bis es jeden anderen Wunsch des Herzens und Lebens erstickt.

Oh, welche Geduld, welche Sanftmut, welches Sehnen des Herrn Jesus nach Menschenleben! Und doch wenden sich die Menschen hierhin und dorthin, und selbst Glaubende, die Ihn einst kannten, wenden sich ab. Ihre Augen sind von anderen Dingen gefesselt, von dem Segen, der aus der Taufe mit dem Heiligen Geist kommt. Sie haben Den vergessen, der mit dem Geist tauft.

Weißt du, was diese gewaltige Taufe bewirkt? Sie holt dich aus jeder anderen Bindung im Leben außer der an Gott heraus. Bist du dazu bereit? Sie bewirkt, daß die Sünde in dir umgebracht wird, nicht unterdrückt, sondern geradewegs getötet wird durch die Identifizierung mit dem Tod Jesu. Sie wird in deinem Leben sichtbar werden als eine Heiligkeit wie die Seine. Bist du dazu bereit?

Richte dich auf Jesus allein aus: andere Lichter verblassen, seitdem Er als helles Licht in dein Leben trat. Du bist des Lebens, so wie es ist, müde, du bist deiner selbst, so wie du bist, müde, du bist mißmutig über deine Lebensumstände. Richte deine Augen jetzt einmal auf Jesus Christus. Willst du, mehr als du dein Essen willst, mehr als du deinen Schlaf willst, mehr als du irgend etwas unter dem Himmel oder im Himmel willst, daß Jesus Christus dich so mit Ihm eins machen möge, daß du immer untrennbar zu Ihm gehörst? Gott schenke es, daß das große, sehnende Verlangen deines Herzens erwachen möge wie nie zuvor, nicht nur das Verlangen nach Sündenvergebung, sondern nach dem Gleich-Sein mit Jesus selbst, bis du sagst: »Ich lebe; doch nun nicht ich, sondern Christus lebt in mir.«

15. Februar

Ich taufe euch mit Wasser zur Buße ... Er wird euch mit dem Heiligen Geist und mit Feuer taufen.
Matthäus 3, 11 ff.

Noch etwas über diese gewaltige Taufe. Sie holt dich aus deinem Privatleben heraus und paßt dich in Gottes Plan ein. Spüren einige von euch die erschreckende Einsamkeit in ihrem Leben? Du kannst nicht mehr mit den weltlich gesinnten Menschen verkehren wie früher, und du hast einen großen Hunger und ein Sehnen nach etwas, von dem du nicht weißt, was es ist. Schaue auf den Herrn Jesus und sage: »Herr, mein Gott, ich möchte so dem Herrn Jesus gleichgemacht sein, daß ich rein bin mit Seiner Reinheit, ausgerüstet mit Seiner Kraft, erfüllt von Seinem Leben.« Weißt du, was dann geschieht? Gott nimmt dein einsames, isoliertes, persönliches Leben und fügt es in eine wunderbare Einheit ein, in den Leib Christi.

Oh, die abgesonderten, einsamen »Christen«! Was sie brauchen, ist die machtvolle Taufe mit dem Heiligen Geist und mit Feuer. »Ich habe sie gesucht und dafür gefastet«, sagst du. Hör zu, Jesus sagt: »Kommt her zu

Mir.« Er ist es, der mit dem Heiligen Geist und mit Feuer
tauft.

Hast du Jesus gesehen als »das Lamm Gottes, welches die
Sünde der Welt wegträgt«? Was ist dann zuerst zu tun?
Komm zu Ihm, wie du bist, und bitte Ihn, dir den Heiligen
Geist zu geben. Dann wird Er in dir das gewaltige Verlangen wecken, das dich völlig in Anspruch nimmt, das
leidenschaftlich und überwältigend ist, das Verlangen,
mit dem Heiligen Geist und mit Feuer getauft zu werden.

Wenn du den Heiligen Geist noch nicht empfangen hast,
willst du Ihn nicht jetzt empfangen? Bitte Gott um Seinen
Geist, indem du dich auf Jesus berufst, und Er wird dich,
wenn du Ihm gehorchst, unverzüglich dahin führen, wo
du dem Tod Jesu gleichgemacht wirst.

16. Februar

**Ich taufe euch mit Wasser zur Buße . . . Er wird euch mit
dem Heiligen Geist und mit Feuer taufen.
Matthäus 3, 11 ff.**

Wo stehen wir im Blick auf die persönliche Erfahrung der
Taufe mit dem Heiligen Geist? Wenn Jesus Christus uns
gesagt hätte: »Alles, was ihr zu tun braucht, ist, so heilig
zu sein, wie ihr könnt, die Sünde zu überwinden, soweit
ihr könnt, und über den Rest will Ich hinwegsehen«,
würde jeder verständige Mensch unter dem Himmel eine
solche Erlösung annehmen. Aber Er sagt: »Ihr sollt vollkommen sein«; »liebt eure Feinde«; »seid so rein, daß es
unmöglich ist, daß ein Begehren euch ergreift«. Augenblicklich ruft jedes Herz zurück: »Oh, Du heiliger Gott,
wer kann je so leben?« Ozeane von Reuetränen, Berge
guter Werke, alle Gewalten und Kräfte sinken zusammen, bis sie unter den Füßen des Herrn Jesus sind, und
verkörpert in Johannes dem Täufer weisen sie alle auf

Ihn: »Siehe, das ist Gottes Lamm, welches der Welt Sünde trägt!«

Wenn Jesus Christus nicht von Sünde freimachen kann, wenn Er uns nicht vollkommen Gott angenehm machen kann, wie Er es von sich sagt, wenn Er uns nicht mit dem Heiligen Geist erfüllen kann, bis nichts mehr da ist, das je wieder an Sünde oder Welt oder Fleisch Gefallen findet, dann hat Er uns getäuscht. Aber Gott sei gepriesen, Er kann es! Er kann so reinigen, so Wohnung in dir machen, dich so mit Ihm vereinigen, daß nur das, was Ihm gefällt, auch dir gefällt, und alles andere, das dich anziehen könnte, unter dem Todesurteil steht; du bist sprachlos darüber.

Wenn du mit solchen Menschen zusammenkommst, deren Sittlichkeit und Rechtschaffenheit sie zu Herren ihres eigenen Lebens krönen, gibt es nichts, was euch verbindet, und sie lassen dich in Frieden.

17. Februar

Zieht die Waffenrüstung Gottes an, damit ihr gegen die listigen Anschläge des Teufels bestehen und alles überwinden und das Feld behalten könnt. Epheser 6, 11–13

Paulus schreibt aus dem Gefängnis. Er weiß genau Bescheid über den römischen Soldaten, dessen Rüstung er beschreibt. Er war ja an einen von ihnen gekettet. Er nennt sich einen »Boten des Evangeliums in Ketten«.

Diese Verse sagen uns nicht, wie wir kämpfen sollen, sondern wie wir nicht kämpfen sollen. Wenn du die Waffenrüstung nicht angelegt hast, wirst du kämpfen müssen, aber »zieht die volle Waffenrüstung Gottes an, damit ihr bestehen könnt« sagt Paulus. Es gibt Zeiten, wo die Diener Gottes hinausgeschickt werden, um anzugreifen, um die Zitadelle zu stürmen. Aber der Rat, der uns hier gegeben wird, beinhaltet, wie wir die Stellung halten können, die errungen wurde. Wir müssen diese Erhaltung der Energie lernen – dieses Stehen, nachdem wir alles getan haben – und so die volle Kraft Gottes darstellen.

»Denn wir haben nicht mit Fleisch und Blut zu kämpfen« – wenn wir das tun, haben wir schon verloren. Unser Kampf wird »mit den bösen Geistern unter dem Himmel« geführt, die die Welt nicht sieht. Wir vergessen leicht, daß der Feind unsichtbar ist und auch übernatürlich (vgl. Daniel 10, 12–13).

Paulus will sagen: »Gebt euch keiner Täuschung hin. Ihr kämpft nicht gegen Fleisch und Blut. Ihr kämpft gegen gewaltige Mächte, denen ihr nie widerstehen könnt, wenn ihr nicht die volle Waffenrüstung Gottes anlegt. Wenn ihr Menschen seht, die furchtbare Dinge tun, denkt daran, daß sich euer Kampf nicht gegen sie richtet. Sie sind das Werkzeug der »Herren der Welt, die in dieser Finsternis herrschen«. Wir sollen uns mit einem viel schwierigeren Kampf abgeben, nämlich mit dem Kampf gegen die »bösen Geister unter dem Himmel«, die uns daran hindern, Gott zu sehen . . .

»Betet ohne Unterlaß . . . für alle Heiligen.« Nicht immer ist es Zeit zum Siegen. Es gibt nicht nur Zeiten, wo wir Festungen stürmen, sondern auch Zeiten, wo geistliche Dunkelheit hereinbricht, wo die gewaltigen Mächte der himmlischen Sphären am Werk sind, wo niemand die listigen Anläufe des Teufels versteht als Gott allein. In solchen Zeiten müssen wir Schulter an Schulter für Gott stehen. Wie oft legt der Geist Gottes besonderen Nachdruck auf das »Miteinander« der Glaubenden!

18. Februar

... und sie zerbrach das Fläschchen und goß das Öl auf Sein Haupt. Markus 14, 3

Niemand sonst sah einen Anlaß für eine solche Handlung. Sie sagten, es sei eine »Vergeudung«. Es war gar kein besonderer Tag, und doch zerbrach Maria das Salbengefäß und goß alles aus. Es war nichts Nützliches, aber ein Ausdruck grenzenloser Verehrung, und Jesus zollte ihr Anerkennung und sagte, daß, wo immer Sein Evangelium gepredigt werde, auch dieser Vorfall zur Erinnerung an sie erwähnt werden solle.

Gott goß das Leben Seines Sohnes aus, damit die Welt gerettet würde. Bin ich bereit, mein Leben für Ihn auszugießen? Unser Herr Jesus ist von unbeschreiblicher Freude erfüllt, wenn Er einen von uns tun sieht, was Maria tat: verschwenderisch unser Kostbarstes für Ihn hergeben – nicht auf Einsparungen da und dort versessen, sondern ganz Ihm »verfallen«.

In der Bibel finden wir immer eine Einheit zwischen dem Geistlichen und dem Materiellen. Es geht nicht ohne die Fleischwerdung des Heiligen Geistes im Körper eines Menschen, wenn dieser Mensch werden soll, was Jesus Christus aus ihm machen will. Wenn die Segnungen Gottes nicht auf unseren Körper einwirken und ihn zum Tempel des Heiligen Geistes machen können, dann bleibt der Glaube an Jesus Christus blaß und kraftlos. Nur wenn ich die Einstellung des Heiligen Geistes in den unerfreulichen Alltäglichkeiten des Lebens zum Ausdruck bringe, indem ich niedrige Dinge aus höchsten Motiven heraus tue, kann ich es lernen, mich auszugießen für den Herrn.

»Wer an Mich glaubt . . ., von dem werden Ströme des lebendigen Wassers fließen.« Es heißt nicht: ». . . der wird lebendiges Wasser gewinnen«; sondern: Hunderte anderer Menschen werden unaufhörlich erfrischt. Es ist jetzt Zeit, das Leben zu zerbrechen, aufzuhören, nach der Befriedigung der eigenen Bedürfnisse zu verlangen, und alles auszugießen. Der Herr wartet auf Tausende unter uns, die das für Ihn tun.

19. Februar

Dann werdet ihr jubeln, nachdem ihr jetzt kurze Zeit, wenn es sein muß, mancherlei Anfechtungen zu erleiden habt. 1. Petrus 1, 6

Wenn du einen Menschen kennst, der ein gut gefülltes geistliches Bankkonto hat, leihe von ihm, soviel du nur kannst. Er wird dir alles geben, was du willst, ohne je nach der Rückzahlung zu fragen. Das ist der Grund, warum der Christus-Gläubige das durchzumachen hat, was er durchmacht. Gott will wissen, ob Er aus ihm gutes Brot machen kann, von dem andere satt werden können. Wer selbst durch die Feuerprobe gegangen ist, wird für Hunderte anderer Menschen eine große Hilfe . . .

Wenn du in einer Glaubensprobe stehst, halte aus, bis sie durchgestanden ist. Wenn du in der Vergangenheit Glaubensproben durchzumachen hattest, führt Gott dir unreife Seelen über den Weg. Du hast keinerlei Anlaß, auf sie herabzusehen, sondern sollst ihnen hindurchhelfen, für sie etwas sein, das »ausgesaugt« wird. »Jesus fühlte an sich selbst, daß eine Kraft von Ihm ausgegangen war«, und du wirst das auch fühlen.

Es gibt Menschen, die geistlich und moralisch deine Lebenskraft aussaugen müssen. Wenn du den Nachschub aus der Lebensfülle Jesu Christi nicht ständig in Gang hältst, wirst du sehr bald einem erloschenen Vulkan gleichen. Du mußt weitermachen und ihnen gestatten, sich an dir zu nähren, bis sie auf eigenen Füßen stehen und direkt von Ihm Leben empfangen können.

20. Februar

Der Mensch lebt nicht vom Brot allein, sondern von jedem Wort, das aus Gottes Mund kommt. Matthäus 4, 4

Unsere natürlichen Reaktionen sind nicht falsch, wenngleich sie ein Ausdruck verkehrter Wesensart sein können. Gott wendet sich in keiner Weise gegen unsere natürlichen Reaktionen; Er will, daß sie geistlich werden. Wenn wir errettet sind, ändert Gott nicht den Ablauf unseres körperlichen Lebens, aber Er erwartet von uns, daß wir in unserem körperlichen Leben die Veränderung, die Er gewirkt hat, darstellen.

Wir äußern uns natürlicherweise durch unseren Körper, und wir äußern das übernatürliche Leben von Gott auf dieselbe Weise. Das kann aber nur geschehen, wenn wir das natürliche drangeben. Wie viele von uns sind geistlich in ihrem Essen und Trinken und Schlafen? Bei unserem Herrn Jesus waren diese Vorgänge geistlich. Er war so mit dem Vater verbunden, daß Sein ganzes natürliches Leben Ihm gehorchte. Wenn Er erkannte, daß Sein Vater wollte, daß Er einer natürlichen Reaktion nicht nachgab, gehorchte Er augenblicklich Seinem Vater (siehe Matthäus 4, 1–4).

Wenn Jesus ein Fanatiker gewesen wäre, hätte Er gesagt: »Ich habe nun schon solange nichts mehr gegessen, ich werde nie mehr etwas essen.« Das hätte bedeutet, einem Prinzip zu gehorchen anstatt Gott. Wenn Gott uns erzieht in der Absicht, natürliche Handlungen in geistliche umzugestalten, werden wir leicht fanatisch. Weil durch Gottes Gnade wunderbare Dinge geschehen sind, kreisen unsere Gedanken nur noch um das Wunder, und wir vergessen Gott. Wenn dann Schwierigkeiten kommen, sagen wir, das sei der Gegenschlag des Teufels. In Wirklichkeit fehlt uns jedes Verständnis dafür, wie Gott uns gemacht hat.

Alles, was wir brauchen, ist ein wenig von dem, was wir

im natürlichen Leben Beherztheit nennen, und die sollten wir auf das geistliche Gebiet übertragen. Laß nicht deinen Körper die Oberhand gewinnen und sagen, daß im Grunde an dem, was Gott sagte, nichts sei. Stelle dich der Schwierigkeit, und alles, was du jemals von der umwandelnden Gnade Gottes geglaubt hast, wird sich in deinem körperlichen Leben erweisen.

21. Februar

Ist Er nicht der Sohn des Zimmermanns? Heißen nicht Seine Mutter Maria und Seine Brüder Jakobus und Josef und Simon und Judas? Und Seine Schwestern, sind sie nicht alle bei uns? Woher kommt Ihm denn das alles? Matthäus 13, 55–56 (vgl. auch Markus 3, 21; Lukas 2, 51; Johannes 7, 5)

Das waren die allernächsten Angehörigen, mit denen unser Herr Jesus in Seinem Erdenleben aufwuchs. Wir denken sicher: »Der Herr muß aber ein harmonisches und glückliches Familienleben gehabt haben.« Damit haben wir unrecht: Jesus Christus hatte ein überaus schwieriges Familienleben. Seine Allernächsten waren Brüder und Schwestern, die nicht an Ihn glaubten, und Er sagt, daß der Jünger nicht über seinen Meister ist (Lukas 6, 40). Wenn dir unsympathische Mitmenschen das nächste Mal auf die Nerven gehen, denke daran, daß Jesus Christus drei Jahre lang die Gesellschaft eines Teufels hatte.

Seine erste öffentliche Predigt hielt der Herr Jesus an dem Ort, wo Er aufgewachsen war, wo jeder Ihn genau kannte. Sie sprengten den Gottesdienst und versuchten, Ihn zu töten. »Oh«, sagen wir, »aber ich erwartete, daß, wenn ich errettet und geheiligt wäre, mein Vater und meine Mutter und Brüder und Schwestern ihr Leben in Ordnung brächten. Aber ganz im Gegenteil, sie verstehen gar nicht, worum es geht.«

Wenn die Mutter unseres Herrn Jesus Ihn mißverstand und Seine Brüder nicht an Ihn glaubten, wird Seinem Leben in uns dasselbe geschehen. Wir sollten uns über das Unverständnis der anderen nicht wundern. Das Leben des Sohnes Gottes in uns wird in ganz entsprechende Situationen gebracht wie das historische Leben Jesu Christi. Was für Ihn galt, gilt auch für Sein Leben in uns.

22. Februar

... daß ihr eure Leiber hingebt als ein Opfer ...
Römer 12, 1

Wenn wir das Natürliche nicht mit Entschiedenheit hinauswerfen, kann das Übernatürliche nie in uns natürlich werden. Es gibt Christen, in denen das Übernatürliche und das Natürliche ein und dasselbe zu sein scheinen, und du sagst: »Bei mir ist das nicht so. Bei mir liegt das Natürliche im Streit mit dem Geistlichen.« Der Grund dafür ist, daß das andere Leben durch das fanatische Stadium gegangen ist, wo Ihm der rechte Arm abgehauen wurde, wo das Natürliche verstümmelt und ganz hinausgeworfen wurde. Da hat Gott es zurückgebracht und in das richtige Verhältnis zum geistlichen Leben gebracht, indem Er das Geistliche obenauf setzte. Das geistliche Leben äußert sich in einem Wandel, der keine Trennung von Heiligem und Weltlichem kennt. Hier wird dir nichts geschenkt, jeder hat es ganz in seiner Hand. Es ist auch nicht eine Frage des Betens, sondern des Tuns ...
»Gebt eure Leiber hin als ein Opfer«, d. h. geht auf das Begräbnis eurer eigenen Unabhängigkeit. Es geht nicht darum, die Sünde aufzugeben, sondern mein Recht auf mich selbst aufzugeben, meine natürliche Unabhängigkeit und Anmaßung. Sobald ich das tue, schreit mein natürlicher Mensch auf und geht durch entsetzliche Qualen. Es gibt Wesenszüge in mir, die getötet werden müssen,

sonst bleiben sie allein und zerstören das persönliche Leben (vgl. Johannes 12, 24). Aber wenn ich sie unnachsichtig in den Tod gebe, wird Gott ihnen wieder ihren richtigen Platz zuweisen. Jesus sagt: »Wer Mir nachfolgen will, der verleugne sich selbst«, d. h. der verleugne sein Recht auf sich selbst. Bevor ein Mensch das tut, muß er erkennen, wer Jesus Christus ist.

Was uns abhält vom Besten, das Gott für uns bereit hat, sind die Dinge, die unser natürliches Empfinden als richtig und edel und gut ansieht. Wer erkennt, daß es die natürlichen Tugenden sind, die der Hingabe an Gott im Wege stehen, der beginnt zu begreifen, wo die Schlacht sich abspielt. Sie kostet das natürliche Leben alles, nicht nur einiges.

23. Februar

»Jesus rief ein Kind zu sich . . . und sprach: . . . wenn ihr nicht umkehrt und wie die Kinder werdet . . .«
Matthäus 18, 2 ff.

Ein Gesunder weiß nicht, was Gesundheit ist; ein Kranker weiß, was Gesundheit ist, weil er sie verloren hat. So weiß auch ein geheiligter Mensch, der in der richtigen Beziehung zu Gott steht, nicht, was Gottes Wille ist, denn er *ist* Gottes Wille. Eine ungehorsame Seele weiß, was der Wille Gottes ist, denn sie hat sich ihm widersetzt.

Die Illustration, die Jesus Seinen Jüngern für ein geheiligtes Leben gibt, ist ein kleines Kind. Jesus hat nicht ein Kind zu einem Ideal erhoben, sondern den Jüngern an ihm gezeigt, daß der Ehrgeiz im Wesen des Christen keinen Platz hat. Ein Kind lebt unbewußt in aller seiner Lebensfülle. Die Quelle seines Lebens ist Liebe. Wieder zu einem Kind gemacht zu werden, bereitet uns Schmerzen.

Wir haben Gott unser Herz geschenkt, als Er in unser

Leben trat. Doch müssen wir dann auch die Art, wie unser Verstand die Dinge sieht und beurteilt, neu aufbauen. Manche Christen behalten ihre alten Einstellungen bei und werden nur auf sehr schmerzlichem Wege davon frei. Paulus mahnt uns eindringlich, den Schmerz in Kauf zu nehmen: »Ein jeglicher sei gesinnt, wie Jesus Christus auch war.« Das Leiden der Demütigungen bringt uns nämlich dahin, »alle Gedanken unter den Gehorsam Christi« gefangenzunehmen. Es ist schwer, das zu tun. Am Anfang sind wir so ängstlich, »Herr, gib mir eine Botschaft für diese Versammlung«, sagen wir dann vielleicht. Wir müssen erst lernen, daß Gott, wenn wir Seinem Willen vollen Raum geben, uns Botschaften gibt, wenn Er es will, und sie uns nicht gibt, wenn Er es nicht will. Wir versuchen, Gott zu helfen, sich unser zu bedienen. Wir sollten Ihm aber aus dem Weg gehen. Dann wird Er sich unseres Lebens in allen Einzelheiten bedienen. Haben wir es gelernt, Christus durch den Schmerz der Befreiung in uns Gestalt gewinnen zu lassen, bis wir wissen, daß wir in allem unsere Kraft von Ihm nehmen?

24. Februar

Herr, Du erforschst mich und kennst mich. Psalm 139, 1

Der 139. Psalm sollte die persönliche Erfahrung jedes Christen sein. Meine eigene Selbsterforschung wird mich in die Irre führen. Aber wenn ich nicht nur erkenne, daß Gott mich kennt, sondern daß Er der einzige ist, der mich kennt, dann verstehe ich, wie lebensnotwendig es ist, daß ich Ihn bitte, dieses Hineinschauen in mich an meiner Stelle zu übernehmen. Jeder Mensch ist zu groß für sich; Gott sei Dank für jeden, der das erkennt und wie der Psalmist sich an Gott ausliefert, um von Ihm durchforscht zu werden. Wir kennen uns immer nur so weit, wie Gott uns erforscht.

»Gott kennt mich« ist etwas anderes als »Gott ist allwissend«. Das letztere ist lediglich eine theologische Aussage, das erstere aber sagt einer, der Gott als Seinen Vater kennt, der Sein Kind liebt, erzieht und schützt: »Herr, Du erforschst *mich* und kennst *mich*.«

Unausgesprochen sagt der Psalmist hier: »Du bist der Gott der Morgenfrühen und der Gott der späten Nächte; der Gott der Berggipfel, der Gott des Meeres; aber, Herr, mein Gott, meine Seele hat fernere Horizonte als die Morgenfrühen. Sie ist in tieferer Dunkelheit als die Nächte der Erde. Sie hat höhere Gipfel als irgendein Berg, größere Tiefen als irgendein Meer. Du, der Du der Gott aller dieser Dinge bist, sei auch mein Gott. Ich kann mich nicht bis in die Höhen erforschen oder bis in die Tiefen ergründen. In mir sind Beweggründe, die ich nicht aufspüren kann, Träume, an die ich nicht herankommen kann. Mein Gott, durchforsche mich und ergründe mich, und gib mir zu erkennen, daß Du es getan hast.«

Schau zurück auf dein bisheriges Leben mit Gott, und du wirst erkennen, daß Er dich zu der Erkenntnis geführt hat: »Gott kennt mich, und ich weiß, daß Er mich kennt.« Einem Menschen, der das weiß, kann niemand etwas anhaben. Er steht unter dem Schutz des allmächtigen Gottes. Jesus sprach davon, als Er sagte: »Auch die Haare auf eurem Haupte sind alle gezählt. Darum fürchtet euch nicht . . .«

25. Februar

Deine Ohren werden hinter dir das Wort hören: »Dies ist der Weg, den geht! Sonst weder zur Rechten noch zur Linken!« Jesaja 30, 21

Die Reife eines Menschen ist am sichersten daran zu erkennen, daß er auf die Vergangenheit zurückblicken kann, ohne sich an bestimmten Dingen vorbeizudrücken.

Wenn wir zurückschauen, ergreift uns entweder hoffnungslose Verzweiflung, oder wir werden hoffnungslos eingebildet.

Der Unterschied zwischen der natürlichen Rückschau und der geistlichen Rückschau liegt in dem, was wir vergessen. Im natürlichen Bereich ist das Vergessen eine Folge der Eitelkeit. Ich will mich nur an solche Ereignisse erinnern, in denen ich als Prachtkerl eine großartige Figur machte. Im geistlichen Bereich ist das Vergessen eine Gabe Gottes. Der Geist Gottes gestattet uns nie, zu vergessen, was wir gewesen sind. Aber Er bewirkt, daß wir vergessen, wohin wir gelangt sind. Das ist ganz und gar nicht natürlich.

Das sicherste Zeichen, daß du reifer geworden bist in der Erkenntnis deiner Erlösung, ist, daß du beim Zurückblicken jetzt nicht mehr an das denkst, worin du früher deinen Halt gesehen hast. Denk an den Unterschied, wie du zum ersten Mal Gottes Vergeben erfaßt hast und wie du erfaßtest, was es Gott kostete, Dir zu vergeben. Die jubelnde Freude des ersten Zeitpunkts hat sich gewandelt in die Hingabe des Herzens. Du bist jetzt rückhaltlos Gott geweiht, der dir vergeben hat.

26. Februar

Fügt euch jeder menschlichen Ordnung um des Herrn willen. 1. Petrus 2, 13

Die Aussagen, die Petrus in diesen Versen macht, verdienen Beachtung. Es sind allerdings Aussagen, die der moderne Christ nicht hören will. Petrus stellt dar, wie christusgläubige Menschen sich gegenüber den gesetzlichen Bestimmungen zu verhalten haben, die für das Zusammenleben in Staat und Gesellschaft gelten. Ganz egal, zu welcher Art von staatlicher Gemeinschaft ihr gehört, sagt er, verhaltet euch darin als Christen, die ihrem Namen Ehre machen.

Viele Nicht-Christen kommen nie mit dem Gesetz in Konflikt. Paulus hat viele Male gegen die Widersetzlichkeit geistlicher Menschen Stellung genommen. Das geistliche Leben geht immer zurück, wenn die Gläubigen sich weigern, zu erkennen, daß Gott auf den Gehorsam gegenüber menschlichen Einrichtungen besteht.

Nehmen wir als Beispiel das Familienleben. Die Familie ist eine göttliche Einrichtung. Gott sagt: »Ehre Vater und Mutter.« Erfüllen wir unsere Pflicht gegenüber unseren Eltern, wie die Bibel es uns anweist? Sieh zu, daß du die zentralen Einrichtungen, die Gott gegeben hat, schützt, und es wird weniger Probleme im Zusammenleben der Menschen geben. Wir müssen die geistliche Wirklichkeit aufrechterhalten, wie Gott auch immer unsere Lebensumstände gestalten mag. Als Knechte sollen wir unseren Herren untertan sein, dem wunderlichen ebenso wie dem gütigen und gelinden.

27. Februar

Darum bringt rechtschaffene Frucht der Buße!
Matthäus 3, 8

Die Erlösung eines Menschen zeigt sich in der Buße. Der einzige Beweis, daß jemand von obenher geboren wurde, ist, daß er »rechtschaffene Frucht der Buße« bringt. Sie ist das einzige Merkmal der neutestamentlichen Wiedergeburt. Das ist ein Schlag, der tief geht, denn der Heilige Geist führt zu überaus demütigender Sündenerkenntnis.

Manches kraftlose, fruchtlose Christenleben ist das Ergebnis einer Gehorsamsverweigerung in einer geringfügigen Sache. »Geht zuerst hin«, heißt es dann für uns. Es ist kaum zu fassen, was der Heilige Geist ans Licht bringt, wenn Er am Werk ist. Was Seinem Anspruch am längsten widersteht, ist mein hochmütiges Festhalten an meinem Recht auf mich selbst. Das einzige, praktisch erfahrbare Zeichen der Wiedergeburt ist, daß wir anfangen, unser Leben in Einklang mit Gottes Forderungen zu bringen.

Jesus Christus ist nicht nur gekommen, um darzustellen, wie der Mensch Gottes sein soll. Er bereitete den Weg, so daß jeder von uns dahin kommen kann. Das Eingangstor ist Sein Kreuz. Ich kann nicht damit anfangen, daß ich Jesus Christus nachahme, sondern damit, daß ich in Sein Reich hineingeboren werde. Wenn dieses Geschehen Wirklichkeit geworden ist und ich die Erbschaft des Sohnes Gottes empfangen habe, erkenne ich, daß Seine Lehre zu diesem Erbe gehört, nicht zu meiner menschlichen Natur. Das alles sollten wir in allen Stücken wohl bedenken. Gott verlangt von uns nicht als Vorbedingung für unsere Errettung, daß wir diese Dinge verstehen. Die Errettung geschieht aus Gottes freier Gnade. Aber Er erwartet von uns, daß wir Seine so große Erlösung zu würdigen wissen.

28. Februar

Schaffet, daß ihr selig werdet ... Philipper 2, 12

Unser Herr Jesus weist eindringlich darauf hin, daß das Glaubensleben eines Jüngers kein Spaziergang ist. Es erfordert vielmehr Entschiedenheit und Disziplin, der wir alle unsere Kräfte unterordnen müssen. Keine noch so große Entschlossenheit kann mir das neue Leben aus Gott geben; das ist ein Geschenk. Um Entschlossenheit geht es an einem ganz anderen Punkt, nämlich in der Frage, ob ich es zulasse, daß dieses neue Leben sich entsprechend den Maßstäben Christi äußern kann. Wir stehen immer in der Gefahr zu verwechseln, was wir tun können und was wir nicht tun können.

Wir können uns nicht selbst erlösen oder uns selbst heiligen oder uns selbst den Heiligen Geist geben. Nur Gott kann das. Es entsteht aber ein Durcheinander, wenn wir zu tun versuchen, was nur Gott tun kann, und wenn wir uns einreden wollen, daß Gott tun wird, was nur wir tun können. Wir stellen uns vor, daß Gott bewerkstelligt, daß wir im Licht wandeln. Gott tut das aber nicht. *Wir* müssen im Licht wandeln. Gott gibt uns die Kraft, es zu tun. Aber es liegt an uns, diese Kraft zu gebrauchen. Gott gibt die Kraft und das Leben in uns hinein und füllt uns mit Seinem Geist, aber wir müssen das ausleben.

»Schaffet, daß ihr selig werdet«, sagt Paulus. Das heißt nicht: »Schafft eure Seligkeit«, sondern: »Schafft, daß sie in euch Gestalt annimmt.« Indem wir das tun, wird uns deutlich, daß das konsequente Leben eines Jüngers voller Herrlichkeit und voller Schwierigkeit ist. Seine Schwierigkeit treibt uns an, zu überwinden, nicht nachzulassen und uns nicht gehen zu lassen. Wir müssen immer bereit sein, es uns etwas kosten zu lassen, konsequent in unserer Nachfolge zu sein.

29. Februar

Was siehst du aber den Splitter im Auge deines Bruders und nimmst nicht den Balken in deinem Auge wahr? Matthäus 7, 3

Wir sind alle flink und treffsicher in unserem Urteil, wenn unser Bruder einen Splitter in seinem Auge hat. Wir stehen dadurch besser da, wir sind geistlichere Menschen als die anderen. Wo finden wir diese Haltung? Bei unserem Herrn Jesus? Niemals!

Wir können uns der durchdringenden Diagnose Jesu Christi nicht entziehen. Wenn ich den Splitter im Auge meines Bruders sehe, dann, weil ich in meinem einen Balken habe. Diese Aussage läßt an Klarheit nichts zu wünschen übrig. Wenn ich Gott gestattet habe, den Balken in meiner eigenen Einstellung durch Seine machtvolle Gnade herauszuziehen, werde ich in mir das fröhliche und unerschütterliche Vertrauen tragen, daß Gott das, was Er für mich getan hat, leicht auch für dich tun kann. Denn du hast nur einen Splitter, ich dagegen hatte einen Holzklotz!

Solche Zuversicht gibt uns Gottes Erlösung: Wir sind so erstaunt darüber, wie Gott uns verändert hat, daß wir bei keinem anderen die Hoffnung aufgeben können.

1. März

Aber in dieser Zeit ging Er auf einen Berg, um zu beten; und Er blieb die ganze Nacht über im Gebet zu Gott. Und als es Tag wurde, rief Er Seine Jünger ... Lukas 6, 12 ff.

Es gibt gewisse Zeiten am Tag, an denen es nicht nur leichter scheint, sondern leichter *ist*, Gott zu begegnen. Das kommt nicht von ungefähr, sondern ist von Gott so festgelegt. Wenn du schon einmal am frühen Morgen gebetet hast, wirst du dich fragen, warum du so töricht warst, es nicht immer zu tun. Es ist schwer, mitten im Trubel des Tages mit Gott in Verbindung zu kommen. George MacDonald sagte, daß er, falls er nicht frühmorgens die Türen seines Geistes weit für Gott öffne, den ganzen übrigen Tag in der Endlichkeit arbeite. »Dann stehe ich auf dem engen, abgegrenzten Endlichen und handle dementsprechend verkehrt.«

Es ist keine Einbildung, sondern eine Realität, daß zwischen der Morgenfrühe und der Gemeinschaft mit Gott ein Zusammenhang besteht. Wenn Gottes Tag kommt, wird es keine Nacht mehr geben, nur Tagesbeginn und Tag. Gottes Tag kennt keine Überanstrengung; alles ist frei und schön und wohltuend. »Und es wird keine Nacht mehr sein ...«

Wir wissen alle, wann wir geistig am leistungsfähigsten sind. Wenn wir diese Zeit, anstatt sie Gott zu geben, für uns selbst nutzen, berauben wir nicht nur Gott. Wir berauben uns selbst der Möglichkeit, daß Sein Leben in uns wächst. Wir haben gewiß alle schon die Meinung gehört, daß es uns Leiden einbringt, wenn wir nicht beten. Ich bezweifle das. Was darunter zu leiden hat, wenn wir nicht beten, ist das Leben Gottes in uns. Wenn wir aber beten und die Morgenfrühe Gott weihen, nimmt Sein Leben in uns zu, und wir werden von weniger Selbstverwirklichung und mehr Christus-Verwirklichung geprägt.

2. März

Jesus . . . führte sie auf einen hohen Berg, nur sie allein. Da wurde Er vor ihnen verklärt. Markus 9, 2

Wir alle haben unsere »Glanzzeiten«. Wir leben nicht immer nur ein langweiliges Leben; nicht immer sind wir zufrieden, wenn wir Essen und Trinken haben. Es gibt Zeiten, da wir ganz anders sind als sonst, entweder weil wir niedergedrückt sind oder weil wir über die Zwänge des Alltags hinausgehoben sind. Vielleicht ist es nur ein Augenblick, der sich von allen anderen abhebt. Plötzlich erkennen wir den Weg, den wir gehen sollten.

Auch in unserer geistlichen Erfahrung gibt es solche Zeiten wie im natürlichen Leben. Es gibt Zeiten des Geistes, unvergängliche Augenblicke, wo uns in verblüffender Klarheit unser Auftrag deutlich wird. Nach diesen Augenblicken, nach dem, was sie uns zeigen, sollen wir gerichtet werden. »Glaubt an das Licht, solange ihr es habt«, sagte Jesus. Das heißt auch: Glaubt nicht dem, was ihr seht, wenn ihr nicht im Licht seid. Gott wird uns nach den Zeiten beurteilen, da wir in lebendiger Gemeinschaft mit Ihm waren, nicht danach, wie wir uns heute fühlen. Gott beurteilt uns allein nach dem, was wir gesehen haben. Es hilft uns einmal nichts, wenn wir dem Licht unseres Gewissens entsprechend gelebt haben. Wir werden nicht vom Licht unseres Gewissens gerichtet. Unser Richter ist *das* Licht, Jesus Christus. »Ich bin das Licht der Welt.«

Wenn wir Jesus Christus nicht kennen, liegt die Schuld dafür bei uns. Der einzige Grund, warum wir Ihn nicht kennen, ist, daß wir nicht nach Ihm gefragt haben. Seien wir einmal ganz ehrlich: Macht es uns etwas aus, ob Jesus lebt oder stirbt oder irgend etwas tut? Vielleicht wendest du jetzt ein: »Aber es gibt so viele Schwindler!« Es gibt keine Fälschungen ohne das Echte. Ist Jesus Christus ein Betrüger? Wir sollen durch Ihn gerichtet werden. »Das ist aber das Gericht, daß das Licht in die Welt gekommen ist, und die Menschen liebten die Finsternis mehr als das Licht.« Wir werden nicht beurteilt nach dem Licht, das wir haben, sondern nach dem Licht, das wir uns weigerten anzunehmen. Wir werden uns vor Gott für das verantworten müssen, was wir uns weigern anzusehen. Wenn ein Mensch Jesus gesehen hat, ist er nicht mehr derselbe wie vorher. Wir werden nach unseren unvergänglichen Augenblicken beurteilt, nach den Augenblicken, wo wir das Licht Gottes sahen.

3. März

Kommt her zu Mir. Matthäus 11, 28

Wir schließen gern einen Bund mit uns selbst oder mit unseren Erfahrungen oder mit unseren Handlungen. Wir sagen dann zum Beispiel: »Ich ging nach vorn auf die Bußbank« oder: »Ich habe mein Leben Gott übergeben«. Das ist ein Bündnis der Selbstvergötterung, ein Versuch, Gott mit unserer ernstgemeinten Hingabe zu beeindrucken. Es geht nie darum, daß wir Gott geloben, unsere Versprechungen einzulösen, sondern es geht um unser Verhältnis zu Gott. Denn Gott ist es, der den Bund mit uns schließt. Im Blick auf die Erlösung steht Gottes Ehre auf dem Spiel, nicht unsere Ehre.

Die wenigsten von uns haben wirklich Glauben an Gott. Was wir so nennen, ist nur ein feierliches Gelöbnis gegenüber unserem religiösen Ich. Wir versprechen, daß wir tun wollen, was Gott will. Wir geloben, daß wir Ihm treu sein wollen. Feierlich machen wir Notizen und Unterstreichungen in einem passenden Bibeltext. Aber kein Mensch kann das je halten. Wir müssen uns beharrlich weigern, irgend etwas zu versprechen, und uns statt dessen dem Versprechen Gottes überlassen, uns völlig Ihm in die Arme werfen. Das ist die einzig mögliche Tat des Glaubens, der als Geschenk von Gott kommt. Er stellt eine persönliche Verbindung zu Gottes Glauben her. »Kommt her zu Mir«, sagte Jesus. Was uns davon abhält zu kommen, ist die religiöse Selbstvergötterung.

4. März

... die Liebe Gottes ist ausgegossen in unsere Herzen durch den Heiligen Geist, der uns gegeben ist.
Römer 5, 5

Das bedeutet nicht, daß wir, wenn wir den Heiligen Geist empfangen, von Ihm befähigt werden, Gott zu lieben, sondern daß Er die Liebe Gottes in unsere Herzen ausgießt. Das ist etwas viel Grundlegenderes und Wunderbareres. Es ist erschütternd, wieviele Menschen sich aufrichtig bemühen, ihre armen menschlichen Herzen dazu zu bringen, Gott zu lieben! Der Heilige Geist gießt in mein Herz das Wesen Gottes selbst aus – nicht die Kraft, Gott zu lieben. Und wenn das Wesen Gottes in mich einzieht, erlange ich Teil an Gottes Bewußtsein; nicht Gott wird ein Teil meines Bewußtseins. Mir ist Gott nicht bewußt, denn ich bin in Sein Bewußtsein hineingenommen worden. Paulus drückt das so aus in Gal. 2, 20 (einem Vers, der uns ganz vertraut ist, aber den keiner von uns je ausschöpfen wird, solange wir auch leben, oder wieviele Erfahrungen der Gnade Gottes wir machen): »Ich bin mit Christus gekreuzigt. Ich lebe, doch nun nicht ich, sondern Christus lebt in mir ...«

In der Bergpredigt sagt Jesus Christus folgendes: Wenn wir als Seine Jünger in das Leben eingeführt sind, das Er lebt, dann sind wir auf das Wissen gegründet, daß Gott unser himmlischer Vater ist und daß Er Liebe ist. Dann erfolgt die wunderbare Ausgestaltung dieses Wissens in unserem Leben. Nicht, daß wir uns nicht mehr sorgen *wollten*, sondern wir sind dahingekommen, daß wir uns nicht mehr sorgen *können*. Denn der Heilige Geist hat die Liebe Gottes in unsere Herzen ausgegossen, und wir stellen fest, daß wir uns nie irgend etwas vorstellen könnten, was unser himmlischer Vater vergißt. Wenn sich auch dunkle Wolken über uns zusammenballen und große Nöte kommen – auch Hiob und der Apostel Paulus haben das erlebt, und jedem Nachfolger Jesu ergeht es so –, so erreichen sie doch nie den, »der unter dem Schirm des Höchsten sitzt«. »Darum fürchten wir uns nicht, wenngleich die Welt unterginge und die Berge mitten ins Meer sänken.« Der Geist Gottes hat uns so in Gott verankert, und alles ist so wohl geordnet, daß wir uns nicht fürchten.

5. März

... denn Er wußte, was im Menschen war.
Johannes 2, 25

Unser Herr Jesus schien so leicht und ruhig mit allen möglichen Menschen umzugehen. Wenn Er einen Menschen traf, der auf die Ebene des Judas absinken konnte, wurde Er nie zynisch und verlor nie den Mut. Wenn Er einem treuen, liebenden Herzen begegnete, wie dem des Johannes, war Er nicht überschwenglich in Seiner Freude und lobte ihn nie über Gebühr. Wenn wir einer besonders edlen Haltung begegnen, sind wir auf einmal voll Hoffnung für jeden Menschen, und wenn wir etwas besonders Boshaftes erleben, ist es genau umgekehrt. Doch Jesus »wußte, was im Menschen war«. Er wußte genau, wie die Menschen waren und was sie brauchten, und Er sah in ihnen etwas, was niemand sonst jemals sah: Hoffnung für den Allerverkommensten. Jesus hatte sehr große Hoffnung für jeden Menschen.

In Matthäus 15 redet unser Herr Jesus zu Seinen Jüngern darüber, wie das menschliche Herz beschaffen ist. »Aus dem Herz kommen . . .« und dann folgen die häßlichen Dinge. Wir sagen vielleicht vorschnell: »Ich habe solche Dinge noch nie in meinem Herzen gehabt« und ziehen es vor, uns auf unsere eigene Unwissenheit anstatt auf das Urteil Jesu Christi zu verlassen. Entweder muß Jesus Christus die höchste Autorität für das menschliche Herz sein, oder Er ist es nicht wert, daß man auf Ihn hört. Wenn ich das Bewußtsein meiner Unschuld als Garanten nehme, steht mir mit großer Wahrscheinlichkeit ein böses Erwachen bevor, das mir klarmacht, daß Jesus die Wahrheit sagte. Ich werde entsetzt sein über die Veranlagung zum Bösen in mir. Wenn ich noch nie ein Schuft gewesen bin, dann, weil Feigheit einerseits und der Schutz des zivilisierten Verhaltens andererseits das verhinderten. Wenn ich aber ohne Maske vor Gott stehe, erkenne ich, daß Jesus Christus mit Seiner Diagnose recht hat. Solange ich zu meiner Unschuld Zuflucht nehme, lasse ich mich von Illusionen gefangennehmen.

6. März

Und wenn Er kommt, wird Er der Welt die Augen auftun über die Sünde . . ., daß sie nicht an Mich glauben. Johannes 16, 8 f.

Achte darauf, was dein Herz vor Gott am meisten beschwert. Belasten dich soziale Mißstände mehr als die Tatsache, daß die Menschen nicht an Jesus Christus glauben? Nicht die Ungerechtigkeit im Zusammenleben der Menschen brachte Jesus Christus vom Himmel herunter, sondern die große Ursünde der Unabhängigkeit von Gott brachte Gottes Sohn nach Golgatha. Die Sünde bemißt sich nicht an einem Gesetz oder an einem gesellschaftlichen Maßstab, sondern an einer Person. Der Heilige Geist ist unverwechselbar in Seinem Wirken: »Und wenn Er kommt, wird Er der Welt die Augen auftun über die Sünde . . ., daß sie nicht an Mich glauben.« Das ist die Sünde schlechthin. Der Heilige Geist bringt Sündenerkenntnis auf dieser Grundlage und keiner anderen.

Ein Mensch braucht nicht den Heiligen Geist, um zu erfahren, daß moralische Sünden böse sind. Das besorgen das normale Empfinden und die Erziehung. Aber wir brauchen den Heiligen Geist, um von unserer Sünde, so wie unser Herr Jesus sie definierte, überführt zu werden: »daß sie nicht an Mich glauben«. Der Maßstab für die Sünde ist nicht sittliche Unbescholtenheit und Aufrichtigkeit, sondern mein Verhältnis zu Jesus Christus. Die Frage ist, ob ich überzeugt bin, daß die einzige Sünde, die der Heilige Geist kennt, der Unglaube gegenüber Jesus ist.

7. März

**O Jerusalem, Ich habe Wächter über deine Mauern be-
stellt, die den ganzen Tag und die ganze Nacht nicht mehr
schweigen sollen. Die ihr den Herrn erinnern sollt, ohne
euch Ruhe zu gönnen, laßt Ihm keine Ruhe, bis Er Jerusalem wieder aufrichte und es setze zum Lobpreis auf Erden! Jesaja 62, 6 f.**

Weiß ich aus eigener Erfahrung etwas von diesen Dingen? Habe ich schon eine einzige Minute vor Gott in auf-
dringlicher Fürbitte angesichts der Sünden anderer Menschen zugebracht? Wenn wir uns mit dieser Aussage des
Propheten konfrontieren lassen und den Scheinwerfer
auf uns richten, wird uns Scham und Bestürzung ergreifen über unser jämmerlich selbstsüchtiges, selbstbezoge-
nes Christentum.

Wieviele von uns sind je in dieses »Ministerium des Inneren« eingetreten, wo wir in der Fürbitte mit unserem
Herrn Jesus und mit dem Heiligen Geist eins gemacht
werden? Es ist eine dreifache Fürsprache. Am Thron
Gottes Jesus Christus; im Gläubigen der Heilige Geist;
außerhalb des Gläubigen die jeweiligen Umstände und
Personen. Wenn diese im Gebet vor Gott gebracht werden, hat der Heilige Geist eine Gelegenheit, gemäß dem
Willen Gottes Fürsprache einzulegen. Das ist der Sinn
der persönlichen Heiligung. Deshalb müssen die Schranken, die das persönliche Zeugnis verhindern, abgebro-
chen und ausgetilgt werden. Das setzt voraus, daß wir erkennen, wozu wir geheiligt werden: Nicht, um geschäftig
in der Arbeit für Gott zu stehen, sondern um Seine Diener zu sein. Und unser Dienst ist die stellvertretende
Fürbitte.

Eine der ersten Lektionen, die wir im »Innenministe-
rium« lernen, ist die, in der Einsamkeit vor Gott Dinge
auszusprechen: Du sagst Gott das, was Er, wie dir klar ist,
bereits weiß, damit du es so zu sehen vermagst, wie Er es

sieht. Alle Härte wird dabei zerbrechen und das Leiden und die Traurigkeit des Heiligen Geistes an ihre Stelle treten, und allmählich wirst du in Einklang mit Seinem Standpunkt gebracht werden.

Wenn Gott dir einen Fürbitteauftrag für bestimmte Menschen aufs Herz legt, dann gehe ihm nicht aus dem Weg, indem du mit ihnen redest. Es ist viel leichter, mit ihnen, statt mit Gott über sie zu reden. Es ist viel leichter, mit ihnen zu reden, als alles vor Gott zu bringen und zuzulassen, daß die Last, die auf deinem Herzen liegt, dich fast erdrückt, bis du merkst, daß Gott dich nicht losläßt und Dich mit viel Geduld wieder emporhebt und aufrichtet. Wenige von uns sind bereit, so weit zu gehen.

8. März

Glaubt an Gott und glaubt an Mich! Johannes 14, 1

Wir beginnen unser religiöses Leben, indem wir unsere Glaubenssätze glauben. Wir übernehmen ohne Widerrede, was man uns lehrt. Aber wenn wir in entsprechende Situationen kommen, fangen wir an, kritisch zurückzufragen. Wir merken, daß die Glaubensinhalte, so richtig sie auch sind, doch für uns nicht richtig sind, weil wir sie nicht durch Leiden eingekauft haben. Was wir als selbstverständlich ansehen, gehört uns nie, solange wir es uns nicht unter Schmerzen zu eigen gemacht haben. Eine Sache ist nur so viel wert, wie sie uns kostet. Wenn wir durch das Leiden der Erfahrung gehen, scheinen wir alles zu verlieren, aber Stück für Stück erhalten wir es zurück.

Es ist absurd, einem Menschen zu sagen, er müsse dies und das glauben. Er kann es zunächst gar nicht! Wenn man den Leuten sagt, was sie glauben müssen, ruft man den Zweifel hervor. Wir laufen Gefahr, den Karren vor das Pferd zu spannen und einem Menschen zu sagen, daß er zuerst gewisse Dinge glauben muß, bevor er Christ werden kann. Seine Glaubensinhalte sind die Folge seines Christseins, nicht die Ursache. Das Wort unseres Herrn Jesus: »glaubt«, wendet sich nicht an unseren Verstand, sondern an unser Herz. Bei Ihm heißt »glauben« soviel wie »sich anvertrauen«. »Vertraut euch Mir an« sagt Er.

Ein Mensch muß alles einsetzen, was er hat und ist, um an Jesus Christus zu glauben. Wer eine Krise durchzustehen hatte, vertraut sich Ihm eher an, er sieht klarer. Bevor die Krise kommt, sind wir uns sicher, weil wir oberflächlich sind.

9. März

Seht die Lilien an. Lukas 12, 27

Hast du schon einmal darauf geachtet, welche Bilder Gott den Gläubigen gibt? Es sind immer Bilder aus der Schöpfung, nie Bilder von Menschen. Die Bedeutung des Dienstes Seiner Boten veranschaulicht Gott mit dem Hinweis auf das Leuchten der Sterne, und Er spricht von Seinem Schutz für das »Würmlein Jakob«. Er spricht von den Wundern der Schöpfung und läßt Sein Volk die Geschäftigkeit und das Gewinnstreben vergessen, die die Reiche dieser Welt prägen. Der Geist Gottes sagt: »Laßt euch nicht deren Stempel aufdrücken. Der Gott, der euch hält, ist der Gott, der die Welt gemacht hat. Laßt euch Seinen Stempel aufdrücken.«

Unser Herr Jesus schöpfte Seine Illustrationen immer aus dem, was die Hand Seines Vaters geschaffen hatte. Wenn wir das geistliche Leben veranschaulichen, greifen wir gern die Tricks der Welt auf, beschäftigen uns mit der Tatkraft des Geschäftsmanns und übertragen diese Methoden auf Gottes Handeln. Jesus Christus fordert uns auf, das Anschauungsmaterial für unsere Lebensführung in den Dingen zu suchen, an denen die Menschen achtlos vorübergehen: »Seht die Lilien an; seht die Vögel unter dem Himmel.« Wie oft sehen wir Wolken oder Gras oder Sperlinge oder Blumen an? Wir sagen: »Dafür haben wir doch keine Zeit, wir haben soviel zu tun. Es ist doch lächerlich, dazusitzen und über Spatzen und Bäume und Wolken nachzudenken.«

Gott sei Dank dafür, daß Er uns, wenn Er uns den Zugang zu den himmlischen Stätten öffnet, auch mit dem Denken beschenkt, das wir in Christus Jesus erkennen. Es ist rastlos und doch frei von Hetze, ruhig, besonnen und stark.

10. März

Ich hielt Rat mit mir selbst. Nehemia 5, 7

Meditieren heißt, auf die Mitte einer Sache zugehen. Es heißt nicht, wie ein Kieselstein in einem Bach zu liegen und das Wasser der Gedanken über uns dahinfließen zu lassen. Das wäre ein Träumen, kein Meditieren. Die Meditation ist angespannte geistliche Arbeit, die alle Kräfte des Denkens voll beansprucht und abwägendes Überlegen wie auch Nachdenken einschließt. Überlegen ist die Fähigkeit, das, was wir denken, zu wägen in dem ständigen Bewußtsein, daß wir überlegen und meditieren. »Ich hielt Rat mit mir selbst« – genau das ist der Sinn des Meditierens. Eine andere Stelle ist Lukas 2, 19: »Maria aber behielt alle diese Worte und bewegte sie in ihrem Herzen.«

Viele liebe Zeitgenossen verwechseln Meditation und Gebet. Die Meditation begleitet oft das Gebet, aber sie ist nicht Gebet. Sie ist nur die natürliche Fähigkeit des Herzens, in die Mitte der Dinge vorzudringen. Gebet ist ein Bitten, wodurch Gott zu handeln beginnt und Neues schafft, das nicht vorhanden war, bevor wir Ihn baten. Das Gebet ist ein tatsächliches Reden mit Gott. Gott naht sich uns, während wir mit Ihm reden, und wir erhalten Antworten. Die Meditation ist ein Reflektieren. Auch Menschen, in denen kein Hauch des Geistes Gottes vorhanden ist, können meditieren. Doch das ist kein Beten. Diese grundlegende Unterscheidung wird oft verwischt.

Maria »bewegte« alle diese Dinge in ihrem Herzen, d. h. sie meditierte darüber, stieß bis in den innersten Kern der Offenbarungen über ihren Sohn vor. Doch soviel wir wissen, redete sie zu niemandem ein Wort darüber. Aber lies das Evangelium des Johannes, und du wirst eine erstaunliche Entdeckung machen. Augustin nannte das Johannes-Evangelium »das Herz Jesu Christi«. Du erinnerst dich wohl daran, was Jesus zu Seiner Mutter sagte, indem Er auf Johannes hinwies: »Weib, siehe, das ist dein Sohn!«, und zu Johannes über Seine Mutter: »Siehe, das ist deine Mutter!« Und von der Stunde an nahm sie der Jünger zu sich. Wir dürfen sicher annehmen, daß Marias Meditationen bei Johannes unter der Anleitung des Heiligen Geistes wunderbaren Ausdruck fanden und in sein Evangelium und in seine Briefe eingingen.

11. März

Aber Gott sprach zu ihm: »Laß es dir nicht mißfallen.«
1. Mose 21, 12

Es wird wenig ausweglos scheinende Situationen in unserem persönlichen Leben mit Gott geben, wenn wir gehorchen, und viele, wenn wir eigensinnig sind. Geistlich gesehen liegt die Ursache in der Abneigung gegenüber einem disziplinierten Verhalten. Sooft ich mich weigere, mein natürliches Wesen zu verurteilen und mich von ihm loszusagen, werde ich immer weniger Person und immer mehr Individualist, ein unabhängiger und respektloser Individualist.

Individualität ist das Kennzeichen des natürlichen Menschen. Personalität ist das Kennzeichen des geistlichen Menschen. Deshalb kann unser Herr Jesus nie unter dem Gesichtspunkt der Individualität verstanden werden, sondern nur als Persönlichkeit. Die Individualität ist das Merkmal des Kindes. Sie ist eine hinderliche Umkleidung für den Menschen, der Gott gehört. Die Individualität gebraucht die »Ellbogen«, verursacht Spaltungen und sondert ab. Die Persönlichkeit kann sich einfügen. Die Schale der Individualität hat Gott als Hülle zum Schutz für das Leben der Person geschaffen. Aber die Individualität muß weichen, damit das Leben der Person hervortreten und in die Gemeinschaft mit Gott eintreten kann. »Daß sie eins seien, gleichwie wir eins sind.« Wenn uns noch nie eine Aussage Jesu verletzt hat, ist es fraglich, ob wir Sein Reden je richtig verstanden haben. Jesus Christus hat keinerlei Nachsicht mit irgend etwas, was einen Menschen letztlich untauglich macht zum Dienst für Gott. Wenn der Geist Gottes uns ein Wort des Herrn aufschließt, das wehtut, können wir ganz sicher sein, daß in uns etwas ist, was Er töten will.

12. März

Wie Mich der Vater gelehrt hat, so rede Ich.
Johannes 8, 28

Das Geheimnis des vollmächtigen Redens unseres Herrn Jesus war, daß Er Sein Denken in jeder Lage Seinem Vater unterstellte. Jedesmal, wenn Schwierigkeiten im Bereich Seiner menschlichen Existenz Ihn bedrängten, wie es bei Seiner Versuchung der Fall war, war Ihm die göttliche Erinnerung gegenwärtig, daß vor Seiner Menschwerdung (vgl. Offenbarung 13, 8) jedes Problem durch die Beratung mit Seinem Vater gelöst wurde. Deshalb kam es für Ihn jetzt nur darauf an, den Willen Seines Vaters zu tun und ihn so zu tun, wie Sein Vater es wollte. Satan versuchte Ihn anzutreiben. Er versuchte, Ihn dahin zu beeinflussen, daß Er den Problemen als ein Mensch gegenübertrat und Gottes Willen nach Seinem eigenen Gutdünken ausführte. Jesus aber sagte von sich: »Der Sohn kann nichts von sich selber tun, sondern nur, was Er sieht den Vater tun« (Johannes 5, 19).

Sind wir in unserem Denken widersetzlich und geistlich halsstarrig? Diktieren wir Gott in frommen Formulierungen, was Er an uns tun darf und wie weit Er gehen kann? Durchsuchen wir die Bibel nach passenden Stellen, um unsere Lieblingsgedanken zu untermauern? Oder wissen wir etwas von dem Geheimnis, unseren Verstand und unser Urteilen dem Wort und Willen Jesu Christi zu unterwerfen, wie Er Sein Denken Seinem Vater unterwarf?

Die Gefahr für uns ist, daß wir unser Denken nur auf solchen Gebieten der Lehre des Neuen Testamentes unterordnen, wo das Licht unserer Erfahrung sie uns erhellt. Heißt es: »Wenn wir im Licht wandeln, wie unsere Erfahrung im Licht ist«? Nein, sondern: »Wenn wir im Licht wandeln, wie Er im Licht ist . . .« Wir müssen in dem Licht bleiben, in dem Gott ist, nicht im Lichtschein unserer Erfahrung. Die Wahrheit Gottes hat auch Seiten, die wir nicht in Erfahrung umsetzen können. Solange wir auf der schmalen Spur unserer Erfahrungen bleiben, werden wir nie Gott ähnlich werden, sondern uns zu Spezialisten für bestimmte Lehren und christliche Seltsamkeiten entwickeln. Wir sollen aber Spezialisten für die Hingabe an Jesus Christus und für sonst nichts sein. Wenn wir wissen wollen, wie Gläubige nach dem Willen Jesu sein sollen und was heiliger Wandel ist, dürfen wir nicht nur Schriften über die Heiligung lesen, wir müssen Jesus Christus gegenübertreten. Dann wird Er uns vor das Angesicht Gottes stellen.

13. März

Da sagte der junge Mann zu Ihm: »Das habe ich alles gehalten; was fehlt mir noch?« Matthäus 19, 20

Manchmal kommt man beim Hören evangelistischer Ansprachen zu dem Schluß, daß man ein großer Sünder sein muß, um gerettet werden zu können. Die Mehrzahl der Menschen aber sind keine großen Sünder. Der reiche Jüngling war ein ehrenhafter, gediegener, religiöser Mann. Es wäre unsinnig gewesen, ihn auf seine Sünde anzusprechen. Ihm fehlten die Voraussetzungen dafür, zu verstehen, was das ist.

Es gibt Hunderte von anständig lebenden, rechtschaffenen Menschen, die keine Sünde an sich sehen. Ich rede jetzt von Sünde als Übertretung der Gebote, die Jesus nannte. Wir müssen prüfen, welchen Platz wir der Sündenerkenntnis zuweisen und wohin Gottes Geist sie stellt. Als Saul von Tarsus sein Damaskus-Erleben hatte, fiel das Wort Sünde überhaupt nicht, und doch hatte niemand eine tiefere Erkenntnis der Sünde als der Apostel Paulus. Wenn wir Gottes Reihenfolge umwerfen und uns weigern, der Erkenntnis, wer Jesus ist, den ersten Platz einzuräumen, haben wir nur ein lahmes Christentum anzubieten. Menschen wie diesem jungen Obersten bietet es keinen Zugang.

Das Verblüffendste an Jesus Christus ist, daß Er das menschliche Geschick nicht vom Gut-Sein oder Schlecht-Sein abhängig macht, nicht von dem, was wir getan oder nicht getan haben, sondern davon, wofür wir Ihn halten.

14. März

... wir aber eure Knechte um Jesu willen.
2. Korinther 4, 5

Wir machen den Fehler zu meinen, daß der Dienst für andere aus der Liebe zu den anderen kommen muß. Die grundlegende Tatsache ist, daß allein die alles beherrschende Liebe zu unserem Herrn Jesus das Motiv für jeglichen Dienst an anderen sein kann: ».. . wir aber eure Knechte um Jesu willen.« Das bedeutet, daß ich mich identifiziere mit Gottes Interesse für andere Menschen. Gott ist an einigen außergewöhnlichen Menschen interessiert, wie z. B. an dir und an mir. Er ist an dem Menschen, gegen den du eine Abneigung hast, aber genauso interessiert wie an dir.

Ich weiß nicht, wie es in deinem Herzen aussah, bevor Gott dich rettete, aber ich weiß, was in meinem war. Ich wurde mißverstanden und falsch ausgelegt. Alle anderen hatten unrecht, nur ich war im Recht. Als dann jedoch Gott kam und bei mir einen Frühjahrsputz durchführte, meine Sünde wegnahm und mich mit dem Heiligen Geist füllte, fing ich an zu erkennen, daß eine gewaltige Änderung mit mir vorgegangen war.

Ich bin noch immer der Meinung, daß das große Wunder der Heilserfahrung nicht die Veränderung ist, die andere an dir feststellen, sondern die Veränderung, die du selbst an dir vorfindest. Wenn du bestimmten Menschen und Dingen begegnest und dich daran erinnerst, welche Reaktionen sie früher bei dir auslösten, und danebenhältst, was du durch Gottes Gnade jetzt bist, erfüllen dich Staunen und Freude. Wo früher nur ungenießbares Wasser voll Übelwollen und Bitterkeit hervorquoll, fließt jetzt das reine und klare Wasser der Liebe.

15. März

Was Ich euch sage in der Finsternis, das redet im Licht; und was euch geflüstert wird in das Ohr, das predigt auf den Dächern. Matthäus 10, 27

» Was Ich euch sage in der Finsternis . . .«: Wohlgemerkt, die Finsternis, von der unser Herr Jesus spricht, ist nicht die Finsternis, die Sünde oder Ungehorsam verursachen. Es ist viel mehr die Finsternis, die durch ein Übermaß an Licht hervorgerufen wird. Es gibt Zeiten im Leben jedes Jüngers Jesu, da er sich schwertut, da ihm alles unklar erscheint und er nicht erkennen kann, was er tun oder sagen soll.

Solche Zeiten der Dunkelheit dienen der Festigung des Charakters und führen zu einer tieferen Erkenntnis Gottes. Solche Dunkelheit ist immer eine Zeit des Hörens, nicht des Redens. In der Bibel finden wir verschiedene Stellen, wo deutlich wird, daß die Dunkelheit ein notwendiger Begleiter der Gemeinschaft mit Gott ist (s. Jesaja 5, 30; 50, 10; 1. Petrus 1, 6 f.). Der Herr teilt die Dunkelheit mit Seinem Jünger: » Was Ich euch sage in der Finsternis . . .« Er ist da. Er kennt das alles. Es muß auch so sein, daß mir alles unverständlich ist. Anders geht es nicht, wenn ich geführt werde durch den Gehorsam gegenüber einem, der mehr weiß als ich. Diese Dunkelheit durch das Übermaß an Licht finden wir auch auf dem Berg der Verklärung: »und sie erschraken, da sie die Wolke überzog.« Aber in der Wolke sahen sie »niemand als Jesus allein«.

16. März

Ich will dir die im Dunkel verborgenen Schätze übergeben. Jesaja 45, 3 (Menge)

Wir hätten nie vermutet, daß dort Schätze verborgen liegen. Um sie zu erlangen, müssen wir durch Situationen hindurch, die uns unsicher machen. Nichts ermüdet das Auge mehr als unaufhörlicher Sonnenschein. Das gleiche gilt auch auf geistlichem Gebiet. Das dunkle Tal gibt uns Zeit zum Nachdenken, und wir lernen es, Gott für das Tal zu danken, weil dort unsere Seele wieder in die Gemeinschaft mit Ihm geführt wurde. Im dunklen Tal gibt Gott uns eine neue Offenbarung Seiner Freundlichkeit.
Was für Tage und Erlebnisse haben uns am meisten vorangebracht? Die Tage der frischen Weide, des uneingeschränkten Wohlbefindens? Nein. Diese Tage haben ihren Wert. Aber die Tage, die uns charakterlich am meisten vorangebracht haben, sind die Tage der Anspannung, die wolkigen Tage, da wir den Weg nicht mehr erkennen konnten und stehenbleiben und warten mußten. Und während wir warteten, erfuhren wir Gott als Den, der tröstet und durchträgt und alles wohl macht – in einer Weise, wie wir es nie für möglich gehalten hätten.

17. März

**Wer Mir nachfolgen will, der verleugne sich selbst und nehme sein Kreuz auf sich und folge Mir nach. Denn wer sein Leben erhalten will, der wird's verlieren; doch wer sein Leben um Meinetwillen und um des Evangeliums willen verliert, der wird's erhalten.
Markus 8, 34f.**

Jesus sagt, daß der, der sich gewinnt, sich verliert, und daß der sich gewinnt, der sich um Seinetwillen verliert. Hüte dich davor, den Gedanken der Zeit hereinzubringen. In dem Augenblick, wo der Geist Gottes deinen Geist berührt, wirkt sich das in deinem Körper aus. Übernimm nicht die Vorstellung von einem dreistöckigen Gebäude mit einem unbestimmten, geheimnisvollen Obergeschoß, das Geist genannt wird, einem mittleren Geschoß namens Seele und einem zuunterst liegenden Geschoß, dem Leib. Wir sind eine Persönlichkeit, die sich auf dreifache Weise darstellt: Geist, Seele und Leib. Denke nicht, daß die Kraft, die den Geist stark macht, Zeit braucht, um in Seele und Leib zu gelangen. Sie zeigt sich augenblicklich, vom Scheitel bis zur Sohle.

Jesus sagt, daß es dem Menschen möglich ist, das höchste Gut zu verfehlen. Seine Aussage ist uns nicht genehm, weil wir es nicht für möglich halten, daß wir es verfehlen. Wir sind heute weit entfernt von der Einstellung Jesu Christi. Wir übernehmen die rationalistische Betrachtungsweise. Mit Seiner Lehre können wir überhaupt nichts anfangen, solange wir nicht die Hauptaussage Seines Evangeliums glauben, nämlich, daß in uns durch eine übernatürliche Gnade etwas eingepflanzt werden muß. Nach der Auffassung Jesu Christi kann ein Mensch die Hauptsache verpassen. Wir denken gern, daß alles schon irgendwie gutgehen wird. Aber Jesus sagt etwas ganz anderes. Wenn meine Füße in eine bestimmte Richtung gehen, kann ich nicht einen Schritt in die entgegengesetzte Richtung tun, es sei denn, daß ich auf der Stelle umkehre.

18. März

Wasser wäscht Steine weg, und seine Fluten schwemmen die Erde weg: so machst Du die Hoffnung des Menschen zunichte. Hiob 14, 19

In der physikalischen Natur gibt es etwas, was der Gewohnheit vergleichbar ist. Fließendes Wasser wäscht sich einen Kanal aus, der immer breiter und tiefer wird. Hört es einige Zeit zu fließen auf, nimmt es danach den zuvor gebahnten Weg wieder auf. Wenn wir ein Blatt Papier das erstemal falten, geht es nie so leicht wie nachher beim zweiten Mal; denn nach dem ersten Mal läßt es sich wie selbstverständlich falten. Der Vorgang der Gewohnheit durchzieht die ganze physikalische Natur. Auch unser Gehirn ist physikalisch zu verstehen. Wenn wir erst einmal die körperliche Maschine verstehen, mit der wir herauszuarbeiten haben, was Gott hineinarbeitet, erkennen wir, daß unser Körper der wichtigste Verbündete unseres geistlichen Lebens wird.

Genau hier zeigt sich der Unterschied zwischen einem seelischen und einem geistlichen Christen. Der geistliche Mensch ist einer, der seinen Körper zum vollkommenen Gehorsam gegen die Anregungen des Heiligen Geistes erzogen hat. Folglich tut sein Körper ohne jeden Widerstand alles, was Gott von ihm will. Der seelische Typ des Christen ist der seufzende, in Tränen aufgelöste, immer wieder neu anfangende Christ. Er muß immer zu Gebetsversammlungen gehen, muß immer aufgemuntert oder auch beruhigt und bandagiert werden, weil er es sich nie angewöhnt hat, dem Geist Gottes zu gehorchen.

Unser geistliches Leben wächst nicht *trotz* des Leibes, sondern wegen des Leibes. Irdisch zu sein ist nicht Schande, sondern Ehre für den Menschen. In seiner irdischen Daseinsweise zeigt sich die gewaltige erlösende Kraft Jesu Christi in ihrem vollen Ausmaß.

19. März

Bist Du Gottes Sohn, so sprich, daß diese Steine Brot werden. Matthäus 4, 3

Diese Versuchung ist heute über die christliche Kirche gekommen. Wir beten den Menschen an. Gott wird als Segnungsmaschine für die Menschheit betrachtet. Wir finden das in den allergeistlichsten Bewegungen. Sieh dir doch z. B. einmal an, wie geschickt der Missionsauftrag geändert wurde. Man hört nicht mehr die Losung der Böhmischen Brüder, die hinter jedem leidenden Heiden das Angesicht Jesu sahen. Die Not wurde zum Ruf. Wichtig ist nicht mehr, daß Jesus Christus sagte: »Geht hin«, sondern daß der Heide nicht gerettet wird, wenn wir nicht gehen. Es ist eine feine Verschiebung, die geistreich ist, aber nicht geistlich.

Die Not ist nie der Ruf: die Not ist die Gelegenheit. Der Gehorsam Jesu Christi galt immer zuerst dem Willen des Vaters: »Siehe, im Buch ist von Mir geschrieben. Deinen Willen, mein Gott, tue Ich gern« und »Gleichwie Mich der Vater gesandt hat, so sende Ich euch.« Der Gläubige muß Gott treu bleiben inmitten des Räderwerks erfolgreicher menschlicher Systeme, inmitten weltlichen Wohlstandes und angesichts vernichtender Niederlagen . . .

Die Verlockung, das Bedürfnis des Menschen und den Erfolg an die erste Stelle zu setzen, hat selbst den Bereich der evangelistischen Arbeit erfaßt und hat die »Leidenschaft nach Seelen« an die Stelle der »Leidenschaft für Christus« gesetzt. Wir müssen uns schämen, wenn wir bedenken, wie sehr wir alles durcheinandergebracht haben, weil wir nicht standhaft an der Treue zu Jesus Christus festhielten.

20. März

Wer bittet, der empfängt. Matthäus 7, 8

Manchmal scheint es, daß Gott ganz unverständlich handelt. Wir bitten Ihn, uns zu segnen und uns Seine Wohltaten zu erweisen. Was wir daraufhin erleben, ist, daß alles zusammenstürzt. Das ist so zu erklären, daß Gott das Herz, bevor Er es zu einem Garten des Herrn machen kann, pflügen muß. Dabei geht ein guter Teil der natürlichen Schönheit verloren.

Wenn wir Gottes Absichten an unseren Wünschen messen, kommen wir zu dem Schluß, daß Er uns einen Skorpion gab, als wir um ein Ei baten, und eine Schlange, als wir um einen Fisch baten, und einen Stein, als wir um Brot baten. Aber unser Herr Jesus sagt, daß solches Denken und Reden voreilig ist. Es ist nicht aus dem Glauben und Vertrauen auf Gott geboren. »Wer bittet, der empfängt.«

»Seid dankbar in allen Dingen«, sagt Paulus. Es heißt nicht: Dankt *für* alles, sondern: Dankt dafür, daß in allem, was geschieht, Gott gegenwärtig bleibt. Gott ist wirklicher als die Dinge, die uns umgeben: »Darum fürchten wir uns nicht, wenngleich die Welt unterginge.« Wir denken, daß unser gegenwärtiges Leben fest gegründet ist, bis etwas passiert, ein Krieg oder ein Todesfall. Dann kommen wir uns entwurzelt und fortgeschleudert vor, und im tiefen Schmerz über die Unergründlichkeit des Lebens schreien wir zu Gott. Da hören wir die Stimme Jesu: »Kommt her zu Mir.«

21. März

Ich hatte von Dir nur vom Hörensagen vernommen; aber nun hat mein Auge Dich gesehen. Darum spreche ich mich schuldig und tue Buße in Staub und Asche. Hiob 42, 5 f.

Ein Mensch, der sein Leben ändert, hat nicht notwendigerweise Buße getan. Es kann sein, daß er sein schlechtes Leben von einem Tag auf den andern aufgibt, weil er wie ein erloschener Vulkan ist. Die Tatsache, daß er jetzt anständig lebt, läßt nicht den Schluß zu, daß er Christ geworden ist.

Die Grundlage des Christenlebens ist die Buße. Der

Apostel Paulus hat nicht vergessen, was er gewesen war. Wohl sagte er, daß er vergesse, »was dahinten ist«, doch bezieht er sich dabei auf das, was er erlangt hat. Der Heilige Geist hat ihm nie erlaubt zu vergessen, was er gewesen war (s. 1. Korinther 15, 9; Kolosser 3, 8; 1. Timotheus 1, 13 ff.). Buße bedeutet, daß ich genau ermesse, wie ich in Gottes Augen aussehe, und darunter leide. Auf der Grundlage der Erlösungstat Jesu werde ich das Gegenteil von dem, was ich vorher war. Nur der hat Buße getan, der einen heiligen Wandel führt, d. h. der von Grund auf anders wird, weil etwas in ihn hineingekommen ist. Jeder, der sich kennt, weiß, daß er nicht heilig sein kann. Wenn er nun doch heilig wird, erklärt sich das dadurch, daß Gott etwas in ihn hineingelegt hat. Er lebt jetzt in der Gegenwart göttlichen Lebens und kann »rechtschaffene Frucht der Buße« bringen.

»Nun hat mein Auge Dich gesehen«, sagt Hiob, »darum spreche ich mich schuldig und tue Buße in Staub und Asche.« Wenn ich Jesus Christus auf den Thron erhebe, sage ich das glatte Gegenteil von dem, was mich früher beherrschte. Ich verleugne mein altes Wesen so radikal, wie Petrus seinen Herrn verleugnete.

Jesus Christus behauptet, daß Er jedem Menschen ein neues Wesen, Sein eigenes Wesen, Heiligen Geist, geben kann. Das wird an allem, was ich tue, zu erkennen sein. Aber das Wesen des Sohnes Gottes kann nur auf dem Weg der Buße in mein Leben kommen.

22. März

... wenn auch unser äußerer Mensch zerfällt, so wird doch der innere von Tag zu Tag erneuert.
2. Korinther 4, 16

Paulus hat die Möglichkeit des Altwerdens, des Kräfteverfalls und des Todes vor Augen. Keine Auflehnung, keine Bitterkeit steigen in ihm auf. Paulus versuchte nie, vor sich selbst zu verbergen, wie seine Arbeit sich auf ihn auswirkte. Er wußte, daß sie ihn aufzehrte, und wie sein Meister war er vor der Zeit alt. Aber er jammert nicht und zieht sich nicht von der Arbeit zurück. Paulus ging nicht töricht vor und verschwendete seine Kraft nicht für Unwichtiges. Er wußte auch wohl, daß seine Kraft sich gerade in seiner apostolischen Arbeit verzehrte und in nichts anderem.

Michelangelo sagte ein schönes Wort: »Je mehr der Marmor abgenutzt wird, desto schöner wird das Bild.« Das veranschaulicht die Aussage des Paulus. Aller Verzehr von Nervenkraft und geistiger Energie in der Arbeit für Gott bringt uns in gleichem Maße geistliche Erneuerung und Stärkung, so daß die Muskeln unseres geistlichen Menschen sich kräftigen und wachsen.

23. März

Sündigt aber dein Bruder an dir, so geh hin und weise ihn zunächst unter vier Augen zurecht. Hört er auf dich, so hast du deinen Bruder gewonnen. Matthäus 18, 15

Es würde dem sittlichen Empfinden widersprechen, wenn jemand einem anderen die Vergebung zuspräche, solange dieser nicht sagt, daß es ihm leid tut. Tut dir jemand ein Unrecht, und du gehst zu ihm und weist ihn darauf hin, so kannst du, falls er auf dich hört, ihm vergeben. Wenn er aber hartnäckig ist, kannst du nichts tun. Du kannst nicht sagen: »Ich vergebe dir.« Du mußt ihm zuvor zur Einsicht verhelfen.

Jesus Christus sagt: »Ich aber sage euch: Liebt eure Feinde«, aber er sprach auch die erschreckendsten Worte, die je geäußert wurden, etwa: ». . . so wird euch euer Vater eure Übertretungen auch nicht vergeben.« Ich muß der Gerechtigkeit Gottes unerschütterlich treu bleiben. Solange meine Feinde nicht aufhören, meine Feinde zu sein, und sie mir nicht zu erkennen geben, daß ihnen ihr Handeln leid tut und sie darüber Buße tun, kann ich ihnen nicht die Vergebung zusprechen und gerecht bleiben.

Es wäre manchmal leichter zu sagen: »Oh, das ist nicht schlimm; ich verzeihe es dir«, aber Jesus besteht darauf, daß auch der letzte Heller bezahlt werden muß. Die Liebe Gottes beruht auf Gerechtigkeit und Heiligkeit, und ich muß auf derselben Grundlage vergeben.

24. März

Und Jesus sagte zu ihnen: »Folgt Mir nach.«
Markus 1, 17

Wir sind im Laufe der Zeit zu der Schlußfolgerung gekommen, daß ein Mensch sich als Sünder erkennen muß, bevor Jesus Christus etwas für ihn tun kann. Die ersten Jünger fühlten sich nicht deshalb von Jesus angezogen, weil sie von ihren Sünden erlöst werden wollten. Sie wußten gar nicht, daß sie Erlösung brauchten. Sie wurden von Ihm angezogen, weil Er in ihnen ein aufrichtiges Vertrauen weckte.

Das waren also ganz andere Gefühle als die, die nach unserer Meinung einen Menschen zu Jesus ziehen. Ihre Nachfolge hatte nichts Theologisches an sich. Sie dachten nicht daran, daß sie vom Tod zum Leben kamen, sie wußten nicht, was Jesus meinte, als Er von Seinem Kreuz redete . . . Sie folgten Jesus nicht, weil sie gerettet werden wollten, sondern weil sie nicht anders konnten.

Drei Jahre später, als Jesus wieder sagte: »Folge Mir nach«, war es etwas anderes. Vieles hatte sich in diesen Jahren ereignet. Das erste »Folge Mir« hatte ein äußeres Folgen bedeutet. Jetzt sollte es ein Folgen in das innere Martyrium sein (s. Johannes 21, 18 f.).

25. März

Gelobt sei Gott, der Vater unseres Herrn Jesus Christus, der uns gesegnet hat mit allem geistlichen Segen in der himmlischen Welt durch Christus. Epheser 1, 3

Der im Glauben und in der Heiligung geübte Christ soll den Gesichtskreis anderer Menschen ändern. Das geschieht, indem er ihnen zeigt, daß sie durch Gottes Gnade auf eine höhere Ebene gehoben werden können, nämlich in die himmlische Welt. – Wenn du vom Meeresufer aus zum Horizont schaust, siehst du nicht viel Wasser. Aber wenn du die Felsklippen hinaufkletterst, wird der Horizont erweitert, während du steigst, so daß du mehr und mehr Wasser dazwischen siehst. Paulus befindet sich in der Himmelswelt und sieht die ganze Welt so, wie sie in Gottes Plan angeordnet ist. Er hält Ausschau wie ein Wächter, und in seinen Worten liegt der ruhige, siegessichere Ton eines Eroberers.

Wir lassen uns oft leicht durcheinanderbringen, weil wir nicht diesen weltumspannenden Blick haben, sondern nur den kleinen Innenraum unserer ›Hutschachtel‹ sehen. Der Apostel Paulus hat seine ›Hutschachtel‹ aufgerissen. Er wurde in Christus Jesus auf eine neue Ebene emporgehoben und sieht jetzt alles in Seiner Sicht. Der Prediger und der Mitarbeiter müssen lernen, das Leben als Ganzes zu sehen.

Bleib immer in Verbindung mit den Büchern und Menschen, die deinen Horizont erweitern und es dir ermöglichen, dich geistig auszustrecken. Der Geist Gottes ist immer der Geist der Freiheit. Der Geist, der nicht von Gott ist, ist der Geist der Knechtschaft, der Geist der Verzweiflung und der Niedergeschlagenheit. Der Geist Gottes deckt kräftig und schonungslos Sünde auf, aber Er ist immer der Geist der Freiheit. Gott, der die Vögel machte, hat keine Käfige gebaut. Käfige kommen von den Menschen. Wenn wir einige Zeit darin eingesperrt sind, werden wir steif und können nur noch zirpen und auf einem Bein stehen. Wenn wir in Gottes großes, freies Leben hinaustreten, entdecken wir, daß Gott will, daß wir so »die herrliche Freiheit der Kinder Gottes« erleben und leben.

26. März

Seid stille und erkennt, daß Ich Gott bin. Psalm 46, 11

Erst wenn unser Leben verborgen ist mit Christus in Gott, lernen wir es, still zu Gott zu sein. Nicht still über Ihn, sondern still in der ruhigmachenden Gewißheit, daß alles gut ist, daß hinter allem Gott steht. Das zu wissen, gibt der Seele Kraft. Es gibt dann keine Paniksituationen. Was für ein Haufen aufgescheuchter Sperlinge sind wir in der Mehrzahl doch! Wir schwatzen und schilpen in Gottes Garten, bis wir Seine Stimme nicht mehr hören können.
Wir müssen erst die wunderbare Musik des Lebens Jesu lernen, die uns sagt, daß unser himmlischer Vater der Gott der Sperlinge ist. Er kann durch die wunderbare Umgestaltungskraft Seiner Gnade Sperlinge in Nachtigallen verwandeln, die durch jede Nacht der Trübsal hindurchsingen. Ein Sperling kann nicht durch eine Nacht der Trübsal singen; auch keine Seele kann sich durch eine Nacht der Trübsal hindurchsingen, wenn sie es nicht gelernt hat, still zu Gott zu sein. Ein Blick, ein Gedanke an meinen Vater im Himmel, und alles ist gut.

27. März

Ihr seid das Salz der Erde. Matthäus 5, 13

Es hat den Anschein, daß einige moderne Lehrer des Evangeliums meinen, Jesus habe gesagt: »Ihr seid der

Zucker der Erde.« Sie halten Freundlichkeit und Gefälligkeit und den Verzicht auf jedes korrigierende Wort für die ideale Verhaltensweise des Christen.

Es bringt keine Vorteile ein, Salz zu sein. Weißt du, wie es ist, wenn Salz auf eine offene Wunde kommt? Dann verstehst du, was ich sagte. Das Salz in der Wunde tut weh, und wenn Gottes Kinder unter denen sind, die ohne Gott leben, tut diesen ihre bloße Anwesenheit weh. Der Mensch, der nicht mit Gott in Ordnung ist, ist eine offene Wunde, und wenn »Salz« hineinkommt, ruft es eine Reizung und Schmerz hervor. Er lehnt sich auf und wird gehässig. Im gegenwärtigen Zeitalter der Heilsgeschichte bewahren die Jünger Jesu die Gesellschaft vor dem Verfall. Das Salz ruft eine gewaltige Verärgerung hervor, die zur Verfolgung für den Christen führt.

Es gibt Seelen, die der Heilige Geist nicht ohne deine Mitarbeit zur Umkehr führt. Von einigen von uns wird Gott Rechenschaft verlangen für die Seelen, die ohne Beistand, ohne Heilung geblieben sind, und die Jesus Christus nicht anrühren konnte, weil wir uns weigerten, unsere Seele für Ihn zu öffnen. Bei der Begegnung mit den sinnlichen, egoistischen, verkehrten Menschen waren wir daher nicht fähig, ihnen den Herrn Jesus Christus in der Kraft des Heiligen Geistes zu bezeugen.

28. März

Selig sind, die hungern und dürsten nach der Gerechtigkeit; denn sie sollen satt werden. Matthäus 5, 6
Selig sind, die um der Gerechtigkeit willen verfolgt werden; denn ihnen gehört das Himmelreich.
Matthäus 5, 10

Die meisten von uns wissen überhaupt nichts von der Gerechtigkeit, die uns in Jesus Christus geschenkt ist. Wir versuchen immer noch, die menschliche Natur auf eine Höhe emporzuheben, die sie nicht erreichen kann, weil mit der menschlichen Natur etwas nicht stimmt.

Der alte Puritanismus, den wir gern lächerlich machen, tat den Menschen denselben Dienst wie der Pharisäismus dem Paulus und der Katholizismus Luther. Doch wir haben heute keinen »Prüfstein« mehr in uns, wir haben keine Ahnung von der Gerechtigkeit. Ja, es ist uns überhaupt gleichgültig, ob wir gerecht leben oder nicht. Nicht nur, daß uns die Auffassung Jesu Christi von der Gerechtigkeit fremd geworden ist, wir lachen auch über die biblische Auffassung von Gerechtigkeit. Wir haben die überkommene Gerechtigkeitsvorstellung der Gesellschaft, zu der wir gehören, zu unserem Abgott gemacht.

Die Behauptung, unser Herr Jesus habe etwas vollkommen Neues gebracht, ist hoffnungslos abwegig. Er hat sehr deutlich gemacht, daß Er das gerade nicht wollte. Er sagte, daß Er gekommen sei, um zu erfüllen, was schon da war, aber unbemerkt blieb. »Ihr sollt nicht wähnen, daß Ich gekommen bin, das Gesetz oder die Propheten aufzulösen; Ich bin nicht gekommen, aufzulösen, sondern zu erfüllen.« Deshalb ist es so unsinnig, Jesus in erster Linie als Lehrer zu verstehen. Er ist nicht zuerst Lehrer; Er ist zuerst Erlöser. Er kam nicht, um uns einen neuen Sittenkodex zu geben. Er kam, um uns zu befähigen, einen Sittenkodex einzuhalten, den wir nicht hatten halten können. Jesus lehrte nicht Neues. »Er lehrte gewaltig« – mit der Vollmacht, Menschen in Übereinstimmung mit dem, was Er lehrte, zu bringen. Jesus Christus kam, *um uns heilig zu machen*, nicht um uns zu sagen, daß wir heilig sein sollten. Er kam, um für uns zu tun, was wir selbst nicht für uns tun konnten.

29. März

In allem erweisen wir uns als Diener Gottes.
2. Korinther 6, 4

Einer der überzeugendsten Beweise dafür, daß du von der Gnade Gottes lebst, ist, daß du gedemütigt werden kannst, ohne die geringste Spur irgendeiner Reaktion als Seiner Gnade in dir zu zeigen.

2. Korinther 6, 4–10 ist das geistliche Tagebuch des Paulus. Diese Verse beschreiben die äußeren Trübsale, die sich als »Treibhaus« für die Gnadengaben des Heiligen Geistes erwiesen. Außen Trübsale und innen die Gnade: beides wirkte zusammen.

Du hast Gott darum gebeten, dir die Gnadengaben des Heiligen Geistes zu geben. Dann bist du in eine Situation gekommen, die dich heftig in die Zange genommen hat, und nun sagst du: »Ich habe Gott gebeten, in mir die Gaben des Geistes zur Ausgestaltung zu bringen. Aber jedes Mal scheint der Teufel dazwischenzufunken.« Was du den »Teufel« nennst, ist genau das, was Gott gebraucht, um die Gnadengaben des Geistes in dir hervorzubringen.

30. März

Jesus von Nazareth ist der Mann, der von Gott durch Taten, Wunder und Zeichen unter euch ausgewiesen ist . . . diesen Mann . . . habt ihr . . . ans Kreuz geschlagen und umgebracht. Apostelgeschichte 2, 22 f.

Der Charakter Jesu Christi beeindruckt uns alle. Eine der Gefahren der kirchlichen Glaubensunterweisung ist, daß gesagt wird, man könne nicht Christ sein, solange man nicht glaubt, daß Jesus Christus der Sohn Gottes ist und die Bibel vom 1. Buch Mose bis zur Offenbarung das Wort Gottes ist. – Glaubensbekenntnisse sind eine Auswirkung unseres Glaubens, nicht seine Auslöser. Ich muß nicht das alles glauben, bevor ich Christ werden kann. Nachdem ich aber Christ geworden bin, fange ich an, mich mit der Frage zu beschäftigen, wer Jesus Christus ist. Dazu ist es nötig, daß ich zuerst die Aussagen des Neuen Testamentes zugrunde lege. »Selig bist du, Simon, Jonas Sohn; denn Fleisch und Blut haben dir das nicht offenbart, sondern Mein Vater im Himmel.«

Der *Charakter* Jesu Christi wurde auf einer normalen menschlichen Ebene gelebt und zeigt nur die eine Seite. Auf zehn Menschen, die über den Charakter Jesu sprechen, kommt nur einer, der von Seinem Kreuz spricht. Dann kann die Reaktion so aussehen: »Ich höre gern die Geschichte des Lebens Jesu, ich befasse mich gern mit dem, was Er sagte. Die Bergpredigt ist schön, und ich lese gern die Berichte von den Taten Jesu. Was du aber vom Kreuz erzählst, von der Vergebung der Sünden, von der Wiedergeburt, ist ein Irrtum.«

Das Neue Testament bezeugt Jesus Christus als den im Fleisch geoffenbarten Gott, nicht als Wesen mit zwei Persönlichkeiten. Er ist Gottes Sohn (das genaue Abbild des allmächtigen Gottes) und Menschensohn (die Darstellung des Menschen, der Gott gefällt). Als Gottessohn offenbart Er, wer Gott ist (Johannes 14, 9). Als Menschensohn zeigt Er, welche Umwandlung durch die Erlösung an der Menschheit geschieht: das vollkommene Einssein zwischen Gott und dem Menschen (Epheser 4, 13). Aber wenn es um das *Kreuz* Jesu Christi geht, faßt das mancher als Zumutung auf. Er sollte aber bedenken, daß die Lehre des Neuen Testamentes sinnlos wäre, wenn Jesus Christus nur ein Märtyrer gewesen wäre.

31. März

Denn wir wissen, daß das Gesetz aus Gottes Geist kommt; ich aber bin nur ein Mensch, unter die Macht der Sünde verkauft. Römer 7, 14

Ein Text über die Sündenerkenntnis – was für ein Thema! Wieviele von uns mögen es sein, die jemals 5 Minuten lang ihre Sünde wirklich erkannten? Nichts ist so außergewöhnlich und selten, als daß man einem Mann oder einer Frau begegnet, die von ihrer Sünde überführt sind.

Wenn in einer Versammlung der Heilige Geist einigen Menschen ihre Sünden in ihrer Schrecklichkeit aufdekken würde und sie davon zutiefst erschüttert wären, bin ich nicht sicher, ob nicht die meisten von uns dafür eintreten würden, daß sie in ein Irrenhaus gebracht werden sollten, statt sie auf das Kreuz Christi hinzuweisen.

Wir kennen diese zerschmetternde Erkenntnis der Sünde heutzutage nicht mehr, von der Paulus spricht, wenn er sagt, er sei »unter die Macht der Sünde verkauft«. Aber es ist nicht zuviel gesagt: Ein Mensch, der vom Geist Gottes von seiner Sünde überführt ist, hat nur eine von zwei Möglichkeiten: den Selbstmord oder das Kreuz Christi. Niemand kann nämlich eine solche Erkenntnis lange aushalten.

Wir haben durchaus eine gewisse Erkenntnis im Blick auf Stolz und Lieblosigkeit im Umgang miteinander. Aber wenn der Heilige Geist uns überführt, zeigt Er uns nicht nur die Oberfläche. Er wirkt in uns ein tiefes Erkennen der Tatsache, daß wir unabhängig von Gott leben und los von Gott sterben. Wir erkennen, daß alle unsere Tugenden und guten Eigenschaften und Religion auf einem verderblichen Grund aufgebaut waren, nämlich dem verheerenden Erbe unserer Begehrlichkeit. Das ist es, worum es bei dem Sündenfall ging. Laß das dein Denken ganz durchdringen, dann wirst du das Wunder der Erlösung durch Jesus Christus verstehen, die unsere totale Befreiung von der Begehrlichkeit in sich schließt.

Schmeichle deiner Seele nie mit dem Gedanken, daß du nicht begehrlich bist, weil du nicht Geld oder irdischen Besitz begehrst. Die Aufregung und das Unglücklichsein, die unser Besitz in uns auslösen kann, ist der am tiefsten sitzende Rest unserer Veranlagung zur Sünde. Jesus Christus besaß nichts für sich (s. 2. Korinther 8, 9). Durch den Sündenfall kam die Veranlagung zum Begehren in den Menschen hinein. Seitdem ist die ganze menschliche Natur richtig durchsetzt vom Verderben der Begehrlichkeit. Eben dieses Wesen in uns deckt der Heilige Geist auf.

1. April

Und sie werden zu dir kommen, wie das Volk so zusammenkommt, und vor dir sitzen als Mein Volk und werden deine Worte hören, aber nicht danach tun.
Hesekiel 33, 31

Viele Menschen in unserer Zeit wollen das Wort Gottes ungeschminkt und in seiner ganzen Direktheit verkündigt hören. Sie lassen sich die harte Wahrheit über den Wandel im Licht, die Taufe mit dem Heiligen Geist und die Befreiung von der Sünde sagen und freuen sich darüber. Sie sagen zueinander: »Ich bitte dich, komm und höre, was der Herr sagt.« Sie geben sich den Anschein des Glaubens, aber sie tun nicht Buße. Sie kehren die Wahrheit, die Gott verlangt, in eine bloße Haltung um.

Gott verlangt von uns nicht nur, daß wir die richtige Haltung Ihm gegenüber haben. Er verlangt von uns auch, daß wir Seine Wahrheit sich so in uns auswirken lassen, daß wir in lebendiger Verbindung mit Ihm stehen. Diese Menschen strömten zu Hesekiel wie Schüler zu einem Lehrer. Sie sahen genauso aus, als wären sie Gottes Kinder. Der Unterschied lag nicht außen, sondern innen. Nur Gottes durchdringendes Auge konnte ihn sehen. In Wirklichkeit war alles nur Pose; sie waren nicht echt. Die eigentliche Sünde des Herzens gegen Gott ist, daß es ohne Gott ist. Der Stolz, die Selbstvergötterung – das ist der große Atheismus im Leben des Menschen.

Wieviele von uns wohl zu der verzauberten, aber unveränderten Menge gehören? Wir folgen jedem Mann und jeder Frau, die die göttliche Wahrheit verkündigen. Wir sind sogar so verzaubert, daß wir sagen: »Wenn du diesen Mann oder diese Frau hörst, hörst du Gottes Wort.« Aber hat dieses Wort uns in eine lebendige Verbindung zu Gott gebracht, oder ist es nur eine Pose?

Wenn solche unter uns sind, die nur dem Schein nach zu Gottes Volk gehören, aber nicht in Wahrheit, möge Gott sich ihrer annehmen und sie in das richtige Verhältnis zu sich bringen durch das Sühnopfer des Herrn Jesus Christus.

2. April

Ich lebe; doch nun nicht ich, sondern Christus lebt in mir. Galater 2, 20

Solange wir uns an unserer Erfahrung, unseren Gefühlen, unseren erhörten Gebeten orientieren, können wir nie verstehen, was der Apostel Paulus meint, wenn er sagt: »Ich lebe; doch nun nicht ich, sondern Christus lebt in mir.«

Daß der Mensch mit Vernunft begabt ist und sie einsetzen kann, ist eine Gabe von Gott, der Quelle des Lebens. Wir behindern uns jedoch in der Ausübung dieser Befähigung, wenn wir Bilder aus unserem Wahrnehmungsbereich in unserem Geist festhalten. Wer von uns noch nie Gesichte oder Verzückungen hatte, sollte sehr dankbar sein. Gesichte und überhaupt alle Gefühlserregungen sind der größte Fallstrick für das geistliche Leben. Wir neigen nämlich dazu, sie sogleich um unser Denken zu bauen und unser Denken noch einmal um sie, und dann bleiben wir stehen.

Immer wieder erlebt man, wie Menschen, die seit Jahren in der Heiligung leben, stehenbleiben. Sie fallen nicht zurück, und sie gehen nicht voran. Sie bleiben stehen. Sie werden immer regloser und immer verschwommener – geistlich gesehen, nicht sittlich. Schließlich bildet sich so etwas wie eine dicke Kruste über ihrem geistlichen Leben, und man fragt sich, was mit ihnen los ist. Sie halten Gott noch die Treue, sie stehen noch zu ihrem Zeugnis über ihre Erfahrungen mit Ihm. Aber sie haben nie dieses großartige, von Gott gegebene Geschenk der Vernunft angewandt, die in ihnen ist. Sie sind nie über die Eindrücke ihrer Erfahrung hinausgegangen, so daß sie zu der Erkenntnis hätten gelangen können, daß Gott allein das Leben ist und alles übersteigt, was wir erfahren können.

Weil die Menschen sich nicht die Mühe machen zu denken, gehen sie in die Falle. Und laß es dir gesagt sein: Denken ist harte Arbeit (siehe 2. Korinther 10, 5).

3. April

Was der Mensch sät, das wird er ernten. Galater 6, 7

Die Worte, die unser Herr Jesus in bezug auf sich selbst aussprach, gelten für jede Saat: »Wenn das Weizenkorn nicht in die Erde fällt und erstirbt, so bleibt's allein; wenn es aber erstirbt, so bringt es viel Frucht.« Alle christliche Arbeit, wenn sie geistlich ist, muß diesem Gesetz folgen. Gottes Frucht kann nur auf diese Weise hervorgebracht werden.

Sei sehr geduldig. Es gibt nichts Unverschämteres als unseren Unglauben gegenüber Gott. Wenn Er uns nicht sofort ans Pflügen, Säen oder Ernten stellt, schwindet unser Glaube an Ihn.

In der heutigen Evangelisationsarbeit macht man den Fehler zu meinen, daß der Verkündiger in einer halben Stunde sein Feld pflügen, den Samen ausstreuen und die Ernte einholen muß. Unser Herr Jesus hatte es nie eilig mit Seinen Jüngern. Er fuhr fort, den Samen auszusäen, und achtete nicht darauf, ob sie Ihn verstanden oder nicht. Er verkündigte Gottes Wahrheit und verbreitete durch Sein Leben die richtige Atmosphäre, damit sie wachsen konnte. Dabei ließ Er es bewenden, weil Er wohl wußte, daß der Same die ganze göttliche Keimkraft in sich hatte und seiner Art gemäß Frucht bringen würde, wenn er in den richtigen Boden gelegt war.

Wir sind nie hinterher noch dieselben, wenn wir die Wahrheit gehört haben. Vielleicht vergessen wir sie wieder, aber wir werden erneut auf sie stoßen. Säe das Wort Gottes, und jeder, der zuhört, kann zu Gott finden. Wenn du Gelübde säst, Entschlüsse, Wünsche, Gefühle, wirst du nichts als Erschöpfung ernten: ». . . ihr sollt umsonst euren Samen säen, und eure Feinde sollen ihn essen« (3. Mose 26, 16). Doch säe das Wort Gottes aus, und so wahr Gott Gott ist, wird es Frucht bringen . . .

Es mag einer nicht alles begreifen, was gesagt wird, aber unbewußt . . . wird etwas in ihm davon ergriffen. Sieh zu, daß du den wirklichen Samen des Wortes Gottes säst, und dann laß es dabei bewenden.

4. April

Die Gesunden brauchen keinen Arzt, sondern die Kranken. Lukas. 5, 31

Es gibt eine Art Leiden, die daher rührt, daß wir keinen Ausweg mehr sehen. Vielleicht sagt jemand, daß alles letztlich vernunftgemäß, also rational ist: »Geh den Dingen auf den Grund, so wirst du merken, daß alles einfach und leicht zu erklären ist.« Das stimmt ganz einfach nicht. Der Grund der Dinge ist nicht rational, sondern tragisch.

Wenn du das Gebiet des Leidens und des Kummers betrittst, erkennst du, daß Vernunft und Logik deine Führer zum Erfassen der Situation als solcher sind, aber weiter nichts. Oder ist es etwa vernunftgemäß, daß ich mit einer Erbanlage geboren bin, die ich nicht unter Kontrolle halten kann? Ist es vernünftig, daß Nationen, die dem Namen nach christlich sind, Krieg miteinander führen?

Der Grund der Dinge ist tragisch, und der einzige Weg, der herausführt, ist die Erlösung. Mancher wetterfühlige Mensch läßt sich zu Aussagen hinreißen, die wie eine Gotteslästerung klingen. Und doch kann er Gott näher sein als in Zeiten, da es ihm gut geht und er Glaubenssätze, die er noch nie erprobt hat, selbstzufrieden akzeptiert.

Fürchte dich nicht vor einem Menschen, der den Anschein des Lästerns erweckt. Er hat mit Problemen zu kämpfen, in denen du vielleicht noch nie gestanden hast. Statt zornig zu sein, habe Geduld mit ihm. Der Mensch, vor dem man sich fürchten muß, ist einer, der gleichgültig ist. Er hat sich, soweit er sittliche Maßstäbe kennt, gut in der Hand, und Jesus Christus bedeutet ihm gar nichts.

5. April

Ihr aber habt bei Mir in Meinen Anfechtungen ausgehalten. Lukas 22, 28

Jesus Christus sah Sein Leben als ein Leben voller Anfechtungen. Er durchleidet die gleiche Art von Anfechtungen, die Er in den Tagen Seines Fleisches durchzustehen hatte, heute in uns. Was das Christsein ausmacht, ist, daß wir dem Sohn Gottes Gelegenheit geben, in uns zu leben und über uns zu verfügen. Alles geistliche Wachstum ist nichts anderes, als daß Er sich in immer stärkerem Maße in unserem sterblichen Fleisch offenbaren kann.

Die Versuchungen Jesu waren nicht die eines Menschen, sondern die Versuchungen Gottes in Menschengestalt. »Daher mußte Er in allen Dingen Seinen Brüdern gleich werden« (Hebräer 2, 17). Die Versuchungen Jesu Christi und die unseren bewegen sich auf verschiedenen Ebenen, bis wir Seine Brüder werden, indem wir die Neugeburt von oben erfahren. »Denn weil sie alle von einem kommen, beide, der da heiligt und die da geheiligt werden, darum schämt Er sich auch nicht, sie Brüder zu heißen« (Hebräer 2, 11).

Durch die Wiedergeburt nimmt der Sohn Gottes in mir Gestalt an, und Sein Leben in mir verläuft in denselben Bahnen wie Sein Leben in Seiner Erdenzeit. In meinem körperlichen Leben steht die Ehre Jesu Christi auf dem Spiel. Bleibe ich Ihm treu in den Anfechtungen, die über Sein Leben in mir kommen?

Wir sollten aufräumen mit der ehrerbietigen Lästerung, daß Jesus Christus sich in Gethsemane vor dem Tod fürchtete. Er hatte keine Spur von Furcht davor. Er sagte sehr deutlich, daß Er um des Kreuzes willen gekommen war (Matthäus 16, 21). Seine Angst in Gethsemane war, daß Er als Menschensohn nicht durchkäme. Satans Angriff war die Vorhaltung, daß Er zwar als Gottessohn alles durchstehen könne, aber dabei zu einer abseits stehenden Gestalt werde. Das hätte bedeutet, daß Er kein Erlöser hätte sein können.

6. April

Wir aber predigen den gekreuzigten Christus.
1. Korinther 1, 23

Verwechsle nie das Kreuz Christi mit dem Segen, der daraus kommt. In seiner ganzen Lehre hatte Paulus eine große Leidenschaft: das Kreuz Christi. Nicht die Erlösung, auch nicht die Heiligung, sondern die große Wahrheit, daß Gott so sehr die Welt liebte, daß Er Seinen einzigen Sohn dahingab. Deshalb findest du nichts Unechtes an ihm, deshalb macht er nie belanglose Aussagen.

In allem, was Paulus lehrte, liegt eine gewaltige geistliche Kraft. Die große Leidenschaft, die Paulus antrieb, war nämlich nicht der Wunsch, daß Menschen heilig sein sollten – das kam erst an zweiter Stelle. Paulus hatte vielmehr verstanden, was Gott mit dem Kreuz Christi meinte. Wenn es uns nur um unsere persönliche Heiligkeit geht, darum, daß Gott mit uns Reklame machen kann, werden wir nie verstehen, was Gott will. Wenn wir aber einmal dahin gelangen, wo Paulus stand, und Gott uns befähigt, das Kreuz Christi zu verstehen, dann kann uns nichts mehr umwerfen . . . (Römer 8, 35–39).

Der meiste Nachdruck wird heute darauf gelegt, was der Tod des Herrn für uns bedeutet. Viel wichtiger aber ist, daß wir verstehen, was Gott mit dem Kreuz beabsichtigte. Paulus verstand nicht deshalb das Kreuz, damit er das Leben aus Gott empfinge, sondern indem er das Kreuz verstand, empfing er das Leben. Beschäftige dich mit dem Kreuz allein Gottes wegen. Dann wird die Heiligkeit Jesu an dir sichtbar werden, ohne daß du es merkst.

7. April

Und Er trug Sein Kreuz und ging hinaus...
Johannes 19, 17

Das Kreuz Jesu wird oft zu Unrecht als ein Muster unseres Kreuzes gesehen. Jesus sagte nicht: »Wer Mir nachfolgen will, der nehme *Mein* Kreuz auf sich«, sondern: »der verleugne sich selbst und nehme sein Kreuz auf sich und folge Mir nach.« Unser Kreuz wird durch Sein Kreuz ein Vorrecht, das Gott uns einräumt. Wir werden nie aufgefordert, Sein Kreuz zu tragen.

Wir haben das Kreuz zwanzig Jahrhunderte lang mit so viel Verehrung und starken Gefühlsbewegungen umgeben, daß es sehr schön und ergreifend klingt, wenn wir davon sprechen, daß wir unser Kreuz tragen wollen. Aber ein hölzernes Kreuz mit Eisennägeln ist sehr ungeschickt zu tragen. So war das Kreuz aber in Wirklichkeit. Und können wir uns vorstellen, daß das äußere Kreuz häßlicher war als unser jetziges? Oder meinen wir, daß das Holzgestell, das die Hände und Füße unseres Herrn Jesus aufriß, gar nicht so schrecklich war, wie wir es uns vorstellen?

Das Kreuz Jesu Christi steht einzigartig und unwiederholbar da. Sein Kreuz ist nicht unser Kreuz. Unser Kreuz besteht darin, der Welt zu zeigen, daß wir dazu geheiligt sind, nichts als den Willen Gottes zu tun. Durch Sein Kreuz wird unser Kreuz unser Vorrecht, das Gott uns gewährt. Es ist wichtig, das zu betonen, weil es so viele richtige Vorstellungen und so viel falsche Lehre über dieses Thema gibt. Nie werden wir aufgefordert, das Kreuz Christi zu tragen. Sein Kreuz ist die Mitte von Zeit und Ewigkeit und zugleich die Antwort auf die Rätsel, die beide aufgeben.

8. April

Denn dazu seid ihr berufen; hat doch auch Christus für euch gelitten und euch ein Vorbild hinterlassen, damit ihr Seinen Fußtapfen folgen sollt. 1. Petrus 2, 21

Das macht die Gemeinschaft Seiner Leiden aus. »Er hat für euch gelitten.« Leidest du wegen jemand anderem und für jemand anderen? Ist die Ursache für dein flehentliches Gebet und Leiden vor dem Herrn »dieser erschütternde Fall«, weil er dich schmerzt, beunruhigt, nach Erleichterung ausschauen läßt? Wenn das so ist, stehst du nicht in der Gemeinschaft Seiner Leiden. Du bist sogar weit davon entfernt. Aber wenn deine Seele sich aus Liebe zu Gott anderen zuwendet und mit ihnen trägt, freiwillig und stellvertretend, dann lebst du wahrhaftig in Gemeinschaft mit Gott.

Der Nachfolger Jesu gibt sich dazu hin, zu »erstatten, was noch mangelt an den Trübsalen Christi, Seinem Leib zugut«. Wie können wir die Trübsale, die noch mangeln, erstatten? 1. Johannes 5, 16 weist auf einen Weg dazu hin, nämlich den der Fürbitte. Bedenke, daß kein Mensch Zeit zum Beten hat. Er muß anderen Dingen, die wertvoll sind, Zeit wegnehmen, um zu verstehen, wie nötig Zeit für das Gebet ist.

Alles, was uns in unserem persönlichen Leben wie Dornen und Stacheln unter die Haut geht, weicht augenblicklich, wenn wir beten. Wir spüren den Schmerz nicht mehr, weil wir die Dinge sehen, wie Gott sie sieht. Das Gebet eint uns mit Gottes Ansicht über andere Menschen.

Unsere Hingabe als Gläubige schließt ein, daß wir uns Gottes Interesse an anderen Menschen zu eigen machen. Gott achtet nicht darauf, ob andere uns »liegen«. Er erwartet von uns, daß wir uns identifizieren mit Seinem Interesse an anderen.

9. April

Als nun Jesus den Essig genommen hatte, sprach Er: »Es ist vollbracht!« und neigte das Haupt und verschied. Johannes 19, 30

Der Tod verbreitet großen Schrecken. Es ist leicht zu sagen, daß Gott Liebe ist, bis der Tod deinen liebsten Freund hinweggerafft hat. Dann will ich dich sagen hören, daß Gott Liebe ist. Das ist nicht möglich, wenn nicht Gottes Gnade ein Werk an deiner Seele getan hat.

Der Tod bedeutet die Auslöschung des Lebens, wie wir es kennen. Unsere Toten sind von uns gegangen und haben eine schmerzende Leere zurückgelassen. Sie sprechen nicht mit uns, wir fühlen ihre Berührung nicht mehr. Wenn das Herz des Trauernden aufschreit, kommt nur der hohle Widerhall seines eigenen Schreies zurück. Das Herz ist unfügsam. Kein frommes Gerede, keine wissenschaftliche Fachsprache kann es erreichen. Der körperliche Jammer und dazu noch das andere, was kein Mensch erfassen kann, das macht den Tod so furchtbar.

Wir nehmen den Trost, den Jesus Christus in der Stunde des Todes bringt, für so selbstverständlich, daß wir die schreckliche Tragödie der Menschen vergessen, die fern von Jesus sind. Schlag dir den Gedanken aus dem Kopf, daß es Trost für Hinterbliebene anderswo als in der Bibel gibt. Es gibt ihn nicht. Jeder Versuch, einen Trauernden zu trösten, ohne ihn auf die Botschaft hinzuweisen, die Jesus Christus bringt, ist leere Spekulation.

Wir wissen nichts über das Geheimnis des Todes – abgesehen von dem, was Jesus Christus uns sagt. Aber gepriesen sei der Name Gottes: Was Er uns sagt, macht uns zu Überwindern, so daß wir den Sieg auch im dunkelsten Todestal ausrufen können, durch das je ein Mensch gehen kann.

10. April

Denn ich hatte beschlossen, unter euch nichts zu wissen als allein Jesus Christus, den Gekreuzigten.
1. Korinther 2, 2

Der Tod Jesu ist die einzige Eingangstür zu dem Leben, das Er lebte. Wir können nicht an Seinem Leben Anteil bekommen, indem wir Ihn bewundern oder indem wir davon sprechen, daß Sein Leben überaus schön war, so rein und heilig. Uns nur mit Seinem Leben zu beschäftigen, würde uns in die Verzweiflung treiben. Wir erhalten Zugang zu Seinem Leben durch Seinen Tod.

Bevor der Heilige Geist uns zu geistlichen Menschen machen kann, bedeutet uns der Tod Jesu Christi nichts. Wir wundern uns darüber, daß das Neue Testament so viel Aufhebens davon macht. Der Tod Jesu Christi ist für den unerlösten Menschen immer ein Rätsel. Wie kommt der Apostel Paulus dazu, zu sagen: »Denn ich hatte beschlossen, unter euch nichts zu wissen als allein Jesus Christus, den Gekreuzigten«? Solange der Tod Jesu für uns noch nicht die Bedeutung hat, die der Apostel Paulus in ihm sah, nämlich, daß er die Eingangstür in sein Leben ist, ist die Auferstehung für uns auch ohne Bedeutung. Das Leben Jesu ist ein großartiges Beispiel eines vollkommenen Menschenlebens, aber was hilft uns das? . . .

Wir leben so dahin und sagen, daß wir Jesus nachahmen. Ist das nicht Unsinn? Bevor wir drei Schritte gemacht haben, begegnen wir der Begehrlichkeit, dem Stolz, dem Neid, der Eifersucht, dem Haß, der Bosheit, dem Zorn. Das alles sind Dinge, die nie in Ihm waren. Da sinkt uns schon der Mut, und wir sagen, es sei eben doch nichts dran.

Wenn Jesus Christus gekommen wäre, um die Menschheit nur zu lehren, wäre Er besser fortgeblieben. Aber wenn wir Ihn als Erlöser kennenlernen in der Wiedergeburt, wissen wir, daß Er nicht nur kam, um zu lehren. Er

kam, um uns zu dem zu *machen*, was wir Seiner Lehre
gemäß sein sollen. Er kam, um uns zu Söhnen Gottes zu
machen. Er kam, um uns die richtige Wesensart zu geben,
nicht um uns zu sagen, daß wir nicht die falsche haben
sollten. Der Weg, der zu all diesen Segnungen führt, ist
uns durch Seinen Tod bereitet.

11. April

Weib, was weinst du? Johannes 20, 15

Maria Magdalena weinte am Grab. Worum bat sie? Um
den Leichnam Jesu. Wen bat sie darum? Jesus selbst, und
sie erkannte Ihn nicht! Gab Jesus ihr, was sie erbat? Er
gab ihr etwas unendlich Größeres, als sie je erhofft hatte:
einen auferstandenen Herrn, der lebte und den kein Tod
mehr töten konnte.
Wie viele von uns sind in ihren Gebeten blind gewesen!
Denke zurück und vergegenwärtige dir die Gebete, die,
wie du dachtest, nicht erhört wurden. Jetzt aber erkennst
du, daß Gott sie mit einem größeren Erweis Seiner Hilfe
und Allmacht beantwortet hat, als du dir je erträum-
test. Gott hat dir auf anbetungswürdige Weise Vertrau-
en entgegengebracht. Er tat es durch völliges Schweigen, nicht aus Hoffnungslosigkeit, sondern aus Freude:
weil Er sah, daß du eine viel größere Offenbarung
empfangen konntest, als du zu jener Zeit hattest.
Einigen Gebeten folgt Schweigen, weil sie falsch sind,
anderen, weil sie größer sind, als wir zu bitten verstehen.
Es wird für einige von uns ein wunderbarer Augenblick
sein, wenn wir vor Gott stehen und erkennen, daß die
Gebete, die wir in früheren Zeiten in großer Dringlich-
keit vor Gott brachten und von denen wir meinten, sie
seien nicht erhört worden, auf wunderbare Weise erhört

wurden, und daß Gottes Schweigen das Zeichen für die Erhörung war.

12. April

Jesus sagte zu ihm: »Weide Meine Schafe!«
Johannes 21, 17

Nach der Auferstehung lud Jesus Christus die Jünger nicht zu einem Zusammensein auf dem Berg der Verklärung ein. Er sagte vielmehr zu Petrus: »Weide Meine Schafe!« Wenn Gott einem Menschen Arbeit überträgt, ist es selten Arbeit, die seinen natürlichen Fähigkeiten zu entsprechen scheint. Paulus, ein hochbegabter Mann, der sich vor keiner Anforderung fürchtete, verbrachte dennoch seine Zeit damit, völlig unwissende Menschen zu lehren. Der Beweis dafür, daß wir Gott lieben, ist, daß wir uns Sein Interesse an anderen Menschen zu eigen machen.

Die anderen Menschen sind das genaue Abbild dessen, was wir sind. Das ist so demütigend dabei! Jesus Christus kam zu einem hoffnungslos unbedeutenden Volk herab, um es zu erlösen. Wenn Er uns emporgehoben und in Verbindung mit sich gebracht hat, erwartet Er von uns, daß wir uns mit Seinem Interesse für andere identifizieren.

13. April

Selig seid ihr ... Matthäus 5, 11

Wenn wir die Seligpreisungen zum ersten Mal lesen, erscheinen sie uns als einfache und schöne, aber keinesfalls aufregende Aussagen. Ohne daß wir ihnen Aufmerksamkeit schenken, sinken sie in unser Unterbewußtsein ab. Wir haben die Reden Jesu schon so oft gehört, daß sie unbeachtet an uns abgleiten. Sie klingen angenehm und fromm und wunderbar einfach. In Wahrheit aber sind sie wie geistliche Torpedos, die im Unterbewußtsein explodieren. Wenn der Heilige Geist sie in unser Bewußtsein zurückbringt, wird uns klar, was für aufregende Aussagen es sind.

Die Echtheit der Jüngerschaft ist am Gehorsam abzulesen, wenn diese Wahrheiten in das Bewußtsein eintreten. Wir jagen nicht durch die Bibel auf der Suche nach einer Vorschrift, die wir befolgen könnten – Jesus Christus macht uns nie zu Pedanten –, sondern wir leben in so enger Verbindung mit Gott, daß der Heilige Geist uns ständig dieses oder jenes Wort von Ihm bringen und es auf unsere jeweilige Situation anwenden kann. Wir werden immer erst dann auf die Probe gestellt, wenn der Heilige Geist das Wort zurückbringt.

Es geht auch nicht darum, daß wir die Seligpreisungen wörtlich anwenden, sondern daß wir Gott gestatten, durch die Wiedergeburt von uns Besitz zu ergreifen, und daß wir unser Denken mit der Lehre Jesu Christi füllen. Das sinkt dann ab in unser Unterbewußtsein. Bald ergeben sich bestimmte Umstände, wo die Aussagen Jesu Christi wieder vor uns stehen. In dem Augenblick müssen wir entscheiden, ob wir die gewaltige geistliche Revolution akzeptieren, die sich ereignet, wenn wir Seiner Anweisung gehorchen. Wenn wir ihr gehorchen, wird unser Leben sich verändern. Wir werden feststellen, daß wir Kraft zum Gehorchen haben, wenn wir wollen. So arbeitet der Geist Gottes im Herzen eines Jüngers.

14. April

Darum bittet ... Matthäus 9, 38

Beten ist etwas Einfaches, es ist etwas Übernatürliches. Für einen Menschen, der keine Verbindung zu unserem Herrn Jesus Christus hat, kann das Gebet etwas Törichtes sein. Es klingt in der Tat unvernünftig, wenn wir sagen, daß Gott auf Gebet hin handelt, und doch sagte unser Herr Jesus, daß es so ist. Jesus Christus gründet alles auf das Gebet. Daraus aber folgt, daß der Schlüssel zu all unserer Arbeit als Christen der ist: »Darum bittet . . .«

Wenn wir für andere beten, wirkt der Geist Gottes im unbewußten Bereich ihres Wesens, von dem wir nichts wissen. Aber nach einiger Zeit beginnen sich im bewußten Leben dessen, für den gebetet wird, Zeichen von Unruhe und Besorgnis zu zeigen. Vielleicht haben wir bis zur Erschöpfung gebetet, aber nie etwas erreicht und haben verzweifelt aufgegeben. Doch wenn wir weitergebetet haben, machen wir eines Tages bei einer erneuten Begegnung eine erstaunliche Entdeckung. An einer Frage, die sie stellen, erkennen wir, daß etwas in ihnen weicher geworden ist. Sie sind zu Fragenden geworden.

Solche Fürbitte schadet dem Reich Satans am meisten. Sie ist so unscheinbar, so schwach in ihren Anfängen, daß wir sie nie durchhalten können, wenn die Vernunft nicht im Licht des Heiligen Geistes steht. Und doch legt das Neue Testament den größten Nachdruck auf diese Art von Fürbitte, obwohl sie so wenig vorweisen kann, das für sie spricht.

Es scheint eine dumme Vorstellung zu sein, daß alles das geschieht, worum wir im Gebet bitten. Aber bedenke, zu wem wir beten. Wir beten zu einem Gott, der die unbewußten Tiefen der Persönlichkeit versteht, von denen wir nichts wissen. Und Er fordert uns auf zu beten. Der große Meister des menschlichen Herzens sagte: »Er wird größere Werke als diese tun . . . Und was ihr bitten werdet in Meinem Namen, das will Ich tun.«

15. April

Wer kann merken, wie oft er fehlet? Verzeihe mir die verborgenen Sünden! Psalm 19, 13

Weißt du von einer Sünde, deretwegen Gott dich zur Rede gestellt hat und die du einfach auf sich beruhen läßt? Sieh dich vor, daß sie sich nicht zu einer beherrschenden Sünde auswächst. Unsere Verfehlungen sind stumm, sie schleichen sich bei uns ein. Wenn wir im Licht Jesu Christi stehen, sind wir erschüttert darüber, wohin wir gekommen sind. Der Grund dafür ist, daß wir uns selbst irregeführt haben. Diese Selbstsicherheit hält uns völlig im unklaren darüber, wer wir wirklich sind, ohne Kenntnis unseres Zustandes, der die Rettungstat Jesu notwendig macht.

Wenn wir uns sagen: »Schließlich bin ich ja auch nicht schlechter als andere«, ist der Anfang schon gemacht. Bald sind wir blind für unsere eigenen Fehler und verschanzen uns hinter einer eingebildeten Sicherheit. Jesus Christus kann absolut nichts tun für den, der sich mit der stummen Sicherheit der Unkenntnis über sich selbst umgibt.

Wenn ein solcher Mensch hört, wie ein anderer Befreiung von Sündenbindungen erlebte, ist er ungerührt: »Ich brauche keine Befreiung.« Paulus sagt: »Ist nun unser Evangelium verdeckt, so ist's denen verdeckt . . ., denen der Gott dieser Welt den Sinn verblendet hat« – verblendet für alles, was Jesus Christus ist und tut. Wer dahin kommt, trägt selbst die Schuld daran.

16. April

Ihr seid Meine Freunde, wenn ihr tut, was Ich euch gebiete. Johannes 15, 14

Gott schuf den Menschen, damit er Sein Freund sei. Wenn wir die Freunde Jesu sind, müssen wir bewußt und konsequent unser Leben für Ihn niederlegen. Das ist schwer, und Gott sei Dank, daß es das ist! Sobald wir begriffen haben, welcher Art unser Verhältnis zu Ihm ist, nämlich, daß wir Seine Freunde sind, ergeht an uns ein Auftrag: Wir sollen jedem, der uns begegnet, die Liebe entgegenbringen, die Er uns erwiesen hat.

Achte einmal darauf, mit was für Menschen Gott dich zusammenführt. Dann wirst du feststellen, daß das Seine Art ist, dir zu zeigen, wer du einmal für ihn warst. »Du bist Mein Kind, der Freund Meines Sohnes. Jetzt gehe einmal auf diesen ›stacheligen‹ Menschen zu mit der Liebe, die du von Mir empfingst, als du ebenso zu Mir warst. Erweise diesem gemeinen, selbstsüchtigen Menschen genau die Liebe, die Ich dir entgegenbrachte, als du gemein und selbstsüchtig warst.«

Wir werden alle Tage unseres Lebens ausreichend Gelegenheit finden, klein von uns zu denken. Was uns hilft, auf diesem Weg zu bleiben, ist der Humor unseres himmlischen Vaters, den wir in dem allem entdecken. Dann gehen wir dem unangenehmen Menschen mit einem inneren Schmunzeln entgegen, weil wir wissen, was Gott jetzt tut. Er hält uns einen Spiegel vor, damit wir sehen, wie wir Ihm gegenüber gewesen sind. Jetzt bietet sich uns eine Gelegenheit, uns als Seine Freunde zu erweisen. Der andere wird erstaunt sein und fragen: »Wie kommt das nur? Je mehr Püffe ich ihm versetze, desto freundlicher ist er!« und wird umfallen, wie wir umfielen, hinein in die Gnade Gottes.

17. April

Wenn du siehst, wie der Arme bedrückt wird, und wie es mit Recht und Gerechtigkeit in der Landschaft übel bestellt ist, so reg dich darüber nicht auf; denn über dem Hohen steht ein noch Höherer auf der Lauer, und ein Allerhöchster hält Wacht über ihnen. Prediger 5, 7 (Menge)

Durch die ganze Bibel zieht sich die Unterscheidung zwischen dem Willen Gottes und dem Zulassen Gottes. Der Zustand, den wir jetzt haben, ob er gut oder schlecht ist, ist von Gott zugelassen. Wenn du Gerechtigkeit suchst, wirst du zu dem Schluß kommen, daß Gott der Teufel ist. Wenn das, was heute auf der Welt vor sich geht, Gottes Wille wäre, würde jene Schlußfolgerung stimmen. Aber wenn das, was heute geschieht, mit Gottes Zulassen geschieht, sieht die Sache ganz anders aus.

Gottes Wille ist: Keine Sünde, kein Satan, kein Unrecht, kein Leid, kein Schmerz, kein Tod, keine Krankheit und keine Beschränkung. In Gottes Vorsehung ist das alles jedoch eingeschlossen: Sünde, Krankheit, Tod, der Teufel, du und ich und alles, was uns umgibt. Auf Gottes Zulassen beruhen die kleinen und großen Ereignisse, die sich jetzt eben abspielen und in denen wir zu kämpfen und uns zu bewähren haben, wenn sie uns nicht einmal verdammen sollen. Wir können aufbegehren und aufschreien und behaupten, Gott sei ungerecht, aber die Situation ändert sich deswegen nicht. Es nützt nichts, die Augen vor der Wirklichkeit zu verschließen, es nützt nichts, sich darüber zu erregen, daß Tyrannei zur Vorsehung Gottes gehört: es gibt sie. Im persönlichen Leben und im Leben eines Volkes wird Gottes Wille durch Leiden erreicht und nie auf eine andere Weise. Warum das so ist, ist eine andere Frage, aber daß es so ist, ist offensichtlich. »Er hat, obwohl Er Gottes Sohn war, doch an dem, was Er litt, Gehorsam gelernt.«

Wir müssen Gottes Willen mitten in Seinem Zulassen ergreifen. Gott bereitet viele »Söhne« für die Herrlichkeit. Ein Sohn ist einer, der im Kampf gestanden und sich bewährt hat und unversehrt daraus hervorging. Die Bibel nimmt eine ganz unsentimentale Haltung gegenüber unseren Lebensumständen ein. Nie wird ein weinerlicher Ton angeschlagen. Wir können uns nicht wie ein Waschlappen benehmen und einfach auf Gottes Vorsehung ausruhen. Das ist nie auch nur eine Sekunde lang erlaubt. Immer bekommen wir Stöße und Stiche überall in der Bibel.

18. April

... sie sahen niemand mehr bei sich als Jesus allein. Markus 9, 8

Sehen auch wir zuerst Jesus und Ihn allein? Das hat Auswirkungen auf unseren Umgang mit anderen Menschen. Wir sehen dann niemand anderen, ohne zugleich Jesus zu sehen. Durch die Verbindung mit Ihm sehen wir jeden Menschen als vollkommen, so wie er es in Jesus Christus ist. Wir brauchen kein Verklärungserlebnis, um Gemeinheit zu sehen, denn wir sind gemein. Wir brauchen kein Verklärungserlebnis, um Sünde zu sehen, denn wir sind Sünder. Aber wir brauchen ein Verklärungserlebnis, um Jesus Christus in den Gemeinen, in den Sündern, den Halbverkommenen und den Bösen zu sehen, so daß von jedem Gläubigen gesagt werden kann: »... sie sahen niemand mehr bei sich als Jesus allein.« Das ist es, was die Verbindung mit Jesus bedeutet.

Es ist leicht, Flecken und die Verkehrtheit bei anderen zu sehen, weil wir an anderen das sehen, woran wir selber schuldig sind: »Darum, o Mensch, kannst du dich nicht entschuldigen, wer du auch bist, der da richtet; denn worin du den anderen richtest, verdammst du dich selbst, weil du eben dasselbe tust, was du richtest« (Römer 2, 1). Das wirksamste Heilmittel, das Gott uns gegen unseren geistlichen Dünkel geben kann, ist ein Quantum der »Plage unseres eigenen Herzens«.

Was für eine beglückende Erfahrung wird es für uns sein, wenn wir in die Lebenserfahrung auf der Grundlage der Verklärung eintreten! Der Mann oder die Frau, die Jesus gesehen haben, sind für andere kein Fallstrick mehr. Hast du jemanden außer »Jesus allein« in deiner Wolke? Wenn ja, wird sie dunkler werden. Du mußt dahin kommen, wo »niemand mehr . . . als Jesus allein« ist.

19. April

Ja, ich achte es noch alles für Schaden gegenüber der überschwenglichen Erkenntnis Christi Jesu, meines Herrn. Philipper 3, 8

Paulus sagt im weiteren, daß er nicht nur die Kosten *veranschlagt* hat, er bezahlte sie auch: »um dessentwillen ich das alles preisgegeben habe . . .« (Menge), »damit ich Christus gewinne und bei Ihm gefunden werde, damit ich nicht meine eigene Gerechtigkeit habe . . .«

Stell dir irgend jemanden vor, der Jesus in Seiner Verklärung gesehen hat und sagt, es tue ihm leid, daß er gemein und böse sei. Je mehr ich darüber jammere, daß ich ein elender Sünder bin, desto mehr verletze ich den Heiligen Geist. Es bedeutet nämlich, daß ich dem Urteil Gottes über mich nicht recht gebe. Ich meine immer noch, ich sei eigentlich recht begehrenswert. Gott aber sah mich als so problematisch an, daß Er Seinen Sohn schickte, um mich zu erretten. Die Entdeckung, daß ich das bin, was Gott sagt, sollte mich froh machen. Wenn ich mich über irgend etwas freue, was ich in mir selbst entdecke, bin ich sehr kurzsichtig. Der einzige Ankerpunkt ist in Gott allein.

20. April

**Wenn man mit dem Mund bekennt, so wird man gerettet.
Römer 10, 10**

Bekenntnis und Zeugnis nehmen in der Bibel einen besonderen Platz ein. Man erkennt in der Tat das geistliche Kaliber eines Menschen daran, daß er sich zu seiner Überzeugung stellt. Ich kann es dazu bringen, hunderterlei Dinge zu glauben, aber sie werden nie Teil meiner selbst werden, solange ich sie nicht ausspreche. Wenn ich mir selbst sage, was ich glaube, und es mit meinem Mund bekenne, werde ich in den Bereich der Sache selbst gehoben. Das ist immer der Preis für geistliche Emanzipation.

»Wenn ihr betet, so sprecht: ›Unser Vater‹.« Jemand sagt vielleicht: »Aber mir kommt es nicht so vor, daß Gott mein Vater ist.« Jesus sagte: »Sage es; sage: ›Unser Vater‹«, und du wirst plötzlich entdecken, daß Er es ist. Der Schutz vor geistiger Gefangenschaft ist das Gebet. Bete nicht entsprechend deinen Stimmungen, sondern tritt entschlossen vor Gott. Sage: »Unser Vater«, und bevor du weißt, wo du bist, befindest du dich in einem größeren Raum.

Die Tür zu einer geistigen und geistlichen Befreiung, durch die du gehen möchtest, ist ein Wort. Sobald du bereit bist, deine Zurückhaltung aufzugeben und das Wort auszusprechen, öffnet sich die Tür, und die Gott zugewandte Seite der Dinge erschließt sich dir. Du bist sofort auf eine andere Ebene gestellt.

Wenn du dir eine Belebung in geistlichen Dingen wünschst, sprich darüber. Hüte dich vor der Zurückhaltung, die das Gespräch umgeht, die das Geistliche allein entwickeln will. Geistliches muß sich »an der frischen Luft« entwickeln. Schüchternheit ist oft ungezügelte Einbildung, eine unbewußte Überschätzung deines eigenen Wertes. Du bist nicht bereit zu sprechen, bis du eine angemessene Hörerschaft hast. Wenn du aus einer falschen inneren Verfassung heraus sprichst, wirst du darin steckenbleiben und dein Ich auf den Thron erheben. Wenn du aber aus der Haltung heraus sprichst, die von der Offenbarung Gottes herrührt, wirst du Befreiung erfahren.

21. April

Kommt her zu Mir. Matthäus 11, 28

Die Fragen, auf die es im Leben ankommt, sind erstaunlich wenige an der Zahl, und auf alle lautet die Antwort: »Kommt her zu Mir.« Nicht: »Tut dieses« oder »Tut jenes nicht«, sondern: »Kommt«.

Bist du jemals zu Jesus gekommen? Halte die Augen offen für die Widerspenstigkeit deines Herzens und Verstandes. Du wirst feststellen, daß du lieber alles andere tust als das einfache, kindliche Kommen. Sei so töricht und komm. Liefere dich aus an das, was Jesus sagt. Die Haltung des Kommens erfordert, daß der Wille mit Entschlossenheit alles losläßt und restlos alles Jesus übergibt. Der leise Ruf des Herrn: »Komm her zu Mir« kommt immer zu einer Zeit, wo wir ihn am wenigsten erwarten, und er zieht uns zu Ihm. Die persönliche Verbindung mit Jesus ändert alles. Er bewältigt unsere Sünden, unseren Kummer und unsere Schwierigkeiten mit dem einen Wort: »Komm!«

Folgt Mir nach. Markus 1, 17

Wenn du Jesus tatsächlich nachfolgst, wirst du feststellen, daß Er deinen natürlichen Neigungen keinerlei Beachtung schenkt. Eines der größten Hindernisse, zu Jesus zu kommen, ist das Gerede vom Temperament. Ich habe es noch nie erlebt, daß der Geist Gottes dem Temperament eines Menschen Aufmerksamkeit schenkte. Aber immer wieder habe ich erlebt, wie Menschen ihr Temperament und ihre natürlichen Neigungen zu einer Schranke gegen den Ruf Jesu aufrichteten. Die Meinung, daß Gott danach fragt, ist aus der Vorstellung erwachsen, daß wir Gott unsere Gaben zur Verfügung stellen müssen. Was uns nicht gehört, können wir nicht einem anderen weihen. Das einzige, was ich Gott geben kann, ist »mein Recht auf mich selbst« (Römer 12, 1). Wenn ich Gott das gebe, wird Er ein heiliges Experiment mit mir machen – und Gottes Experimente gelingen immer.

Das eine Kennzeichen eines Jüngers ist geistige Originalität. Der Geist Gottes ist in dem Jünger eine nie versiegende Quelle frischen Wassers. Wenn der Gläubige einmal anfängt zu begreifen, daß Gott alles Geschehen in der Hand hat, gibt es kein Jammern mehr, sondern nur noch rückhaltlose Lebensübergabe an Jesus. Erheb nie deine eigene Erfahrung zu einem Prinzip. Laß Gott auch mit anderen so originell verfahren wie mit dir.

22. April

Und die Knäufe oben an den Säulen waren wie Lilien. 1. Könige 7, 19

Die Lilienverzierung fügte der Stärke des Gebäudes nichts mehr hinzu. Viele waren beeindruckt von der Majestät des gesamten Bauwerks, aber was ihm seine Lebendigkeit verlieh, waren die Details, war der »Lilienschmuck«. In der Architektur zählt nicht so sehr die massive Stärke als vielmehr die kunstvoll angeordneten Ornamente, und die sind nie aufdringlich.

Wenn wir Männer und Frauen ansehen, die lange Gott gedient haben und durch Züchtigungen gegangen sind, erkennen wir, daß sie die Härte ihres Wesens verloren haben, daß sie viel von ihrem Vorwärtsdrängen für Gottes Sache verloren haben. Doch haben sie etwas anderes gewonnen, nämlich die erlesenste »Lilienverzierung« an ihrer Lebens- und Verhaltensweise. Das ist in der Tat das, was einem Menschen Ähnlichkeit mit Jesus Christus verleiht. Es ist das ruhige, unerschütterliche Ruhen in Gott, das Jesus auszeichnete, nicht Aggressivität. Dasselbe gilt auch für Gottes Kinder.

23. April

Wir wissen: Wenn einer Gott liebt, muß alles dazu beitragen, daß er das Ziel erreicht, zu dem Gott ihn nach Seinem Plan berufen hat. Römer 8, 28 (nach einer neueren Üb.)

Das Heiligtum unseres bewußten Lebens steht innerhalb von Lebensumständen, die von Gott gelenkt sind und durch die Er die Wirksamkeit unserer Berufung sicherstellt. Daß Gott unseren Lebensablauf für uns lenkt, wenn wir Seinen Willen in Christus Jesus annehmen, ist von großer praktischer Bedeutung. Gestatte dir selbst einen kleinen Augenblick lang die Vorstellung, daß du eine wandelnde, lebendige Ausgabe der Gebete des Heiligen Geistes seist. Kein Wunder, daß Gott so sehr darauf drängt, daß wir im Licht wandeln! Kein Wunder, daß der Heilige Geist in uns betet und für uns eintritt mit unaussprechlichem Seufzen.

Vielleicht haben wir ein ernstes Gebetsanliegen auf dem Herzen oder auch nicht. Vielleicht wissen wir gar nichts bewußt davon. Aber Gott stellt uns in Lebensumstände hinein, wo Er die Gebete Seines Sohnes und des Heiligen Geistes erhören kann. Denk daran, daß das Gebet Jesu war: ». . . daß sie eins seien, gleichwie Wir eins sind.« Das ist ein Einssein der Persönlichkeit, bei der die Individualität vollständig verklärt ist. Es ist die Offenbarung der Identität durch den Verlust der eigenen Unabhängigkeit.

Es ist gut, wenn wir daran denken, daß »alle« Lebensumstände zusammenwirken zu unserem Besten. Gott ändert unsere Lebensbedingungen. Manchmal sind sie hell und angenehm, manchmal ist es das Gegenteil. Aber Gott veranlaßt, daß sie uns alle zusammen weiterbringen, so daß der Geist Gottes in jeder einzelnen Lebenssituation, in der wir uns befinden, eine bessere Möglichkeit hat, die besonderen Gebete zu beten, die Seinen Absichten entsprechen. Der Grund dafür ist nur Gott bekannt, nicht uns.

24. April

So seid nun Gottes Nachfolger. Epheser 5, 1

Das eine auffallende Merkmal des Nachfolgers ist, daß er nicht selbst seinen Weg suchen muß. Denn wenn wir selbst die Initiative ergreifen, hören wir auf nachzufolgen. In der natürlichen Welt hängt alles davon ab, daß wir die Initiative ergreifen. Aber als Nachfolger Gottes können wir nicht die Initiative ergreifen. Wir können uns unsere Arbeit nicht selbst aussuchen oder sagen, was wir tun werden. Wir haben gar nichts herauszufinden, wir haben nur zu folgen.

Wenn wir Jesus Christus nachfolgen, folgen wir nicht Seinen Nachfolgern nach. Als Paulus schrieb: »daß Er euch erinnere an meine Wege«, fügte er ausdrücklich hinzu: »die in Christus Jesus sind« (1. Korinther 4, 17). Wir sind nicht dazu aufgerufen, allen Spuren der Heiligen zu folgen, sondern nur soweit, wie sie ihrem Herrn gefolgt sind.

Jüngerschaft ist immer eine persönliche Angelegenheit: Wir können nie in Scharen Jünger werden, noch nicht einmal zu zweit. Es ist so leicht, davon zu sprechen, was »wir« tun wollen: »Wir werden wunderbare Dinge tun.« Am Ende tut keiner von uns etwas. Die wichtige Grundtatsache der Jüngerschaft ist, daß es immer um den einzelnen geht.

25. April

Was da ist, ist längst mit Namen genannt, und bestimmt ist, was ein Mensch sein wird. Darum kann er nicht hadern mit dem, der ihm zu mächtig ist ... Denn ... wer will dem Menschen sagen, was nach ihm kommen wird unter der Sonne? Prediger 6, 10 u. 12

Um richtig zu ermessen, wie tief der Mensch jetzt in der »Patsche« sitzt, müssen wir uns klarmachen, was er am Anfang war. Gott schuf den Menschen in Seinem Bilde als einen Sohn Gottes. Adam sollte das Leben in der Luft und auf der Erde und im Meer in seiner Gewalt haben – unter einer Bedingung: er mußte zulassen, daß Gott uneingeschränkt über ihn herrschte. Der Mensch sollte die Erde und sein eigenes Leben entwickeln bis zu seiner Verklärung. Aber statt dessen kam es zum Einbruch der Sünde. Der Mensch übernahm die Herrschaft über sich selbst. Er wurde sein eigener Gott. Dabei verlor er die Gewalt über alles andere. Das erklärt den Zustand, der heute vorhanden ist.

Wenn wir die Bibel so verstehen wollen, wie sie gemeint ist, müssen wir uns von der abscheulichen Einbildung trennen, daß wir die klügsten Menschen sind, die es je gegeben hat. Wir müssen aufhören, uns schützend vor Jesus Christus und die Bibel zu stellen, und dem Leben in seiner eigentlichen Bedeutung mehr Ehrfurcht entgegenbringen. Die Grundlage der hebräischen Weisheit bildete an erster Stelle das Vertrauen auf Gott. An zweiter Stelle kam ein furchtbares Seufzen und Schluchzen über die Menschheit. Jene Frommen erkannten nämlich, daß sie nur ein prachtvolles Wrack dessen war, was Gott mit ihr vorgehabt hatte.

Die moderne Weisheit sagt, daß der Mensch ein pracht-
volles Versprechen dessen ist, was aus ihm werden wird.
Wenn diese Auffassung stimmt, brauchen wir nicht über
Sünde und Erlösung zu reden. Dann ist die Bibel ein klug
ausgedachtes Märchen. Aber es scheint doch, daß die
Aussagen der Bibel die meisten Fakten erklären können.

26. April

**Wer Mir nachfolgt, der wird nicht in der Finsternis blei-
ben, sondern wird das Licht des Lebens haben.
Johannes 8, 12**

Angenommen, du gehst nachts über ein Moor. Du weißt,
daß dein Weg hindurchführt, aber es ist so dunkel, daß du
ihn nicht sehen kannst. Da kämpft sich der Mond durch
die Wolken, und du siehst den Weg, einen hellen Streifen
von Weiß, geradeaus über die Anhöhe verlaufen. Kurz
darauf wird es wieder finster. Aber du hast den Weg gesehen und weißt, in welche Richtung du gehen mußt. –
Es gibt Zeiten, in denen unser Leben genauso ist. Wir sehen den Weg nicht, obwohl wir wissen, daß er da ist.
Dann scheint das Licht, und wir sehen ihn. Wenn danach
die Dunkelheit uns wieder einhüllt, können wir uner-
schrocken weitergehen. Manchmal ist das Licht wie das
Mondlicht oder die Morgendämmerung, oder es kommt
als ein erschreckender Blitz. Mit einem Mal sehen wir
den Weg, den wir gehen sollen.
»Glaubt an das Licht, solange ihr's habt, damit ihr Kinder
des Lichtes werdet« (Johannes 12, 36). Stehen wir im
Glauben an das Licht, das wir haben? Können wir uns an
die Zeit erinnern, als das Licht Gottes im Angesicht Jesu
Christi für uns heller war, als irgend etwas anderes es je
gewesen war, als wir den Willen des Herrn ganz klar sahen und genau verstanden? Glaubten wir an jenes

Licht, und haben wir entsprechend gelebt? Können wir sagen: »Ich war der himmlischen Erscheinung nicht ungehorsam« (Apostelgeschichte 26, 19)?

Viele von uns sehen das Licht, wir sehen den Weg über das Moor: Durch einen plötzlichen Blitz der Offenbarungsgnade Gottes sehen wir den Weg, den wir gehen sollen. Aber wir gehen ihn nicht. Wir sagen: »O ja, ich habe den Geist Gottes empfangen. Ich dachte, daß es so und so wäre, aber so war es nicht.« Der Grund ist, daß wir nicht an das Licht glaubten, als es uns gegeben war . . .

Wenn wir durch Jesus Christus Bürger des Himmels geworden sind, haben wir das Licht gesehen. Während wir anfangen, das zu tun, wovon wir wissen, daß der Herr es will, machen wir eine wunderbare Entdeckung: Er befähigt nicht *uns*, es zu tun. Er leitet einfach Seine ganze Kraft durch uns hindurch, und die Sache ist fertig, so wie Er es will. Gott sei gedankt für jeden, der das Licht gesehen hat, der verstanden hat, wie der Herr Jesus Christus die Dunkelheit austreibt und das Licht bringt, indem Er Seine eigenen Wesenszüge durch uns zeigt.

27. April

Ich muß wirken die Werke Dessen, der Mich gesandt hat, solange es Tag ist. Es kommt die Nacht, in der niemand wirken kann. Johannes 9, 4

Heute halten wir Sitzungen und führen Tagungen durch, wir fassen Berichte ab und machen unsere Programme. Alles das gab es im Leben Jesu nicht. Und doch wußte Er in jedem Augenblick Seines Lebens, daß Er den Willen Seines Vaters tat. Wie machte Er das? Er erhielt die eine Verbindung aufrecht, und auf dieser einen Verbindung besteht Er bei Seinen Jüngern. Genau sie aber haben wir in der unsinnigen modernen Zivilisation verloren. Wenn wir versuchen, so zu leben, wie Jesus Christus es tat, wird uns die moderne Zivilisation wie Abfall wegwerfen. Wir bringen keinen Nutzen, wir bauen nicht weiter an dem Profit, um den es in unserer Zeit geht, und je eher wir hinausfliegen, desto besser.

Im Evangelium des Johannes tritt dieser Aspekt des Lebens Jesu deutlicher hervor als irgendwo sonst. Er ist jedoch auch in den anderen Evangelien vorhanden (vgl. Lukas 2, 49; 13, 32; 12, 50). Jesus wußte, daß Er hier war, um die Absicht Seines Vaters auszuführen. Er erlaubte der Zivilisation nie, Ihm ihre Dienste anzutragen. Er tat nichts, um den Wohlstand der Zivilisation, in der Er lebte, zu vermehren. Er verdiente nichts. In der modernen Zivilisation hätte man ihn keine zwei Minuten geduldet.

28. April

Laßt euch vom Geist erfüllen. Epheser 5, 18

Die beherrschenden Gefühle werden von der Liebe gelenkt und unter Kontrolle gehalten. Beachte aber, daß Liebe in ihrer höchsten Bedeutung die Bevorzugung einer Person vor einer anderen bedeutet. Die Liebe eines Christen ist eine seine ganze Person umfassende leidenschaftliche Hingabe an Jesus Christus.

Ein Christ lernt es, gleich an der Schwelle seines Geistes jeden Gedanken, der von falschen Gefühlsregungen erweckt wurde, wie in einen Schraubstock einzuspannen. Gott zieht die Gläubigen zur Verantwortung für Empfindungen, die sie nicht haben und haben sollten, wie auch für Empfindungen, die sie geduldet haben und nicht hätten dulden sollen. Wenn wir Nachsicht haben mit unerlaubter Zuneigung, Zorn oder Sorgen, wird Gott uns zur Verantwortung ziehen. Aber Er besteht auch darauf, daß wir mit den richtigen Empfindungen ausgefüllt sind und sie leidenschaftlich vertreten.

Wenn wir kein Gefühlsleben haben, sind wir Gott ungehorsam gewesen. »Laßt euch vom Geist erfüllen.« Es ist ebenso unmöglich, mit dem Geist gefüllt zu sein und keine Gefühle zu haben, wie voll Wein zu sein, ohne es merken zu lassen.

Der Grund, warum einige von uns so unglaublich schwerfällig und von der Schlafkrankheit befallen sind, ist, daß wir noch nie daran gedacht haben, auf die belebende, energiespendende Kraft des Heiligen Geistes zu achten, die Er ja unserem Denken und unserem Gefühlsbereich zuführt. Wie viele von uns fürchten sich fast zu Tode davor, daß sie emotional sein könnten! Jesus Christus erhebt Anspruch auf unser ganzes Sein und auch auf den Teil, dessen sich der Teufel am häufigsten bemächtigt, nämlich den Bereich unserer Gefühle.

29. April

Damit sie Meine volle Freude in sich haben.
Johannes 17, 13

Alle Stufen der Freude wohnen im Herzen. Wie kann ein Christ voller Glück sein – falls das Glück von den Dingen um uns her abhängt –, wenn er in einer Welt ist, wo der Teufel alles daransetzt, Seelen von Gott abzuziehen? Wo Menschen gefoltert werden, wo einzelne benachteiligt sind und ihr Leben nicht in angemessener Weise aufbauen können? Nur ausgekochte Egoisten könnten unter solchen Bedingungen glücklich sein. Aber ein frohes Herz bedeutet nie eine Kränkung, und Freude wird nie von äußeren Bedingungen berührt.

Hüte dich davor, das Evangelium des Temperaments zu verkündigen statt das Evangelium Gottes. Viele predigen heute das Evangelium des Temperaments, das »Kopf-Hoch«-Evangelium. Das Wort »selig« wird manchmal mit »glücklich« übersetzt. Aber es hat eine viel tiefere Bedeutung, es schließt alles ein, was wir unter Freude in ihrer höchsten Verwirklichung verstehen.

Glück ist das Merkmal eines Kindes, und Gott rechnet es uns als Schuld an, daß wir den Kindern das Glück geraubt haben. Doch als Männer und Frauen sollten wir längst über das Glück hinaus sein. Wir sollten uns den harten Lebensfragen stellen in der Gewißheit, daß die Gnade Gottes ausreicht für jedes Problem, das der Teufel aufwerfen kann.

30. April

Um wieviel mehr wird dann das Blut Christi ... unser Gewissen von den todbringenden Werken reinigen, damit wir dem lebendigen Gott dienen! Hebräer 9, 14

Hat das Gewissen in unserem Verständnis unserer Errettung und in unserer Heiligung den Platz, der ihm zukommt? Übergewissenhafte Menschen verschließen die Augen vor der Erkenntnis dessen, was der Tod Jesu bedeutet. Sie sagen: »Nein, ich habe diesem Menschen unrecht getan, und ich muß das in Ordnung bringen.« Diese Haltung wurzelt in der Selbstanklage, in der wir stehen, wenn wir erkennen, daß wir einem anderen ein Unrecht zugefügt haben.

»Was du über das Kreuz Jesu sagst, mag alles stimmen. Aber ich bin so gemein und ungerecht gewesen, daß es Dinge gibt, die ich vorher in Ordnung bringen muß.« Es klingt hochherzig, so zu reden. Aber es ist die Wurzel des Stolzes, der Jesus Christus den Tod brachte. Das einzig Richtige ist, alles hinzuwerfen und zu Gott zu sagen: »Das, was ich da in mir habe, verdient nur den Tod, den grausamen Tod der Kreuzigung bis zu meinem letzten Atemzug. Herr, es ist meine Sünde, mein Unrecht, nicht Jesus Christus, die am Kreuz hängen sollten.« Wenn wir soweit kommen und alles abtreten, reinigt das

Blut Christi unser Gewissen, und wir sind in eine Freiheit gestellt, die unaussprechlich ist. Es ist nicht nur die Freiheit von der Sünde und von dem Schaden, den die Sünde angerichtet hat. Wir erfahren auch Befreiung von den Spuren, die die Sünde in uns hinterlassen hat, von aller Verdrehung unseres Denkens und unserer Vorstellungskraft.

Dann, wenn unser Gewissen von den todbringenden Werken gereinigt ist, gibt Jesus Christus uns das wunderbar heilende Amt der Fürbitte. Nicht nur, daß alles Bewußtsein zurückliegender Schuld weggenommen ist, nein, wir dürfen jetzt sogar in das Herz des heiligen und verborgenen Gottes hineinsehen, um den priesterlichen Dienst der Fürbitte auszurichten (siehe Römer 8, 26 f.).

1. Mai

Wo will man aber die Weisheit finden, und wo ist die Stätte der Einsicht? . . . Siehe, die Furcht des Herrn, das ist Weisheit, und meiden das Böse, das ist Einsicht. Hiob 28, 12 u. 28

Weder die Logik noch die Wissenschaft können die erhabenen Schönheiten der Natur erklären. Angenommen, ein Naturwissenschaftler mit erkrankten Geruchsnerven behauptet, Rosen hätten keinen Duft. Um seine Behauptung zu beweisen, nimmt er die Rose in alle ihre Bestandteile auseinander, ordnet sie der Reihe nach und sagt dann: »Wo ist der Duft? Er ist nur eine Einbildung. Ich habe nachgewiesen, daß keiner da ist.« Es gibt immer noch ein weiteres Faktum, das die Wissenschaft nicht erklären kann. Das Vernünftigste, was du tun kannst, ist nicht, daß du es leugnest, um dich vor dem Wahnsinn zu bewahren, sondern, daß du wie Hiob sagst: »Nein, das eine weitere Faktum, für das es keine Erklärung gibt, bedeutet, daß Gott sich genau da einschalten muß, und daß anders keine Erklärung zu bekommen ist.«

Jede normal einsichtige Tatsache braucht zu ihrer Erklärung etwas, was die normale menschliche Einsicht nicht erkennen kann. Die Fakten jedes Tages und jeder Nacht enthüllen Dinge, die unser Verstand nicht erklären kann. Wenn ein Wissenschaftler auf eine Lücke in seinen Erklärungen stößt, sollte er nicht sagen: »Hier ist keine Lücke«, sondern vielmehr anerkennen, daß eine Lücke da ist, die er nicht schließen kann, und daß er vor dem, was er nicht erklären kann, ehrfürchtig stehen soll.

Weitgehend neigt man dazu zu leugnen, daß eine Tatsache, die bis zur Stunde noch in keiner Erklärung unterzubringen ist, überhaupt existiert. Es ist nicht wahr, daß die Ausnahme die Regel bestätigt. Die Ausnahme bestätigt, daß die Regel nicht ausreicht. Die Regel genügt nur für die Mehrzahl der Fälle. Wenn Wissenschaftler eine These als Tatsache werten, meinen sie damit, daß sie auf einem Höchstmaß von Wahrscheinlichkeit beruht. Es gibt keine »unfehlbaren« Erkenntnisse.

Wer sich vor wissenschaftlichen Erkenntnissen beugt, kann ein ebenso großer Narr sein wie der, der sich weigert, das zu tun. Wer betet, hört auf, ein Narr zu sein. Wer sich dagegen weigert zu beten, baut in seinem Gehirn weiter an einem blinden Leben, und er wird keinen Ausweg aus seiner Misere finden. Hiob ruft aus, daß der einzige Ausweg in allen diesen Fragen das Gebet ist.

2. Mai

Darum seid nicht unverständig, sondern versteht, was der Wille des Herrn ist. Epheser 5, 17

Ein Künstler ist jemand, der nicht nur den künstlerischen Blick hat, sondern auch bereit ist, sich die technischen Kenntnisse anzueignen und den Preis dafür zu bezahlen, damit er ausdrücken kann, was er sieht. Ein künstlerischer Mensch ist jemand, der nicht genug Kunst in sich hat, um in der Technik der Kunst arbeiten zu können, durch die er sich ausdrücken könnte. Er gibt sich Launen und Stimmungen und Eindrücken hin. Folglich gibt es mehr künstlerische Menschen als Künstler. Genauso verhält es sich in der Dichtkunst.

Es gibt viele Menschen, die dichterische Vorstellungen haben, aber sehr wenige Dichter. Es genügt nicht, daß einer die göttliche Flamme in sich brennen fühlt. Wenn er sich nicht dazu hergibt, mit ganzer Konzentration die schwere Arbeit des Erlernens der Ausdrucksformen auf sich zu nehmen, wird seine Begabung niemandem nützen. –

Wende diese Beispiele auf das geistliche Leben an: Wenn wir nicht genug Leben aus Gott in uns haben, um die Schwierigkeit zu meistern, es in unserem Körper zum Ausdruck kommen zu lassen, dann führen wir ein verarmtes geistliches Leben. Denk an die Erkenntnis des Willens Gottes, die der Geist Gottes dir gegeben hat. Er erwartet von dir, daß du deinen physischen Leib, den Er gemacht hat, in den Gehorsam gegenüber dem erkannten Willen Gottes führst. Du hast aber nie einen Versuch dazu unternommen, sondern ließest alles laufen. Als dann der entscheidende Augenblick kam und Gott darauf wartete, daß du Sein Sprachrohr bist, brachst du in tausend Stücke auseinander. Du hattest dich nicht ständig darin geübt, wachsam zu sein. Dein physischer Apparat war nicht unter Kontrolle. Es ist etwas Furchtbares, sich mit seiner Trägheit und Verkehrtheit abzufinden.

Hüte dich davor, dich leichtfertig abseits zu stellen, indem du denkst, du könntest ein geistliches Leben ohne die begleitenden Auswirkungen auf das körperliche Leben führen. Es ist überaus gefährlich, die geistliche Erkenntnis dem Gehorsam im physischen Bereich vorauseilen zu lassen. *Tu ganz konkrete Taten des Gehorsams.*

3. Mai

Wer arbeitet, dem ist der Schlaf süß, er habe wenig oder viel gegessen; aber die Fülle läßt den Reichen nicht schlafen. Prediger 5, 11

Der Schlaf eines arbeitenden Menschen ist süß, er erquickt ihn. Die Bibel läßt erkennen, daß der Schlaf nicht nur der Wiederherstellung der körperlichen Kräfte dient, sondern daß das geistliche und geistige Leben durch den Schlaf sehr stark unterstützt werden. Nach den Aussagen der Bibel ereignet sich sehr viel mehr als körperliche Wiederherstellung während des Schlafes eines Menschen, der sein tägliches Pensum praktischer Arbeit geleistet hat. »Seinen Freunden gibt Er es im Schlaf« (Psalm 127, 2). Wir schenken diesen Zusammenhängen normalerweise gar keine Beachtung, weil wir uns über ihre weitreichende Bedeutung nicht im klaren sind.

»Er habe wenig oder viel gegessen.« Paulus gibt den Rat: »Wenn jemand nicht arbeiten will, der soll auch nicht essen.« Es gibt viele, die essen, aber nicht arbeiten. Und das müssen sie teuer bezahlen. Wenn wir körperlich gesund sind, entspricht der Nutzen der Nahrung, die wir aufnehmen, der Arbeit, die wir tun. Ebenso ist es mit der geistigen, sittlichen und geistlichen Gesundheit.

Das Gebet, das unser Herr Jesus uns gelehrt hat, ist voll Weisheit im Blick auf diese Zusammenhänge. »Unser tägliches Brot gib uns heute.« Das heißt nicht, daß wir es nicht bekommen, wenn wir nicht beten. Das Wort »geben« weist auf das Empfangen hin. Wenn wir Kinder Gottes werden, empfangen wir unser tägliches Brot von Ihm. Hier ist die Grundlage des Segens. Sonst nehmen wir es uns wie ein Tier, ohne Gott als den Geber zu erkennen.

4. Mai

Denn wenn Gott einem Menschen Reichtum und Güter gibt und läßt ihn davon essen und trinken und sein Teil nehmen und fröhlich sein bei seinem Mühen, so ist das eine Gottesgabe. Prediger 5, 18

Die Bibel schätzt den Körper des Menschen hoch ein. Die Lehre des Christentums in diesem Punkt ist durch den Einfluß der Lehre Platos entstellt worden. Plato sagte, daß der Mensch sein sittliches und geistiges Leben nur fördern kann, wenn er seinen Leib verachtet. Die Bibel lehrt, daß der Leib der Tempel des Heiligen Geistes ist. Er wurde von Gott aus dem Staub des Erdbodens geformt und ist die höchste Ehre des Menschen, nicht seine Schande. Als Gott Fleisch wurde, kam Er nicht in Engelsgestalt, sondern »wurde gleich wie ein anderer Mensch«, und der Leib des Menschen soll in künftiger Zeit noch Gottes Herrlichkeit auf der Erde darstellen. Durch die Materie hindurch wird das Licht Gottes aufleuchten.

Jesus kam, »und Er aß und trank«. Vom 1. Buch Mose bis zur Offenbarung werden Essen und Trinken verbunden mit harter Arbeit im Alltag des Lebens dargestellt als der Rahmen, in dem der Mensch seine richtige Stellung zum Leben und zu Gott finden soll.

5. Mai

Niemand lebt davon, daß er viel besitzt. Lukas 12, 15

Alles, was Jesus lehrte, steht im Widerspruch zum Gedanken der Zivilisation, nämlich dem persönlichen Besitz von Dingen nach dem Motto: »Das gehört mir.« Das Besitzen-Wollen entspringt unserer Veranlagung zur Sünde. Es veranlaßt mich, mir meine Wünsche zu erfüllen. Jesus Christus strebte nicht nach Besitz. Nie versuchte Er, Seine Wünsche durch den persönlichen Besitz irgendwelcher Dinge zu befriedigen. »Des Menschen Sohn hat nicht, da Er Sein Haupt hinlege.« Was Er hatte, gab Er her: »Ich lasse Mein Leben . . . Ich lasse es von Mir selber.«

Was mich immer und jedesmal in die Irre führt, ist das, was ich zu besitzen meine. Was mir gehört, ist das, worüber ich Macht habe, es wegzugeben. Alles, was ich besitzen will ohne die Macht, es wegzugeben, ist mir ein Anlaß zur Sünde.

Nach den Worten Jesu macht der Besitz eines Menschen nicht sein Leben aus. Besitz bedeutet ja nicht nur Hab und Gut, sondern auch ein guter Name, ein tugendhafter Charakter. Diese Dinge sind das Erbe eines Menschen, nicht sein *Leben*.

Wenn der Heilige Geist versucht, in das Haus unserer Güter einzubrechen, um uns mit dem wahren Leben aus Gott zu beschenken, sehen wir ihn wie einen Räuber an, einen, der unseren Frieden zerstört. Denn wenn Er kommt, deckt Er auf, was nicht von Gott ist und deshalb ausgetilgt werden muß. Genau das aber sind die Dinge, die unser Leben ausmachten, bevor Er kam. Unsere liebsten Stücke waren sorgfältig darin untergebracht. Das, was uns schmerzt, zeigt an, wo wir leben. Wenn Gottes Hand uns anrührt und uns das schmerzt, dann deshalb, weil wir nicht in der richtigen Beziehung zu Ihm stehen.

6. Mai

Verkaufe, was du hast, und gib's den Armen.
Matthäus 19, 21

Hier wird ein allgemeingültiger Grundsatz genannt und ein besonderer Hinweis gegeben. Wir stehen immer in der Gefahr, den besonderen Hinweis als den allgemeingültigen Grundsatz anzusehen, und dem allgemeingültigen Grundsatz auszuweichen. Der besondere Hinweis erfolgt hier auf den Verkauf materieller Güter. Der reiche Jüngling sollte ganz bewußt und aus freien Stücken mittellos sein, ganz bewußt und freiwillig seinen Besitz verschenken, und er sollte ganz klar erkennen, wo sein kostbarer Schatz lag, und sich Jesus Christus übereignen. Der Grundsatz, der dieser Aufforderung zugrunde liegt, ist, daß ich mich von allem, was ich besitze, lösen muß.

Viele von uns unterdrücken ihre Liebe zum Besitz. Wir hungern sie nicht aus, wir unterdrücken sie nur. Entkleide dich im Geist vor Gott aller der Dinge, die ein Besitz sein könnten, bis du nur noch als denkender Mensch vor Ihm stehst. Gib Gott dann das. Da wird nämlich die Schlacht ausgetragen, im Bereich des Willens in der Gegenüberstellung mit Gott. Sie wird keineswegs in den äußerlichen Dingen ausgetragen.

Ist Er uneingeschränkt Herr, oder ist Er es nicht? Bedeutet mir meine Auffassung davon, was Jesus Christus will, mehr als Er selbst? Wenn das so ist, gilt mir eine Seiner harten Aussagen, und sie wird mich traurig machen. Was Jesus sagt, *ist* hart. Es ist nur von denen leicht anzunehmen, die wirklich Seine Jünger sind. Hüte dich davor, ein hartes Wort Jesu jemals abzumildern!

Ich kann in der Armut so »reich« sein, so »reich« in dem Bewußtsein, daß ich nichts bin, daß ich nie ein Jünger Jesu Christi werde. Und ich kann so reich sein in dem Bewußtsein, daß ich jemand bin, daß ich auch nie ein Jünger Jesu Christi werde. Bin ich bereit, los zu sein von dem Wissen, daß ich arm bin? Es geht nicht darum, daß du äußere Dinge aufgibst, sondern darum, daß du dich dir selbst gegenüber arm machst.

7. Mai

. . . als Traurige, aber allezeit fröhlich; als Arme, aber die doch viele reich machen; als die nichts haben, und doch alles haben. 2. Korinther 6, 10

In dem Maße, wie wir lernen, von der Gnade Gottes zu leben, führt Er uns immer mehr in eine freiwillige Armut hinein. Gib immer das Beste, was du hast. Richte dich nicht danach, wem du es gibst. Laß andere es annehmen oder nicht, ganz wie sie wollen. Gib großzügig dein Bestes weg und sei immer arm. Halte nie etwas für dich zurück. Wenn es um den kostbaren Schatz geht, den Gott gibt, gehe nicht diplomatisch vor und sei nicht sparsam. »Gib dem, der dich bittet.« Warum denken wir dabei immer nur an Geld? Unser Herr Jesus sagte gar nichts vom Geld. Das Blut der meisten von uns scheint in Adern aus Gold zu fließen. Wir geben der Aufforderung Jesu deshalb die Bedeutung, daß sie vom Geld handelt, weil dort unser Herz ist. Petrus sagte: »Silber und Gold habe ich nicht; was ich aber habe, das gebe ich dir.« Gott gebe es, daß wir verstehen, daß die Triebfeder des Gebens nicht eine Neigung oder ein Impuls ist, sondern die Eingebung des Heiligen Geistes. Ich gebe, weil Jesus mich dazu auffordert.

Daß Christen sich bei diesem Vers so sehr winden und drehen und Kompromisse eingehen, rührt daher, daß sie letztlich nicht glauben, daß unser himmlischer Vater alles Geschehen lenkt. Wir erheben den gesunden Menschenverstand auf den Thron und sagen: »Das ist doch unsinnig. Wenn ich jedem gebe, der mich bittet, kommt jeder Bettler aus der Umgebung an meine Tür.« Versuche es. Ich muß den Menschen erst noch finden, der dem Befehl Jesu Christi gehorchte und nicht erlebte, daß Gott den Bettlern Schranken setzt.

8. Mai

Alles, was dir vor die Hände kommt, es zu tun mit deiner Kraft, das tue; denn bei den Toten, zu denen du fährst, gibt es weder Tun noch Denken, weder Erkenntnis noch Weisheit. Prediger 9, 10

Nirgends in der Bibel wird gesagt, daß wir die Arbeit um ihrer selbst willen tun sollen. Das ist eines der größten Schreckgespenste, die die anti-christliche Bewegung im Herzen des Christentums heute vorweist. Es ist Arbeit, mit einem fettgedruckten »A« geschrieben, bei der die Anbetung Jesu vergessen wird. Die Menschen sind bereit, sich für christliche Arbeit buchstäblich aufzuopfern. Je mehr sie dadurch ins Schwitzen kommen, desto mehr sind sie überzeugt, daß sie große göttliche Aufträge erfüllen.

Unser Leitgedanke für die Arbeit muß sein, daß ihr Wert in dem liegt, was sie an uns ausrichtet. Es ist nicht leicht, Überlegungen nach dem Sinn und Zweck unserer Arbeit zurückzuweisen: »Was soll das überhaupt? Wir sind nur kurze Zeit da. Warum sollten wir es so machen, als solle es ewig halten?« Salomo gibt den Rat: »Alles, was dir vor die Hände kommt, es zu tun mit deiner Kraft, das tue.« Er empfiehlt die Arbeit nicht um ihrer selbst willen, sondern weil durch die Plage der Arbeit der Mensch selbst reift.

Wenn du die Arbeit vergottest, fällst du von Jesus Christus ab. Im persönlichen geistlichen Leben manches Christen ist es die Arbeit, die die Hinwendung zu Gott behindert. Wenn die Arbeit nicht mehr an ihrem rechtmäßigen Platz steht, führt sie dazu, daß der Mensch der Hinwendung zu Gott aus dem Wege geht. Carlyle hat darauf hingewiesen, daß sich der Lebensüberdruß der heutigen Menschen an der Ruhelosigkeit des Arbeitens ablesen läßt. Wer sich nicht wohlfühlt, arbeitet immer nervös an etwas herum. Starker Betätigungsdrang kann ein Zeichen für körperliche Übermüdung sein. Wenn ein Mensch gesund ist, ist seine Arbeit so sehr ein Teil von ihm, daß man gar nicht merkt, daß er sie tut. Er setzt seine Kraft dafür ein, aber ohne alles Getue. Durch die Art, wie wir unsere Arbeit tun, verlieren wir genau das, was sie uns bringen sollte.

Gott geht es darum, was ein Mensch ist, nicht, was er tut. Salomo ist sich darüber die ganze Zeit im klaren. Unsere Einstellung zu den Dingen ist es, die zählt, nicht, was wir dabei erreichen. Wenn du die Leistung obenan stellst, kannst du ein gebrochenes Herz ernten und mußt erkennen, daß dein ganzer Aufwand im Untergang endet. Der Tod reißt dir alles plötzlich aus der Hand, oder auch Krankheit oder ein wirtschaftlicher Zusammenbruch.

9. Mai

Ich bin das lebendige Brot, das vom Himmel gekommen ist. Wer von diesem Brot ißt, der wird in Ewigkeit leben. Und dieses Brot ist Mein Fleisch, das Ich geben werde, damit die Welt lebt. Johannes 6, 51

Gute Körner sind noch kein Brot. Wenn wir gezwungen sind, Körner zu essen, wird uns das Schmerzen bringen. Das Korn muß gemahlen und angerührt, geknetet und gebacken werden, richtig durchgebacken, bevor man es essen kann. Wenn die Spreu entfernt ist und das Korn gelagert ist, denken wir leicht, jetzt sei alles getan, doch hat das Ganze eben erst angefangen. Ein Kornspeicher ist noch kein Brot. Die Menschen können nicht mit einer Handvoll Korn gesättigt werden. Vorher muß mit dem Korn etwas geschehen.

Übertrage dieses Beispiel auf das Leben eines geheiligten Christen: Die Leiden nach der Heiligung sollen nicht unserer Reinigung dienen, sondern uns zu gebrochenem Brot in der Hand unseres Herrn Jesus machen, mit dem andere gesättigt werden sollen. Viele Christen sind wie Ephraim: »ein Kuchen, den niemand umwendet«, sie sind Eigenbrötler und Sonderlinge. Wenn sie ausgegeben werden an andere, rufen sie Verdauungsbeschwerden hervor statt Sättigung.

10. Mai

Du sollst den Herrn, deinen Gott, lieben mit ganzem Herzen, mit ganzer Seele und mit all deinem Verstand. Dies ist das größte und wichtigste Gebot.
Matthäus 22, 37 f.
Liebt ihr Mich, so werdet ihr Meine Gebote halten.
Johannes 14, 15

Bevor wir Gott lieben können, müssen wir den »Liebhaber« Gottes, den Heiligen Geist, in uns haben. Wenn der Heilige Geist die Liebe Gottes in unser Herz ausgegossen hat, dann braucht diese Liebe Pflege. Keine Liebe auf der Erde kann wachsen, ohne daß sie gepflegt wird. Wir müssen uns der Liebe weihen, d. h. uns mit dem Interesse Gottes an anderen Menschen identifizieren. Und Gott ist an einigen sonderbaren Leuten interessiert, wie z. B. an dir und an mir!
Wir müssen uns davor hüten, unseren Wandel in der Liebe von Gefühlen der Sympathie behindern zu lassen. Eine der grausamsten Arten, die Liebe zu töten, verwirklicht sich in der Verachtung, die aus einer »inneren Verwandtschaft« kommt. Wir neigen von Natur aus dazu, uns von unseren natürlichen Empfindungen leiten zu lassen. Doch der geistliche Mensch muß diese Veranlagung verleugnen. In dem Maße, wie wir das tun, erleben wir, daß Gott uns eine innere Verbundenheit zu Menschen schenkt, zu denen wir keine natürliche Verbundenheit empfinden.
Ist in deinem Leben irgendein Mensch, der nicht da wäre,

146

wenn du kein Christ wärst? Die Liebe zu Gott ist nicht nur ein Gefühl. Es ist eine höchst konkrete Angelegenheit für den Gläubigen zu lieben, wie Gott liebt.

Die Quellen der Liebe sind in Gott, nicht in uns. Die Liebe Gottes ist nur dann in uns, wenn sie durch den Heiligen Geist in unsere Herzen ausgegossen wurde. Der Beweis dafür, daß sie da ist, ist ihre spontane Äußerung.

11. Mai

Das andere aber ist dem gleich: »Du sollst deinen Nächsten lieben wie dich selbst.« Matthäus 22, 39

Alles, was unser Herr Jesus über die Verpflichtung des Menschen gegenüber anderen Menschen lehrte, könnte in *einem* Gesetz, dem Gesetz des Gebens, zusammengefaßt werden. Es ist, als ob Er sich vorgenommen hätte, dem natürlichen Trieb des menschlichen Herzens zu widersprechen, der auf Erwerben und Festhalten ausgeht. Ein Kind etwa fragt, wenn es ein Geschenk sieht: »Gehört das mir?« Wenn ein Mensch von neuem geboren ist, wird dieser Trieb von einem anderen verdrängt, dem Trieb des Gebens. Das Gesetz eines Jüngers Jesu heißt: Gib, gib, gib (z. B. Lukas 6, 38).

Als Christen sollten wir Gebende sein in dem Maße, wie wir von dem unermeßlichen Geben Gottes beschenkt wurden. »Umsonst habt ihr es empfangen, umsonst gebt es auch.«

Unsere Nähe zu Christus ist nicht daran zu erkennen, wieviel wir geben, sondern an dem, was wir nicht geben. Wenn wir vom Geben sprechen, denken wir fast immer nur an Geld. Das Geld ist das Herzblut der meisten von uns.

Wir haben einen erstaunlichen Trick entwickelt: Wenn wir Geld geben, geben wir keine menschliche Zuwendung; und wenn wir diese geben, geben wir kein Geld.

Die einzige Möglichkeit zu erkennen, was die Reden Jesu für uns bedeuten, ist durch die Innewohnung des Heiligen Geistes. Er befähigt uns, das Leben Jesu überhaupt zu verstehen. Wenn uns das nämlich fehlt, fangen wir an, Seine Lehre auszubeuten, indem wir jeweils das herausgreifen, was uns gefällt.

Es gibt einen Gesichtspunkt des Gebens, über den wir wenig nachdenken, der aber im Leben unseres Herrn Jesus eine herausragende Rolle spielte. Es ist das Geben im Bereich der mitmenschlichen Beziehungen. Er nahm Einladungen von rechts und von links an, von Zöllnern und Pharisäern, was Ihm das Prädikat »Fresser und Weinsäufer, der Zöllner und der Sünder Freund« eintrug. Er verzehrte sich in dem einen Vorsatz: zu suchen und zu retten, was verloren war. Paulus sagt: »Ich bin allen alles geworden, damit ich auf alle Weise etliche rette.« Wie wenige von uns denken jemals daran, in herzlicher Hinwendung zum anderen zu geben! Wir sind so sparsam, daß wir kein Gespräch führen, wenn es uns nichts einbringt!

12. Mai

Verteile dein Brot unter sieben oder unter acht; denn du weißt nicht, was für Unglück auf Erden kommen wird. Wenn die Wolken voll sind, so geben sie Regen auf die Erde, und wenn der Baum fällt – er falle nach Süden oder Norden zu –, wohin er fällt, da bleibt er liegen.
Prediger 11, 2 f.

Jemand hat die Sparsamkeit so definiert: »Sparen heißt, jetzt zu verzichten auf das, was du gern hättest, weil du später vielleicht einmal das benötigst, was du jetzt nicht brauchst.« Du kannst so sparsam sein, daß du nichts anpackst. Wir haben die Sparsamkeit vergöttert, Versicherung und Sparen auf den Thron erhoben. Folglich tun wir nichts in Richtung Abenteuer oder Extravaganz.

Wenn wir im Zusammenhang mit Gott von Sparsamkeit reden, würdigen wir Ihn herab und mißverstehen Ihn. Wo ist die Sparsamkeit Gottes in Seinen Sonnenuntergängen und Sonnenaufgängen, im Gras und in den Blumen und Bäumen? Gott hat eine Überfülle von Dingen geschaffen, die keinem nützen. Wer von uns macht sich Gedanken über die Sonnenaufgänge und -untergänge? Und doch gehen sie trotzdem weiter.

Außerordentliche Verschwendung ist das Kennzeichen Gottes, nicht Sparsamkeit. Gnade ist die überfließende Gunst, die Gott den Menschen entgegenbringt. Stell dir einen Verliebten vor, der spart! Das gibt es nicht. Es ist nie das Kennzeichen eines Verliebten, daß er kalkuliert und verständig ist.

Wir fürchten uns heute so sehr davor, arm zu sein, daß wir nicht im Traum daran denken würden, etwas zu tun, was Armut für uns zur Folge haben könnte. Wir können es nicht mit den mittelalterlichen Menschen aufnehmen, die das Gelübde der Armut ablegten. Viele sind zwar heute arm, aber keiner wählt freiwillig die Armut. Diese Männer jedoch wählten das Armsein aus freien Stücken. Sie hielten das für die einzige Möglichkeit, ihr inneres Leben zu vervollkommnen. Wir stellen uns auf den Standpunkt, daß, wenn wir etwas so Ungewöhnliches tun, ein Regentag kommen kann, für den wir nichts zurückgelegt haben. Du kannst aber nicht etwas für den Regentag zurücklegen und dich dann vor den Anweisungen Jesu Christi rechtfertigen. Wir sind in unserem Herzen letztlich keine Christen. Wir glauben nicht an Gottes Weisheit, sondern nur an unsere eigene. Wir befassen uns mit Spekulationen, wir schließen Versicherungen und Sparverträge ab – alles Dinge, die uns in unserer eigenen Klugheit sicher machen.

13. Mai

Euer Leib ist ein Tempel des Heiligen Geistes.
1. Korinther 6, 19

Habe ich eigentlich schon einmal gemerkt, daß das Wunderbarste auf der Welt das ist, was mir am nächsten ist, nämlich mein Körper? Wer hat ihn gemacht? Der allmächtige Gott. Erweise ich meinem Körper auch nur ganz entfernt die Aufmerksamkeit, die ihm als dem Tempel des Heiligen Geistes zukommt? Wie du weißt, lebte unser Herr Jesus in einem Körper, wie wir ihn haben.

Eine weitere Tatsache, die mir durch meinen Körper bewußt wird, ist, daß ich von anderen Menschen umgeben bin, die ebenfalls einen Körper haben. Alle Verbindungen, die wir im Leben haben, alle Freuden und alle Traurigkeiten, alle Höllen und alle Himmel, die wir durchleben, werden von Körpern verursacht. Die Realität der Erlösung Jesu Christi bringt uns mit beiden Beinen auf die Mutter Erde herunter, auf der wir leben. Durch die erneuernde Kraft der Gnade Gottes können wir erkennen, wie überaus kostbar die gewöhnlichen Dinge sind, mit denen wir ständig umgehen.

Sieh zu, daß du dieses Gebiet meisterst, und du hast alles gemeistert. Wir sehen unseren Körper leicht als Hindernis für unseren Reifeprozeß an. In Wirklichkeit sind wir jedoch auf unseren Körper angewiesen, um zu reifen. Der Charakter eines Menschen kann ohne Körper nicht zum Ausdruck kommen.

14. Mai

Euer Leib ist ein Tempel des Heiligen Geistes.
1. Korinther 6, 19

Die Freude am Besitzen ist voll und ganz berechtigt. Allerdings kann dahinter eine Einstellung stehen, die falsch ist. Die Auffassung eines Gläubigen von seinem Besitz ist, daß er dadurch in den Stand gesetzt ist, Gott durch gute Werke zu verherrlichen (vgl. Matthäus 5, 16).
Was wir besitzen, ist die Ehre Jesu Christi. Habe ich mir schon einmal klargemacht, daß in meinem körperlichen Leben Seine Ehre auf dem Spiel steht? »Oder wisset ihr nicht, daß euer Leib ein Tempel des Heiligen Geistes ist, der in euch ist?« Besitze ich meinen Körper zu diesem einen Zweck? Besitze ich meine Denkkraft, um Gottes Gedanken nach-zu-denken? Wir müssen radikal und auf jeder Ebene unserer Existenz Gott gehören.
Der Geist Gottes bewirkt in uns die Erkenntnis, daß uns ein Besitz gegeben ist. Das Wissen von diesem Besitzrecht bedeutet einen gewaltigen Reichtum für den Nachfolger Jesu: »Alles ist euer.« Paulus betet darum, daß uns »erleuchtete Augen unseres Verständnisses« gegeben werden, damit wir erkennen können, was uns in Jesus Christus gehört.
Es gibt kein personhaftes Wesen, von einem kleinen Kind bis zu dem allmächtigen Gott, das nicht diesen Sinn für Besitz hätte. Wie lebendig und munter sieht ein Hund aus, der jemandem gehört! Wie müde und zerschlagen, einem herrenlosen Hund zu vergleichen, sehen wir aus, wenn uns die Augen über unsere Sünde aufgehen. Aber wenn wir Gottes Rettung erleben, richten wir uns sofort auf. Alles ist anders geworden. Wir können den Kopf zurückwerfen und der Welt ins Gesicht sehen, weil der Herr Jesus Christus uns gehört und wir Ihm. Als Eigentum eines überragenden Herrn und Besitzers, wie Gott es ist,

sind wir zugleich auch Besitzer alles dessen, was Er besitzt. »Die Sanftmütigen werden das Erdreich besitzen.«

15. Mai

Es ist das Licht süß und den Augen lieblich, die Sonne zu sehen. Denn wenn ein Mensch viele Jahre lebt, so sei er fröhlich in ihnen allen und denke an die finsteren Tage, daß es viele sein werden; denn alles, was kommt, ist eitel. Prediger 11, 7 f.

Salomo spricht hier von der praktischen Haltung gegenüber dem Geschehen in den Lebensabläufen, die wir nicht beeinflussen können. Du mußt dein Leben so annehmen, wie es ist, sagt er, und dein Vertrauen auf Gott setzen. Sieh zu, daß dein Tag immer ausgefüllt ist von der Freude und dem Licht des Lebens. Freue dich an dem Schönen, was dir begegnet.

Wenn es uns besonders gut geht, sagen wir gleich: »Es kann ja doch nicht lange so bleiben.« Wir rechnen mit dem Schlimmsten. Wenn uns *ein* Mißgeschick widerfährt, erwarten wir noch weitere. Die Bibel aber fordert uns zur Freude auf; doch sollen wir auch »an die finsteren Tage« denken.

Salomo legt auffallend großen Nachdruck darauf, daß der Mensch sich an den angenehmen Dingen freut in dem Wissen, daß sie uns dazu gegeben sind. Das Weltall ist geschaffen, um Freude auszulösen. ». . . Gott, der uns alles reichlich darbietet, es zu genießen.« – »Ob ihr nun eßt oder trinkt oder was ihr auch tut, das tut alles zu Gottes Ehre« (1. Korinther 10, 31).

Wir führen verstandesmäßige Argumente an: »Tu das oder jenes nicht, weil es falsch ist.« Paulus argumentiert anders: »Tu das nicht« – nicht weil es falsch ist, sondern – »weil der Mensch, der es dir nachtut, zu Fall kommt, wenn er es tut.« Schneide es deshalb aus deinem Leben heraus. Laß ihn nie mehr sehen, daß du es tust (vgl. 1. Korinther 8, 9–13). Salomos Grundsatz ist sicher und gesund: Wenn ein Mensch mit Gott in Ordnung ist, soll er darauf aus sein, daß er mit seinem eigenen Leben zurechtkommt und Freude daran hat, und daß auch andere dahin kommen.

16. Mai

Sorgt nicht um euer Leben ... Matthäus 6, 25

Ein erster Blick auf diese Worte unseres Herrn Jesus macht uns bereits klar, daß das eine höchst revolutionäre Aussage ist. Unser Denken geht in genau die entgegengesetzte Richtung, selbst bei den Geistlichsten unter uns: »Ich *muß* leben, ich *muß* so und soviel verdienen, ich *muß* etwas zu essen und zum Anziehen haben.« So fängt es an. Die große Sorge im Leben ist nicht Gott, sondern wie wir es fertigbringen, daß unser Leben glatt verläuft.

Jesus Christus sagt: »Dreh die Reihenfolge um. Bring zuerst dein Leben mit Mir in Ordnung. Dann achte darauf, daß du diese Verbindung erhältst. Laß das die große Sorge deines Lebens sein. Laß die anderen Dinge nie in das Zentrum deines Sorgens eindringen.« Es erfordert strenge Disziplin, dem Heiligen Geist zu gestatten, daß Er unser Leben in Einklang bringt mit der Lehre Jesu, wie sie in diesen Versen niedergelegt ist.

Wenn du, nachdem du den Heiligen Geist empfangen hast, anstatt Gott andere Dinge an die erste Stelle setzt, wirst du in ein Durcheinander kommen. Der Heilige Geist bricht hindurch und fragt: »Hat auch Gott etwas zu sagen zu dieser neuen Bekanntschaft? Zu diesem bereits fertig geplanten Urlaub? Zu diesen neuen Büchern, die du kaufen willst?« Der Heilige Geist besteht auf dieser Frage, bis wir es lernen, uns zuerst Gott zuzuwenden. Es ist nicht nur falsch, wenn wir uns Sorgen machen; es ist richtiger Unglaube. Wir glauben dann nämlich nicht, daß Gott sich um die kleinen praktischen Dinge unseres Lebens kümmern kann – denn nie ist es etwas anderes, was uns Sorgen macht. Was ist es doch, was, wie Jesus sagte, das Wort erstickt, das Er aussät? Der Teufel? Nein. Die Sorgen dieser Welt. Damit fängt der Unglaube an. Es sind die »kleinen Füchse«, die den Weinberg verderben. Es sind immer die kleinen Sorgen. Das große Heilmittel für den Unglauben ist der Gehorsam gegenüber dem Geist Gottes.

17. Mai

Ihr sollt nicht sorgen und sagen: »Was werden wir essen? Was werden wir trinken? Womit werden wir uns kleiden?« Matthäus 6, 31

Wir halten heute viel von Versicherungen und vom Sparen. Aber es ist verblüffend festzustellen, daß das einzige, was Jesus Christus lobte, die Verschwendung war. Unser Herr Jesus nannte nur *ein* Werk »gut«. Das war die Tat der Maria von Bethanien, als sie das mit Salbe gefüllte Alabastergefäß zerbrach. Das hatte weder einen Nutzen, noch war sie dazu verpflichtet. Ihre Tat entsprang ihrer Verehrung für Jesus, und Er sagte darüber: »Wo dieses Evangelium gepredigt wird in der ganzen Welt, da wird man auch sagen zu ihrem Gedächtnis, was sie getan hat.«

Das Ziel des Lebens eines Menschen ist nicht das Ansammeln von Besitz. Er soll sich darum kümmern, daß er genug hat, um leben zu können, nicht mehr. Das Beste, was er hat, soll er im Vertrauen auf Gott weggeben. Der Mensch soll die Erde und ihre Erzeugnisse für die Ernährung seines Leibes gebrauchen. Aber sein Leben darf sich nicht darin erschöpfen, daß er für seinen Unterhalt sorgt. Wenn die Kinder Israel mehr Manna sammelten, als sie brauchten, wurde es stinkend und voller Würmer. Dieses Gesetz gilt noch immer.

18. Mai

Wenn ihr in das Land kommt, das Ich euch geben werde, so soll das Land dem Herrn einen Sabbat feiern . . . im siebenten Jahr soll das Land dem Herrn einen feierlichen Sabbat halten. 3. Mose 25, 2–4

Das 25. Kapitel des 3. Buches Mose ist das große Gedenkbuch der Rechte des Landes. Die Rechte der Menschen auf der Erde finden ihre Begrenzung in den Rechten der Erde selbst. Wenn man dem Boden ständig nimmt, ohne ihm Ruhe zu gönnen, wird die Zeit kommen, da er aufhört, einem zu geben. Wir sprechen vom Bodenrecht und verstehen darunter auch, daß wir das Recht haben, ihm soviel zu entnehmen, wie wir nur können. In Gottes Augen hat das Land Rechte, genauso wie die Menschen.

Viele der Theorien, die heute auf diesem Gebiet vorgebracht werden, gehen auf Gottes ursprüngliche Anordnung für das Land zurück. Als Gott einen »feierlichen Sabbat« für das Land einsetzte, war das eine Wiederholung der Anweisung, die Adam und Eva im Garten Eden erhielten: »Seid fruchtbar und mehrt euch und füllt die Erde und macht sie euch untertan« (1. Mose 1, 28). Der Mensch sollte die Erde füllen, indem er sie bearbeitete, als ihr Herr und nicht ihr Tyrann. Die Sünde hat ihn zu ihrem Tyrannen gemacht (vgl. Römer 8, 19).

Die Rechte der Erde werden wohl erst im Tausendjährigen Reich ihre volle Anwendung finden, weil die Menschen in der gegenwärtigen Epoche der Heilsgeschichte den Gehorsam gegen Gottes Gesetze nicht kennen.

19. Mai

Ich habe unweise geredet, was mir zu hoch ist und ich nicht verstehe. Hiob 42, 3

Alles, was der Mensch als Schlüssel zur Lösung eines Problems ansieht, kann sich schnell als eine weitere verschlossene Tür erweisen. Von der Evolutionstheorie z. B. erwartete man, daß sie der Schlüssel zur Lösung des Problems des Universums sei. Statt dessen zeigte es sich, daß sie nur eine weitere Problemkette auslöste. – Auch die Atomtheorie wurde als der Schlüssel angesehen. Dann wurde entdeckt, daß das Atom wiederum von Elektronen gebildet wird. Weiter stellte sich heraus, daß jedes Elektron ein Universum für sich darstellt. Damit ist auch diese Theorie ein Schloß und kein Schlüssel.

Alles, was der Mensch versucht, um das Leben zu vereinfachen, mit Ausnahme der persönlichen Verbindung zu Gott, erweist sich als ein verriegeltes Schloß. Wir sollten die Augen offen haben, um zu erkennen, wann sich etwas von einem Schlüssel in ein Schloß verwandelt. Hiob hatte ein Glaubensbekenntnis, das er für einen Schlüssel zu Gottes Wesen hielt. Doch erwies es sich als ein Schloß. Hiob erkennt, daß der einzige Schlüssel zum Leben nicht ein Bekenntnis des Glaubens an Gott ist, auch nicht eine verstandesmäßige Vorstellung von Gott, sondern eine persönliche Beziehung zu Ihm.

Gott selbst ist der Schlüssel zum Rätsel des Weltalls. Der Grund aller Dinge ist nur in Ihm zu finden. Wer Gott ausläßt und irgendeine wissenschaftliche Erklärung als Schlüssel nimmt, hat nur den Erfolg, daß er ein weiteres Schloß findet.

20. Mai

Wenn ihr nicht Zeichen und Wunder seht, so glaubt ihr nicht. Johannes 4, 48

Ein Wunder ist eine Tat, die einer vollbringt, der größeres Wissen und größere Macht hat als wir. Was man vor hundert Jahren als Wunder bezeichnete, wird heute nicht mehr als Wunder angesehen, weil die Menschen inzwischen über ein umfassenderes Wissen verfügen. Die Wunder Jesu waren Erweise der Macht Gottes, d. h. sie spiegelten einfach die Taten wider, die der allmächtige Gott Schritt für Schritt und immer und überall tut. Aber jedes Wunder, das Jesus tat, schloß eine gewaltige Lektion in sich. Es war nicht nur ein Ausdruck der Macht Gottes. Immer lag darin auch eine geistige Bedeutung für den einzelnen. Deshalb heilt Gott auch manchen Menschen nicht.

Wir erliegen allzu leicht einer Täuschung, indem wir das Leben auf *einen* Bereich eingrenzen, den körperlichen. In Wirklichkeit gibt es drei Bereiche: den körperlichen, den seelischen und den geistlichen. Sooft Jesus die körperliche Ebene anrührte, ereignete sich auch in den anderen Bereichen ein Wunder. Wenn durch irgendeine andere Kraft ein Wunder im körperlichen Bereich gewirkt wird, hinterläßt es keinen entsprechenden Abdruck der Wahrheit in den anderen Bereichen der Seele und des Geistes.

21. Mai

Aber der Menschensohn hat keine Stelle, wo Er Sein Haupt hinlegen kann. Matthäus 8, 20

Die Armut unseres Herrn Jesus und Seiner Jünger entspricht genau der Natur des Glaubens, den Jesus Christus gebracht hat. Es geht nur um den Menschen und um

Gott. Der Mensch besitzt nichts und erkennt nichts. Doch als der Herr ihn einmal nach einem niederschmetternden Versagen bei Tagesanbruch fragt: »Hast du Mich lieb?« bekennt die Seele: »Ja, Herr, Du weißt, daß ich Dich lieb habe.« Und wenn diese Armut den Abscheu der satten religiösen Welt erregt, bekennt der Jünger, vielleicht ohne Worte, aber mit schmerzenden Händen und blutenden Füßen: »Ich liebe Ihn« – und geht »hinaus aus dem Lager«, um Seine Schmach zu tragen.

Wir haben buchstäblich Angst vor dem Armsein bekommen. Wir verachten jeden, der die Armut wählt, um sein inneres Leben zu vereinfachen und zu retten. Wenn er nicht mitmacht im allgemeinen Jagen nach Geld und Erfolg, stufen wir ihn als mutlos und nicht ehrgeizig genug ein. Wir können uns nicht mehr vorstellen, was die frühere Idealisierung der Armut bedeutet haben könnte: die Befreiung aus materiellen Bindungen; die unbestechliche Seele; die innere Stärke, die aus der Unabhängigkeit von zahlreichen Bedürfnissen kommt; das Angewiesensein auf das, was wir sind oder tun, ohne die Möglichkeit eines Rückgriffs auf das, was wir haben; das Recht, unser Leben jeden Augenblick ohne Überlegen in den Tod geben zu können; die athletischere Verfassung, kurz: die geistige Kampfbereitschaft.

22. Mai

Wenn die Begierde dann empfangen hat, gebiert sie die Sünde; wenn aber die Sünde vollendet ist, gebiert sie den Tod. Jakobus 1, 15

Wie denken wir als Christen normalerweise über die Sünde? Wenn wir die Sünde leicht nehmen, sind wir nicht Lernende in der Schule Christi. Die Tatsache der Sünde ist das Geheimnis des Kreuzes Jesu Christi. Ihre Beseitigung ist das Geheimnis Seiner Auferstehung und Himmelfahrt. Läuft unser Denken in diesen Bahnen? Es ist durchaus möglich, durch das Sühnopfer Jesu mit Gott versöhnt zu sein und doch im Herzen ein Verräter zu sein ...

Wer die modernen Ansichten über die Sünde sorgfältig liest, ist erstaunt, wie oft wir ihnen viel eher zustimmen können als den biblischen Aussagen. Wir müssen uns dem Problem stellen, daß unser Herz mit Gott in Ordnung sein kann, während unser Kopf eine erschreckende Ähnlichkeit mit vielem aufweist, was der Lehre der Bibel zuwiderläuft. Was wir brauchen und auch bekommen, wenn wir bei Gott bleiben, ist ebenso eine Wiedergeburt unseres Verstandes wie eine Wiedergeburt unseres Herzens.

Das Übel der modernen Aussagen über die Sünde liegt darin, daß sie die Sünde viel zu sehr verharmlosen. Nach der modernen Auffassung bedeutet Sünde einfach Selbstsucht, und Prediger und Lehrer sind für die Selbstsucht so tot wie das Neue Testament. Nach der Bibel ist die Sünde letztlich nicht ein Defekt, sondern ein Widerstand, ein Widerstand, der für das Leben Gottes in uns den Tod bedeutet. Die Sünde äußert sich nicht nur in der Selbstsucht, sondern auch in dem, was man Selbstlosigkeit nennt. Man kann so mitfühlend sein mit seinen Mitmenschen, daß man der offenen Rebellion gegen Gott schuldig wird. Begeisterung für die Menschen, so wie sie sind, ist etwas ganz anderes als Begeisterung für die Heiligen, die die Bibel darstellt, nämlich Begeisterung für zurechtgebrachte Menschen.

23. Mai

Wundere dich nicht darüber, daß Ich dir gesagt habe: »Ihr müßt von neuem geboren werden«. Johannes 3, 7

Wir erkennen deshalb nicht die Notwendigkeit der Wiedergeburt, weil wir es hervorragend verstehen, über Tatsachen hinwegzugehen. Man spricht von der Höherentwicklung der menschlichen Rasse. Den heutigen Schriftstellern scheint ein fundiertes Geschichtsverständnis zu fehlen. Sie schreiben unbefangen über die fortschreitende Entwicklung der Menschheit. Wo haben sie bloß ihre Augen? Können sie nicht im Leben der Menschen lesen? Wir entwickeln uns keineswegs weiter. Der Begriff Evolution oder Entwicklung ist daher auch nicht gerechtfertigt. Es hat auf einigen Gebieten einen Fortschritt gegeben, aber nicht auf allen.

Wir sind weit von dem massiven, tiefgreifenden Erkenntnisvermögen der Menschen entfernt, die vor der Geburt Jesu lebten. Wo ist heute ein Denker, der sich neben Plato oder Sokrates stellen kann? Und doch wird behauptet, wir entwickelten uns weiter und würden besser. Wir schmeicheln uns mit dem Gedanken, daß wir Jesus Christus und Seine Lehre zwei Jahrtausende hinter uns gelassen haben. Kein Wunder, daß Jesus sagte, die Menschen würden uns hassen, wie sie Ihn haßten, wenn wir zu Ihm halten und Seine Auffassung übernehmen.

24. Mai

Ich bin mit Christus gekreuzigt. Nun lebe nicht mehr ich, sondern Christus lebt in mir. Galater 2, 19 b u. 20

Zu meinen, daß Jesus Christus kam, um *mich* zu retten und zu heiligen, ist ketzerisch: Er kam, um mich in sich hineinzuretten und zu heiligen, um mich zu Seinem totalen Leibeigenen zu machen, so vollständig, daß es für mich keine Möglichkeit eines Einwandes gibt, wenn Er spricht. Er sagt zu jedem von uns: »Ich rechne mit deinem vollen Einsatz ohne Aufbegehren deinerseits und ohne Erklärungen Meinerseits.« Wir aber fangen an zu widersprechen und sagen: »Warum sollte ich das tun? Ich bin im Recht.« Solches Denken ist der Auffassung unseres Herrn Jesus so fremd, daß Er keine Maßnahmen dafür trifft, uns zu diesem Recht zu verhelfen.

Die Passion des Christseins ist, daß ich bewußt meine eigenen Rechte abtrete und ein Leibeigener Jesu Christi werde. Jeder Narr kann auf sein Recht pochen, und jeder Teufel wird dafür sorgen, daß er es bekommt. Die Bergpredigt jedoch macht klar, daß das einzige Recht, auf das der Christusnachfolger bestehen kann, das ist, seine Rechte aufzugeben. Das versteht das Neue Testament unter Heiligung, und hier liegt die Erklärung, warum so wenige die Erfüllung mit dem Heiligen Geist erfahren. »Ich möchte mit dem Heiligen Geist erfüllt werden, um brauchbar für Gott zu sein«, so kann man es hören. Das ist aber auch alles. Wir werden nicht mit dem Heiligen Geist erfüllt *für* irgend etwas, sondern allein dafür, daß wir, wie unser Herr Jesus es sagt, Seine Zeugen sind, solche, mit denen Er genau das machen kann, was Er will.

25. Mai

Ohne Blutvergießen gibt es keine Vergebung.
Hebräer 9, 22

Die erste und grundsätzliche Aussage dieses Verses betrifft ohne Frage das Sühnopfer unseres Herrn Jesus. Dennoch betrifft sie aber direkt auch uns. Ist uns schon etwas davon aufgegangen, was die Bibel unter dem »Blut Jesu Christi« versteht? Blut und Leben gehören untrennbar zusammen. In der Bibel werden Heilserfahrung und Heiligung nie getrennt, wie wir sie trennen. Sie sind trennbar in der Erfahrung, aber wenn Gottes Buch vom Sein »in Christus« spricht, meint es immer die uneingeschränkte Heiligung. Wir verstehen das Blut Jesu allzuleicht als ein Mittel, das Wunder wirkt, statt als direktes Anteilbekommen an Seinem Leben.

Der einzige Zweck, zu dem wir wiedergeboren und mit dem Tod unseres Herrn Jesus gleichgemacht werden, ist, daß Sein Blut durch unseren sterblichen Leib fließen kann. Als Folge davon werden die Stimmungslagen und Gefühle und die Gemütsverfassung, die unser Herr Jesus an sich trug, auch in uns bis zu einem gewissen Grad erkennbar werden ...

Sein Erlösungsopfer hat zwei Seiten. Es ist nicht nur das Leben Christi *für* mich, sondern auch Sein Leben *in* mir für mein Leben. Es gibt keinen Christus *für* mich, wenn ich nicht Christus *in* mir habe. Unablässig soll dieses anstrengende, herrliche Ausleben der Umgestaltung, die Gott durch Seinen Geist in unserer Seele wirkt, in unserem körperlichen Leben erfolgen. Der einzige Beweis, daß es uns ernst ist, ist, daß wir das »herausarbeiten«, was Gott »hineinarbeitet«.

Wenn wir dieser Wahrheit entsprechend leben, werden wir es in unserer praktischen Erfahrung erleben, daß Gott tatsächlich unsere Leidenschaften, unsere Nerven und unsere Launen ändert. Gott ändert alle körperlichen Merkmale eines Menschen, so daß dieser Leib dann als Sklave des neuen Wesens eingesetzt werden kann. Unsere Augen, unsere Ohren und jedes einzelne unserer Körperorgane sollen als Sklaven das neue Wesen unserer Seele ausdrücken.

26. Mai

Und es erschien ihnen Elia mit Mose, und sie redeten mit Jesus. Markus 9, 4

Jesus stand im vollen Lichtglanz der Herrlichkeit, die Ihn vor Seiner Menschwerdung umgab, während die zwei Vertreter des alten Bundes mit Ihm über den Auftrag sprachen, den Er in Jerusalem vollenden sollte. Dann wandte Er dieser Herrlichkeit den Rücken zu und kam vom Berg herab, um sich mit der gefallenen Menschheit eins zu machen. Sie trat Ihm gleichnishaft in dem dämonenbesessenen Jungen entgegen. Wäre Er in die Herrlichkeit zurückgegangen, die Ihm vor Seiner Menschwerdung gehörte, nachdem Er erst bis zum Berg der Verklärung gekommen war, hätte Er die Menschheit genauso zurückgelassen, wie sie vorher war. Sein Leben wäre nur ein bewundernswertes Ideal gewesen.

Es gibt viele, die das Leben Jesu Christi als Ideal und weiter nichts verstehen. »Seine Reden sind so schön. Wir wollen die Erlösung gar nicht oder diese strengen Lehrsätze des Apostels Paulus über das Kreuz und das Einbezogensein des einzelnen. Uns genügt die Bergpredigt.« Das will ich gern glauben! Wenn Jesus Christus nur gekommen wäre, um ein Vorbild zu sein, wäre Er der größte Quäler der Menschheit. Aber unser Herr Jesus kam nicht in erster Linie, um uns zu lehren und uns ein Beispiel zu geben. Er kam, um uns in ein ganz neues Reich zu versetzen und uns ein neues Leben zu verleihen. Von diesem neuen Leben spricht Er in Seinen Reden.

27. Mai

Ich will euch die Jahre erstatten, deren Ertrag die Heuschrecken ... gefressen haben. Joel 2, 25

Die größten Gewissensprobleme stellen nicht die falschen Dinge dar, die wir getan haben, sondern die falschen Beziehungen, in denen wir stehen. Vielleicht wurden wir wiedergeboren. Aber was ist mit denen, denen wir Unrecht taten? Es führt nicht weiter, einfach zu sagen: »Es ist nun einmal geschehen, ich kann es nicht mehr ändern.« Gott sei Dank, Er kann es ändern! Wir können versuchen, den Schaden zu beheben, soweit wir es vermögen, indem wir um Verzeihung bitten, indem wir Briefe schreiben. Aber das reicht bei weitem nicht aus.

Hinter dem Schleier, der über dem Leben der Menschen liegt, beginnt Gott die Tragödien der Hölle zu enthüllen.

Wir können uns dagegen sperren, indem wir sagen: »Meine Sünde ist gesühnt, deshalb brauche ich mich um meine Vergangenheit nicht mehr zu kümmern.« Wenn unser Gewissen wach ist, wird der Heilige Geist uns aber an Vergangenes erinnern. Genau da bekommen wir die Tyrannei der Nerven und die Knechtschaft Satans zu spüren. Die Ufer des Lebens sind übersät mit zerbrochenen Freundschaften, nicht wiedergutzumachenden Trennungen, die durch unsere eigene Schuld oder die Schuld anderer entstanden sind. Wenn der Heilige Geist anfängt, uns das erschreckende Gewirr aufzudecken, überfällt uns die bohrende Frage: »Wie kann das wieder in Ordnung kommen?«

Mancher empfindsame Mensch wurde durch solche Seelenängste in den Wahnsinn getrieben, weil er nie verstanden hat, wozu Jesus Christus gekommen ist. Keine psychiatrische Klinik auf der Welt wird ihn je heilen können. Das einzige, was die Heilung herbeiführen kann, ist die Erkenntnis dessen, was der Tod Jesu bedeutet: daß der Schaden, den wir angerichtet haben, durch die Wirksamkeit Seines Kreuzes behoben werden kann. Jesus Christus hat die Schuld aller Menschen gesühnt, und Er kann das in uns wirksam machen – nicht nur als ein Geschenk, sondern als Teilhaberschaft unsererseits.

Das Wunder der Gnade Gottes ist, daß Er die schuldvolle Vergangenheit austilgen kann, als wäre sie nie gewesen. Er kann »die Jahre erstatten, deren Ertrag die Heuschrecken, Käfer, Geschmeiß und Raupen gefressen haben«.

28. Mai

Denn so sehr hat Gott die Welt geliebt . . . Johannes 3, 16

Die Bibel sagt, daß Gott so sehr die Welt geliebt hat,
»daß Er Seinen eingeborenen Sohn gab . . .« Sie sagt
aber auch, daß wir, wenn wir Freunde der Welt sind, Gottes Feinde sind. »Wißt ihr nicht, daß Freundschaft mit der
Welt Feindschaft mit Gott bedeutet?« (Jakobus 4, 4).
Der Unterschied ist, daß Gott die Welt so sehr liebt, daß
Er alles tut, um das Unrecht aus ihr zu entfernen. Wir
müssen ebendieselbe Liebe haben. Jede andere Art von
Liebe zur Welt bedeutet, daß wir sie einfach so nehmen,
wie sie ist, und mit ihr vollauf zufrieden sind nach dem
Motto: »Die Welt ist in Ordnung, und uns gefällt es aus-
gezeichnet in ihr. Die Sünde und das Böse und der Teufel
sind alles nur orientalische Vorstellungen.« In einer solchen Einstellung drückt sich die Feindschaft gegen Gott
aus.
Lieben wir die Welt in der richtigen Weise, und zwar so
sehr, daß wir uns verausgaben und verzehren, so daß
Gott Seine Gnade durch uns erweisen kann, bis das Unrecht und das Böse beseitigt sind?

29. Mai

Schaut die Lilien auf dem Felde an. Matthäus 6, 28

Als Jesus sagte: »Schaut die Lilien auf dem Felde an, wie
sie wachsen«, sprach Er von dem neuen Leben in uns.
Wenn wir Seine Worte nur in ihrem vordergründigen
Sinn verstehen, machen wir daraus eine törichte Aussage. Wenn wir von Gott geboren sind und Ihm gehorchen,
wird das unbewußte Leben in uns ausgestaltet, da, wo wir
gerade sind. Gott weiß genau, in welche Art von Garten
Er Seine Lilien pflanzen muß, und es ist ihnen unbewußt,
wie sie wachsen und Gestalt annehmen. Wodurch wird

die natürliche Schönheit entstellt? Durch ein Übermaß an Pflege. So verdirbt auch ein Übermaß an denominationeller Unterweisung die Schönheit in der geistlichen Welt . . .

Das neue Leben muß unbewußt weiterwachsen und Gestalt annehmen. Gott sorgt für das neue Leben. Er kennt genau die richtige Form der Ernährung und die richtige Weise des Zerbruchs, die nötig sind. Paß auf, daß du nicht das neue Leben verschüttest oder es in Verhältnisse hineinstellst, wo es nicht wachsen kann. Eine Lilie kann nur in einer Umgebung wachsen, die ihr angemessen ist. Auf dieselbe Weise lenkt Gott die Umstände, so daß die besten Voraussetzungen für das Wachsen des Lebens Seines Sohnes in uns gegeben sind.

30. Mai

Darum: Was Ich sage, das sage Ich so, wie es Mir der Vater aufgetragen hat. Johannes 12, 50

Jesus Christus sagte, daß Er immer so sprach, wie Sein Vater es wollte. Schrieb Sein Vater Ihm die Worte auf und wies Ihn an, sie auswendig zu lernen? Nein, sondern die Einstellung und das Empfinden des Herzens Jesu Christi waren zugleich die Einstellung und das Empfinden des Herzens Gottes, des Vaters. Folglich waren die Worte, die Jesus Christus sprach, der genaue Ausdruck der Gedanken Gottes.

Bei unserem Herrn Jesus war die Zunge am richtigen Platz. Er sprach nie von Seinem Kopf her, sondern immer von Seinem Herzen. »Wenn jemand meint, er diene Gott, und seine Zunge nicht in Zaum hält, so ist sein Gottesdienst nichts wert« (Jakobus 1, 26), er ist völlig inhaltslos. Die Zunge und das Gehirn unterstehen unserer Kontrolle, nicht der Kontrolle Gottes.

Manchmal klangen die Reden Jesu alles andere als angenehm für natürliche Ohren, z. B. Matthäus 23. Einige der Worte, die Er gebrauchte, und einige der Anwendungen, die Er von Seiner Wahrheit machte, waren erschreckend und hart. Lies einmal die Beschreibung des menschlichen Herzens, die unser Herr Jesus gibt: »Aus dem Herzen«, sagt Jesus, »kommen: . . .« – und dann folgt die Aufzählung von häßlichen Dingen (Matthäus 15, 19). Ehrenhafte Männer und Frauen der Welt glauben das einfach nicht.

Jesus Christus sprach hier nicht als Mensch. Er sprach als der Herr der Menschen, mit einem untrüglichen Wissen darüber, wie es im Herzen des Menschen aussieht. Aus diesem Grund bittet Er uns so inständig und unablässig, unsere Herzen Seiner Führung zu überlassen.

31. Mai

Ihr nennt Mich Meister und Herr und habt recht damit, denn das bin Ich auch. Johannes 13, 13

Unser Herr Jesus ergreift nie Maßnahmen, um uns dazu zu bewegen, daß wir Ihm gehorchen. Unser Gehorsam ist die Folge einer Einheit des Geistes mit Ihm, die von Seiner Erlösung herrührt.

Gehorsam gegenüber Jesus Christus ist unerläßlich, aber kein Zwang. Er besteht nie darauf, der Meister zu sein. Wir meinen, daß Er nur darauf bestehen müßte, dann würden wir schon gehorchen. Aber unser Herr Jesus setzt Seine Anweisungen »du sollst . . .« und »du sollst nicht . . .« nie mit Gewalt durch. Er tut nichts, um uns zu zwingen, das zu tun, was Er sagte. Er wendet keinen Zwang an. Wenn wir Seine Gebote nicht halten, kommt Er nicht, um uns zu sagen, daß wir falsch handeln. Denn das wissen wir, dem können wir uns nicht verschließen. Für unseren Verstand besteht keinerlei Unklarheit darüber, ob das, was Er sagte, richtig ist. Unser Herr Jesus sagt nie: »Du *mußt*«. Doch wenn wir Seine Jünger sein wollen, wissen wir, daß wir müssen . . .

»Ihr nennt Mich Meister und Herr und habt recht damit, denn das bin Ich auch« – aber *ist* Er es wirklich? »Meister« und »Herr« haben sehr wenig Raum in unserem geistlichen Vokabular. Wir sprechen lieber von unserem Erlöser, Dem, der uns heiligt, und vom Arzt. In anderen Worten, wir wissen sehr wenig von der Liebe, wie Jesus sie offenbarte. Das zeigt sich darin, wie wir das Wort »gehorchen« verwenden. Unserem Gebrauch des Wortes liegt das Verständnis zugrunde, daß ein Untergebener sich einem Übergeordneten unterwirft.

Gehorsam in dem Sinn, wie unser Herr Jesus davon sprach, ist eine Beziehung von Gleichgestellten, einem Sohn und Seinem Vater. »So hat Er, obwohl Er Sohn war, durch Sein Leiden Gehorsam gelernt« (Hebräer 5, 8). Unser Herr Jesus war nicht ein Diener Gottes, Er war Sein Sohn. Der Sohn als Erlöser war gehorsam, *weil* Er Sohn *war*, nicht, um Sohn zu *werden*.

1. Juni

Ich will auf euch herabsenden, was Mein Vater verheißen hat. Lukas 24, 49

Sagst du: »Ich warte auf mein Pfingsten«? Wer sagte dir, du sollest warten? »Oh«, erwiderst du, »ich warte wie die Jünger auf dem Söller.« Du kannst warten, solange du willst; auf diese Weise wirst du nie die Taufe mit dem Heiligen Geist erlangen. Die Taufe mit dem Heiligen Geist ist das untrügliche Zeichen dafür, daß Jesus zu der rechten Hand Gottes aufgefahren ist und der Vater Sein Versprechen, den Heiligen Geist zu geben, eingelöst hat. Wir reißen viel zu oft auseinander, was das Neue Testament nie trennt: Die Taufe mit dem Heiligen Geist ist keine Erfahrung, die man losgelöst von Christus macht. Sie ist der Beweis für Seine Himmelfahrt.

Nach der Meinung einiger Leute ist es töricht, den Menschen zu sagen, sie sollten um den Heiligen Geist bitten. Sie begründen das mit dem Hinweis, daß wir heilsgeschichtlich im Zeitalter des Heiligen Geistes leben. Gott sei Dank, daß es so ist! Gottes mächtiger Geist ist bei allen Menschen. Er wirkt ständig und auf unerwartete Weise auf alle Menschen ein. Aber es ist unerläßlich, den Heiligen Geist aufzunehmen. Die Zusage ist gegeben, und jeder, der sie in Anspruch nimmt, wird es erfahren: »Wenn schon ihr, die ihr doch böse seid, euren Kindern gute Gaben geben könnt, wieviel mehr wird der Vater im Himmel denen den Heiligen Geist geben, die Ihn darum bitten«! (Lukas 11, 13). Die Grundordnung im Königreich Jesu Christi ist die Armut, nicht der Besitz; nicht Entscheidungen für Christus, sondern das Bewußtsein absoluter Untauglichkeit, die Überzeugung: »Ich kann nicht einmal den ersten Schritt tun.« So kommt man hinein. Wir brauchen sehr lange, bis wir es glauben, daß wir arm sind. Nur dem ganz Armen kann Gott Seine Freigebigkeit erweisen.

2. Juni

Als der Pfingsttag gekommen war ...
Apostelgeschichte 2, 1

Was für ein unaussprechlich wunderbarer Tag war der Pfingsttag! Es gibt nur ein Bethlehem, ein Golgatha, ein Pfingsten. Das sind die Marksteine von Zeit und Ewigkeit. Alles und jedermann wird danach gerichtet.

Hüte dich davor, Pfingsten nur unter dem Blickwinkel der persönlichen Erfahrung zu sehen. Das Herabkommen des Heiligen Geistes kann nie nur eine Erfahrung sein. Es ist ein geschichtliches Faktum. Der Empfang des

Heiligen Geistes in unserem Herzen ist eine Erfahrung. Diejenigen, die den Gesichtspunkt der Erfahrung betonen, stehen in der Gefahr, die Offenbarung des Wortes Gottes über das Wirken des Heiligen Geistes zu vergessen und die Erfahrung überzubewerten. Diejenigen, die die Offenbarung hervorheben, laufen Gefahr, die praktische Erfahrung zu vergessen. Im Neuen Testament gehören beide zusammen. Die Erfahrung muß auf die Offenbarung gegründet und durch sie gesteuert sein.

Wir bilden uns vielleicht ein, wir hätten das Monopol auf das Lehren über den Heiligen Geist, wenn wir uns mit Seinem Wirken im Leben des einzelnen Menschen beschäftigen, d. h. Seiner Kraft, Menschen in ihrem Innern umzugestalten. Für uns mag das die wichtigste Seite sein, aber in Gottes Buch hat es den kleinsten Anteil am Werk des mächtigen Gottesgeistes.

3. Juni

Denn Gott ist's, der in euch wirkt. Philipper 2, 13

Wir können uns nicht selbst den Heiligen Geist geben. Der Heilige Geist ist die Gabe des allmächtigen Gottes, wenn wir nur arm genug werden, um Ihn darum zu bitten. »Wenn schon ihr, die ihr doch böse seid, euren Kindern gute Gaben geben könnt, wieviel mehr wird der Vater im Himmel denen den Heiligen Geist geben, die Ihn darum bitten« (Lukas 11, 13). Aber wenn der Heilige Geist eingekehrt ist, gibt es etwas, was wir tun können und Gott nicht tun kann. Wir können Ihm gehorchen. Wenn wir Ihm nicht gehorchen, betrüben wir Ihn. »Und betrübt nicht den Heiligen Geist Gottes« (Epheser 4, 30). – Immer neu müssen wir an den Rat des Paulus erinnert werden: »Schaffet, daß ihr selig werdet, mit Furcht und Zittern. Denn Gott ist's, der in euch wirkt beides, das Wollen und das Vollbringen, zu Seinem Wohlgefallen.«

Gott sei Dank, es ist wahr, unumstößlich wahr, daß der Heilige Geist in uns das Wesen Jesu Christi ausgestalten kann, wenn wir Ihm gehorchen. Dann werden in unserem sterblichen Fleisch und durch das Fleisch hindurch solche Werke offenbar, die andere Menschen zur Verherrlichung unseres Vaters im Himmel veranlassen und ihnen zum Bewußtsein bringen, daß wir zu Jesus gehören.

4. Juni

Darum: Ist jemand in Christus, so ist er eine neue Schöpfung; das Alte ist vergangen . . . 2. Korinther 5, 17

Wenn der Heilige Geist in uns einzieht, verdirbt Er unsere natürlichen Tugenden. Das zu erleben ist eine der niederschmetterndsten Erfahrungen. Was wir durch die natürliche Vererbung an guten Eigenschaften besitzen, baut Er nicht etwa auf und verklärt es. Es wird verdorben bis zum letzten Rest, und wir erkennen, daß wir uns auf keinen noch so edlen Charakter, sondern allein auf Jesus Christus verlassen können. Es ist eine eindringliche Lehre für uns zu sehen, wie natürliche Tugenden zusammenbrechen.

Der Heilige Geist flickt unsere natürlichen Tugenden nicht zusammen, aus dem einfachen Grund, daß keine natürliche Tugend den Forderungen Jesu Christi auch nur entfernt genügen kann. Gott baut unsere natürlichen Tugenden nicht auf und verklärt sie. Er schafft unser Inneres vollständig neu.

Alle lobenswerten Züge an uns kommen von Ihm. Denn je mehr wir jeden Bereich unseres Wesens in Einklang mit dem neuen Leben aus Gott bringen, werden an uns die Tugenden sichtbar werden, die den Herrn Jesus kennzeichneten, nicht unsere natürlichen Tugenden. Das Übernatürliche wird natürlich. Das Leben, das Gott in uns einpflanzt, entwickelt seine eigenen Tugenden –

nicht die Tugenden Adams, sondern die Tugenden Jesu Christi. Jesus Christus kann nicht im Bereich der natürlichen Tugenden erfaßt werden.

5. Juni

... bis wir alle zur Einheit des Glaubens und der Erkenntnis des Sohnes Gottes gelangen ... und das Maß der Fülle Christi erreichen. Epheser 4, 13

Die Person des Heiligen Geistes baut uns ein in den Leib Christi. Alles, was Jesus Christus für uns getan hat, wird uns durch den Heiligen Geist zugeeignet, und alle Seine Gaben gelten dem Wohl des ganzen Leibes, nicht der persönlichen Begeisterung. Die Individualität muß weichen, damit das persönliche Leben in die Gemeinschaft mit Gott eintreten kann. Durch die Taufe mit dem Heiligen Geist werden wir von der Hülle der unabhängigen Individualität befreit. Unsere Persönlichkeit wird erweckt und in Verbindung mit Gott gebracht.

Allzuoft trennen wir, was das Neue Testament nie voneinander trennt: Die Taufe mit dem Heiligen Geist ist nicht eine Erfahrung ohne Jesus Christus. Sie ist der Beweis für Seine Himmelfahrt. Nicht die Taufe mit dem Heiligen Geist verändert Menschen, sondern die Kraft des erhöhten Christus, der durch den Heiligen Geist in das Leben von Menschen einkehrt.

»Ihr werdet Meine Zeugen sein.« Diese große Pfingstaussage kleidet die Wahrheit in unvergeßliche Worte. Zeugen sollen wir sein: nicht so sehr davon, was Jesus Christus tun kann, sondern Zeugen für Ihn – eine Freude für das Herz Jesu, eine Genugtuung für Ihn, wohin Er uns auch stellt.

6. Juni

Denn wir sind durch einen Geist alle zu einem Leibe getauft ... 1. Korinther 12, 13

Gott ist der Architekt des menschlichen Körpers, und Er ist auch der Architekt des Leibes Christi. Wir müssen beim Leib Christi unterscheiden zwischen Seinem historischen Leib und Seinem Leib als Gemeinde Jesu. Der historische Jesus war die Wohnung des Heiligen Geistes (vgl. Lukas 3, 22; Johannes 1, 32. 33). Der mystische Leib Christi, d. h. der Leib Christi, der sich aus denen zusammensetzt, die wiedergeboren sind und in der Heiligung leben, ist gleicherweise die Wohnung des Heiligen Geistes.

Wenn wir mit dem Heiligen Geist getauft sind, sind wir nicht mehr jeder für sich ein Glaubender, sondern wir sind Teil des Leibes Jesu Christi. Hüte dich davor zu versuchen, ein heiliges Leben allein zu leben. Das ist unmöglich. Paulus betont ständig den Gesichtspunkt des Miteinander: »Gott ... hat uns ... lebendig gemacht und ... auferweckt und ... in die himmlische Welt versetzt ...« (Epheser 2, 4–6). Das Miteinander ist immer das Werk des Heiligen Geistes.

»Werdet voll Geistes«, sagt Paulus. Viele von uns haben schon das Meeresufer bei Ebbe gesehen. In jeder Vertiefung ist Wasser zurückgeblieben. Wie kann man es wieder zusammenbringen? Indem man Verbindungskanäle gräbt? Nein, warte nur, bis die Flut hineinkommt. Wo sind dann die kleinen Lachen? Alle weg, aufgegangen in einer gewaltigen Wasserflut. Genau das ereignet sich, wenn der Heilige Geist in Christen Wohnung macht. Laß nur einmal Menschen vom Heiligen Geist erfüllt sein, dann hast du das Ideal dessen, was das Neue Testament unter der Gemeinde versteht.

Die Gemeinde ist eine klar abgegrenzte Gruppe von Menschen, die durch die neumachende Kraft des Heiligen Geistes mit Gott vereint sind. Die Grundlage der Mitgliedschaft in der Gemeinde ist, daß wir wissen, wer Jesus ist – durch Seine persönliche Offenbarung.

7. Juni

Hört mir zu, ihr Inseln, und ihr Völker in der Ferne, merkt auf! Der Herr hat mich berufen von Mutterleibe an ... Er hat meinen Mund wie ein scharfes Schwert gemacht. Jesaja 49, 1. 2.

Ein Heiliger ist von Gott gemacht und weiß: »Er hat mich gemacht.« Dann sag auch nicht zu Gott, Er sei ein Pfuscher. Das tun wir nämlich, sooft wir sagen: »Ich kann nicht.« »Ich kann nicht« bedeutet buchstäblich, daß wir in uns selbst zu stark sind, um auf Gott zu vertrauen. »Ich kann nicht öffentlich beten. Ich kann nicht im Freien sprechen.« Setz dafür ein: »Ich will nicht«, dann bist du der Wahrheit näher. »Ich kann nicht« sagen wir nur, wenn wir vergessen haben, daß wir uns voll und ganz auf Gottes schöpferische Absicht verlassen müssen. Anders sind wir für Ihn unbrauchbar.

Unser Problem rührt zu einem guten Teil daher, daß wir uns selbst unsere Arbeit aussuchen: »Ach ja, das liegt mir.« Vergiß aber nicht, daß Jesus einen Fischer nahm und ihn zu einem Hirten machte. Das veranschaulicht, was Er immer tut. Der Gedanke, daß wir Gott unsere Gaben weihen sollen, ist gefährlich. Wir können nicht etwas weihen, was uns nicht gehört (1. Korinther 4, 7). Wir müssen uns selbst weihen und unsere Gaben lassen, wo sie sind. Gott fordert uns nicht auf, das zu tun, was uns von Natur aus leichtfällt. Er fordert uns nur auf, das zu tun, was uns durch Seine Gnade ohne weiteres möglich ist, und auf diesem Weg wird auch immer unser Kreuz auf uns zukommen.

8. Juni

Wenn du aber betest . . . Matthäus 6, 6

»Aber es ist so schwer, Zeit zu finden.« Natürlich ist es das. Wir müssen uns Zeit dafür nehmen. Das kostet etwas, und dadurch wird uns bewußt, daß wir unsere Lebensweise umgestalten müssen. Die Sache wird vereinfacht, wenn wir uns vergegenwärtigen, selbst wenn uns das demütigt, daß wir uns Zeit nehmen für unser Frühstück und für unser Mittagessen usw. Unsere größte Schwierigkeit im Blick auf eine Umstellung unserer Tageseinteilung liegt darin, daß wir uns keiner Disziplin unterwerfen wollen . . .

Du sagst, daß du morgens nicht früh aufstehen kannst. Es wäre eine gute Sache, wenn du aufstehen würdest, um zu beweisen, daß du es nicht kannst! Das widerspricht in keiner Weise der Auffassung, daß wir nicht unser Bemühen an die Stelle Gottes setzen dürfen. Es bedeutet, daß wir verstehen müssen, daß unser körperlicher Mechanismus von Gott gemacht ist und daß Er uns, wenn wir wiedergeboren sind, keinen anderen Körper gibt. Wir haben denselben Körper, und deshalb müssen wir unseren Verstand – genauso wie wir ihn gebrauchen, um profane Dinge zu erlernen – auch einsetzen, um geistliche Dinge zu erlernen.

»Wenn du aber betest . . .« Fang jetzt an!

9. Juni

Das wichtigste Gebot ist das: ». . . du sollst den Herrn, deinen Gott, lieben mit ganzem Herzen, mit ganzer Seele, mit all deinem Verstand und mit all deiner Kraft«. Markus 12, 29 f.

Mein Verhältnis zu Gott umfaßt alle meine Fähigkeiten. Ich soll Ihn lieben mit ganzem *Herzen*, mit ganzer *Seele*, mit meinem ganzen *Verstand* und mit all meiner *Kraft*. Jeder Bereich ist Ihm zugewandt und geweiht. Wenn es nicht so ist, bin ich irgendwo ausgerenkt.

Denk daran, was du für jemanden tust, den du liebst! Die allernebensächlichsten Dinge erscheinen dir in einem ganz neuen Licht, weil dein ganzes Wesen beteiligt ist, nicht nur ein Bereich. Du liebst nicht jemanden mit deinem Herzen und hältst den Rest deines Wesens heraus. Du liebst als ganze Person, vom Scheitel bis zur Sohle. Diese Auffassung findest du im Neuen Testament von Anfang bis Ende.

In 1. Korinther 15 hat Paulus über das gewaltige Geheimnis der Auferstehung gesprochen, und plötzlich, wie eine schwingende Lampe in einem Bergwerk, ist er von der großen Höhe des Themas herunter und sagt: »Was aber die Geldsammlung anbelangt . . .« Das Neue Testament macht das ständig: »Jesus wußte, daß Ihm der Vater alles in die Hand gegeben hatte und . . . fing an, den Jüngern die Füße zu waschen« (Johannes 13, 4). Es muß der fleischgewordene Gott am Werk sein, wenn Füße richtig gewaschen werden sollen. Immer muß der fleischgewordene Gott am Werk sein, wenn irgend etwas richtig getan werden soll.

10. Juni

Wer Ohren hat, der höre. Matthäus 11, 15

Wir hören nur das, was wir hören wollen. Liegt uns daran zu hören, was Jesus zu sagen hat? Ist unser Augenmerk darauf gerichtet herauszufinden, was Er sagte? Die meisten von uns wissen nicht, was Er sagte. Wenn wir nur oberflächlich etwas vom Glauben wissen, reden wir viel vom Teufel. Was uns aber daran hindert, geistlich zu leben, ist nicht halb so viel der Teufel wie unsere Unaufmerksamkeit. Vielleicht *hören* wir die Aussagen Jesu

Christi, aber unser Wille ist unbeteiligt, und wir *tun* es nie. Das Verständnis der Bibel erschließt sich uns durch die Innewohnung des Heiligen Geistes, der uns das biblische Universum zu einer Realität macht.

Es wird viel darüber geschrieben, daß unser Herr Jesus so einfach gesprochen hat, daß jeder Ihn verstehen konnte. Wir vergessen aber, daß, wenngleich das einfache Volk Ihn gern hörte, keiner Ihn verstand, nicht einmal Seine eigenen Jünger – bis nach der Auferstehung und dem Kommen des Heiligen Geistes. Der Grund dafür ist, daß ein reines Herz die wesentliche Voraussetzung dafür ist, daß jemand »von der Wahrheit« ist. »Selig sind, die reines Herzens sind; denn sie werden Gott schauen.«

11. Juni

Jesus sprach zu ihnen: »Wahrlich, wahrlich, Ich sage euch: Bevor Abraham geboren wurde, bin Ich.«
Johannes 8, 58 (vgl. auch Matthäus 18, 3–5)

Geistlich gesehen werden wir nie alt. Im Vergehen der Jahre werden wir jeweils so und so viele Jahre jung. Das Kennzeichen des geistlichen Lebens ist seine immerwährende Jugend, genau umgekehrt als beim natürlichen Leben.

»Ich bin . . . der Erste und der Letzte«, sagt Jesus. Er, der vor aller Zeit war, stellt die ewige Kindheit dar. Der allmächtige Gott wurde zum Schwächsten, was es in Seiner Schöpfung gab, einem neugeborenen Kind. Wenn Er in der Wiedergeburt in uns einzieht, können wir leicht Sein Leben in uns töten oder aber dafür sorgen, daß Sein Leben nach den Anweisungen des Heiligen Geistes genährt wird, so daß wir zur Reife des Mannesalters, zum »vollen Maß der Fülle Christi« kommen. Der gereifte Christ ist genau wie ein kleines Kind, voll Freude, unkompliziert und vergnügt.

Führ dein Leben weiter so, wie Gott es will, und du wirst jünger statt älter werden. Wenn du dich dem Willen Gottes öffnest, wirst du eine erstaunliche Verjüngung erleben. Wenn du dich sehr alt fühlst, rate ich dir, von neuem geboren zu werden und dich im Gehorsam gegen Gottes Wort zu üben.

12. Juni

... damit sie eins sind, so wie Wir eins sind.
Johannes 17, 22

Die Vorstellung, die Jesus von der Gesellschaft hatte, war, daß die Menschen eins mit Ihm sein sollten, wie Er eins mit dem Vater war. Unter einer »Persönlichkeit« verstehen wir ein von Gott geschaffenes Lebewesen, das auf dieser Erde gelebt und seinen Charakter ausgebildet hat. Die meisten von uns sind keine Persönlichkeiten, sondern erst auf dem Wege, es zu werden. Unser Wert für Gott in Seinem Reich hängt ab von der Entwicklung und dem Wachstum unserer Persönlichkeit. Es ist ein Unterschied, ob einer nur gerettet und geheiligt ist durch die freie Gnade Gottes oder ob er zu den Auserwählten gehört, nicht im Blick auf den Himmel, sondern hier unten.

Die gängige Meinung über das Christsein, daß wir nur zu glauben brauchen und gerettet sind, ist irreführend. Wieviele von uns kümmern sich überhaupt um ihren Auftrag, Zeugen Jesu Christi zu sein? Wieviele von uns sind bereit, jedes Quäntchen an körperlicher Kraft und jede Faser ihres geistigen und geistlichen Lebens für Jesus Christus zu verausgaben? Das ist gemeint, wenn wir ein Mitarbeiter nach Gottes Maßstab sein wollen.

Wozu hat Gott uns auf der Erde gelassen? Um gerettet und geheiligt zu werden? Nein, sondern um für Ihn dazusein. Mein Leben als Mitarbeiter ist die Art und Weise,

wie ich Gott »Danke« sage für Seine unaussprechliche
Erlösung.

13. Juni

**Wenn nun jemand sich reinigt . . . so wird er ein Gefäß zu
ehrenvollem Gebrauch sein, geheiligt, dem Hausherrn
nützlich und zu jedem guten Werk geeignet.
2. Timotheus 2, 21**

Die Gefäße in einem Haushalt haben ihre Ehre von dem
Gebrauch, den der Herr des Hauses von ihnen macht. Als
Mitarbeiter muß ich mich für *einen* Zweck von allem lösen: daß Jesus Christus mich gebrauchen kann, wozu Er
will. Nachahmung, tun, was andere Leute auch tun, ist ein
grober Unfug.
Gestatte ich irgend jemandem, mein Verständnis vom
christlichen Dienen zu prägen? Übernehme ich meine
Ideale von einem Diener Gottes oder von Gott selbst?
Wir sind nur dazu da, »Gefäße, . . . dem Hausherrn nützlich« zu sein. Wir sind nicht dazu da, für Gott zu arbeiten,
weil wir uns das ausgewählt haben, sondern weil Gott uns
mit Beschlag belegt hat. Natürliche Fähigkeiten haben
nichts mit Dienst zu tun. Folglich kann es nie den Gedanken geben: »Ach, dafür bin ich nicht geeignet.«
Kann Er über dein Leben verfügen, oder bist du von deiner Vorstellung von dem, was du tun willst, in Anspruch
genommen? Gott übernimmt die Verantwortung für uns.
Der eine große Grundton unseres Lebens soll absolutes
Vertrauen auf Ihn sein.

14. Juni

**Und es begab sich . . . daß sie Krieg führten . . . Sie waren
zwölf Jahre dem König Kedor Laomor untertan gewesen,
und im dreizehnten Jahr waren sie von ihm abgefallen.
1. Mose 14, 1–4**

Ein Leben ohne Konflikte gibt es nicht, weder im natürlichen Leben noch im Stand der Gnade. Das ist eine nicht zu ändernde Tatsache. Das körperliche, geistige, sittliche und geistliche Leben ist auf Gegensätzlichkeit angelegt. Das körperliche Leben wird erhalten auf Grund der Kampfkraft in den Blutkörperchen. Wenn ich genug Lebenskraft in mir habe, um die Kräfte, die von außen kommen, zu überwinden, ist das Gleichgewicht der Gesundheit hergestellt. Genauso verhält es sich im geistigen Leben. Wenn ich ein klares, kraftvolles geistiges Leben erhalten will, muß ich kämpfen. So stelle ich das Gleichgewicht der Gedanken her.

In sittlicher Hinsicht ist es ebenso. Die Tugend geht aus Kampf hervor. Ich bin sittlich untadelig nur in dem Maße, wie ich moralische Stabilität in mir habe. Wenn ich über genügend sittliche Kampfkraft verfüge, stelle ich das moralische Gleichgewicht der Tugend her.

Niemand ist tugendhaft, der sich einwandfrei verhält, weil er nicht anders kann. Der Tugend geht immer der Konflikt voraus. Und geistlich ist es das gleiche. »In der Welt habt ihr Angst«, d. h. alles, was nicht geistlich ist, zielt auf meinen Untergang ab; »aber seid getrost, Ich habe die Welt überwunden.« Wenn wir das einmal verstanden haben, macht es uns nichts mehr aus, auf Widerstand zu stoßen. Indem wir es lernen, die Dinge unter die Füße zu bekommen, stellen wir das Gleichgewicht des heiligen Wandels her.

Der Glaube muß auf die Probe gestellt werden. Die Glaubensprüfung ist von größtem Wert. Wenn du mutlos bist, ist das ein Zeichen dafür, daß du nicht mitmachen wirst. Du taugst dann weder für Gott noch für die Menschen etwas, weil du nicht bereit bist, dich den Schwierigkeiten zu stellen.

15. Juni

Warum vergibst Du mir meine Sünden nicht oder läßt meine Schuld hingehen? Hiob 7, 21

In Hiobs Worten ist eine Gemütsverfassung ausgedrückt, die auch wir alle kennen: »Bin ich denn das Meer oder der Drache, daß Du eine Wache gegen mich aufstellst?« Im Zustand innerer Zerrissenheit sagt das menschliche Herz zu Gott: »Ich wünschte, Du würdest von mir ablassen. Warum soll ich Dinge tun, an denen ich keine Freude habe?«

Als Christen werden wir ganz und gar nicht für unsere eigenen Ziele eingesetzt, sondern für die Erfüllung des Gebetes Jesu Christi. Er betete, daß wir eins mit Ihm sein mögen, so wie Er eins ist mit dem Vater. Folglich geht es Gott nur um diese eine Sache. Er fragt auch nie: »Bist du einverstanden?« Ob wir wollen oder nicht, Gott läßt uns in Seinem Feuer brennen, bis wir so rein sind wie Er. Während dieses Vorgangs rufen wir wie Hiob: »Ich wünschte, Du würdest von mir ablassen!«

Wir meinen, daß Wohlstand oder Glück oder die Einhaltung sittlicher Maßstäbe das Ziel des menschlichen Lebens sind. Nach der Bibel ist es etwas anderes, nämlich, daß wir Gott verherrlichen und uns ohne Ende an Ihm freuen. Wenn jemand nach Gottes Willen lebt, setzt Gott Seine Ehre daran, diesen Menschen zu bewahren. Hiob war einer von denen, in die Gott Seine Ehre setzt. Auf dem unverständlichen Weg, den Gott Seine Leute führt, schreit Hiob um Erbarmen. Dennoch bricht immer wieder sein Vertrauen auf Gott durch. »Selig ist, der sich nicht an Mir ärgert«, sagte unser Herr Jesus.

16. Juni

Es ist besser, zu gebrauchen, was vor Augen ist, als nach anderem zu verlangen. Das ist auch eitel und Haschen nach Wind. Prediger 6, 9

In allem Begehren liegt das Verlangen: »Ich muß es sofort haben, und es ist mir egal, was daraus wird.« Es kann niedrige, tierische Lust sein oder ein Begehren auf geistigem oder geistlichem Gebiet. Auf jeden Fall ist es ein Merkmal, das nicht zu dem mit Christus in Gott verborgenen Leben gehört. Das Gegenteil ist Liebe. Liebe kann endlos warten.

»Es ist besser, zu gebrauchen, was vor Augen ist, als nach anderem zu verlangen.« Zum allerersten, was Jesus Christus tut, gehört, daß Er einem Menschen die Augen öffnet, so daß er die Dinge richtig sehen kann. Bis dahin ist er nicht zufrieden mit dem, was seine Augen sehen. Er will mehr. Alles Verborgene muß er ans Licht ziehen. Das herumirrende Verlangen treibt ihn, sein Leben zu vergeuden, bis er Gott findet. Sein Herz, sein Geist, seine Augen sind voller Begierde, bis er seinen Halt in Gott findet. Es ist das Verlangen nach nicht endender Befriedigung, und es endet in der Zerstörung des Menschenlebens.

Jesus Christus sagt: »Kommt her zu Mir . . ., so werdet ihr Ruhe finden.« Das heißt: Ich bringe euch dahin, wo eure Augen offen sind. Und achte darauf, was wir nach Jesu Worten ansehen werden: Lilien und Sperlinge und Gras. Welcher Mensch, der seine fünf Sinne beieinander hat, kümmert sich um diese Dinge! Wir sehen auf Flugzeuge und Panzer und Granaten, weil diese unsere Aufmerksamkeit erregen, jene aber nicht. Die große Befreiung in der Erlösung Gottes ist, daß sie dem Menschen das Sehvermögen gibt und er zum ersten Mal in einem Gänseblümchen die Spuren der Schöpferhand Gottes sieht.

»Aber ihre Augen wurden gehalten, daß sie Ihn nicht erkannten« – »Da wurden ihre Augen geöffnet, und sie erkannten Ihn« (Lukas 24, 16 u. 31). Die Erlösung durch Jesus Christus befähigt einen Menschen, zum ersten Mal in seinem Leben zu sehen. Das ist etwas Wunderbares.

17. Juni

Es werden viele an jenem Tage zu Mir sagen: »Herr, Herr, haben wir nicht in Deinem Namen geweissagt? Haben wir nicht in Deinem Namen böse Geister ausgetrieben? Haben wir nicht in Deinem Namen viele Wunder getan?« Matthäus 7, 22

Wenn wir Teufel austreiben und wunderbare Taten tun können, sind wir doch wohl Diener Gottes? Keineswegs, sagt Jesus. Unser Leben muß in allen Bereichen davon Zeugnis ablegen. Unser Herr Jesus warnt hier vor solchen, die Seine Worte und Sein Vorgehen übernehmen, um dem Leiden der Menschen Abhilfe zu schaffen, dabei aber Ihm den Gehorsam verweigern. »Haben wir nicht in Deinem Namen geweissagt . . . böse Geister ausgetrieben . . . viele Wunder getan?« – Nicht ein Wort davon, daß sie Jesus Christus bekannt hätten. Nur eines haben sie getan: Sie haben Ihn gepredigt als ein Heilmittel.
In Lukas 10, 20 sagte unser Herr Jesus den Jüngern, sie sollten sich nicht darüber freuen, daß ihnen die Teufel untertan seien, sondern darüber, daß sie in der richtigen Stellung zu Ihm standen. Immer wieder werden wir auf den einen Punkt zurückgeführt: eine in jeder Hinsicht unbefleckte Beziehung zu Jesus Christus in unserem persönlichen Leben und in unserem Umgang mit anderen Menschen.

18. Juni

**Schweigen hat seine Zeit, Reden hat seine Zeit.
Prediger 3, 7**

Manchmal ist es feige zu reden, und manchmal ist es feige
zu schweigen. In der Bibel gilt die Zunge als der Prüfstein
des Charakters eines Menschen (vgl. Jakobus 1, 26).
Richtig gebraucht wurde die Zunge nur im Munde des
Herrn Jesus Christus, weil Er nie von Seinem Recht auf
sich selbst sprach. Er, der die Weisheit des fleischgewor-
denen Gottes war, sagte: »Die Worte, die Ich zu euch
rede, die rede Ich nicht von Mir selbst«, d. h. aus einem
Anspruch auf Mein Recht auf Mich selbst heraus, sondern aus Meiner Verbindung zum Vater heraus.
Wir sind entweder zu voreilig oder zu langsam; wir reden
entweder überhaupt nicht, oder wir reden zuviel, oder
wir reden aus einer falschen Stimmung heraus. Was uns
zum Reden veranlaßt, ist das Verlangen, uns zu rechtfertigen. Wie heißt es von Jesus Christus? »Christus hat
euch ein Vorbild hinterlassen . . . Er, der keine Sünde getan hat und in dessen Munde kein Betrug war« (1. Petrus
2, 21. 22). In Trug und Arglist steckt zugleich Selbst-
rechtfertigung, so etwa, wenn einer sagt: »Dem werde ich
es noch geben für das, was er über mich gesagt hat, verlaß
dich darauf!« Dieser Geist war nie in Jesus Christus. Die
große Befreiung für einen Menschen ist es, zu lernen,
wann er reden und wann er schweigen soll.

19. Juni

Damit sie eins sind, so wie Wir eins sind. Johannes 17, 22

Das Christsein ist persönlichkeitsbezogen. Deshalb hat
es nicht die Züge eines individuell gestalteten Lebens an
sich. Wer Wert auf Individualität legt, bleibt eindeutig
unterschieden von jedem anderen Menschen. In der

Lehre unseres Herrn Jesus ist für Individualität in diesem Sinne überhaupt kein Platz. Es geht nur um Personalität: »damit sie *eins* sind.« Zwei *Individuen* können niemals ineinander aufgehen. Doch können zwei *Personen* eins werden, ohne ihre Identität zu verlieren. Persönlichkeit ist das Merkmal des geistlichen Menschen, wie die Individualität das Merkmal des natürlichen Menschen ist. Wenn der Heilige Geist an uns zu wirken beginnt, befreit Er unseren persönlichen Geist zum Einssein mit Gott. Die Individualität kommt schließlich in solche Abhängigkeit, daß ihr ihre ganze Anmaßung vergeht.

Jesus Christus betete um unsere Identifizierung mit Ihm in Seinem Einssein mit dem Vater: »damit sie eins sind, *sowie Wir eins sind*.« Das geht weit über alle Erfahrbarkeit hinaus. Die Identifizierung ist eine Offenbarung – die Enthüllung der Erfahrung. Die zentrale Offenbarung im Blick auf die Identifizierung ist unser Herr Jesus selbst. Er kann nie unter dem Blickwinkel der Individualität beschrieben werden, nur unter dem der Persönlichkeit. Wenn Jesus Christus die Persönlichkeit befreit, wird die Individualität nicht zerstört. Sie wird verklärt. Das Verklärende, keiner Berechnung zugängliche Element ist die Liebe, die persönliche, leidenschaftliche Hingabe an Ihn – und an andere um Seinetwillen.

20. Juni

Ich will für Israel wie ein Tau sein, daß es blühen soll wie eine Lilie. Hosea 14, 6

Das Neue Testament schenkt Dingen Beachtung, die von unserem Standpunkt aus nicht ins Gewicht zu fallen scheinen. Z. B. berief unser Herr Jesus nur zwölf Jünger. Aber was ist mit all den anderen Seiner Jünger, die keine besondere Berufung erlebten? Die zwölf Jünger wurden zu einem besonderen Zweck berufen, doch gab es Hunderte, die Jesus nachfolgten und aufrichtig an Ihn glaubten, und die nie Beachtung fanden.

Wir stehen in der Gefahr, uns ein schiefes Bild von einem Christen zu machen, weil wir nur auf die Ausnahmen sehen. Die Ausnahmen ragen als Ausnahmen heraus. Die außerordentlichen Bekehrungsgeschichten und Erfahrungen eignen sich hervorragend als Anschauungs- und Studienmaterial für das, was sich im Leben jedes Christen ereignet. Doch kommt auf eine Million nicht einer, der eine Erfahrung wie der Apostel Paulus hat. Die meisten von uns sind unbeachtete Leute und haben auch nichts, was die Beachtung anderer auf sie lenken könnte.

Wenn wir die außerordentlichen Erfahrungen als Modell für das christliche Leben nehmen, stellen wir, ohne es zu wissen, einen falschen Maßstab auf. Im Lauf der Jahre prägen wir an uns das schlimmste Zerrbild aus, den geistlichen Pedanten, der in einer unerträglichen Un-Ähnlichkeit zu Jesus steht. Der Mann oder die Frau, die zu geistlichen Pedanten werden, werden es Schritt für Schritt und unbemerkt. Aber der Anfang liegt in einer Abkehr vom Evangelium des Neuen Testaments und dem Aufstellen eines theologischen Systems.

21. Juni

Ich elender Mensch! Wer wird mich erlösen von diesem todverfallenen Leibe? Römer 7, 24

Paß auf, daß du dich nicht in der heute weit verbreiteten Einstellung einfangen läßt: »Ich glaube an die Lehre Jesu, aber mit Seinem angeblichen Sühnetod kann ich nichts anfangen.« Es gibt eindrucksvoll klingende, gönnerhafte Aussagen über Jesus Christus, in denen kein Platz für Sein Kreuz ist.

Wir müssen uns unbedingt mit der Lehre Christi beschäftigen. Unser Denken ist viel zu weit weg von den Maßstäben des Neuen Testamentes. Wir sind richtig überflutet mit heidnischen Maßstäben. Doch als Christen sollten wir den Richtlinien Jesu Christi erlauben, sich in unser Denken einzuprägen und in unserem Leben auszuprägen. Die Lehre Jesu ohne Seinen Opfertod aber würde nur ein weiteres Ideal darstellen, das in die Verzweiflung treibt.

Was nützt es mir, zu erfahren, daß nur die, die reines Herzens sind, Gott schauen können, wenn ich unrein bin? Zu hören, daß ich meine Feinde lieben soll, wenn ich sie hasse? Vielleicht gelingt es mir, die Haßgefühle zurückzuhalten, doch der Geist dieser Haltung ist da. Macht Jesus Christus es einem leichter? Er macht es hundertmal schwerer! Die Reinheit, die Gott verlangt, ist unmöglich, wenn wir nicht von innen her neugemacht sind. Genau das ist nur möglich auf Grund des Opfertodes Jesu Christi.

Jesus Christus kam nicht, um den Menschen zu sagen, sie sollten ein heiliges Leben führen. Dieses »Ich sollte es« ist jedem Menschen sowieso bewußt. Sooft Er einem geheiligten Menschen begegnet – er kann lospoltern und sich verteidigen, wie er will –, er weiß, daß er auch so sein sollte. Jesus kam, um uns in den Stand zu setzen, heilig zu sein. Er kam, um uns zu dem zu machen, was Seine Lehre von uns fordert. Das ist der Unterschied.

22. Juni

**Wenn dein Auge dich zum Bösen reizt, so reiß es heraus!
Markus 9, 47**

Heiligung bedeutet nicht nur, daß wir von der Sünde befreit sind, sondern auch, daß wir ein Leben harter Disziplin beginnen. Das ist nicht eine Frage des Betens, sondern des Tuns, des willentlichen Unterwerfens unter eine Disziplin. Das kann uns keiner leichter machen, als es ist. Jeder von uns hat es ganz in seiner Hand.

Nicht falsche Dinge müssen geopfert werden, sondern richtige. »Das Gute ist der Feind des Besten.« Nicht das Schlechte, sondern das Gute, das nicht gut genug ist. Die Gefahr ist, daß wir uns darauf beschränken, nur das Falsche aufzugeben. Jesus Christus wählte Dinge aus, die für ein voll funktionsfähiges Leben unerläßlich sind: die rechte Hand und das Auge. Das sind keine schlechten Dinge, sondern Schöpfungen Gottes. Jesus Christus sagte die harte, schonungslose Wahrheit. Er war nie zweideutig. So bedarf es auch keiner Verstehenshilfe, wenn er sagt, daß es besser ist, ein Krüppel zu sein als ein Verdammter.

Jeder ist bereit, Falsches aufzugeben, wenn er weiß, wie er es machen soll. Aber gebe ich das Beste, was ich habe, für Jesus Christus auf? Wenn ich nur bereit bin, die falschen Dinge aufzugeben, sollte ich nie mehr behaupten, Ihn zu lieben! Wir sagen: »Warum sollte ich das nicht tun? Daran ist doch nichts Böses.« Um alles in der Welt, geh und tu es! Aber denke daran, daß das geistliche Leben dem Untergang geweiht ist, sobald du auf diese Linie einschwenkst.

23. Juni

Das sagt der Heilige, der Wahrhaftige. Offenbarung 3, 7

Der Herr des Jüngers ist die höchste Autorität in jeder Lebenslage, in der er steht oder stehen kann. Diese Feststellung leuchtet ohne weiteres ein. Aber überleg dir, was sie bedeutet.

Es kann auf dieser Grundlage nur als unpassend und unverschämt eingestuft werden, wenn jemand sagt: »Ja, aber Jesus Christus kennt meine Lebensumstände nicht.

Die Grundsätze, die Er in Seiner Lehre aufgestellt hat, sind für mich in dieser Situation völlig unanwendbar.« Ein solcher Gedanke kommt niemals vom Geist Gottes. Er muß schon an der Schwelle unseres Bewußtseins in einen Schraubstock gespannt werden, so daß er nicht eindringen kann. Wenn der Fall eintreten sollte, daß wir im Gehorsam gegen Gott leben und in eine Lage kommen, wo die Anweisungen und Grundsätze Jesu Christi unanwendbar sind, dann hat Er uns irregeführt.

Der Gedanke mag naheliegen: »Ach, mein gegenwärtiges Verhalten wird durch das und jenes gerechtfertigt.« Nie sind wir als Jünger gerechtfertigt, wenn wir zu irgendeiner anderen Handlungsweise greifen als der, die uns in der Lehre unseres Herrn Jesus gezeigt und durch Seinen Geist ermöglicht wird. Gott stellt uns in verschiedene, genau für uns zubereitete Lebenslagen hinein, um zu sehen, ob wir uns darin als Jünger verhalten.

24. Juni

Jesus . . . fand Philippus und sagte zu ihm: »Folge Mir nach!« Johannes 1, 43

Es kann sein, daß du ohne Widerstreben dem Ruf des Herrn gefolgt bist. Trotzdem ist es möglich, daß du Ihm Kummer bereitest, weil du darauf wartest, daß Gott sich an einer Stelle offenbart, wo Er es nicht kann.

»Herr, zeige uns den Vater.« Wir warten darauf, daß Gott sich Seinen Kindern offenbart. Aber Gott offenbart sich *in* Seinen Kindern. Folglich sehen andere die Offenbarung, nicht wir. Wir sind auf einem Irrweg, wenn wir wollen, daß Gott uns bewußt wird. Man kann sich nicht seines Bewußtseins bewußt sein, solange man geistig normal ist.

Du bist dem Ruf Christi gehorsam gewesen und kränkst Ihn jetzt, indem du Ihm eine durch und durch verkehrte

Frage stellst? Ich habe den Eindruck, daß unser Herr Jesus oft bestürzt ist über die Dummheit, die wir an den Tag legen. Was uns dumm macht, sind unsere eigenen Gedanken. – Wenn wir einfältig sind, sind wir nie dumm. Wir können vielmehr klar sehen. »Herr, zeige uns den Vater«, »Zeige mir Dein Angesicht«, »Laß mich das verstehen« – Seine Antwort auf solche Bitten kommt unverzüglich in unser Herz: »So lange bin Ich bei dir, und du kennst Mich nicht?«

25. Juni

Er mußte aber Seinen Weg durch Samarien nehmen.
Johannes 4, 4

Es ist sehr wichtig, daß wir uns darüber im klaren sind, daß Gottes Wille in den zufällig erscheinenden Alltäglichkeiten auf uns zukommt. Wir versuchen, unser Leben zu planen und leiten alles entsprechend in die Wege. Doch schlägt unser Bestreben fehl, weil mehr Faktoren mitspielen, als wir wissen. Wenn wir aber Tag um Tag so nehmen, wie er kommt, erkennen wir, daß Gottes Wille uns in den scheinbaren Zufälligkeiten entgegentritt.

Der Mensch, der Gott nicht kennt, ist ganz auf seine eigene Klugheit und sein eigenes Mutmaßen angewiesen. Wenn wir, anstatt unsere eigenen Programme aufzustellen, der Weisheit Gottes vertrauen und alle unsere Kräfte auf die Aufgabe konzentrieren, die am dringendsten ist, werden wir erkennen, daß wir auf diesem Weg und auf keinem anderen Gott finden.

Wenn wir selbst Vorsehung spielen und Zeiten und Begegnungen festsetzen, bewirken wir vielleicht, daß sich verschiedene Dinge ereignen. Aber wir finden dabei sehr selten Gott. Am sichersten finden wir Ihn, wenn wir den normalen Weg weitergehen. Wo du Gott suchst, erscheint Er nicht. Wo du Ihn nicht suchst, da ist Er. Ein

Wetterumschwung, ein Brief oder was es auch sein mag – und plötzlich stehst du dem Besten gegenüber, dem du je begegnet bist. – Das zeigt sich immer wieder im Leben Jesu. Für Ihn war es das Allernatürlichste, durch Samaria zu gehen.

26. Juni

Es ist ein Unglück, das ich sah unter der Sonne, und es liegt schwer auf den Menschen: Da ist einer, dem Gott Reichtum, Güter und Ehre gegeben hat, und es mangelt ihm nichts, was sein Herz begehrt; aber Gott gibt ihm doch nicht Macht, es zu genießen, sondern ein Fremder verzehrt es. Das ist auch eitel und ein schlimmes Leiden. Prediger 6, 1. 2

Im Leben eines jeden von uns finden sich die unausweichlichen Schranken. Es kann sein, daß sie nicht so beengend sind wie z. B. eine schlimme Verstümmelung oder Blindheit oder Taubheit oder etwas, was einem plötzlich alle Möglichkeiten zur Erlangung seines Lebenszieles aus der Hand nimmt. Es mögen angeborene Unfähigkeiten sein.

Die Gefahr ist nur, daß wir uns niederlegen und jammern und zu nichts mehr nütze sind. Es gilt dann vielmehr zu erkennen, daß die Schranken zwar unverständlich sind, daß sie aber nicht zufällig da sind, sondern nur deshalb, weil Gott sie zugelassen hat. Wir sollten uns ihnen stellen und uns nicht an ihnen vorbeidrücken. – Hat es je einen Menschen gegeben, der stärker behindert war als Helen Keller?

Die Gefahr der unausweichlichen Schranken ist, daß es, wenn ich mir die Fakten nicht klar genug gemacht habe, dahin kommen kann, daß ich Gott die Schuld daran gebe. Es gibt noch einen Grund, den ich nicht kenne, und dieser Grund liegt ganz bei Gott, nicht bei mir. Es hat keinen

Wert, wenn ich meine Zeit damit vertue, daß ich sage: »Wenn ich nur nicht so wäre!« Ich bin nun eben einmal so.

Ganz praktisch geht es für einen Christen um die Frage: Kann Jesus Christus und Seine Lehre an mir etwas ausrichten, so wie ich bin, nicht so, wie ich nicht bin? Kann Er mit mir etwas anfangen, wo ich bin und in der Lage, in der ich bin?

27. Juni

Und wenn Er kommt, wird Er der Welt aufdecken, was es mit der Sünde und der Gerechtigkeit und dem Gericht auf sich hat ... Johannes 16, 8

Das Thema des freien Willens des Menschen wird fast immer entweder überbewertet oder unterbewertet. Im menschlichen Geist ist eine Vorher-Bestimmung, die ihn veranlaßt, seinen Willen in eine bestimmte Richtung zu lenken. Kein Mensch hat die Kraft zu einem Akt freien Willens. Wenn der Geist Gottes in einen Menschen einzieht, bringt Er Seine eigene Kraft der Willensbildung mit und veranlaßt ihn, zu wollen, was Gott will. Dann stehen wir staunend vor der Erkenntnis, daß die freie Wahl des Christusgläubigen mit der Vorher-Bestimmung Gottes zusammenfällt.

Das ist eine überaus erstaunliche Tatsache in der christlichen Psychologie, nämlich, daß ein von Gott geheiligter Mensch genau das wählt, wovon Gott vorherbestimmte, daß er es wählen sollte. Wenn du den Geist Gottes noch nicht empfangen hast, wird dir das als »Torheit« erscheinen. Aber wenn du den Geist empfangen hast und Ihm gehorchst, entdeckst du, daß Er deinen Geist in völlige Übereinstimmung mit Gott bringt und daß der Klang deiner Schritte, während du vorangehst, mit dem der Schritte Gottes eins ist.

28. Juni

Wenn Ich nicht gekommen wäre und es ihnen gesagt hätte, so wären sie ohne Sünde; nun aber können sie nichts vorbringen, um ihre Sünde zu entschuldigen.
Johannes 15, 22

Als Jünger Jesu Christi müssen wir ständig erkennen, daß vieles von dem, was heute unter dem Namen des Christentums geschieht, nichts mit dem Christentum des Neuen Testamentes zu tun hat. Es unterscheidet sich in Ursprung und Ausdruck deutlich von ihm.

Jesus steht nicht im Mittelpunkt des modernen Christentums. An Ihn denkt man kaum. Christliche Prediger, Sonntagsschullehrer, religiöse Bücher finden gar nichts dabei, in herablassender Weise über Jesus Christus zu reden und Ihn zur Seite zu schieben. – Wir müssen lernen, daß Treue zu der Lehre Jesu Christi bedeutet, ausgestoßen zu werden, so wie auch Er ausgestoßen wurde. Die meisten von uns kennen das überhaupt nicht.

Man sieht die menschliche Natur heute als bedauernswert an. Männer und Frauen sind unwissend wie Hänsel und Gretel und haben sich verirrt. – Der Standpunkt Jesu Christi ist völlig anders. Er sieht die Männer und Frauen nicht als Hänsel und Gretel, sondern als Sünder, die Erlösung brauchen. Diese Auffassung verabscheut der moderne Mensch. Die Lehre unseres Herrn Jesus ist auf etwas gegründet, was wir unerbittlich hassen, nämlich auf Seine Diagnose, daß wir Sünder sind. Wir glauben das nicht, solange Gott uns nicht in dieser Hinsicht schonungslos angefaßt hat.

Denk daran, daß ein Jünger sich zu weit mehr als dem Glauben an Jesus verpflichtet hat! Er ist auch auf die Auffassung seines Herrn über die Welt, über die Menschen, über Gott und über die Sünde verpflichtet. Mach eine Bestandsaufnahme deiner Ansichten und vergleiche sie mit dem Neuen Testament!

Laß dich nie dazu verleiten zu denken, daß es der Bibel nicht ernst ist mit dem, was sie sagt, wenn sie eine andere Auffassung vertritt als du! Du kannst anderer Meinung sein als Jesus, wenn du willst, aber sag nie, daß es der Bibel mit dem, was sie sagt, nicht ernst sei!

29. Juni

Wer seinen Bruder haßt, der ist ein Mörder.
1. Johannes 3, 15

Wenige von uns sind tatsächliche Mörder, aber in uns allen steckt die Möglichkeit zum Verbrecher. Eine der größten Demütigungen in der Arbeit für Gott ist, daß der Heilige Geist uns immer daran erinnert, was wir in Wirklichkeit sein könnten, wenn die Gnade Gottes es nicht verhindert hätte.

Die Bibel nimmt nie auf den Grad der Sünde Rücksicht. Nach der Bibel ist ein unreiner Gedanke so schlimm wie Ehebruch, ein begehrlicher Gedanke so schlimm wie Diebstahl. Wir brauchen eine lange Erziehungszeit in göttlichen Dingen, bis wir glauben, daß das wahr ist. Vertraue nie der Unschuld, wenn das Wort Gottes ihr entgegensteht. Das winzigste Stückchen Sünde zeigt die gewaltige Verdorbenheit des menschlichen Herzens (»Denn von innen, aus dem Herzen der Menschen kommen die bösen Gedanken . . .«, Markus 7, 21–23). Deshalb müssen wir unaufhörlich im Licht bleiben.

Laß es nie zu, daß das Entsetzen über ein Verbrechen dich blind macht für die Tatsache, daß es eine menschliche Natur wie die deine war, die es verübte. Ein Mensch, der Jesus nachfolgt, ist nie von Entsetzen gelähmt. Er weiß zwar, daß alles wahr ist, was unser Herr Jesus über das menschliche Herz sagte. Er weiß aber auch, daß es einen Erlöser gibt, der selbst den Allverlorensten retten kann.

30. Juni

Denn von innen, aus dem Herzen der Menschen, kommen die bösen Gedanken: Unzucht, Diebstahl, Mord, Ehebruch ... Markus 7, 21 f.

Dieser Abschnitt ist für ungeistliche Menschen abstoßend, er ist in höchstem Maße geschmacklos. Neun von zehn Menschen glauben diese Aussage nicht, weil sie in einer gewaltigen Täuschung über das menschliche Herz leben. In diesen Versen sagt Jesus Christus, um es in der heutigen Sprache zu sagen: »Noch nie wurde ein Verbrechen verübt, zu dem nicht jeder Mensch ebenso fähig wäre.« Glaubst du das? Wirklich?

Wenn wir es nicht glauben, dürfen wir nicht vergessen, daß wir damit ein Urteil über den Herrn Jesus Christus fällen. Wir sagen Ihm damit, daß Er nicht weiß, wovon Er redet. – Wir lesen, daß »Jesus wußte, was im Menschen war.« D. h., daß Er das Herz der Menschen kannte.

Der Apostel Paulus verweist ebenfalls darauf: »Such deine Ehre nicht bei Menschen, sondern verlaß dich allein auf die Gnade Gottes in dir und in anderen.« – Kein Wunder, daß Jesus Christus so eindringlich bittet, Ihm die Aufsicht über unser Herz zu übertragen, so daß Er es mit neuem Leben füllen kann! Jedes Merkmal des Lebens Jesu Christi wird in unserem Leben möglich, wenn wir Ihm unser Herz übereignen, damit Er es mit dem Heiligen Geist erfüllen kann.

1. Juli

Was rein ist ... Philipper 4, 8

Reinheit ist nicht Unschuld. Reinheit ist weit mehr. Reinheit bedeutet Fleckenlosigkeit, eine Makellosigkeit, die sich in der Prüfung bewährt hat. Reinheit kann man nur in der Stille lernen, nie in der Öffentlichkeit. Jesus

Christus fordert Reinheit des Denkens und der Phantasie, Keuschheit der körperlichen und geistigen Gewohnheiten.

Die einzigen Männer und Frauen, auf die man sich unbesorgt verlassen kann, sind die, die durch Prüfungen gegangen sind und standhielten. Reinheit geht immer aus Kampf hervor. Sie ist nie zwangsläufig da, nie selbstverständlich. Du kannst dich nicht auf Unschuld oder natürliche Güte verlassen. Du kannst nicht deine Hoffnung auf Möglichkeiten setzen, die sich dir in der Zukunft vielleicht bieten.

Das erklärt die Haltung Jesu Christi. Unser Herr Jesus hat sich auf keinen Menschen verlassen (Johannes 2, 24 ff.). Er war nie mißtrauisch, nie verbittert. Sein Vertrauen auf das, was Gottes Gnade für jeden Menschen tun konnte, war so uneingeschränkt, daß Er für keinen die Hoffnung aufgab.

Wenn wir unser Vertrauen auf Menschen setzen, werden wir am Ende an allen verzweifeln. Aber wenn wir unser Denken auf das beschränken, was rein ist, denken wir nur an das, was Gottes Gnade an anderen getan hat und setzen unser Vertrauen darauf und auf nichts anderes.

2. Juli

Was lieblich ist ... Philipper 4, 8

Die Dinge, denen Lieblichkeit anhaftet, sind die Dinge, die für unser ethisches Empfinden angenehm und wohltuend sind. Das Wort »lieblich« hat die Bedeutung »saftig« und »köstlich«. Das ist die Definition, die Calvin gegeben hat, und er soll ein Moloch von Strenge gewesen sein.

Wir meinen, daß unsere Pflicht immer unangenehm sein muß. Viele unserer Pflichten leiten sich aus Gefühlen her, die in Unordnung geraten sind. Wenn unsere Pflicht uns unangenehm ist, ist das ein Zeichen dafür, daß wir ein gestörtes Verhältnis zu Gott haben. Es gibt Leute, die, falls Gott ihnen einen ganz süßen Kelch reichen würde, ihn behutsam auf einen Kirchhof tragen und dort ausgießen würden mit den Worten: »Nein, das kann gar nicht für mich gemeint gewesen sein.« Sie sind durchdrungen von dem Gedanken, daß es ihnen immer schlecht gehen muß.

Sobald wir mit Gott in Ordnung gekommen sind, ist unsere Pflicht nichts Unangenehmes mehr, von dem wir seufzend sagen müssen: »Ach ja, ich muß eben meine Pflicht tun.« Die Pflicht ist die Tochter Gottes. Deine Vorstellung von der Pflicht sollte nicht nach einer schlaflosen Nacht oder nach einer Magenverstimmung entstanden sein. Übernimm deine Pflichtauffassung vom Geiste Gottes und dem Wort Jesu!

Es gibt Menschen, deren Leben krank und verbogen wurde durch ein Pflichtverständnis, das Gott ihnen nie eingegeben hat. Wenn sie nur einmal anfangen, über die lieblichen Dinge nachzudenken, werden heilende Kräfte in ihr Leben kommen, die Erstaunliches bewirken. Das Wesen der Frömmigkeit machen die lieblichen Dinge aus. Denk über diese Dinge nach, sagt Paulus.

3. Juli

Was Lob verdient ... Philipper 4, 8

Wenn wir tatsächlich über das nachdenken, was Lob verdient, werden wir überrascht darüber sein, wo es zu finden ist. Wir finden es dort, wo wir nur das Gegenteil erwarteten. Wenn unsere Augen auf Jesus Christus gerichtet sind, fangen wir an, im Leben anderer Menschen gute Seiten zu erkennen, die wir vorher nie wahrnahmen. Wir sehen an Leuten, die wir gemieden hatten, auf einmal Eigenschaften, die an uns noch niemand gesehen hatte, obwohl wir uns erlöst und in der Heiligung stehend nennen.

Erwarte nie von anderen Menschen, daß sie sich heilig verhalten. Das wäre grausam und würde deine Auffassung von dir selbst und anderen entstellen. Hätte jemand die Sünde unnachsichtiger einschätzen können als Jesus? Aber hatte jemals jemand größere Liebe und Geduld mit den Allerunwürdigsten als Er? Der Unterschied in der Einstellung kommt daher, daß Jesus Christus nie von den Menschen erwartete, daß sie sich heilig verhielten. Er wußte, daß sie das nicht konnten.

Er kam, um die Menschen heilig zu machen. Alles, was Er von den Menschen will, ist, daß sie zugeben, daß sie nicht richtig gelebt haben. Dann tut Er alles übrige: »Selig sind, die geistlich arm sind.«

4. Juli

Ich züchtige meinen Leib und zähme ihn.
1. Korinther 9, 27

Um zu prüfen, ob wir tun, was Jesus Christus von uns will, müssen wir unsere Lebensgewohnheiten in drei Bereichen ansehen: dem körperlichen, dem gefühlsmäßigen und dem verstandesmäßigen. Wir gehen am besten auf der Grundlage der folgenden Fragen vor: Sind meine körperlichen Gewohnheiten keusch – oder nicht? Ist mein Gefühlsleben geordnet – oder nicht? Befinden sich mein Verstand und mein Denken im Gehorsam – oder nicht?

Wenn wir anfangen, das herauszuarbeiten, was Gott in uns hineingearbeitet hat, stehen wir vor dem Problem, daß dieser physische Leib, dieser Mechanismus, gewohnheitsmäßig einer anderen Herrschaft gehorcht, die Sünde heißt. Wenn Jesus Christus uns von jener Herrschaft befreit, gibt Er uns nicht einen neuen Körper. Er gibt uns die Kraft, jede Gewohnheit, die wir annahmen, solange wir unter der Herrschaft der Sünde lebten, zu zerbrechen und dann neu zu bilden.

Viel von dem Elend in unserem Leben als Christen rührt nicht daher, daß der Teufel uns angreift, sondern daß wir die einfachen Gesetze noch nicht verstanden haben, unter denen wir stehen. Wir müssen unseren Körper als Diener Jesu Christi behandeln. Wenn der Körper sagt: »Bleib sitzen!«, und Er sagt: »Geh!«, so geh! Wenn der Körper sagt: »Iß!«, und Er sagt: »Faste!«, so faste! Wenn der Körper sagt: »Gähne!«, und Er sagt: »Bete!«, so bete!

5. Juli

Dem aber, der euch unter Frohlocken untadelig vor Seine Herrlichkeit stellen kann . . . Judas 24

Daß Gott über Sünde hinwegsieht, das gibt es nicht. Hier machen die Menschen einen großen Fehler im Blick auf Gottes Liebe. Sie sagen: »Gott ist Liebe, deshalb vergibt Er selbstverständlich die Sünde.« Doch Gott ist heilige Liebe, deshalb kann Er selbstverständlich über Sünden nicht hinwegsehen. Wenn Gott dennoch vergibt, muß es einen Grund geben, der ihn rechtfertigt.

Wenn es keine Möglichkeit von Vergebung gäbe, die in einem Menschen zugleich den Zustand der Heiligkeit und der Untadeligkeit herstellt, wäre die Vergebung etwas Armseliges, Widerwärtiges. Wenn ich Vergebung erlange, ohne daß sich durch die Vergebung an mir etwas ändert, schadet mir die Vergebung und ist ein unleugbares Zeichen von Schwäche auf der Seite Gottes. Gottes Heiligkeit stände auf dem Spiel, wenn ein Mensch, nachdem ihm vergeben wurde, noch derselbe wäre.

Nach den Aussagen der Bibel bedeutet Vergebung nicht, daß Gott einen Müllhaufen mit Schnee zudeckt, sondern daß Er einen Menschen nach Seinem Vorbild, dem Vergebenden, umgestaltet. Wenn mir vergeben ist und ich weiter böse bin, mache ich deutlich, daß es für Gott keine Rechtfertigung dafür gibt, daß Er mir vergeben hat.

Wenn Gott einem Menschen vergibt, gibt Er ihm das Erbe Seines Sohnes. Es gibt in der Tat keinen Menschen auf Erden, der nicht in Jesus Christus vollkommen vor das Angesicht Gottes gestellt werden könnte. Dann liegt es an mir, auf der Grundlage der Erlösung als ein Sohn Gottes zu leben. Der Grund dafür, daß ich so leicht Vergebung für meine Sünden bekommen kann, liegt darin, daß die Erlösung Gott so viel kostete.

6. Juli

Das Reich Gottes ist inwendig in euch. Lukas 17, 21

Was das Evangelium vom Reich Gottes einem Menschen in unserem Zeitalter der Heilsgeschichte bringt, ist, daß er von oben geboren wird, während er noch unten ist, und daß er mit den Augen seines Geistes deutlich die Herrschaft Gottes über das Reich des Teufels erkennen kann. Daran merkst du schon, wie weit wir uns von der Lehre Jesu Christi entfernt haben. Wir bringen alles mögliche herein, wir reden von Rettung und Heiligung und Sündenvergebung. Jesus sagte davon nichts zu Nikodemus (Er tat das später gegenüber den Jüngern). Er sagte: »Werde von oben geboren, dann siehst du die Herrschaft Gottes!« Es ist eine durch und durch einfache Botschaft.

Wenn wir predigen, was wir Evangelium nennen, nämlich die Errettung von der Hölle, sprechen wir die Menschen nicht an. Wenn wir aber Jesus Christus Sein eigenes Evangelium predigen lassen und dem Geist Gottes Gelegenheit geben, es auszulegen, erkennen die Menschen sofort die Wahrheit über sich selbst.

7. Juli

Denn das Wort Gottes ist lebendig und wirksam und schärfer als jedes zweischneidige Schwert, und es dringt durch, bis es Seele und Geist, Mark und Knochen scheidet, und es ist ein Richter der Gedanken und Regungen des Herzens. Hebräer 4, 12

»Warum sollte ich etwas glauben, nur weil es in der Bibel steht?« Diese Frage ist vollkommen berechtigt. Es gibt keinen Grund für dich, es zu glauben. Erst wenn der Geist Gottes die Schrift bei einem Menschen mit seinem inneren Zustand in Verbindung bringt, fängt er an zu verstehen, daß sie lebendig und wirksam ist. Wenn wir von außen her versuchen, die Bibel irgendeinem Maßstab oder einer Theorie von der Verbalinspiration oder irgendeiner anderen Theorie anzugleichen, gehen wir fehl. »Ihr forscht in der Schrift; denn ihr meint, ihr habt das ewige Leben darin; und sie ist's, die von Mir Zeugnis gibt; aber doch wollt ihr nicht zu Mir kommen, um das Leben zu haben« (Johannes 5, 39. 40).
Es besteht noch eine andere Gefahr; die, daß man alle Fragen mit dem Hinweis erledigt: »Wir müssen die Bibel wieder als objektive Autorität verstehen.« Einer solchen Einstellung fehlt Mut und die Kraft des Heiligen Geistes. Es ist ein Buchstabenglaube, der keine »Briefe Christi« hervorbringt, sondern wandelnde Wörterbücher. Er bringt keine geheiligten Menschen hervor, sondern Versteinerungen, Menschen ohne Leben, ohne jede Ähnlichkeit mit dem Herrn Jesus.
Wir brauchen das fleischgewordene Wort und das auslegende Wort, d. h. Menschen, die das leben, was sie predigen, »Briefe Christi, gekannt und gelesen von allen Menschen«. Erst wenn wir den Heiligen Geist empfangen und mit Gott völlig in Ordnung gekommen sind, werden die Worte Gottes für uns »lebendig und kräftig«. Die einzige Möglichkeit, die Worte Gottes zu verstehen, besteht in

der Verbindung zu dem Wort Gottes. Die Beziehung zwischen unserem Herrn Jesus, der das Wort ist, und Seinen gesprochenen Worten ist so eng, daß es sich verhängnisvoll auswirkt, wenn man sie von Ihm trennt. »Die Worte, die Ich rede, die sind Geist und sind Leben.«

8. Juli

Und Jesus ging in den Tempel und fing an, die Verkäufer und Käufer im Tempel hinauszutreiben; und die Tische der Geldwechsler und die Stände der Taubenhändler stieß Er um . . . Markus 11, 15

Wir gehen mit einer sentimentalen Vorstellung von unserem Herrn Jesus an das Neue Testament heran. Wir stellen Ihn uns als sanftmütig und demütig vor und verstehen darunter, daß Er keinerlei praktischen Wert hatte. Unser Herr Jesus war in der Tat »sanftmütig und von Herzen demütig«.

Doch beobachte Ihn einmal im Tempel. Da waren Milde und Demut nicht die herausragenden Merkmale. Ganz im Gegenteil: Wir sehen eine furchterregende Gestalt, die, eine Peitsche mit kurzen Riemen in der Hand, die Tische der Geldwechsler umstößt und Menschen und Vieh hinaustreibt. Ist Er da der »sanftmütige Jesus«? Er jagt jedem Angst und Schrecken ein. Keiner wagt einzugreifen.

Warum hat Er sie denn nicht freundlicher zum Gehen bewegt? Weil leidenschaftlicher Eifer ihn »aufgefressen« hatte und ein Abscheu vor allem, was es wagte, die Ehre Seines Vaters in den Schmutz zu ziehen. »Macht nicht das Haus Meines Vaters zu einem Kaufhaus.« Hier geht es um die Vergottung des kaufmännischen Treibens. Alles, was in die Kategorie des Falschen gehört, muß weichen, wenn Jesus Christus anfängt, das Haus Seines Vaters zu reinigen.

9. Juli

Und sie ist's, die von Mir Zeugnis gibt. Johannes 5, 39
Wenn ihr Mose glaubtet, würdet ihr auch Mir glauben;
denn er hat von Mir geschrieben. Johannes 5, 46

An Jesus glauben umfaßt weit mehr als die Erfahrung der Erlösung. Es schließt eine Bindung des Verstandes und des Herzens an die Auffassung unseres Herrn Jesus Christus von Gott und Mensch, von Sünde und Teufel und von der Heiligen Schrift ein. Wieviel Unverfrorenheit zeigt sich heute in der Haltung vieler Christen in bezug auf die Schrift, weil sie vergessen haben, daß sie, wenn sie »auch« an Jesus glauben, von vornherein auf Seine Einstellung zur Bibel festgelegt sind. Er sagte, daß es in der Schrift um Ihn geht: ». . . sie ist es, die von Mir Zeugnis gibt.« Wir hören viel von »Schlüsselwörtern« der Schrift, aber es gibt in ihr nur ein »Schlüsselwort« für einen Glaubenden, das ist unser Herr Jesus Christus.
Die ganze Anmaßung, mit der um die Bibel herum- und an ihr vorbeigeredet wird, ist ein deutlicher Beweis des Unglaubens gegenüber Jesus. Wieviele Sonntagsschullehrer glauben heute so dem Alten Testament wie Jesus? Wieviele sind dem Sog zum Parteigängertum gegenüber modernen Anschauungen über die Person unseres Herrn Jesus und Seinen Grenzen erlegen und sagen unbefangen: »So etwas wie dämonische Besessenheit gibt es natürlich nicht, genauso wenig gibt es eine Hölle oder den Teufel!«
»Auch an Jesus glauben« heißt, daß wir unseren Verstand Ihm unterstellen, wie Er Seinen Verstand Seinem Vater unterstellte. Das bedeutet nicht, daß wir unsere Vernunft nicht anwenden sollten. Aber es bedeutet, daß wir sie in der Unterordnung unter die fleischgewordene Vernunft anwenden. Hüte dich vor Schriftauslegungen, die irgendeine andere Mitte als unseren Herrn Jesus Christus haben.

10. Juli

Und als Jesus an die Stelle kam, sah Er auf und sagte zu ihm: »Zachäus, steig schnell herunter; denn Ich muß heute in deinem Haus einkehren.« Lukas 19, 5

Das müssen wir im Umgang mit Jesus Christus lernen: Selbst wenn die ganze Menschheit verloren ist – alle, die Guten, die Bösen und die Durchschnittlichen –, müssen wir das grenzenlose Vertrauen Jesu Christi in uns haben, d. h. wir müssen wissen, daß Er alle und jeden retten kann. Das ist von großer Bedeutung.

Denk nur einmal ein wenig nach und ruf dir einige Menschen ins Gedächtnis zurück, die sich außerhalb der Gesellschaft angesiedelt haben. Sie haben keine Sündenerkenntnis, führen ein unehrenhaftes Leben und wissen das auch. Sie sind von den anderen Menschen getrennt, sie sind völlig vom Weg abgekommen. Doch macht ihnen das gar nichts aus. Du kannst mit ihnen über ihre Unarten reden, das läßt sie absolut gleichgültig. Du mußt es lernen, um diese Seelen die Atmosphäre des Herrn Jesus Christus zu legen. Sobald du das tust, geschieht etwas.

Sieh doch, was bei Zachäus geschah: »Zachäus aber trat vor den Herrn hin und sagte: Siehe, Herr, die Hälfte von meinem Besitz gebe ich den Armen, und wenn ich jemand um etwas betrogen habe, gebe ich es vierfach zurück.« Wer hatte irgend etwas über sein falsches Verhalten zu Ihm gesagt? Niemand. Jesus hatte mit keinem Wort von dem Unrecht gesprochen, das er getan hatte. Was hatte ihn aufgeweckt? Was ließ ihn plötzlich erkennen, wo er stand? Die Gegenwart Jesu!

11. Juli

Aber der Beistand, den Mein Vater in Meinem Namen senden wird, der Heilige Geist, der wird euch alles lehren und an alles erinnern, was Ich euch gesagt habe.
Johannes 14, 26

Der Geist des Menschen hat zwei Abteilungen: die bewußte und die unterbewußte. Wir sagen, daß das, was wir hören und lesen, unserem Gedächtnis entschwindet. Genau genommen ist das aber nicht der Fall, sondern es wandert in das Unterbewußte. Es ist das Werk des Heiligen Geistes, das, was im Unterbewußten gespeichert ist, in das Bewußtsein zurückzubringen.

Wenn du die Bibel liest und etwas nicht verstehst, solltest du nie denken, daß es keinen Wert hat. Eine Wahrheit kann jetzt im Augenblick ohne Bedeutung für dich sein. Aber wenn die Situation eintritt, wo diese Wahrheit gebraucht wird, wird der Heilige Geist sie in deine Erinnerung zurückbringen. Das ist die Erklärung dafür, daß manchmal plötzlich Worte Jesu vor uns stehen. Vielleicht sagen wir dann: »Ich kann es nicht verstehen, daß dieses Wort auf einmal da war.« Jesus sagte, daß der Heilige Geist uns an alles erinnern würde, was Er uns gesagt hat.

Die Frage ist nun aber, ob ich Ihm gehorche, wenn Er mich daran erinnert. Wenn ich mit jemand anderem darüber spreche, werde ich wahrscheinlich nicht gehorchen. »Da besann ich mich nicht lange und fragte keinen Menschen um Rat . . .«, sagt Paulus. Vertraue immer dem Heiligen Geist, wenn Er dich an ein Wort erinnert!

12. Juli

Wir haben aber diesen Schatz in irdenen Gefäßen, damit offenbar wird, daß die überschwengliche Kraft von Gott kommt und nicht von uns. 2. Korinther 4, 7

In der Menschwerdung Jesu ereignete sich die Verschmelzung des Göttlichen mit dem Menschlichen. Reines Gold kann nicht zur Herstellung von Münzen dienen. Es ist zu weich. Um Gold verwendungsfähig zu machen, muß ihm ein anderes Metall beigegeben werden. Das reine Gold des Göttlichen ist in menschlichen Angelegenheiten nicht zu gebrauchen. Eine Beigabe ist nötig. Das ist nicht die Sünde, sondern das, was das Göttliche für den Gebrauch verwendbar macht. Der allmächtige Gott ist für mich nur ein abstrakter Gedanke, wenn Er nicht gegenwärtig werden kann. Die Botschaft des Neuen Testamentes ist, daß Gott gegenwärtig wurde: »Und das Wort wurde Mensch . . .« Jesus Christus war nicht ausschließlich göttlich. Er war einmalig: Gott und Mensch.
Heiligungsbewegungen übergehen oft die menschliche Seite und sehen nur das Göttliche. Sie sagen uns, daß das menschliche Wesen sündig ist, vergessen aber, daß Jesus Christus unser menschliches Wesen annahm, und »in Ihm ist keine Sünde« (1. Johannes 3, 5). Gott ist es, der das menschliche Wesen schuf, und nicht der Teufel. Die Sünde kam in das menschliche Wesen hinein und schnitt es ab von Gott. Jesus Christus bringt das ganz Göttliche mit dem ganz Menschlichen zusammen. Sünde ist durch und durch böse und darf keinen Augenblick geduldet werden. Die menschliche Natur ist irdisch, aber sie ist nicht böse. Was sie böse macht, ist die Sünde.
Kein Mensch ist dafür ausgerüstet, ein völlig göttliches Leben auf Erden zu leben. Er ist dafür ausgerüstet, ein menschliches Leben auf Erden zu leben, in dem Gott gegenwärtig ist. Wenn das ganz Göttliche in uns einzieht,

stehen wir vor der Schwierigkeit, unser menschliches Wesen zum gehorsamen Diener der neuen Natur zu machen. Das ist schwer, und dafür sollten wir Gott danken! Gott gibt uns Gelegenheit zum Kampf. Ein Christus-Jünger ist kein auf den Wolken schwebendes Wesen, das zu schade für dieses Leben auf der Erde wäre. Ein Jünger Jesu Christi ist eine Mischung aus Göttlichem und Menschlichem; er kann jede Belastung durchhalten.

13. Juli

Es kann die Stadt, die auf einem Berge liegt, nicht verborgen bleiben. Matthäus 5, 14

Die Bilder, die unser Herr Jesus gebraucht, unterstreichen alle auf sehr anschauliche Weise Seine Botschaft: das Salz, das Licht, die Stadt auf dem Berg. Man kann sie gar nicht mißverstehen. Salz, das vor Fäulnis schützen soll, muß mitten in die Speise hineingebracht werden. Wenn es seine Wirkung ausübt, verursacht es eine überaus starke Reizung, was der Verfolgung gleichzusetzen ist. Licht zieht Fledermäuse und Nachtfalter an. Es zeigt Dieben wie auch ehrlichen Leuten den Weg.
Jesus wollte uns vor Augen stellen, daß die Menschen uns sicher hintergehen werden. Eine Stadt ist ein Sammelplatz für alles menschliche Treibgut, das nicht für seinen Lebensunterhalt arbeiten will. Christen können es nicht verhindern, daß sich zahlreiche Schmarotzer und undankbare Nachläufer an sie hängen. Alle diese Überlegungen führen zu der starken Versuchung, daß wir so tun, als seien wir kein Salz, daß wir unser Licht unter einen Scheffel stellen und unsere Stadt in einen Nebel einhüllen. Doch bei Jesus gibt es keine verborgene Jüngerschaft.

14. Juli

Da antwortete Ihm Simon Petrus: »Herr, zu wem sollten wir gehen? Du hast Worte des ewigen Lebens . . .«
Johannes 6, 68

In Johannes 6 stoßen wir auf einen Bericht über die Herauslösung der Jünger aus der sie umgebenden Masse, bis nur noch die zwölf übrig waren. Zu ihnen sagt Jesus: »Wollt ihr auch weggehen?« Einige von denen, die Jesus nachgefolgt waren, waren noch nicht so weit gegangen, daß sie nicht mehr hätten umkehren können, und sie »wandten sich . . . ab und gingen hinfort nicht mehr mit Ihm.« Aber Petrus ist zu weit gegangen, um noch umzukehren. Er sagt: »Herr, zu wem sollten wir gehen?«
Es gibt eine Phase wie diese in unserer geistlichen Erfahrung. Wir sehen den Führer nicht vor uns, wir spüren nichts von der Freude, die Gott gibt, es ist nichts da, was uns aufmuntern könnte. Und doch sind wir zu weit gegangen, um noch umkehren zu wollen. Jetzt kostet es uns etwas. Man kann zur Veranschaulichung den Ausdruck Tennysons vom »weißen Begräbnis« anführen. Wenn wir durch den inneren Tod des eigenen Willens gehen, erkennen wir, daß wir uns festgelegt haben. Viele Dinge müssen auf das »weiße Begräbnis« gehen.
Zuerst meinen wir, daß alles außer Christus schlecht ist. Aber in unserem früheren Leben ist vieles, was reizvoll ist; alles Heidnische, das rein und kraftvoll ist, Tugenden, die in sittlicher Hinsicht gut sind. Aber wir müssen entdecken, daß sie nicht das richtige Bild und die richtige Aufschrift tragen. Wenn wir ein Leben der Nachfolge leben wollen, müssen wir diesen Dingen absterben, ihnen ein Ende machen. Wir müssen diese guten natürlichen Dinge in geistliche umwandeln.

15. Juli

Ihr werdet von Kriegen und Kriegsgerüchten hören; seht zu und erschreckt nicht. Matthäus 24, 6

Das ist entweder der Ausspruch eines Wahnsinnigen oder einer Person, die die Macht hat, etwas in einen Menschen hineinzulegen und ihn vor Panik zu bewahren, selbst inmitten furchtbaren Kriegsgeschehens. Die Ursache der Panik ist immer die Feigheit. Unser Herr Jesus lehrt uns, den Dingen voll ins Gesicht zu sehen. Er sagt: »Wenn ihr von Kriegen hört, fürchtet euch nicht!«

Es ist das Allernatürlichste auf der Welt, sich zu fürchten. Der deutlichste Beweis, daß Gottes Gnade an unserem Herzen am Werk ist, ist gegeben, wenn wir nicht in Panik geraten. Unser Herr Jesus weist mit Nachdruck darauf hin, daß Gefahren unvermeidlich sind. Er sagt: »Du mußt von vornherein mit Krieg, mit Haß und mit dem Tod rechnen.« Es kann sein, daß eine Anzahl von Menschen lange ungestört über einem Vulkan gelebt hat. Doch plötzlich kommt ein Ausbruch. Jesus Christus sagt nicht: »Ihr werdet verstehen, warum es zu einem Krieg kam«, sondern: »Fürchtet euch nicht, wenn er kommt! Geratet nicht in Panik!«

Es ist kaum zu fassen, wie wir über die Worte Jesu hinweggehen. Er sagt, daß Nationen in Krieg und Blutvergießen und Verwüstung untergehen. Wir achten nicht auf Seine Voraussage; und wenn der Krieg kommt, verlieren wir den Kopf und geraten in Panik.

16. Juli

Denn wir wissen, daß das Gesetz aus Gottes Geist kommt; ich aber bin nur ein Mensch, unter die Macht der Sünde verkauft. Denn ich weiß nicht, was ich tue. Denn ich tue nicht, was ich will; sondern was ich hasse, das tue ich. Römer 7, 14. 15

Viele hochgestochene Abhandlungen sind über dieses Kapitel schon geschrieben worden, einfach weil viele Christen eine völlig falsche Auffassung davon haben, was Sündenerkenntnis wirklich ist. Zu der Sündenerkenntnis, wie der Apostel Paulus sie beschreibt, kommt ein Mensch nicht, wenn er wiedergeboren ist, auch nicht, wenn er geheiligt ist, sondern erst viel später. Und dann sind es nur wenige. Sie wurde Paulus als einem Apostel und Heiligen zuteil, und er wußte die Sünde wie kein anderer zu diagnostizieren.

Die Erkenntnis darüber, was Sünde ist, steht im umgekehrten Verhältnis zu ihrem Vorhandensein. Nur in dem Maße, wie die Sünde weicht, können wir erkennen, was sie ist. Wenn sie da ist, erkennst du nicht, was sie ist. Denn das Wesen der Sünde ist es, die Fähigkeit zu ihrer Erkennung zu zerstören.

Wenn ein Mensch sich einmal wirklich so sieht, wie Jesus Christus ihn sieht, erschrickt er nicht vor den abscheulichen Sünden des Fleisches, die sich im Umgang mit anderen Menschen ereignen. Er erschrickt über den unbeugsamen Stolz seines eigenen Herzens gegenüber dem Herrn Jesus Christus. Scham, Entsetzen, verzweifeltes Erkennen der eigenen Schuld überkommen ihn. Das ist das wahre Geschenk der Buße und ihre wirkliche Bedeutung.

17. Juli

**Wer an Mich glaubt, aus dessen Innerstem werden
Ströme lebendigen Wassers fließen ... Johannes 7, 38**

Wir müssen unterscheiden zwischen der Botschaft von
der Erlösung und der Erfahrung der Wiedergeburt. Das
Leben erfahren wir nicht; wir sind am Leben. Wir erfahren die Erlösung nicht. Wir erfahren aber die Wiedergeburt, d. h. wir erfahren den Eintritt des Lebens aus Gott
in unserer menschlichen Natur. Sobald das Leben aus
Gott in uns einzieht, teilt sich das unserem Bewußtsein
mit.

Doch umfaßt die Erlösung weit mehr, als den Menschen
bewußt ist. Die Erlösung gilt nicht nur der Menschheit,
sondern auch dem ganzen Weltall und der Erde als Materie. Alles, was Sünde und Teufel berührt und verdorben
haben, wurde durch Jesus Christus vollständig erlöst. Es
kommt ein Tag, da die Erlösung offen zutage treten wird,
da es einen »neuen Himmel und eine neue Erde« geben
wird, bewohnt von einer neuen Menschheit. In der Erlösung geht es um die Sünde der ganzen Menschheit.

Dabei geht es wiederum nicht in erster Linie um die Sünden der einzelnen Menschen, sondern um etwas viel
Grundsätzlicheres. Es geht um die Erblichkeit der Sünde,
durch die jeder Mensch in eine unübersehbare Kette von
Sünden hineingestellt ist. Falsch verstandene Evangelisationsarbeit stellt den Einzelmenschen heraus. Sie bietet
die Erlösung mit ihrer unermeßlich großen Bedeutung
als Besitz eines einzelnen an, die Errettung meiner Seele.

18. Juli

So kommt der Glaube aus der Predigt, das Predigen aber durch das Wort Christi. Römer 10, 17

Unser Verständnis des Glaubens ist von den geläufigen, nachteiligen Äußerungen über den Glauben nicht unbeeinflußt geblieben. Der Glaube wird als eine Geisteshaltung angesehen, durch die wir einer Aussage zustimmen um deswillen, der sie macht. Wir sagen, daß wir, weil Jesus dies oder jenes sagt, an Ihn glauben.

Aber der Glaube ist im Neuen Testament unendlich viel mehr als das. Er ist das Mittel, durch das die Heiligung sich äußert, das Mittel, durch das Leben aus Gott in uns einströmt. Er ist nicht nur die Folge unseres Verstehens. In Römer 3, 24 f. spricht Paulus vom Glauben an das Blut Jesu. Der Glaube ist das Werkzeug, das der Geist Gottes gebraucht. Glaube ist mehr als eine Geisteshaltung. Glaube ist ein völliges, leidenschaftliches, konsequentes Vertrauen auf das Evangelium der Gnade Gottes, wie sie uns im Leben und Tod und in der Auferstehung unseres Herrn Jesus Christus begegnet.

19. Juli

Da nahm Petrus das Wort und sagte zu Jesus: »Rabbi, es ist gut, daß wir hier sind. Wir wollen drei Hütten bauen, für Dich eine, für Mose eine und für Elia eine.« Markus 9, 5

Der Prüfstein für das geistliche Leben ist die Kraft, herabzusteigen. Wenn wir nur Kraft zum Aufsteigen haben, stimmt etwas nicht. Wir haben alle schon Zeiten auf dem Berg erlebt, da wir die Dinge von Gottes Standpunkt her sahen. Wir wären gern dort geblieben. Wenn wir aber Jünger Jesu Christi sind, wird Er es nie zulassen, daß wir dort bleiben.

Geistlicher Egoismus liegt dem Wunsch zum Bleiben auf dem Berg zugrunde. Wir sind in solcher Hochstimmung, als wäre uns alles möglich: als könnten wir reden wie Engel und leben wie Engel, wenn wir nur dort bleiben könnten. Aber wir müssen die Kraft zum Herabsteigen haben. Der Berg ist nicht der geeignete Aufenthaltsort für uns. Wir sind für die Täler geschaffen. Das ist etwas vom Schwersten, was wir lernen müssen, weil der geistliche Egoismus immer wieder Zeiten auf dem Berg verlangt. Zusammen mit Jesus Christus in die himmlische Welt versetzt zu sein, bedeutet nicht, es sich auf dem Berg der Verklärung bequem zu machen, begeistert Lieder zu singen und die dämonenbesessenen Jungen im Tal umkommen zu lassen. Es bedeutet, an den verfluchten Orten dieser Erde zu sein, soweit es das Gehen unserer Füße angeht, aber in ununterbrochener Gemeinschaft mit Gott.

20. Juli

Wie geschrieben steht: »Um Deinetwillen werden wir getötet den ganzen Tag; wir sind geachtet wie Schlachtschafe.« Römer 8, 36

Das Leben ist eine viel größere Gefahr als der Tod. Ich möchte etwas sagen, ungeschützt, aber sehr deutlich: Die Bibel sagt nirgends, daß Menschen verdammt sind. Die Bibel sagt, daß die Menschen verdammenswert sind. Für jeden Menschen besteht immer die Möglichkeit der Verdammung, die Möglichkeit des Ungehorsams. Aber, Gott sei Dank, es besteht auch immer die Möglichkeit, ein »Überwinder« zu werden.
Die Möglichkeiten des Lebens sind furchtbar. Denk einmal darüber nach: bist du ganz sicher, daß du nicht auf sittlichem Gebiet kopfüber in einen Abgrund stürzt, bevor drei Jahre um sind? Schau zurück auf dein Leben

und leg dir die Frage vor, wie es kam, daß du gerade noch der Katastrophe entronnen bist, als du durch eigene Schuld auf einem falschen Weg warst. Es hätte nicht mehr viel gefehlt, und es wäre um dich geschehen gewesen.

Bekannte von dir wurden durch schwere Krankheit mit einem Schlag dahingerafft – warum bliebst du verschont? Die Menschen, mit denen du in deinen jungen Jahren befreundet warst und die so begabt waren – wo sind sie jetzt? Einige sind in der Gosse gelandet. Sie machen schon im Leben den Eindruck, als seien sie verdammt. Warum bist du nicht dort? Warum bin ich nicht dort? Oh, es tut uns gut, auch wenn es uns erschreckt, über die Möglichkeiten des Lebens nachzudenken. Gott helfe uns, die richtigen Konsequenzen zu ziehen!

21. Juli

Wenn eure Gerechtigkeit nicht viel besser ist als die der Schriftgelehrten und Pharisäer, so werdet ihr nicht in das Himmelreich kommen. Matthäus 5, 20

Die Bergpredigt unterscheidet sich grundlegend von den zehn Geboten insofern, als sie unmöglich zu befolgen ist, wenn Jesus Christus uns nicht zu neuen Menschen machen kann.

Es gibt Schriftausleger, die behaupten, die Bergpredigt hebe die zehn Gebote auf. Weil wir »nicht unter dem Gesetz, sondern unter der Gnade« seien, so argumentieren sie weiter, komme es nicht darauf an, ob wir Vater und Mutter ehren, ob wir etwas begehren usw. Sei auf der Hut vor Aussagen wie: »Wir brauchen heute nicht mehr den Zehnten unseres Geldes und unserer Zeit zu geben. Wir leben in einer neuen Zeit, und alles gehört Gott.« Im Endeffekt ist das nur Augenwischerei. Das Geben des Zehnten ist kein Zeichen dafür, daß Gott alles gehört, sondern ein Zeichen dafür, daß der Zehnte Gott gehört und der Rest uns – und wir werden dafür zur Verantwortung gezogen, was wir damit anfangen.

»Nicht unter dem Gesetz, sondern unter der Gnade« zu sein heißt nicht, daß wir tun und lassen können, was uns gefällt.

22. Juli

Das ist aber das Gericht, daß das Licht in die Welt gekommen ist, und die Menschen liebten die Finsternis mehr als das Licht. Johannes 3, 19

Ich werde nicht von dem Licht gerichtet, das ich habe, sondern von dem Licht, das ich mich weigerte anzunehmen. Jedem Menschen ist es möglich, den Maßstab Jesu Christi in Erfahrung zu bringen. Es geht nicht darum, ob ich Christ bin oder nicht oder ob ich gewissenhaft meine Pflicht tue oder nicht. Es geht darum, ob ich das Licht des sittlich wertvollsten Charakters, den es je gegeben hat, Jesus Christus, ablehnte. Das ist das Gericht, daß das Licht, Jesus Christus, in die Welt gekommen ist, und ich ziehe die Finsternis, d. h. meinen eigenen Standpunkt, vor.

Das Kennzeichen eines Menschen, der anfängt, im Licht zu wandeln, ist, daß er sich ständig unnachsichtig dem Licht aussetzt. Er hält keine Verteidigungsreden für das, was er in der Finsternis getan hat. Er bringt alles ans Licht und sagt: »Das muß gerichtet werden, das gehört nicht zu Jesus Christus.« So bleibt er im Licht.

»Wenn wir aber im Licht wandeln, wie Er im Licht ist . . .« (1. Johannes 1, 7) bedeutet: Dulde keine unbereinigten Sachen, jongliere damit nicht herum, behaupte nicht, daß du dir nichts hast zuschulden kommen lassen. Johannes sagt: Wenn du gesündigt hast, bekenne es. Wandle im Licht, und du wirst mit jedem in deiner Umgebung Gemeinschaft haben. Natürliche Sympathie spielt hier überhaupt keine Rolle.

Achte doch darauf, wie Gott deine Einstellung zu anderen Menschen geändert hat, seitdem du mit dem Geist erfüllt wurdest. Du hast Gemeinschaft mit Leuten, zu denen du dich natürlicherweise nicht hingezogen fühlen würdest. Du hast Gemeinschaft mit jedem, der im Licht ist. Licht ist die Bezeichnung eines nach Gottes Urteil offenen, schönen, sittlich einwandfreien Charakters. Und wenn wir im Licht wandeln, macht das »Blut Jesu Christi ... uns rein von aller Sünde«. Wenn das in unserem Leben Wirklichkeit geworden ist, findet der allmächtige Gott nichts Tadelnswertes mehr an uns.

23. Juli

Hast du Mich lieb? ... weide Meine Schafe.
Johannes 21, 16

»Wenn du Mich lieb hast«, sagt Jesus, »weide Meine Schafe.« »Bekehre nicht andere zu deinen Ansichten, sondern kümmere dich um Meine Schafe, sorge dafür, daß sie in ihrer Erkenntnis von Mir Nahrung bekommen.« Unser Herr Jesus war zuallererst dem Willen Seines Vaters gehorsam, und Er sagte: »Gleichwie Mich der Vater gesandt hat, so sende Ich euch.«

Es klingt ganz richtig, wenn man sagt, daß Jesus Christus auf die Erde kam, um der Menschheit zu helfen. Aber Sein großer Wunsch war, den Willen Seines Vaters zu tun. Er wurde mißverstanden, weil Er nicht bereit war, die Bedürfnisse der Menschen an die erste Stelle zu setzen. Er sagte, das erste Gebot sei: »Du sollst Gott, deinen Herrn, lieben von ganzem Herzen, von ganzer Seele, von ganzem Gemüte und von allen deinen Kräften.«

Jesus Christus ist ein Anstoß für gebildete Menschen heute, die Ihn nur als Kameraden wollen. Viele wollen nicht Ihm ihr Leben übereignen, sondern nur der Sache, die Er ins Leben rief. Wenn ich mich nur dem Dienst an den Menschen verpflichtet weiß, werde ich bald am Ende meiner Kraft sein und an den Punkt kommen, da meine Liebe ins Wanken gerät. Wenn ich aber Jesus Christus liebe, werde ich der Menschheit in Wahrheit dienen, obwohl ich von den Menschen wie eine Fußmatte behandelt werde.

24. Juli

Petrus ... ging auf dem Wasser und kam auf Jesus zu.
Matthäus 14, 29

Leidenschaftliche, echte Bewunderung für Jesus kann zu den unglaublichsten Gelübden und Versprechen führen, die gar nicht eingehalten werden können. Es ist eine innere Einstellung, die nur das Heldenhafte sieht. Wir sind dazu berufen, bescheidene Jünger zu sein, keine Helden. Wenn wir mit Gott versöhnt sind, ist Ihm das Allerkleinste, das wir aus Liebe zu Ihm tun, kostbarer als jeder gute Predigtvortrag ...

In jedem von uns lauert ständig das Verlangen, ein Paradestück für Gott zu sein, sozusagen in Seinem Ausstellungsraum aufgestellt zu werden. Jesus will nicht, daß wir Musterexemplare sind. Er will, daß wir so von Ihm ausgefüllt sind, daß wir überhaupt nicht an uns denken und daß der einzige Eindruck, den wir durch unser Leben auf andere machen, der ist, daß Jesus Christus uneingeschränkt über uns verfügen kann.

Auf dem Wasser zu gehen, ist leicht für einen, der gerade besonders großen Mut hat. Doch auf dem trockenen Land als Jünger Jesu Christi zu gehen, ist schon schwieriger. Petrus ging auf dem Wasser, um zu Jesus zu kommen. Aber auf dem Land folgte er Ihm in großem Abstand. Wir brauchen die Gnade Gottes nicht, um Krisen zu überstehen. Unsere menschliche Natur und unser Stolz besorgen das schon. Wir können uns zusammenreißen und glänzend die Krise überstehen, die wie Musik über uns dahinrauscht.

Doch bedarf es der übernatürlichen Gnade Gottes, um 24 Stunden am Tag als Nachfolger Jesu durchzustehen, harte Arbeit zu tun als ein Nachfolger Jesu, in Armut zu leben als ein Nachfolger Jesu, ein gewöhnliches, bescheidenes, von anderen übersehenes Leben zu führen als ein Nachfolger Jesu, als ein Unbeachteter, an dem in Wahrheit auch gar nichts Beachtenswertes ist.

Das Show-Geschäft, das heute so stark in unsere Auffassung von der Nachfolge hineinwirkt, hat uns von der Auffassung unseres Herrn Jesus von der Nachfolge weit weggebracht. Der Gedanke, daß wir für Gott Außergewöhnliches zu vollbringen hätten, sitzt tief in uns. So ist es jedoch nicht. Wir sollen außergewöhnlich sein in gewöhnlichen Dingen, uns als Jünger Jesu erweisen auf ereignislosen Wegen, unter uninteressanten Leuten, umgeben von schmutzigen Sündern. Das lernt man nicht in fünf Minuten.

25. Juli

Das Blut Jesu Christi, Seines Sohnes, macht uns rein von aller Sünde. 1. Johannes 1, 7

Wenn wir davon sprechen, daß das Blut Jesu Christi uns von aller Sünde rein macht, meinen wir nicht das Blut des Leibes Jesu, das auf Golgatha vergossen wurde, sondern das ganze Leben des Sohnes Gottes, das ausgegossen wurde zur Erlösung der Welt. Die ganze Vollkommenheit des Wesens Gottes war in diesem Blut und auch die wertvollsten Eigenschaften der menschlichen Natur. Das Leben der Gottheit in ihrer ganzen Vollkommenheit verströmte sich auf Golgatha. »... die Gemeinde Gottes, die Er durch das Blut Seines eigenen Sohnes erworben hat« (Apostelgeschichte 20, 28).

Uns liegt es nahe, das Blut Jesu Christi als von magischen Kräften erfüllt anzusehen, statt zu erkennen, daß es nicht weniger als das Leben des Sohnes Gottes ist, das für die Menschen geopfert wurde. Die ganze Bedeutung unserer Berufung, dem Tod Jesu Christi gleichgemacht zu werden, liegt darin, daß auf diese Weise Sein Blut durch unseren sterblichen Körper fließen kann. Dem Tod Jesu Christi gleichgemacht zu sein bedeutet, mit Ihm gleichgemacht zu sein mit dem Ergebnis, daß alles das, was nie in Ihm war, zu Tode gebracht wird.

Durch dieses Geschehen kommt das Blut Christi, d. h. das Leben des Sohnes Gottes in seiner vollen Dimension, in uns hinein und »macht uns rein von aller Sünde«.

26. Juli

Denn wenn jemand das ganze Gesetz hält und nur gegen ein einziges Gebot verstößt, so ist er am ganzen Gesetz schuldig geworden. Jakobus 2, 10

Jeder Mensch hat so etwas wie einen Gesetzgeber in sich, der ihn veranlaßt zu sagen: »Ich sollte«. Selbst in den verkommensten Typen ist dieses »Ich sollte eigentlich« da. Die Bibel sagt uns, woher es kommt: Es kommt von Gott.

Heute zieht man es vor, Gott aus dem Spiel zu lassen und das, was dem Menschen am nützlichsten ist, zum Maßstab zu erheben. Wer vom Nützlichkeitsstandpunkt ausgeht, sagt, daß diese einzelnen Verhaltensgesetze vom Menschen zum eigenen Nutzen entwickelt wurden nach dem Grundsatz: der größte Nutzen für die größte Zahl. Das kann nie die Begründung für die Richtigkeit einer Sache sein. Der Grund dafür, ob die Sache richtig ist, ist, daß Gott dahinter steht. Gottes »Du sollst«-Vorschriften ändern sich niemals. Wir entwachsen ihnen nie.

Die Schwierigkeit für uns liegt darin, daß wir in uns die Einstellung vorfinden: »Ich sollte das tun, aber ich tue es nicht.« »Ich sollte jenes tun, aber ich will nicht.« Deshalb ist der Gedanke unhaltbar, daß man die Menschen nur zu lehren braucht, was richtig ist, und sie tun es. Sie tun es nicht.

Was nötig ist, ist eine Kraft, die den Menschen befähigt, das zu tun, wovon er weiß, daß es richtig ist. Vielleicht sagen wir: »Ach, dieses eine Mal zähle ich nicht.« Aber jedes sittliche Unrecht, und sei es noch so klein, wird bei Gott gezählt. Das Sittengesetz übt keinen Zwang aus. Aber es erlaubt auch keinen Kompromiß. »Wenn jemand das ganze Gesetz hält und nur gegen ein einziges Gebot verstößt, so ist er am ganzen Gesetz schuldig geworden.« Wenn wir das einmal erkannt haben, verstehen wir, warum Jesus Christus kommen mußte. Die Erlösung ist die Wirklichkeit, die unsere Unfähigkeit zur Fähigkeit umwandelt.

27. Juli

... als es noch dunkel war ... Johannes 20, 1

Nach der Abenddämmerung kommt die Nacht, und eine noch weit tiefere Dunkelheit tritt vor der Morgendämmerung ein. Aber es gibt Stunden in der geistlichen Erfahrung, die dunkler sind als diese beiden Phasen der Nacht. Stunden, in denen der neue Tag unheilvoll und verderbenbringend vor einem steht und kein Licht, kein Hoffnungsschimmer da ist.

Es gibt keine Möglichkeit des Fortschritts im persönlichen oder nationalen Leben ohne Umwälzungen, ohne tiefgreifende Krisen, ohne Umbruch. In unserem alltäglichen Leben erwarten wir, daß sich alles in einem stetigen

Fortschritt befinden sollte. Doch gibt es Zeiten, da uns alles durcheinandergerät, da wir Gott und Menschen und Freunde nicht mehr verstehen, da um uns her Verbrechen und Gemeinheiten geschehen. Dann ist uns unser Gedanke an den ununterbrochenen Fortschritt gründlich ausgetrieben.

In der Bibel finden wir dasselbe. Höre, was unser Herr Jesus z. B. über die Wiedergeburt sagt: »Wahrlich, wahrlich, Ich sage dir: Es sei denn, daß jemand von neuem geboren werde, so kann er das Reich Gottes nicht sehen« (Johannes 3, 3). Einige lehren, daß die Wiedergeburt etwas Einfaches und Natürliches ist, sie bezeichnen sie als notwendiges Ereignis, aber im Sinne einer Notwendigkeit als einer natürlichen Entwicklung. Wenn Jesus Christus darüber spricht, macht Er deutlich, daß die Notwendigkeit der Wiedergeburt zeigt, daß etwas grundverkehrt ist. »Wundere dich nicht darüber, daß Ich dir gesagt habe: Ihr müßt von neuem geboren werden.« Es ist ein entscheidender Wendepunkt.

Wir reden gern über das Licht Gottes, das wie die Morgendämmerung hereinbricht. So kommt es aber schon einmal nicht. Es kommt als heller Blitz, der eine radikale Umwälzung auslöst. Nichts kann vorwärts gehen, ohne daß es begonnen wurde. Alles, was je in der Geschichte und in den Herzen der Menschen begonnen hat, beweist, daß der Grund der Dinge nicht rational, sondern tragisch ist. Deshalb muß es Krisen geben.

28. Juli

Ihr müßt von neuem geboren werden. Johannes 3, 7

Der natürliche Mensch will nicht von neuem geboren werden. Wenn ein Mensch seinen Sittenkodex gut in der Hand hat und genug Religion hat, um seinem natürlichen Leben den richtigen Anstrich zu geben, scheint der Hinweis auf die Notwendigkeit der Wiedergeburt absolut überflüssig zu sein. Der natürliche Mensch kennt die verzweifelte Lage nicht, er hat kein Sündenbewußtsein, keine innere Unruhe. Er ist völlig zufrieden und ungestört.

Sündenbewußtsein ist die Erkenntnis, daß mein natürliches Leben in Bahnen verläuft, die Jesus Christus nicht akzeptieren kann. Das Evangelium handelt nicht davon, was der natürliche Mensch will, sondern was er braucht. Es erregt heftige Gegenwehr wie auch eine starke Sehnsucht. Wir nehmen Gottes Segnungen und die Erweise Seiner Freundlichkeit gern an. Wenn es jedoch dahin kommt, daß wir in unserem Wesen geändert werden sollen, gehen wir sofort in Abwehrstellung.

Niemand kann seinen inneren Zustand verändern lassen, ohne in seinem Körper darunter zu leiden. Deshalb wehren sich die Menschen bis aufs Blut gegen die Sündenerkenntnis. Wenn ein weltlicher Mensch, der glücklich, sittlich einwandfrei und rechtschaffen ist, mit Jesus Christus in Kontakt kommt, wird seine »Schönheit«, d. h. die wohlgeordnete Vollständigkeit seines Wesens, zerstört. Diesem Mann muß gesagt werden, daß Jesus Christus ein besseres Leben für ihn hat, sonst hat er den Eindruck, daß er sich besser nicht mit Ihm hätte einlassen sollen.

Gott sei Dank geht die Zeit der oberflächlichen Verkündigung der christlichen Botschaft zu Ende, derzufolge Jesus Christus nur kam, um uns Frieden zu bringen. Tausende von Menschen sind ohne Gott glücklich auf dieser Welt. Aber solches Glück und solcher Friede stehen auf einem falschen Grund. Jesus Christus kam, um ein Schwert durch jeden Frieden zu schicken, der nicht auf eine persönliche Beziehung zu Ihm gegründet ist. Er kam, um uns mit Gott in Ordnung zu bringen, damit Sein Friede herrschen kann.

29. Juli

Die Sonne geht auf und geht unter und läuft an ihren Ort, daß sie dort wieder aufgehe. Der Wind geht nach Süden und dreht sich nach Norden und wieder herum an den Ort, wo er anfing. Prediger 1, 5 f.

Alles Geschehen in der Natur wird ständig wieder ausgelöscht und wieder von neuem begonnen. Was Salomo sagt, ist nicht nur eine dichterische Aussage. Ein Sonnenuntergang oder -aufgang nimmt dich vielleicht eine halbe Minute lang gefangen. Ebenso kann es dir beim Hören einer schönen Musik oder eines Liedes ergehen. Aber dann läßt es in dir eine große, fast unerträgliche Traurigkeit zurück. Liebende denken immer daran, was sie täten, wenn der andere sterben würde. Das ist mehr als törichtes Grübeln.

Sobald du an die elementare Urgewalt im Krieg oder in der Natur oder in der Liebe rührst, kommt eine unsagbare Traurigkeit und Tragik über dich. Du spürst, daß alles voll Freude und Sonnenschein sein sollte. Aber es ist nicht so. Nie wirst du bleibende Freude im Zufälligen finden. Und dennoch beinhaltet der christliche Glaube, daß Gottes Wille dem Menschen in den zufällig erscheinenden Lebensumständen begegnet.

Es besteht ein Unterschied zwischen Gottes Willen und Gottes Zulassen. Nehmen wir den Fall von zwei kleinen Jungen, die in einem Elendsviertel aufwachsen. Der eine nimmt sich vor, herauszukommen. Er baut sich eine ehrenhafte Berufslaufbahn auf. Er erreicht Gottes Willen inmitten des göttlichen Zulassens. Der andere überläßt sich der Verzweiflung und bleibt, wo er ist. Gottes Wille ist: keine Sünde, keine Krankheit, kein Teufel, kein Krieg. Sein Zulassen umfaßt alle Dinge, so wie wir sie vor Augen haben.

30. Juli

So tötet nun die Glieder, die auf Erden sind, Unzucht, Unreinheit, Leidenschaft, böse Begierde und die Habsucht, die Götzendienst ist. Kolosser 3, 5

In diesem Textabschnitt geht Paulus auf Dinge ein, die zu verwerfen sind. Er stellt ihre Häßlichkeit in ihrem vollen Ausmaß dar. Es sind die Fehlleistungen des Stoffes, aus dem die menschliche Natur gemacht ist. Paulus sagt: »Bringt sie um, zerstört sie, indem ihr sie aushungert.« Es gibt Dinge, mit denen man nur fertig wird, indem man ihnen keine Beachtung schenkt. Wenn man sich mit ihnen beschäftigt, verstärkt sich ihre Kraft. Es ist unsinnig zu sagen: »Bete darüber.« Wenn du etwas als falsch erkannt hast, bete nicht darüber, sonst bringst du es nicht mehr aus deinem Kopf hinaus! Grüble nicht eine Sekunde darüber, sondern zerstöre es durch Nichtbeachtung! Es kommt für uns nicht in Frage, eine Empfindung zu hegen, von der wir wissen, daß sie in einem der Tatbestände endet, die Paulus anführt.

Kein Mann und keine Frau auf dieser Welt ist immun dagegen. Jeder von uns kennt die Dinge, über die wir nicht nachdenken und über die wir nicht beten sollten, es aber doch tun. Unserem sittlichen Empfinden stellt sich eine große Aufgabe, wenn es einer Sache jede Beachtung verweigern muß. Weil diese Zusammenhänge nicht verstanden werden, gibt es soviel Unwirksamkeit im geistlichen Leben.

Der Glaube an Christus bedeutet, daß wir von einem neuen Lebensinhalt erfüllt sind und dadurch die Kraft haben, alles hinauszuwerfen, was damit unvereinbar ist. Ist es aber zur Sünde gekommen, so können wir ihr nicht mehr beikommen, indem wir sie nicht beachten. Nur Gott bewältigt das Problem der Sünde. Wenn wir in Seiner Nähe bleiben, erfahren wir zur Genüge, daß Er keine Sünde duldet.

31. Juli

Darum soll nun die Sünde in eurem sterblichen Leib nicht herrschen, so daß ihr seinen Begierden keinen Gehorsam mehr leistet. Römer 6, 12

Mit großem Nachdruck ruft Paulus uns dazu auf, daß wir uns klarmachen, welche Auswirkungen unsere Erlösung auf unseren Körper hat: Wir befehlen unserem Körper, der neuen Wesensart zu gehorchen. Hier treten am Rande des geheiligten Lebens die Probleme auf. Paulus stellt in Römer 6, 19 fest: »Ihr seid in eurer unsichtbaren Existenz vollkommen mit Gott ins reine gekommen durch einen vollkommenen Erlöser. Doch haben die Glieder eures Leibes im Dienst der falschen Natur gestanden. Unterstellt diese Glieder jetzt der neuen Natur!«

Wenn wir das tun, erfahren wir, daß jeder Platz, an den Gott uns stellt, genau richtig beschaffen ist. Er bewirkt an uns, daß wir immer mehr zu der frohmachenden Erkenntnis kommen: Das Leben Christi in uns ist stärker, nicht nur stärker als der Feind, der von außen angreift, sondern auch stärker als der schon dem Tod geweihte alte Mensch, der in unserem Körper noch die Herrschaft ausüben will.

Paulus ruft uns leidenschaftlich und dringlich auf, daß wir unseren Körper als ein lebendiges Opfer darbringen. Als Folge davon erkennen wir, nicht in anmaßender Weise, sondern in einer langsam wachsenden, sicheren, überwältigenden Gewißheit, daß jede Anweisung Christi in unserem körperlichen Leben aufgrund Seiner Opfertat befolgt werden kann.

1. August

Könnt ihr denn nicht eine Stunde mit Mir wachen?
Matthäus 26, 40
Darum sind auch viele Schwache und Kranke unter euch,
und nicht wenige sind entschlafen. 1. Korinther 11, 30

Viele Menschen in unseren Tagen leiden unter der geistlichen Schlafkrankheit. Überall stößt man auf die Auswirkungen der Traurigkeit der Welt, die den Tod wirkt. Wenn wir Traurigkeiten in unserem persönlichen Leben nicht in angemessener Weise verarbeiten, werden sie uns in einen pessimistischen Schlaf hineinziehen. Wenn wir z. B. unseren Bruder »eine Sünde nicht zum Tode« tun sehen, fangen wir dann an, für ihn zu beten, angetrieben von der quälenden Sorge über seine Sünde (s. 1. Johannes 5, 16)?

Die meisten von uns sind geistlich sehr oberflächlich. Wenn wir unserem Herrn Jesus eine maßlose Bitte vorgebracht haben und Er uns fragt: »Könnt ihr den Kelch trinken, den Ich trinke, oder euch taufen lassen mit der Taufe, mit der Ich getauft werde?« antworten wir: »Ja, das können wir.« Dann zeigt Er uns, was der Kelch und die Taufe für Ihn waren: »Ich muß . . . eine Taufe erleiden, und wie bin Ich in Ängsten, bis sie vollbracht wird« (Lukas 12, 50).

Und Jesus sagte zu ihnen: »Ihr werdet zwar den Kelch trinken, den Ich trinke, und getauft werden mit der Taufe, mit der Ich getauft werde« – und da dämmert für den Jünger der große, feierliche Tag des Martyriums, der dem Tag des begeisterten und disziplinierten Dienstes ein für allemal ein Ende setzt. Er führt ihn auf den langen Pilgerweg von Schmerz und Freude, wobei ihm mehr vom ersten als vom letzten begegnet.

2. August

Willst du vollkommen sein, so gehe hin, verkaufe, was du hast, . . . und komm und folge Mir nach! Matthäus 19, 21

Viele Menschen sagen: »Ich habe Gott gebeten, mich zu heiligen, und Er hat es nicht getan.« Natürlich nicht! Finden wir *ein* Wort in der Bibel, das uns zu dem Gebet auffordert: »Herr, heilige mich?« Was uns gesagt wird, ist, daß Gott das heiligt, was wir Ihm geben. Ein bedingungsloses Hergeben ist die Voraussetzung für die Heiligung, nicht, daß wir etwas für uns beanspruchen.

Auf diesem Gebiet hat eine unbiblische Heiligungsverkündigung verheerende Auswirkungen gehabt. Wir können von Gott nur unter einer Bedingung etwas empfangen, nämlich daß wir uns Ihm übereignen und bereit sind, nichts zu empfangen.

Wir nennen gleich unsere Bedingungen und sagen: »Ich möchte von Sünde frei werden«, »Ich möchte ein Werkzeug zur Bekehrung anderer Menschen werden« – wir könnten die Reihe unserer Bitten fortsetzen. Doch wird so nie eine Antwort kommen. Das ist alles die Kraft des Fleisches. Es wendet keinen Gedanken an den Anspruch Jesu auf das Leben. Sind wir bereit, uns in Seinen Tod taufen zu lassen? Wieviel Kampfgeist ist in einem Toten zu finden?

3. August

. . . betet in der Kraft des Heiligen Geistes . . .! Judas 20

Wenn wir im Heiligen Geist beten, wird unsere Verbindung zu Gott enger und fester. Der Heilige Geist durchdringt uns mit dem Bewußtsein der Möglichkeiten Gottes. Es kann z. B. sein, daß wir an eine bestimmte Lebensaufgabe gerufen werden, die der Heilige Geist uns offenbart. Wir wissen, daß wir eine Entscheidung zu treffen, das Wagnis der restlosen Abhängigkeit von Gott einzugehen haben, daß wir alle Brücken hinter uns abbrechen müssen. Keine Menschenseele ist da, die uns bei diesem Schritt zur Seite stehen könnte, nur der Heilige Geist.

Wir setzen meistens einen Fuß auf die Seite Gottes und einen auf die Seite menschlichen Abwägens. Doch dann vergrößert Gott den Abstand zwischen den beiden Seiten, bis wir entweder dazwischen hinunterfallen oder auf eine der beiden Seiten springen. Wir haben nicht lange Zeit zum Überlegen. Wenn wir es gelernt haben, auf den Heiligen Geist zu vertrauen, wird es ein schnell entschiedener Sprung auf die Seite Gottes sein.

So viele von uns schränken ihr Beten ein, weil das vorbehaltlose Vertrauen auf Gott fehlt. In den Augen derer, die das nicht kennen, ist es Wahnsinn, auf Ihn zu vertrauen. Aber wenn wir im Heiligen Geist beten, fangen wir an, die Möglichkeit Gottes zu erkennen und Ihn als unseren allmächtigen himmlischen Vater zu sehen, dessen Kinder wir sind. Laß dir durch nichts das Wissen aus deinem Herzen rauben, daß Gott durch Jesus Christus unser Vater ist!

4. August

Wer Mich sieht, der sieht den Vater. Johannes 14, 9

Ein Ideal hat keine Macht über uns, bis es Gestalt annimmt. Der Schönheitsgedanke tritt nicht in unser Bewußtsein, bis wir etwas sehen, was wir schön nennen. Gott kann eine bloße gedankliche Abstraktion sein. Man kann Ihn im Zusammenhang mit dem Allgemeinwissen, in der Dichtung oder Philosophie nennen. Doch hat Er für uns nicht die geringste Bedeutung, bis Er Gestalt annimmt.

Erst wenn wir wissen, daß Gott über diese Erde ging und uns auf dem Weg des Leidens und des Todes den Weg in

Sein Reich gebahnt hat, kommen wir nicht mehr von Ihm los. Erst wenn wir wissen, daß der Allmächtige, der über Seine Schöpfung herrscht und regiert, das nicht in stiller Verachtung tut, sondern sich sozusagen an die Mauer der Welt stellt und alle Niedergeschlagenen, Ausgestoßenen, von Sünde Befleckten, alle Übeltäter, Bösewichte und Sündenknechte in Seine Arme nimmt, kommen wir nicht mehr von Ihm los.

Eine gedankliche Vorstellung von Gott kann auch ein schlechter, lasterhafter Mensch haben. Gott kennen und im Bewußtsein Seiner Nähe leben aber kann nur ein reines Herz. Die Haltung des Herzens entscheidet darüber, ob Gott sich einem Menschen offenbaren kann. Wer reines Herzens ist, wird Gott schauen.

Jesus Christus verwandelt die Schlimmsten in die Besten. Er gibt die neue sittliche Einstellung, die einen Menschen befähigt, den wahren Gott zu lieben und sich an Ihm zu freuen. Ein großes, allmächtiges, unbegreifliches Wesen können wir nicht erkennen. Aber wir kennen unseren Herrn Jesus Christus. Das Neue Testament lehrt, daß der allmächtige Gott nichts ist, was Jesus Christus nicht war.

5. August

Du sollst deinen Bruder nicht hassen in deinem Herzen. 3. Mose 19, 17

Viele Christen finden keinen Zugang zu einer Reihe von Psalmen, in denen Gottes Gericht über die Gottlosen herabgerufen wird. Können wir Davids Worte nachbeten: »Sollte ich nicht hassen, Herr, die Dich hassen . . .? Ich hasse sie mit ganzem Ernst« (Psalm 139, 21f.)?

Geh doch einmal der Frage auf den Grund, was sich im Haß gegen Gott richtet! Nichts und niemand haßt Gott halb soviel wie die falsche Veranlagung in dir. Die fleischliche Gesinnung ist »Feindschaft gegen Gott«. Wir sollten Haß empfinden gegenüber diesem Prinzip, das gegen den Geist Gottes aufbegehrt und alles daran setzt, unseren Körper und unseren Geist zu beherrschen und von Gott abzuziehen. Der Geist Gottes erweckt in uns einen grenzenlosen Haß gegen diese Kraft, bis wir sie nicht nur satt haben, sondern eine Abscheu vor ihr haben und gern zu ihrem Begräbnis gehen.

Römer 6, 6 sagt genau diesen Sachverhalt in der Sprache der Bibel aus: »Wir wissen ja, daß unser alter Mensch mit Ihm gekreuzigt worden ist.« Der alte Mensch ist das, was wir unter der Anleitung des Geistes Gottes zu hassen lernen. Die Liebe Gottes in unseren Herzen bewirkt, daß unsere Seele mit Entsetzen auf das Falsche reagiert. Entschuldige dich nicht für Psalmworte dieser Art! Wenn du wieder auf eine solche Stelle stößt, die man für so furchtbar hält, wende diese Auslegung darauf an!

6. August

. . . und als er Jesus vorübergehen sah, sprach er: »Siehe, das ist Gottes Lamm!« Johannes 1, 36

Das eigentliche Leben des geheiligten Menschen auf dieser Erde, das zugleich Jesus am meisten verherrlicht, ist das Leben, das beständig und unbeirrt in alltäglichen Bahnen verläuft, ohne Erlebnisse auf dem »Berggipfel«. Wir lesen, daß Johannes der Täufer Jesus vorübergehen sah. Er sah Jesus nicht in einer Gebetsversammlung oder einem Gottesdienst oder beim Vollbringen von Wundern. Er beobachtete Ihn nicht auf dem Berg der Verklärung. Er sah Ihn überhaupt nicht in einer großen Stunde. Er sah Ihn an einem ganz gewöhnlichen Tag, als Er nur einfach vorüberging. Da sagte Johannes von Ihm: »Siehe, das ist Gottes Lamm!«

So erweist sich die Echtheit. Aufzufahren mit Flügeln wie Adler, zu laufen und nicht matt zu werden – das sind Zeichen dafür, daß sich außergewöhnliche Dinge abspielen. Zu wandeln und nicht müde zu werden – darin ist das Leben zu erkennen, das Gott verherrlicht und das Herz Jesu erfreut. Es ist das einfache Leben den Tag über, unbeachtet, unerkannt. Nur selten, wenn überhaupt, geht anderen Menschen das Wunder auf, das darin verborgen ist.

7. August

... damit auch das Leben Jesu an unserem sterblichen Leibe offenbar wird. 2. Korinther 4, 11

Wir erwarten von Gott, daß Er sich Seinen Kindern offenbart. Gott offenbart sich jedoch *in* Seinen Kindern, folglich sehen andere die Offenbarung, das Kind Gottes nicht. Du sagst: »Ich bin mir des Segens Gottes gegenwärtig nicht bewußt.« – Gott sei Dank! »Ich bin mir nicht bewußt, daß Gott mir jetzt nahe ist.« – Gott sei Dank! »Mir ist nicht bewußt, daß Gott meine Gebete schon erhört.« – Gott sei Dank! Wenn dir das alles bewußt ist, heißt das, daß du dich außerhalb von Gott gestellt hast.

»Damit auch das Leben Jesu an unserem sterblichen Leibe offenbar wird.« Darauf sagst du vielleicht: »Mir ist nicht bewußt, daß Sein Leben an mir offenbar wird.« Doch wenn du in der Heiligung lebst, ist es gewiß der Fall. Wenn einem kleinen Kind bewußt wird, daß es ein kleines Kind ist, hat es das Kleinkindalter schon hinter sich gelassen. Wenn einem geheiligten Menschen bewußt wird, daß er geheiligt ist, ist etwas falsch gelaufen. »Oh, aber diese Gnade habe ich nicht verdient!«, rufst du vielleicht aus. Du wirst nie dahin kommen, daß du sie verdient hast. Deshalb mußte der Herr Jesus kommen und dich retten.

Geh auf deine eigene Beerdigung, und danach laß Gott immer alles in allem sein! Dann wird dein Leben das ein-

fache Leben eines Kindes werden, in dem sich der Wille
Gottes von Augenblick zu Augenblick erfüllt.

Leb nicht von Erinnerungen! Wenn du zu einem Zeugnis aufgefordert wirst, erzähl nicht, was du einmal warst!
Laß das Wort Gottes immer lebendig und kräftig in
dir sein und gib immer das Beste, was du hast, weiter!

8. August

**Die Schmähungen derer, die Dich schmähen, sind auf
Mich gefallen. Römer 15, 3**

Was für Schmähungen fielen auf Jesus? Jede Lästerung,
die Gott entgegengeschleudert wurde, verwundete unseren Herrn Jesus. Die Angriffe auf Ihn selbst beeindruck-
ten Ihn nicht. Er litt unter der Entehrung Seines Vaters.

Worunter leidest du? Leidest du darunter, daß schlecht
über dich geredet wird? Lies Hebräer 12, 3: »Denkt an
Den, der soviel Widerspruch von den Sündern erduldet
hat, damit ihr nicht müde werdet und den Mut nicht sinken laßt!« Vollkommene Liebe beachtet das Unrecht
nicht, das ihr angetan wird.

Was Jesus Christus schmerzlich traf, waren die Vorwürfe,
die gegen den innersten Angelpunkt Seines Lebens gerichtet waren. Was war dieser Angelpunkt? Absolute
Hingabe an Gott, den Vater, und an Seinen Willen. In
dem Maße, wie du ein auf Christus bezogenes Leben
führst, wirst du begreifen, was der Apostel Paulus meinte, als er vom Erstatten dessen sprach, »was noch mangelt
an den Trübsalen Christi«. Jesus Christus war nicht zum
Selbstmitleid zu veranlassen.

Die praktische Bedeutung dieser Textstellen ist, daß unser Dienst nicht dem Mitleid entspringen soll, sondern
der uneingeschränkten, leidenschaftlichen Liebe zu

Gott und dem Wunsch, daß noch viele dahin kommen möchten, wohin Gott uns gebracht hat.

9. August

Eins fehlt dir noch. Geh hin, verkaufe alles, was du hast, und gib's den Armen . . . und komm und folge Mir nach! Markus 10, 21

Diese Worte sprechen von einem freiwilligen Verlassen von Reichtümern und einer bewußten, hingegebenen Bindung an Jesus Christus. Wir sind so verfangen in unserem Dünkel, daß wir immer wieder zu dem klugen Ergebnis kommen, daß Jesus das gar nicht so meinte, wie Er es sagte.

Jesus sah, daß dieser Mann an seinen Reichtum gebunden war. Vielleicht würde Er davon nicht reden, wenn Er zu dir oder zu mir käme. Aber Er würde genau das ansprechen, woran du gebunden bist. »Verkaufe, was du hast«, gib allen Besitz weg, löse dich von allen Dingen, bis du nur noch eine nackte Seele bist! Sei nur noch ein Mensch, und dann gib Gott dein Menschsein! Schraub dich herunter, bis nichts mehr übrig bleibt außer deinem Bewußtsein deiner selbst, und dann wirf dieses Bewußtsein Jesus zu Füßen . . . !

Bin ich bereit, herzugeben, was ich besitze an Eigentum, an Gaben und Fähigkeiten, an Ehre bei den Menschen – alles für Schaden zu achten, damit ich Christus gewinne? Ich kann in meiner Armut so reich sein, so reich in dem Bewußtsein, daß ich nichts bin, daß ich nie ein Jünger Jesu werden kann. Ich kann andererseits so reich sein in dem Bewußtsein, daß ich jemand bin, daß ich auch nie ein Jünger Jesu werde. Bin ich bereit, selbst das Wissen um mein Nichts-Sein herzugeben?

Es geht nicht um das Aufgeben äußerer Dinge, sondern darum, daß ich mich arm gegenüber mir selbst mache, nichts mehr bin als ein bloßes Bewußtsein, und das an Jesus Christus abgebe. Ich muß mich so lange kleiner machen, bis ich nur noch ein Mensch bin, der das Bewußtsein seiner selbst hat. Ich muß allen Besitz, welcher Art er auch sei, energisch von mir weisen – nicht um meine Seele zu retten; denn nur eines rettet die Seele eines Menschen: absolutes Vertrauen auf Jesus Christus – und dann mein Menschsein an Jesus abgeben.

10. August

Du wirst dich nähren von deiner Hände Arbeit; wohl dir, du hast es gut. Psalm 128, 2

Dieser Vers deckt den Zusammenhang zwischen der natürlichen und der erneuerten Schöpfung auf. Wir müssen ständig die Tatsache vor Augen haben, daß unser Leib ein Tempel des Heiligen Geistes ist, nicht nur im übertragenen Sinn, sondern auch im konkreten.

Wenn wir von oben her geboren sind, empfinden wir leicht Verachtung für den Ton, aus dem wir gemacht sind. Die natürliche Schöpfung und die Schöpfung der Gnade wirken zusammen. Was wir gern als schmutzig ansehen, die Arbeit mit unseren Händen, Essen und Trinken, muß durch den Gehorsam in geistliche Übungen verwandelt werden. Dann trifft für uns zu, daß wir »essen oder trinken oder was wir tun«, so tun wir es »alles zu Gottes Ehre«.

In unserer persönlichen Erfahrung müssen die beiden Schöpfungen vereinigt werden. Das geschieht nicht alles auf einmal. Es gibt ganze Lebensbereiche, die der Disziplin unterstellt werden müssen. »Euer Leib ist ein Tempel des Heiligen Geistes.« Er ist aus Gottes Hand hervorgegangen, und in diesem Leib sollen wir Erfüllung finden.

Das erfordert ganzen Einsatz. Alle Kraft des Herzens und des Geistes sollte rastlos daraufhin eingesetzt sein, daß das Natürliche in ein Geistliches verwandelt wird durch den Gehorsam gegenüber dem Wort Gottes. Wenn wir das Natürliche nicht geistlich machen, wird es schmutzig. Wenn wir aber geistlich werden, wird das Natürliche durchdrungen von der Herrlichkeit Gottes.

11. August

Denn Ich sage euch: »Wenn eure Gerechtigkeit nicht viel besser ist als die der Schriftgelehrten und Pharisäer, so werdet ihr nicht in das Himmelreich kommen.«
Matthäus 5, 20

»Es sei denn eure Gerechtigkeit besser« – nicht anders, sondern besser. D. h., wir müssen alles sein, was sie sind, und noch weit mehr! Unser äußeres Verhalten muß in Ordnung sein, aber genauso in Ordnung, ja in besserer Ordnung muß unser inneres Verhalten sein. Unsere Worte und unsere Handlungen müssen in Ordnung sein, aber ebenso müssen unsere Gedanken und Gefühle in Ordnung sein. Unser Leben muß in Ordnung sein im Blick auf die Sitten, die in der Gemeinde der Gläubigen Geltung haben. Aber auch unser Gewissen muß Gott gegenüber in Ordnung sein.
Bei Namenschristen ist oft nicht die sittliche Rechtschaffenheit zu finden, die für Menschen selbstverständlich ist, die nichts nach Jesus Christus fragen. Nicht, weil sie Heuchler wären, sondern weil generationenlang gelehrt wurde, die Erlösung durch Jesus Christus nur unter *einem* Blickwinkel zu verstehen: daß die Erlösung nicht unser Verdienst ist, sondern die freie Wahl der Gnade Gottes in Christus Jesus. Das ist eine großartige, wunderbare Tatsache, aber Jesus sagt, daß wir für unsere Erlösung »Danke« sagen sollen. Das »Danke« wäre, daß unsere Gerechtigkeit besser ist als die des moralisch hochstehendsten Menschen der ganzen Welt.

Jesus fordert nicht nur, daß äußeres Leben über jeden Tadel erhaben ist, sondern auch, daß wir vor Gott ohne Tadel sind. Jetzt verstehen wir die, die sagen, Jesus verlange Unmögliches: Er verlangt, daß wir so rein sind, daß Gott nichts zu tadeln hat. Und Gott ist Der, der die verborgensten Quellen unserer Beweggründe sieht und die geheimsten Träume unserer Träume kennt. Wir können geistlich immer weiter wachsen, aber solche Reinheit werden wir nie erlangen.

Wozu also wird uns diese Aufforderung gegeben? Hör zu: »Wenn wir im Licht wandeln, wie Er im Licht ist, so haben wir Gemeinschaft untereinander, *und das Blut Jesu Christi, Seines Sohnes, macht uns rein von aller Sünde.*« Das ist das Evangelium.

12. August

Wenn ihr betet, so sprecht: »Vater!« . . . Lukas 11, 2

Worte sind voller Offenbarung, wenn wir sie uns nicht einfach in Erinnerung rufen oder auswendig lernen, sondern in uns aufnehmen. Nimm diese Worte Jesu in dich auf: »Vater«, »Himmel«, »geheiligt werde Dein Name«, »Reich«, »Wille«. Der ganze Wortschatz der Gottheit und Herrschermacht und der Stellung des allmächtigen Gottes gegenüber dem Menschen ist in diesen Worten eingefangen.

Oder nimm diese Worte: »Brot«, »Vergebung«, »Schuld«, »Versuchung«, »Erlösung«, »das Böse«. Mit diesen Worten werden alle psychologischen Grundfarben, in denen sich die unentwirrbaren Rätsel und Probleme des menschlichen Lebens darstellen, vor unseren Vater gebracht.

Oder schau dir schließlich Worte an wie: »Kraft«, »Herrlichkeit«, »Ewigkeit«, »Amen«. In ihnen klingt die transzendente, triumphierende Wahrheit auf, daß alles richtig ist, daß Gott regiert und herrscht und von Freude erfüllt ist, und daß die Freude an Ihm unsere Stärke ist. Was für eine mitreißende Unterrichtsstunde hält uns unser Herr Jesus, wenn wir in Seine Gebetsstunde gehen und von Ihm lernen!

Anmerkung: Nehemia 8, 10 heißt: »Die Freude des Herrn ist eure Stärke.« Chambers faßt das als genetivus subjectivus auf: Gott selbst freut sich, und die Freude, mit der Gott sich freut, ist unsere Stärke.

13. August

Wir sind von allen Seiten bedrängt, aber wir ängstigen uns nicht. Wir sind ratlos, aber wir verzagen nicht. 2. Korinther 4, 8

Unter dem Gegenwärtigen verstehen wir Dinge, mit denen wir durch unsere Sinne in Berührung kommen, unter dem Wirklichen das, was dahinter liegt und wir nicht durch unsere Sinne erreichen können. Der Fanatiker sieht nur das Wirkliche und übergeht das Gegenwärtige. Der Materialist sieht nur das Gegenwärtige und übergeht das Wirkliche. Die einzige geistig gesunde Person, die je über diese Erde ging, war Jesus Christus, weil in Ihm das Gegenwärtige und das Wirkliche eins waren.
Jesus Christus steht nicht an erster Stelle in der gegenwärtigen Welt. In der wirklichen Welt hat Er den ersten Platz inne. Deshalb kümmert sich der natürliche Mensch nicht um Ihn: »Der natürliche Mensch vernimmt nichts vom Geist Gottes, denn es ist ihm eine Torheit.«
Wenn wir von obenher geboren sind, fangen wir an, die gegenwärtigen Dinge im Licht der wirklichen zu sehen. Wir sagen, daß das Gebet die Dinge verändert. Aber das Gebet verändert längst nicht so sehr die gegenwärtigen Dinge als vielmehr den Menschen, der sie sieht. In der Bergpredigt bringt unser Herr Jesus das Gegenwärtige und das Wirkliche zusammen.

14. August

**Betet allezeit mit Bitten und Flehen im Geist!
Epheser 6, 18**

Das Beten »im Geist« ist keine Meditation und keine
Träumerei. Es ist ein Gefülltsein mit dem Heiligen Geist,
der uns, während wir beten, in ein völliges Einssein mit
Gott bringt. Dieses Einssein zeigt sich in dem »Anhalten
und Flehen für alle Heiligen«. Jeder Mensch, der unter
der Herrschaft Gottes steht, kennt Zeiten engster Gemeinschaft mit Gott, da nichts gesprochen wird. Dennoch erfährt der Mensch ein völliges Einssein nicht so
sehr zwischen Gottes Gedanken und seinen Gedanken
als vielmehr zwischen Gottes Geist und seinem Geist.
Das bewußte und das unterbewußte Leben unseres
Herrn Jesus läßt sich vielleicht so erklären: Das unterbewußte Leben Jesu war göttlicher Art. Nur wenige Male in
seinem Erdenleben brach das Unterbewußte in Sein bewußtes Leben durch. Das unterbewußte Leben des
Nachfolgers Jesu ist der Heilige Geist. In solchen Augenblicken des Gebets, wie Römer 8, 26–28 sie uns zeigt,
bricht die Gemeinschaft mit Gott in das Bewußtsein des
Glaubenden ein. Die einzige Erklärung dafür ist, daß der
Heilige Geist in diesem Menschen Gebete zu Gott bringt,
die nicht ausgesprochen werden können.

15. August

**Siehe, Gott ist groß in Seiner Kraft; wo ist ein Lehrer, wie
Er ist? Hiob 36, 22**

Wir halten uns gern an eine absolute Autorität. Wir akzeptieren die Autorität der Kirche oder der Bibel oder
eines Glaubensbekenntnisses. Oft stellen wir damit jede
weitere Beschäftigung mit der Sache selbst ganz ein. Damit verkennen wir jedoch das eigentliche Wesen des

christlichen Glaubens, der auf eine persönliche Beziehung zu Jesus Christus gegründet ist und sich auf der Grundlage unserer Verantwortung vollzieht.

Durch die vollbrachte Erlösungstat bin ich gerettet, und Gott legt Seinen Heiligen Geist in mich hinein. Dann erwartet Er von mir, daß ich auf Grund dieses Verhältnisses reagiere. Ich kann mich dem entziehen, indem ich meine Verantwortung an eine Kirche, ein Buch oder ein Glaubensbekenntnis abgebe und vergesse, daß Jesus sagte: »Ihr forscht in der Schrift; denn ihr meint, ihr habt das ewige Leben darin; und sie ist es, die von Mir Zeugnis gibt; aber doch wollt ihr nicht zu Mir kommen, um das Leben zu haben.« Man kann die Bibel nicht verstehen, indem man ihre Aussagen blind übernimmt, sondern nur, indem man sie im Licht einer persönlichen Beziehung zu Jesus Christus liest.

Wenn wir daran festhalten, daß ein Mensch die Lehre der Dreieinigkeit und der Inspiration der Schrift glauben muß, bevor er gerettet werden kann, spannen wir den Wagen vor das Pferd. Das alles ist die Folge des Christseins, nicht die Ursache. Wenn wir die Folge zuerst wollen, schaffen wir Schwierigkeiten, weil wir das Denken vor das Leben stellen. Jesus sagt: »Kommt zu Mir, und wenn ihr wissen wollt, ob Meine Lehre von Gott ist, tut Seinen Willen!«

Ein Wissenschaftler kann das Universum erklären, in dem normal begabte Menschen leben. Aber der erste Platz gebührt nicht der wissenschaftlichen Erklärung, sondern dem Leben. Genauso ist es mit der Theologie. Die Theologie ist die Systematisierung des verstandesmäßigen Ausdrucks des Lebens aus Gott. Das ist eine gewaltige Sache, sie steht erst an zweiter Stelle, nicht an der ersten.

16. August

... die an Seinen Namen glauben. Johannes 1, 12

Ein großer Denker hat gesagt: »Das Siegel und der Sinn wahren erfüllten Lebens ist die Freude«. Nicht Vergnügen und nicht Glück. Jesus Christus sagte zu Seinen Jüngern: »Solches rede Ich zu euch, damit Meine Freude in euch bleibe und eure Freude vollkommen werde.« Einssein mit Jesus Christus und mit Seiner Freude.
Was machte die Freude des Herrn Jesus Christus aus? Seine Freude war, daß Er das Werk, das Ihm von Seinem Vater aufgetragen worden war, vollständig ausgeführt hatte. Dieselbe Freude wird jedem Mann und jeder Frau geschenkt, die von Gott, dem Heiligen Geist, geboren und geheiligt wurden, wenn sie die Arbeit ausführen, die Gott ihnen zu tun gab.
Was ist diese Arbeit? Ein Nachfolger Jesu zu sein, ein gehender, redender, lebendiger, praktischer Brief. In diesem Brief kann jeder lesen, was der allmächtige Gott durch die Erlösungstat des Herrn Jesus Christus tun kann. Eins mit dem Glauben Jesu, eins mit der Liebe Jesu, eins mit dem Geist Jesu, bis wir so sehr eins mit Ihm sind, daß Wirklichkeit wird – nicht nur anfangsweise, sondern unverkennbar und offenkundig –, was Jesus im hohenpriesterlichen Gebet als Bitte vor Seinen Vater brachte: »daß sie eins seien, gleichwie Wir eins sind.«

17. August

Alle Dinge sind durch das Wort gemacht, und ohne das Wort ist nichts gemacht. Für alles, was geworden ist, war in Ihm das Leben, und das Leben war das Licht der Menschen. Johannes 1, 3. 4

Durch die Schöpfung sind wir Gottes Kinder. Wir sind nicht Söhne und Töchter Gottes durch die Schöpfung; Jesus Christus macht uns zu Söhnen und Töchtern Gottes durch die Wiedergeburt (Johannes 1, 12).

Der Gedanke der Vaterschaft Jesu ist biblisch bezeugt, wenn auch nur durch wenige Stellen belegt. »Ewig-Vater« verweist auf Den, den wir als Sohn Gottes kennen. Paulus sagte in seiner Rede zu den Athenern, als er von Gott sprach: »Wir sind Seines Geschlechts.«

Gott hat auf wunderbare Weise die Welt durch Jesus Christus geschaffen. Doch ist die Schöpferkraft Jesu Christi noch gewaltiger, denn Er hat die Macht, Sein eigenes Bild zu gestalten. Gott schuf die Welt und alles, was gemacht ist, durch den Sohn. »In Ihm war das Leben.« So, wie Gott die Welt durch Ihn schuf, kann deshalb der Sohn Sein eigenes Bild in jedem Menschen gestalten.

18. August

Liebt ihr Mich, so werdet ihr Meine Gebote halten. Johannes 14, 15

»Wenn ihr Mich liebt, haltet ihr auch Meine Gebote«, sagt Jesus. So einfach ist das festzustellen. Unser Herr Jesus sagte nicht: »Wer Mir *gehorcht*, wird Meine Gebote halten.«

Am Anfang unseres Glaubenslebens sind wir meistens mit einem Übermaß an Eifer auf der Jagd nach Geboten unseres Herrn, die wir halten sollen. Aber in dem Maße, wie wir reifer werden in unserem Leben mit Gott, wird der bewußte Gehorsam so sehr ein Teil von uns selbst, daß wir schon bald anfangen, die Anweisungen Gottes unbewußt zu befolgen. In der reifsten Stufe sind wir einfach Gottes Kinder, in denen Gott Seinen Willen tut, größtenteils ohne daß es uns bewußt wird.

Viele von uns sind an der Grenze des Bewußtseins: bewußtes Dienen, bewußtes Frömmigkeitsleben. Alles das ist unreif, es ist noch nicht das Leben. Die ersten Phasen des geistlichen Lebens werden in gewissenhafter Sorgfalt gelebt. Das reife Leben wird in unbewußter Weihe an Gott gelebt.

Der Begriff »gehorchen« würde besser durch das Wort »gebrauchen« wiedergegeben. Ein Naturwissenschaftler z. B. »gebraucht« die Naturgesetze. D. h. er tut mehr, als ihnen zu gehorchen. Er veranlaßt sie, ihre Bestimmung in seinem Werk zu erfüllen. Genau das ereignet sich im Leben des Nachfolgers Jesu. Er »gebraucht« die Anweisungen des Herrn, und sie erfüllen Gottes Bestimmung in seinem Leben.

19. August

Das Lamm, das geschlachtet ist, ist würdig, Kraft und Reichtum zu empfangen, Weisheit und Stärke, Ehre, Preis und Lob. Offenbarung 5, 12

Es gibt eine Vorstellung von Gott, die sich folgendermaßen ausdrückt: Weil Gott groß ist, kann Er alles tun, Gutes und Böses, Richtiges und Falsches, und wir dürfen nichts darüber sagen. Diese Vorstellung ist kindisch und falsch. Sittlicher Wert bedeutet immer auch, daß gewisse Dinge für Ihn unmöglich sind. »Es ist unmöglich, daß Gott lügt.« Es ist unmöglich, daß Jesus Christus Seiner eigenen Heiligkeit zuwiderhandelt oder anders wird, als Er ist.

Die tiefe Wahrheit für uns ist, daß Jesus Christus würdig ist, Huldigung zu empfangen, nicht weil Er der fleischgewordene Gott war, sondern weil Er der fleischgewordene Gott auf der menschlichen Ebene war. Er »wurde den Menschen gleich«. Er nahm unsere Beschränkungen auf sich und lebte auf dieser Erde ein Leben vollkommener Heiligkeit. Napoleon sagte von Jesus Christus, daß Er es fertiggebracht habe, aus jeder menschlichen Seele ein

Anhängsel Seiner eigenen zu machen. Warum? Weil Er durch und durch heilig war.

Es hat große militärische Genies gegeben, Menschen von überragender Intelligenz, Genies von Staatsmännern. Aber sie alle beeinflussen nur eine begrenzte Zahl von Menschen. Jesus Christus übt einen unbegrenzten Einfluß auf alle Menschen aus, weil Er der uneingeschränkt Würdige ist.

20. August

Wenn jemand zu Mir kommt und haßt nicht Vater und Mutter, Frau und Kinder, Brüder und Schwestern, und dazu sich selbst, dann kann er nicht Mein Jünger sein. Lukas 14, 26

Du kannst nicht dich und deine Freunde Gott übereignen. Wenn du am Altar Gottes in deinem Herzen meinst, daß noch immer liebende Arme um dich gelegt sind und daß Liebende als Liebende und Freunde als Freunde gemeinsam durch dieses erhabene Tor zur höchsten Heiligung eintreten können, irrst du gewaltig und gehst einer harten Enttäuschung entgegen. Geh allein! Laß alles zurück! Du kannst nicht deine Kinder, deine Frau, deinen Liebhaber, deinen Freund, deinen Vater, deine Mutter Gott weihen, auch nicht dein eigenes Leben als etwas, was dir gehört. Du mußt alles verlassen und dich Gott in die Arme werfen als bloßes menschliches Wesen, das ein Bewußtsein seiner selbst hat. So wirst du als einer, der Ihn sucht, Ihn finden.

Wenn gesagt wird, daß Hingabe an Gott sich darin vollzieht, daß wir Gott unsere Gaben, unseren Besitz, unsere Kameraden bringen, so ist das ein folgenschwerer Irrtum. Das alles wird verlassen, und wir geben für immer *unser Recht auf uns selbst* auf.

Ein geheiligter Mensch kann Künstler oder Musiker sein.

Aber er ist nicht einer, der die Botschaft Gottes durch ein bestimmtes Medium ausdrückt. Solange der Künstler oder Musiker meint, er könne Gott seine künstlerischen Gaben weihen, lebt er in einem Irrtum. Die Preisgabe unser selbst ist der Kern der Hingabe an Gott, nicht das Darbringen unserer Gaben. Aber wir müssen uns Gott restlos ausliefern.

21. August

Wer Mir nachfolgen will, der verleugne sich selbst und nehme sein Kreuz auf sich und folge Mir.
Matthäus 16, 24

Hat es einen Wert, um die Sache herumzureden? Wir nennen uns Christen. Wie äußert sich unser Christentum praktisch? Hat es mein natürliches, individuelles Leben in irgendeiner Weise verändert? Es kann gar nicht anders werden, solange ich nicht mein Recht auf mich selbst an Jesus abgebe und als Sein Jünger die persönliche Erlösung auslebe, die Er in mich hineingelegt hat. Die Unabhängigkeit muß aus dem Christusnachfolger richtig hinausgefegt werden.

Gottes Vorsehung scheint keinerlei Notiz von unseren individuellen Vorstellungen zu nehmen, weil es Ihm nur um eines geht: »daß sie eins seien, gleichwie Wir eins sind.« Das sieht möglicherweise nach einem totalen Zerbruch des Lebens aus; aber am Ende wird das Einssein des neuen Menschen mit Gott stehen und sichtbar werden.

Heiligung ist das Werk Christi in mir, das Zeichen, daß ich nicht mehr unabhängig, sondern in allen Dingen von Ihm abhängig bin. Was die Sünde letztlich bewirkt, ist Unabhängigkeit von Gott. Persönliche Abhängigkeit von Gott ist die Haltung, die der Heilige Geist in meiner Seele ausprägt.

22. August

. . . der verleugne sich selbst. Matthäus 16, 24

Der kritische Augenblick im Leben eines Mannes oder einer Frau ist dann gekommen, wenn sie erkennen, daß sie als Einzelpersonen von anderen Menschen getrennt sind. Wenn ich erkenne, daß ich von allen anderen getrennt bin, stehe ich in Gefahr zu denken, daß ich von allen anderen verschieden bin. Sobald ich das denke, werde ich mir selbst zu einem Gesetz. Ich entschuldige alles, was ich tue, aber nichts, was ein anderer tut. »Meine Versuchungen sind ganz besonderer Art«, sage ich »Meine Lebensumstände sind sehr ungewöhnlich. Niemand kann ermessen, wie schwer ich es habe.« Wenn zum ersten Mal die Erkenntnis meiner Verschiedenheit von anderen mit Macht über mich kommt, ist schon die Saat für alle Gesetzlosigkeit und alle Unsittlichkeiten gelegt.

Es würde uns gut anstehen, wenn wir viel mehr von der ethischen Seite unserer christlichen Arbeit hielten, als wir es tun. Wir sehen sie immer nur von der geistlichen Seite, weil wir das für angemessen halten. Aber wenn wir sie von der ethischen Seite her betrachten, sehen wir sie unter einem anderen Blickwinkel. Mehr Schaden, als Mitarbeiter im christlichen Dienst je träumen würden, wurde dadurch angerichtet, daß Seelen auf sittlichem Gebiet alleingelassen wurden. Dazu kam es deshalb, weil die Augen dieser christlichen Mitarbeiter blind für alles andere als die geistlichen Belange waren.

Wenn einmal die inneren Kräfte eines Menschen – ob jung oder alt – erwachen, erkennt er sich als Individuum. Er begreift, daß er eine Fähigkeit zum Erkennen hat, ohne verstandesmäßige Überlegungen anzustellen. Da überkommt ihn Angst, weil er allein ist, und er schaut nach einem Gefährten aus. Der Teufel hält sich immer bereit, um in solchen Fällen einzuspringen. Ein altes Sprichwort lautete: »Wenn du lange an eine Tür klopfst,

mach dich darauf gefaßt, daß der Teufel sie aufmacht.«
Die Bibel weist darauf hin, daß es eine richtige und eine
falsche Ausdauer gibt.

23. August

Ihr seid das Licht der Welt. Matthäus 5, 14

Die Individualität ist von geringerer Bedeutung als die
Personalität. Die vielleicht beste Anschauung, die wir zu
Hilfe nehmen können, ist eine Lampe. Eine nicht einge-
schaltete Lampe stellt die Individualität dar; eine einge-
schaltete Lampe die Personalität. Die brennende Lampe
nimmt nicht mehr Raum ein, aber das Licht dringt über
einen weiten Raum hindurch. Ebenso reicht der Einfluß
der Personalität viel weiter als der der Individualität.
»Ihr seid das Licht der Welt«, sagt unser Herr Jesus. Von
uns aus gesehen nehmen wir nicht viel Raum ein, aber
unser Einfluß geht weit über unsere Vorstellung hinaus.
Wenn wir von »Personalität«, von »Persönlichkeit«
sprechen, nennen wir den größten geistigen Begriff, den
wir haben. Deshalb nennen wir Gott eine Person, denn
der Begriff »Person« hat den größten Bedeutungsinhalt,
den wir kennen. Wir nennen Gott nicht ein Individuum.
Wir nennen Gott eine Person. Er ist vielleicht noch sehr
viel mehr, aber mindestens das muß Er sein.
Daran müssen wir uns erinnern, wenn die Personalität
Gottes geleugnet wird und Er als eine Tendenz aufgefaßt
wird. Wenn Gott nur eine Tendenz ist, ist Er viel weniger
als wir. Unsere Personalität ist immer zu groß für uns.

24. August

Und Er hat einige als Apostel eingesetzt, andere als Propheten, andere als Evangelisten, andere als Hirten und Lehrer... bis wir alle zur Einheit des Glaubens und der Erkenntnis des Sohnes Gottes gelangen...
Epheser 4, 11. 13

Diese Verse beziehen sich nicht auf das Leben einzelner Christen, sondern auf das Leben der Nachfolger Jesu in ihrer Gesamtheit. Der einzelne Christ kann nicht losgelöst von den anderen zugerüstet werden. »Er hat etliche zu Aposteln gesetzt...« Zu welchem Zweck? Um zu zeigen, wie klug sie waren, was für Gaben sie hatten? Nein, sondern damit »die Heiligen zugerüstet würden zum Werk des Dienstes«.

Wenn wir auf die Kirchengeschichte zurückblicken, erkennen wir, daß jede dieser »Gaben« ausgeübt worden ist. Paulus sagt, daß Apostel, Propheten, Evangelisten, Hirten und Lehrer von Gott alle zu einem berufen sind, nämlich die Heiligen zuzurüsten zum Werk des Dienstes, wodurch »der Leib Christi erbaut werden« soll. Kein Nachfolger Jesu kann je zugerüstet werden in der Isolierung oder auf irgendeine andere Art, als Gott es festgelegt hat.

Nur ganz wenige sind bereit, das aufzugreifen, was Gott ihnen als Auftrag gegeben hat. Die meisten danken Gott für ihre Erlösung und Heiligung und bleiben dann stehen. Folglich wird die Zurüstung der Christusgläubigen zum Dienst behindert.

25. August

Ich heilige Mich selbst für sie. Johannes 17, 19

Wie paßt diese Aussage unseres Herrn Jesus zu unserer Vorstellung von der Heiligung? Heiligung darf nie als gleichbedeutend mit Reinigung verstanden werden. Jesus Christus brauchte keine Reinigung, und doch gebrauchte Er das Wort »heiligen«. In den Worten »Ich heilige Mich« gibt Jesus uns den Schlüssel zum Verständnis des Christenlebens.

Das Ich ist nicht sündig. Wenn das so wäre, wie könnte Jesus sagen: »Ich heilige Mich«? Jesus Christus hatte keine Sünde zu verleugnen, kein böses Ich zu verleugnen. Er hatte nur ein heiliges Ich. Dieses Ich verleugnete Er die ganze Zeit, auch als Satan versuchte, Ihn dazu zu bringen, daß Er diesem Ich gehorchte. Was hätte heiliger sein können als der Wille des heiligen Gottessohnes? Und doch sagte Er immer: »Nicht wie Ich will, sondern wie Du willst.« Gerade die Verleugnung Seines heiligen Ichs machte die wunderbare Schönheit des Lebens unseres Herrn Jesus aus.

Wenn wir die Erfahrung der Heiligung gemacht haben, was tun wir dann mit unserem heiligen Ich? Danken wir Gott jeden Morgen beim Aufwachen, daß wir ein Ich haben, das wir Ihm geben dürfen, ein Ich, das Er gereinigt und zurechtgebracht und mit dem Heiligen Geist getauft hat, so daß wir es Ihm opfern könnten? Ein Opfer ist seinem Wesen nach die verschwenderische, leidenschaftliche Liebesgabe, mit der ich das Beste, was ich habe, dem schenke, den ich am meisten liebe.

Die beste Gabe, die der Sohn Gottes hatte, war Sein heiliges Menschenleben. Das gab Er Gott als Liebesgabe, damit Er es als Sühne für die Welt gebrauche. Er gab Seine Seele in den Tod, und das soll auch das Kennzeichen unseres Lebens sein. Gott steht es vollkommen frei, uns zu verschleudern, wenn Er will. Wir sind nur zu dem einen Zweck geheiligt, daß wir unsere Heiligung heiligen und sie Gott geben.

26. August

Es genügt dem Jünger, daß er so ist wie sein Lehrer . . .
Matthäus 10, 25a

Auf den ersten Blick sieht das wie eine gewaltige Ehre aus. »Wie sein Meister« sein ist doch etwas überaus Herrliches. Ist es das wirklich? Sieh Jesus an, wie Er war, als Er hier war. Es war alles andere als Herrlichkeit. Er machte keinen großen Eindruck, außer auf die, die Ihn gut kannten. Für die meisten Menschen war Er »wie eine Wurzel aus dürrem Erdreich«. 30 Jahre lang trat Er nicht hervor, dann ging Er drei Jahre lang durch Popularität, Skandal und Haß. Es gelang Ihm, eine Handvoll Fischer als Jünger zusammenzubringen, von denen Ihn einer verriet, einer verleugnete und alle verließen. Und nun sagt Er: »Es ist genug für euch, wenn es euch auch so geht.«
Der Gedanke an evangelistischen Erfolg, an ein reges und vielgestaltiges Gemeindeleben, an einen Dienst in der Welt, der Zustimmung findet, klingt überhaupt gar nicht an. Wenn wir die Bedingungen des geistlichen Lebens erfüllen, lernen wir, uns so einzuschätzen, wie es uns zukommt.
Viele von denen, die unseren Herrn Jesus während Seines Erdenlebens kannten, machten sich nichts aus Ihm. Erst als sie zu neuen Menschen gemacht worden waren, erkannten sie, wer Er war. Unser Herr Jesus lebte ein so normales Leben, daß keiner Ihn beachtete . . . Hätte man sich etwas Abwegigeres vorstellen können, als daß jemand auf einen Zimmermann aus Nazareth zeigte und sagte: »Dieser Mensch ist Gott in Menschengestalt«? Für einen Pharisäer konnte das nur eine Gotteslästerung sein.

27. August

Wir zerstören damit Gedankengebäude und alles Hohe, das sich erhebt wider die Erkenntnis Gottes, und nehmen gefangen alle Gedanken unter den Gehorsam Christi. 2. Korinther 10, 5

Gehorsam gegenüber dem Heiligen Geist bedeutet, daß wir in der Lage sind, unsere Gedanken zu steuern. Es ist erstaunlich, wie wir uns die Herrschaft eines Gedankens über uns gefallen lassen, ob er richtig oder falsch ist. Christen haben sich, mehr als andere Menschen, auf die Meinung festgelegt, daß sie böse Gedanken nicht abstellen können. Gott sei Dank, das ist eine Lüge! Wir können es.

Wenn du das noch nie erkannt hast, geh der Sache doch einmal auf den Grund und stell dir die Frage, warum der Geist Gottes durch den Apostel Paulus sagen sollte: »...und nehmen gefangen alle Gedanken unter den Gehorsam Christi«, wenn wir das nicht können! Finde dich nie mit Vorstellungen und Meinungen ab, die in Gottes Buch keinen Platz haben! Geh diesen Vorstellungen nach bis zu ihrem Ursprung, damit du erkennst, was ihnen zugrunde liegt!

Die Bibel macht deutlich, daß wir bösen Gedanken nicht einfach ausgeliefert sind. Satan liegt viel daran, daß wir den Ablauf unserer Gedanken als unabänderlich betrachten. Gott gebe es, daß dem Teufel der Zugang zum Denken der Christusgläubigen verwehrt wird!

28. August

Wäre der Herr nicht bei uns ... so ersäufte uns Wasser, Ströme gingen über unsere Seele. Psalm 124, 1. 4

Hier ist von den Gefahren die Rede, die den Gläubigen bedrängen. Mit ihnen kommen Angst und Kämpfe auf uns zu. Es ist schwer zu verstehen, daß Gott es so einrichtete, daß aus Qual und Todeskampf die Erlösung kam, daß Gottes Sohn durch Leiden vollkommen gemacht wurde, daß das Leiden ein königlicher Weg für Gottes Kinder ist. Es gibt Zeiten in unserem Leben, da wir verstehen können, was Abraham durchlitt, als ihm gesagt war: »Geh aus deinem Vaterland . . .« Das Schwerste ist nicht, daß wir mißverstanden werden, sondern daß unsere Treue zu Gott anderen Leiden bringt. Das legt sich als schwere Last auf unser Herz, die auf der menschlichen Ebene durch nichts leichter gemacht wird, nur von Gott her.

Wenn wir beten: »Dein Reich komme«, müssen wir auch teilnehmen am Schmerz der Neugeburt der Welt. Es ist ein Schmerz ohnegleichen. Gottes Diener stehen gewissermaßen in den Geburtswehen des neuen Zeitalters. »Meine lieben Kinder, ich leide noch einmal Geburtswehen um euch, bis Christus in euch Gestalt gewinnt«, schreibt Paulus (Galater 4, 19). Viele von uns empfangen den Heiligen Geist, aber sobald wir die Geburtswehen spüren, verstehen wir Gott nicht mehr. Wir müssen mit Ihm teilhaben an diesen Schmerzen, bis die Welt neu geboren ist. Wie die einzelnen Menschen muß auch die Welt wiedergeboren werden.

29. August

Die mit Tränen säen, werden mit Freuden ernten. Sie gehen hin und weinen und streuen ihren Samen und kommen mit Freuden und bringen ihre Garben.
Psalm 126, 5 ff.

Wir verfallen in den Fehler, zur selben Zeit säen und pflügen und ernten zu wollen. Wir haben vergessen, was unser Herr Jesus sagte: »Dieser sät, der andere schneidet.«

»Die mit Tränen säen . . .« Es sieht so aus, als ob der Same in ein Grab gelegt würde. Man sieht den Samen, wenn er im Korb ist, doch wenn er in den Boden fällt, verschwindet er (s. Johannes 12, 24). Das gilt auch im Blick auf die Kindergottesdienst- oder Sonntagsschularbeit und die Verkündigung unter Erwachsenen. Es hat den Anschein, als sei alles weggeworfen. Man kann nicht erkennen, daß irgend etwas in Bewegung geraten ist.

Doch der Same ist da. »Die mit Tränen säen, *werden mit Freuden ernten.*« Der Same ist das Wort Gottes, und kein Wort von Gott bleibt jemals ohne Frucht. Wenn ich weiß, daß das Säen Frucht hervorbringt, bin ich voll Freude mitten unter der Plackerei.

Hartes Mühen bringt nie Freude, aber es kann erhellt werden. Der Psalmist sagt: »In Bedrängnis hast Du mir weiten Raum geschafft« (Psalm 4, 1 – Menge). Den »weiten Raum« schafft uns das Wissen, daß Gott alles in der Hand hat. Wenn ich früher an ein schwieriges Wegstück kam, war ich ganz außer mir. Jetzt aber kann ich dank der Bedrängnis und dem Leiden meinen Fuß fester aufsetzen (s. Römer 8, 35–39).

30. August

. . . sondern wenn auch unser äußerer Mensch zerfällt, so wird doch der innere von Tag zu Tag erneuert.
2. Korinther 4, 16

Der Apostel Paulus erlebte ständig äußere Mißerfolge, er ging durch Kämpfe und Nöte, schreckliche Verfolgung und Widerwärtigkeiten in seinem Leben. Aber er versank nie in Mutlosigkeit, ganz einfach, weil er das Geheimnis gelernt hatte, daß der innere Mensch in dem Maße wächst, wie der äußere verzehrt wird. Sein äußerer Mensch wurde aufgezehrt, das wußte und spürte Paulus. Aber der innere Mensch wurde erneuert. Soviel Verfall er erlebte, so sehr wurde er auch innerlich,beflügelt.

Einige von uns sind so erstaunlich faul, sie haben sich ihr Leben so gemütlich eingerichtet, daß es zu keinem Beflügelt-Werden des inneren Menschen mehr kommt. Das natürliche Leben – damit ist jetzt gar nicht die Sünde gemeint – muß dem Willen und dem Wort Gottes geopfert werden, sonst leuchtet über einem Menschen nicht der Glanz des Siegeslebens auf. Bei einigen von uns verfällt der Leib nicht, die Seelen befinden sich in einem Stillstand, und das geistliche Blickfeld weitet und erhellt sich nicht.

Aber sobald »unser Wandel im Himmel« ist und wir von daher leben und arbeiten, geht uns auf, daß wir die unvergleichliche Möglichkeit haben, alle unsere körperlichen Kräfte in den Dienst für Gott zu stellen. Dann ist uns immer geistig und geistlich das entsprechende Maß an Freiheit und Sieg geschenkt.

31. August

**... denen, die nach Seinem Ratschluß berufen sind.
Römer 8, 28**

Die Bibel sagt: »Des Gerechten Gebet vermag viel, wenn es ernstlich ist.« Wenn wir in dieser Erwartung für einen anderen Menschen beten, so kann das geradezu lächerlich erscheinen. Erst wenn uns durch die Kraft der Erlösung Jesu und durch das Wirken des Heiligen Geistes in uns das Verständnis für diese Zusammenhänge aufgetan wird, erkennen wir, was es eigentlich ist: Es ist ein unfaßliches Wunder der Liebe und Herabneigung Gottes, daß Er uns in Christus Jesus und durch den Empfang des Heiligen Geistes annehmen kann. Uns von der Sünde entstellten und zerbrochenen, durch und durch verkehrten

Geschöpfe nimmt Er an und macht uns völlig neu. Er macht aus uns tatsächlich solche, in denen der Heilige Geist Fürbitte tut, indem wir unseren Teil übernehmen.

Machen wir es dem Heiligen Geist leicht, den Willen Gottes in uns zu vollbringen, oder schieben wir Ihn ständig zur Seite durch die sinnlosen Bitten unseres natürlichen Herzens, obwohl wir Christen sind? Lernen wir es, uns in solchem Gehorsam Gott zu unterstellen, daß jeder Gedanke und unsere ganze Phantasie gefangengenommen und dem Herrn Jesus Christus übergeben wird? Ist es für den Heiligen Geist zunehmend leichter, an uns zu arbeiten?

Halt dir vor Augen, daß deine Fürbitte nie die meine und meine Fürbitte nie die deine sein kann, sondern der Heilige Geist tut Fürbitte in der jeweils besonderen Ausgabe eines Menschen! Ohne diese Fürbitte wird jemand geschädigt werden. Vergessen wir nie die Tiefe und die Höhe und die Heiligkeit unserer göttlichen Berufung!

1. September

Und sie hörten Gott den Herrn, wie Er im Garten ging, als der Tag kühl geworden war. 1. Mose 3, 8

Bis zu seinem Fall war Adam nicht an Gott *interessiert*. Er war *eins* mit Gott, in ständiger Verbindung mit Ihm. Ein Mensch richtet nie sein Interesse auf das, was er ist. Als Adam fiel, erwachte in ihm ein so erschreckendes Interesse an Gott, daß er sich vor Ihm fürchtete: »Und Adam versteckte sich mit seinem Weibe vor dem Angesicht Gottes des Herrn unter den Bäumen im Garten.«

Die Sünde schließt immer unsere Trennung von Gott mit ein. Wir sind allein daran interessiert, etwas von Ihm in Erfahrung zu bringen. Folglich ist Angst in uns. Wenn wir

Gottes Kinder werden, weicht die Angst. Solange ein Kind nichts Böses getan hat, lebt es in völliger Freiheit und völligem Vertrauen gegenüber seinen Eltern. Aber angenommen, es war ungehorsam. Dem Elternteil, gegen den sich der Ungehorsam richtete, wendet sich nun sein Interesse zu und zugleich auch Angst.

Bewußte Frömmigkeit entspringt einem Interesse an Gott: »Ich möchte wissen, ob ich mit Gott in Ordnung bin.« Wenn du es bist, bist du so mit Ihm eins, daß es dir nicht bewußt ist. Diese Beziehung ist tiefer als das Bewußtsein, weil du direkt von Gott gelenkt wirst.

2. September

Wie ihr nun den Herrn Jesus Christus angenommen habt, so lebt auch in Ihm ... Kolosser 2, 6

Ob wir richtig stehen, ist daran zu erkennen, ob wir laufen können. Wenn wir in unserem Denken nicht in der richtigen Beziehung zu Gott stehen, können wir nicht richtig laufen. Der Wandel setzt Charakter voraus. Wenn wir nur von unserer eigenen Kraft zehren können, von unserem eigenen Eifer und unserer eigenen Entschiedenheit, können wir nicht vorankommen. Wir müssen auf dem Boden der biblischen Offenbarung stehen. Wenn wir Christus Jesus, den Herrn, aufnehmen, sind wir in Ihm vollkommen. Dann können wir anfangen zu wandeln, d. h. voranzugehen nach dem Maß der Vollkommenheit, die wir in Ihm haben.

Gott läßt uns in schwierige Situationen geraten, in denen die Unfähigkeit unserer menschlichen Natur offenkundig wird. Das tut Er nicht, damit wir die Flinte ins Korn werfen und resigniert sagen: »Ich hatte doch gedacht, jetzt sei alles in Ordnung!« Er tut es, damit wir lernen, Kraft aus unserem Eins-Sein mit Jesus Christus zu schöpfen und uns auf Seine Zusage zu verlassen, daß Seine Gnade ausreicht, damit wir die Aufgabe, vor der wir stehen, nach Gottes Willen ausführen können.

Wenn unser Denken in lebendiger Verbindung mit Gott ist, werden wir feststellen, daß wir laufen können. Wenn wir aber nicht im richtigen Denken geübt sind, werden wir aufgeben und sagen: »Das kann ich nicht.« Wenn unser Denken auf die Gnade Gottes ausgerichtet ist und wir darauf aufbauen, daß Er machen kann, daß alle Gnade unter uns reichlich sei, werden wir nicht nur stehen, sondern als ein Sohn oder eine Tochter Gottes wandeln und unter Beweis stellen, daß Seine Gnade ausreicht. Schwach zu sein in Gottes Stärke ist Schuld.

3. September

... so wandelt in Ihm! Kolosser 2, 6

Gott muß uns sowohl in den Tod als auch in das Leben hineinführen. Es ist schön und gut, wenn wir theoretisch wissen, daß es Dinge gibt, auf die wir nicht unser Vertrauen setzen dürfen. Es ist aber etwas anderes, das auch praktisch zu wissen. Gott belegt alles, worauf wir nicht vertrauen sollen, mit dem Todesurteil. Wir gehen durch manche enttäuschende Erfahrung, bis wir es lernen, auf diese Dinge nicht mehr zu vertrauen und nie mehr Hilfe von anderswoher als von Gott zu erwarten. Es gibt Zeiten, da kaum ein Tag vergeht, ohne daß Gott sagt: »Binde dich nicht daran; das ist tot!«

Dann führt Er uns in das Leben und offenbart uns alles, was uns in Christus Jesus gehört. Das schließt uns an die überfließende Kraft Gottes, an den unausforschlichen Reichtum in Christus Jesus an. Ob Gott uns in den Tod oder in das Leben führt, jedesmal will Er uns lehren, wie wir wandeln und unser Gegründetsein in Christus Jesus erproben sollen. Gott lehrt uns, Schritte im Glauben zu tun.

Das ist anfangs eine sehr wacklige Sache. An allem wollen wir uns festhalten. Aber Gott ist bei uns und gibt uns viele Ermutigungen. Tausendfach läßt Er uns Seine Nähe erfahren. Dann zieht Er diese Hilfen zurück, unsere Füße bekommen einen festeren Stand, und wir lernen, in Ihm zu wandeln.

4. September

Ihr lieft so gut. Wer hat euch aufgehalten . . . ?
Galater 5, 7

Ein Sog ist eine Unterströmung, die in einer anderen Richtung fließt als das Wasser an der Oberfläche. Die Unterströmung kann zum Tod durch Ertrinken führen. Kein Schwimmer wird einen Tauchsprung in eine Unterströmung machen, nur ein Narr.

Der geistliche Sog, der die Galater abtrieb, war das Judentum, die Gesetzlichkeit. Sie war nicht vorherrschend, aber doch verborgen wirksam. Sie verlief in genau der entgegengesetzten Richtung wie der Strom der Freiheit, in den sie durch Christus gebracht wurden. Statt dem Meer zuzusteuern, hinaus in die herrliche Freiheit der Kinder Gottes, wurden sie abgetrieben. »Ihr lieft so gut . . .« Sie hatten genau Kurs auf den Ozean genommen, aber die Unterströmung des Ritualismus verzauberte sie. Durch sie ließen sie sich daran hindern, der Wahrheit zu gehorchen.

Wenn du eine Begegnung mit dem lebendigen Gott gehabt hast, hat dein Leben dadurch geradeaus Kurs auf das Meer genommen. Du bist schon aus dem Hafen ausgelaufen, alle Segel sind gesetzt. Aber jetzt halte Ausschau nach dem geistlichen Sog, der dich zurückspülen würde! Die Unterströmung ist immer gerade an der Stelle sehr gefährlich, wo der Fluß sich im Meer verliert. Die Unterströmung ist von derselben Beschaffenheit wie der Fluß. Wenn sie dich erfaßt, trägt sie dich auch in seine strudelnde Strömung zurück, nicht hinaus in die Hauptströmung, sondern zurück zu den Wracks auf den Sandbänken. Die mitleiderregendsten aller Wracks sind die, die innerhalb des Hafens liegen.

Hüte dich vor dem geistlichen Sog, vor der Strömung, die in eine andere Richtung führt! Sie setzt nach dem Hochstand der Flut in Zeiten geistlicher Erfahrungen ein, und sie dringt mit großem Ungestüm herein. Bei jedem von uns verläuft die Unterströmung anders. Sie tritt nur in bestimmten Zeitabschnitten auf. Zur Zeit der Flut gibt es keine Unterströmung.

5. September

Zu der Zeit, als Mose groß geworden war, ging er hinaus zu seinen Brüdern und sah ihren Frondienst.
2. Mose 2, 11

Hier wird Mose sein göttlicher Auftrag bewußt: die Befreiung seiner Brüder. Es ist ein großer Augenblick im Leben eines Menschen, wenn er erkennt, daß er einen einsamen Weg allein gehen muß. Mose war »gelehrt in aller Weisheit der Ägypter«, ein Mann, den Gott in eine königliche Umgebung hineingestellt hatte. Er sah die Bedrängnis des Volkes Gottes, und sein ganzes Herz und alle seine Gedanken entbrannten, als er begriff, daß er der Mann war, der sie befreien sollte. Er *war* der Mann, der sein Volk befreien sollte. Aber jetzt noch nicht. Es war etwas im Weg. Deshalb schickte Gott ihn 40 Jahre in die Steppe zum Schafehüten.

Stell dir einmal vor, was diese Jahre für Mose bedeutet haben müssen! An der Schwelle zum Mannesalter erkennt er die Aufgabe seines Lebens. Er sieht die Last seines Volkes, wie kein anderer sie sehen kann. In seinem Herzen hat er die Gewißheit, daß er es befreien soll. Wie wird er über Gottes Wege nachgedacht haben in diesen 40 Jahren . . .!

Mach dir auch bewußt, wieviel Zeit Gott hat! Er ist nie in Eile. Wir sind in so hektischer Eile. Wir knien vor Gott nieder und beten, dann stehen wir wieder auf und sagen: »Jetzt ist es erledigt.« Ganz eingenommen vom Glanz des herrlichen Auftrags, dessen wir uns bewußt geworden sind, gehen wir darauf los, ihn auszuführen. Aber so geht es nicht. Gott muß uns in das Tal hinunterbringen und durch Feuer und Wasserflut führen, um uns unter Schlägen die richtige Form zu geben. Erst dann sind wir in der Verfassung, in der Er uns Seinen Auftrag anvertrauen kann.

6. September

Seht zu und hütet euch vor aller Habgier; denn niemand lebt davon, daß er viel besitzt. Lukas 12, 15

Das Auffallende an unserem Herrn Jesus und Seiner Lehre ist – und davon sind wir heute meilenweit entfernt –, daß Er gegen allen Besitz eingestellt ist. Er wendet sich nicht nur gegen Geld und Eigentum, sondern gegen jede Art von Besitz. Deshalb steht Er in so krasser Gegnerschaft zur modernen Auffassung. Die zwei Bereiche, über die Er Seine allerschärfsten Lehraussagen machte, waren das Geld und die Ehe. Das sind in der Tat die beiden Bereiche, in denen Männer und Frauen zu Teufeln oder zu Heiligen werden. Die Begehrlichkeit ist die Wurzel alles Bösen, ob sie sich in Geldangelegenheiten oder in sonst einer Form zeigt.

Jesus Christus schlägt sich nicht auf die Seite derer, die für die Aufhebung alles Privatbesitzes eintreten. Es ist leicht für mich, mich über den zu empören, der Grundbesitz und Geld hat, wenn ich beides nicht habe. Es ist leicht für mich, davon zu reden, was ich mit 10 000 Mark anfangen würde, wenn ich sie hätte. Was von meiner Einstellung zu halten ist, zeigt sich an dem, was ich mit den 20 Pfennigen mache, die ich habe. Es mag für einen Reichen schwer sein, ins Reich Gottes zu kommen. Aber genauso schwer ist es für einen Armen, zuerst nach dem Reich Gottes zu trachten.

Es geht hier nicht um das ewige Verlorensein, sondern um das Verlieren der Seele für dieses Leben. Jesus dachte ebensoviel an die Möglichkeit, daß ein Mensch das höchste Gut durch Armut verliert wie durch Reichtum. Seine Nachfolger waren arm, doch sagte Er zu ihnen: »Trachtet am ersten« – nach Brot und Käse? nach Geld? nach einer neuen Arbeitsstelle? nach Kleidung? nach Nahrung? Nein: »nach dem Reich Gottes und nach Seiner Gerechtigkeit, so wird euch solches alles zufallen.«

Glaube ich, daß Er wußte, wovon Er redete, dieser arme Zimmermann, der kein Kopfkissen sein eigen nannte und nie genug Geld hatte, um eine Unterkunft zu bezahlen? Weiß ich, daß in Ihm der Sohn Gottes zu mir spricht, dessen Wort absolute Autorität hat. Dann nehme ich Seine Aussagen als verpflichtend an, auch jene, in der Er sagte, daß »die Sorge der Welt und der Betrug des Reichtums . . . das Wort ersticken, so daß es keine Frucht bringt«.

7. September

. . . ändert euch durch Erneuerung eures Sinnes!
Römer 12, 2

Erneuern bedeutet zu neuem Leben verändern. Dieser Text sagt aus, daß unser Denken geändert werden kann, wenn wir es wollen. Wir können nichts dazu oder dagegen tun, daß wir in diese Welt geboren werden. Doch wiedergeboren werden, wenn wir nur zu Jesus kommen und Seinen Geist empfangen, das liegt in unserer eigenen

Macht. Das gilt für alle Bereiche des geistlichen Lebens. Du kannst in deiner Gesinnung erneuert werden, wenn du willst. Durch bloße Willensanstrengung kannst du deinen Geist in jeder gewünschten Beziehung beleben. Denk immer daran, daß die Aussagen Jesu zuerst den Willen und das Gewissen herausfordern! Nur wenn wir da gehorchen, eröffnet sich uns das verstandesmäßige Erfassen (vgl. Johannes 7, 17). Der Wille wird in der Beschäftigung mit dem Wort Gottes angesprochen.

Solange du das als eine Zumutung auffaßt, gibt es keinen Fortschritt, etwa wenn du sagst: »Ich bin überwältigt von der gewaltigen Fülle des Wissens, das mir hier gegenübertritt. Deshalb hat es gar keinen Wert, daß ich überhaupt weitermache.« Wenn du dich durch diese Phase durcharbeitest, kommst du auf einmal an einen Wendepunkt. Alles, was so schwierig und verwirrend war, wird so hell, wie wenn es von einem Blitz erleuchtet wäre. Aber alles hängt davon ab, ob du durchhältst.

Wenn die Leute sagen: »Predige uns das einfache Evangelium«, meinen sie: »Predige uns das, was wir schon immer gehört haben, das, was uns in unserem tiefen Schlaf ungestört läßt. Wir wollen nichts anderes gesagt bekommen.« Je früher dann der Geist Gottes dazwischenschlägt und ihre erstarrten Herzen wachrüttelt, desto besser. Die ständige Erneuerung des Denkens ist der einzig gesunde Zustand für einen Christen. Hüte dich davor, deine gegenwärtigen Ansichten als endgültig anzusehen und zu verfestigen!

8. September

Ich bin mit Christus gekreuzigt. Galater 2, 19

Wenn ich das Kreuz Christi als das Unterpfand meiner Erlösung angenommen habe, gibt es einen Beweis dafür. Dann zeigt sich nämlich in meinem sterblichen Fleisch die erneuernde Kraft Gottes. Sobald ich das Kreuz Christi als das Unterpfand meiner Erlösung annehme, bin ich nicht mehr derselbe und darf nicht mehr derselbe sein. Ich muß ein anderer Mensch sein, und ich muß mein Kreuz aus der Hand meines Herrn entgegennehmen.

Das Kreuz ist das Geschenk Jesu an Seine Jünger. Es kann nur eines aussagen: »Ich gehöre nicht mehr mir selbst.« Das neue Leben, das ich jetzt lebe, läßt sich in dem einen Merkmal zusammenfassen, daß ich mein Recht auf mich selbst aufgegeben habe. Ich lebe, als wäre ich an ein Kreuz genagelt.

Solange ich nicht dahin gekommen bin, steht mein Glaubensleben immer in der Gefahr, in einem Fiasko zu enden. Ich sage dann vielleicht: »Ich habe gar nichts dagegen, von der Hölle errettet zu werden und den Heiligen Geist zu empfangen. Aber es ist zuviel erwartet, wenn ich mein Recht auf mich selbst an Jesus Christus abgeben soll, wenn ich mein Leben als Mann, als Frau, und alle meine Wünsche und Pläne aufgeben soll.«

Jesus sagte: »Wenn jemand Mein Jünger sein will, sind das die Bedingungen.« Daran stießen sich die historischen Jünger, und daran wirst du dich stoßen und ich mich. Es ist eine Verhöhnung des Kreuzes Christi, wenn wir sagen, daß wir an Jesus glauben und dabei die ganze Zeit uns zu Gefallen leben, indem wir selbst unsere Wege wählen.

9. September

Ihr aber seid das auserwählte Geschlecht, die königliche Priesterschaft, das heilige Volk, Gottes eigenes Volk. 1. Petrus 2, 9

Zu sagen, daß die Lehre von der Heiligung unnatürlich sei, entspricht nicht der Wahrheit. Sie gründet sich auf die Art und Weise, wie wir geschaffen sind. Wenn wir wiedergeboren sind, werden wir zum ersten Mal natürlich. Solange wir in der Sünde leben, sind wir unnormal, weil die Sünde nicht normal ist. Wenn wir durch die Gnade Gottes wiederhergestellt sind, wird es das Allernatürlichste für uns, heilig zu leben. Wir zwingen uns nicht etwa, unnatürlich zu sein. Wenn wir in der richtigen Stellung zu Gott stehen, helfen uns alle unsere natürlichen Triebe, Ihm zu gehorchen. Sie werden der größte Verbündete des Heiligen Geistes.

Sooft wir uns unabhängig machen, werden wir ungehorsam. Unabhängigkeit ist nicht Stärke, sondern unerkannte Schwäche. Die Unabhängigkeit macht das Wesen der Sünde aus. Unser Herr Jesus war nie unabhängig. Das überragende Merkmal Seines Lebens war Seine Unterordnung unter Seinen Vater.

Jesus Christus gehörte zu Gottes ursprünglichem Plan für die Menschheit. Er war mühelos Herr über das Leben des Meeres und der Luft und der Erde. Wenn wir wissen möchten, wie das Menschengeschlecht auf der Grundlage der Erlösung einmal sein wird, finden wir es in Jesus Christus dargestellt: ein vollkommenes Einssein von Gott und Mensch.

10. September

Wach auf, der du schläfst, und steh auf von den Toten . . .! Epheser 5, 14

Aus der Bibel wissen wir, daß die Menschen ohne den Geist Gottes nicht zu Gott gezogen werden können. Sie werden als »tot« bezeichnet. Die Predigt des Wortes Gottes, das Lesen des Wortes Gottes bringt keine Reaktion hervor. Ein Glaubenseifer, der es nicht gelernt hat, sich auf den Heiligen Geist zu verlassen, macht alles vom menschlichen Verstand abhängig. Dann wird dem anderen eingeschärft: »Gott hat so und so gesagt. Jetzt glaube es, und alles wird gut.« Aber nichts wird gut.

Die Grundlage des Glaubens, den Jesus Christus lehrte, ist das Annehmen eines neuen Geistes, nicht eines neuen Glaubensbekenntnisses. Das erste, was der Heilige Geist tut, ist, daß Er uns aus dem Schlaf aufweckt. Wir müssen lernen, uns auf den Heiligen Geist zu verlassen, denn Er allein gibt dem Wort Gottes Leben. Unser ganzes Bemühen, unseren Glauben durch das Wort Gottes aufzupumpen, führt zu keiner Belebung, zu keiner Erleuchtung. Du redest mit dir selbst und sagst: »Jetzt sagt Gott das, und ich will es glauben.« Du glaubst es, du glaubst es wieder, und noch einmal. Aber nichts geschieht, weil die Lebenskraft, die das Wort lebendig macht, nicht da ist.

Der Geist Gottes kommt immer überraschend: »Der Wind weht, wo er will . . . So ist es bei jedem, der aus dem Geist geboren ist.« Kein Glaubensbekenntnis und keine Glaubensrichtung und auch keine Erfahrung kann sich als Verwalter des Geistes Gottes aufspielen.

11. September

**Wie Mich der Vater gesandt hat, so sende Ich euch.
Johannes 20, 21**

Unser Herr Jesus erwartet von uns, daß wir in unerschütterlicher Treue zu Ihm halten. Wenn wir das nicht tun, berührt das unsere persönliche Errettung nicht, wohl aber verhindert es, daß unser Leben zu »gebrochenem Brot und ausgegossenem Wein« werden kann. Gott kann mich nie zu Wein machen, wenn ich mich gegen die Finger wehre, die Er gebraucht, um mich zu zerquetschen.

Wenn Gott mich doch mit Seinen eigenen Fingern zerbrechen und sagen würde: »Jetzt, Mein Sohn, will Ich dich zu gebrochenem Brot und ausgegossenem Wein machen, und jedermann wird erkennen, was Ich tue!« Aber wenn Er jemanden gebraucht, der kein Christ ist, oder jemanden, gegen den ich eine ausgesprochene Abneigung habe, oder irgendwelche Umstände, von denen ich sagte, ich würde sie nie hinnehmen, und *daraus* meine Zerbrecher macht, dann erhebe ich Einspruch.

Ich darf den Schauplatz meines Martyriums niemals selbst wählen, auch darf ich die Dinge nicht auswählen, die Gott einsetzt, um mich zu gebrochenem Brot und ausgegossenem Wein zu machen. Sein eigener Sohn hat auch nicht gewählt. Gott wählte es für Seinen Sohn aus, daß Er drei Jahre lang einen Teufel in Seiner Gesellschaft haben sollte. Wir sagen: »Ich will Engel, ich will Leute, die besser sind als ich. Ich will, daß alles deutlich erkennbar von Gott kommt. Sonst kann ich nicht ein Leben als Christ führen oder einen Auftrag richtig erledigen. Ich möchte immer alles erstklassig haben.« Laß Gott machen, wie Er es will! Wenn du jemals Wein werden willst, der zum Trinken taugt, mußt du zerquetscht werden. Trauben kann man nicht trinken. Trauben sind erst Wein, wenn sie zerquetscht wurden.

Ich frage mich, wie es möglich war, daß Gott einen so groben Finger und Daumen angesetzt hat, um dich auszupressen, und du wie ein Marmorblock warst und entkamst. Du bist noch nicht reif. Wenn Gott dich ausgedrückt hätte, wäre auffallend bitterer Wein daraus geworden. Laß Gott weiter an dir arbeiten und dich ausdrücken, denn damit bringt Er dich schließlich an Sein Ziel!

12. September

Und er baute eine Stadt. 1. Mose 4, 17

Die erste Zivilisation wurde von einem Mörder begründet. Bis zum heutigen Tag fußt das zivilisierte Leben auf einem riesigen, vielschichtigen, mehr oder weniger glanzvoll aufgemachten System des Mordens. Zwar ist es nach unserer Auffassung der Wohlfahrt der Menschen dienlicher, wenn wir nicht sofort morden. Doch tun wir es mit einem System des Wettbewerbs.

Die Überzeugung ist tief in unserem Denken verankert, daß Wettbewerb und Konkurrenz wesentlich für den Fortgang des zivilisierten Lebens sind. Deshalb erscheinen die Aussagen Jesu Christi unpassend und lächerlich. Sie kommen entweder von einem Wahnsinnigen oder von dem menschgewordenen Gott.

Nach der Bergpredigt zu leben ist für jeden außer einem Narren eine glatte Unmöglichkeit. Und wer will ein solcher Narr sein? Der Mensch, der wiedergeboren ist und es wagt, in seinem persönlichen Leben die Lehre Jesu zu befolgen. Was geschieht dann? Die unausweichliche Folge: Er kann nicht Karriere machen, wie es ihm sonst möglich gewesen wäre. Das ist eine harte Rede, aber es ist wahr.

13. September

Was ist der Mensch, daß Du seiner gedenkst? Psalm 8, 5

Wie wir die Welt um uns her sehen, hängt ganz von unserem Nervensystem ab. Das Wunder des Schöpfungsaktes Gottes an uns ist, daß wir die Dinge unserer Umgebung so sehen, wie wir sie sehen. Daß wir z. B. Schönheit und Farben und Töne erkennen können, ist allein auf unser Nervensystem zurückzuführen. Es gibt keine Farbe für mich, wenn meine Augen geschlossen sind, keinen Ton, wenn ich taub bin, kein Gefühl, wenn ich schlafe.

Wenn du das Wunderbarste in der ganzen Schöpfung kennenlernen willst: Es ist nicht der Himmel, nicht der Mond oder die Sterne, sondern: »Was ist der Mensch, daß Du seiner gedenkst? ... Du hast ihn zum Herrn gemacht über Deiner Hände Werk.« Die gesamte Schöpfung war für den Menschen vorgesehen. Nach Gottes

Absicht sollte der Mensch der Herr über das Leben auf der Erde, in der Luft und im Meer sein. Der Grund dafür, daß er es nicht ist, ist die Sünde. Doch wird er in diese Stellung noch eingesetzt werden (vgl. Römer 8, 19 bis 22).

Paulus weist darauf hin, daß die Probleme der schwerwiegenden Isolierung, in der wir stehen, von der Sünde verursacht sind. Trotzdem bleibt es wahr, daß unser Nervensystem keine Krankheit ist, sondern von Gott dazu ausersehen wurde, ein Tempel des Heiligen Geistes zu sein.

14. September

Denn Griechen und Nichtgriechen, Weisen und Nichtweisen bin ich verpflichtet... **Römer 1, 14**

Fühle ich mich so in der Schuld Christi wie Paulus im Blick auf jede unerlöste Seele, der ich begegne, jede unerlöste Nation? Ist es für mich eine Ehrensache, geistliche Segnungen nicht für mich zu behalten? Die Ehre meines Lebens als Christusnachfolger hängt daran, ob ich erkenne, daß ich um der Erlösungstat des Herrn Jesus Christus willen ein Schuldner jedes Menschen bin, der auf der Erde lebt.

Was das Leben des Paulus kennzeichnete, war die Erkenntnis, daß er nicht sich selbst gehörte: Er war um einen Preis gekauft. Das vergaß er nie. »Ich bin allen alles geworden, damit ich auf jeden Fall einige rette« (1. Korinther 9, 22). Paulus zog die Menschen immer zu Jesus hin, nie zu sich selbst. Er wurde eine gottgeweihte Persönlichkeit, d. h. wohin er auch ging, verfügte Jesus Christus über sein Leben (vgl. 2. Korinther 2, 14).

Viele von uns leben, von außen unbemerkt, ihren eigenen Zielen. Deshalb kann Jesus Christus auch nicht über unser Leben verfügen. Wenn ich mich Jesus übereigne habe, habe ich keinen eigenen Zielen mehr zu leben. Die große Triebfeder und der gewaltige Ansporn zum Dienst ist nicht, daß Gott mich gerettet und geheiligt hat oder daß Er mich geheilt hat. Das alles ist eine Tatsache. Aber die große Triebfeder für den Dienst ist die Erkenntnis, daß ich alles an meinem Leben, was irgendwie von Wert ist, der Erlösung verdanke. Deshalb bin ich ein Leibeigener Jesu.

Ich erkenne mit Freude, daß ich nicht mein eigenes Leben leben kann. Ich bin ein Schuldner Christi, und als solcher kann ich nur auf die Erfüllung Seiner Absicht für mein Leben hinarbeiten. Um dieser Forderung des geistlichen Ehrgefühls nachzukommen, bin ich untauglich für dieses Zeitalter, für dieses Leben, untauglich in jeder Beziehung außer der einen, daß ich Männer und Frauen in die Nachfolge Jesu führen kann.

15. September

Was ihr wollt, daß euch die Leute tun sollen, das tut ihnen auch! Lukas 6, 31

Immer und immer wieder sprechen wir Gott der Vernachlässigung von Menschen schuldig. Das tun wir, indem wir ihnen unser Mitempfinden zum Ausdruck bringen. Vielleicht fassen wir es nicht in Worte, doch durch unsere Einstellung geben wir zu erkennen, daß wir übernehmen, was Gott zu tun vergessen hat. Gib diesem Gedanken nie Raum in dir! Laß ihn nie in deinen Kopf hinein! Sehr wahrscheinlich wird der Geist Gottes uns zeigen, daß es den Leuten so ergeht, wie wir es antreffen, weil wir nicht getan haben, was wir hätten tun sollen.

Die große Masche heute ist die Sozialpolitik. Es heißt, Jesus Christus sei als Gesellschaftsreformer gekommen. Unsinn! Wir sind die Gesellschaftsreformer. Jesus Christus kam, um uns zu verändern. Indem wir unsere Arbeit auf Ihn abwälzen, versuchen wir, unserer Verantwortung zu entgehen.

Doch Jesus ändert uns. Er bringt uns zurecht. Seine Richtlinien machen uns augenblicklich zu Sozialreformern. Sie wirken sich unverzüglich dort aus, wo wir leben: in unserem Verhältnis zu unseren Eltern und Geschwistern, unseren Freunden, unserem Arbeitgeber oder unseren Arbeitnehmern. »Denkt daran, wie Gott sich euer angenommen hat«, sagt Jesus, »und dann denkt daran, es anderen ebenso zu tun.«

16. September

Denn wir wissen nicht, was wir beten sollen, wie sich's gebührt; sondern der Geist selbst tritt für uns ein ...
Römer 8, 26

Die Fürbitte ist ein hervorragendes Mittel dafür, daß wir den Kontakt mit der Wirklichkeit nicht verlieren. Fürbitte bedeutet, daß ich ernsthaft darum ringe, daß meine menschliche Seele bewegt wird von der Einstellung meines Herrn zu dem Menschen, für den ich bete. Da liegt unsere Aufgabe. Wir entziehen uns ihr, indem wir praktische Arbeit tun. Wir tun die Dinge, die sich in Tabellen erfassen und in Übersichten zusammenstellen lassen. Doch das *eine*, das keine Falle stellt, wollen wir nicht tun. Die Fürbitte hält die Verbindung zu Gott vollständig offen.

Du kannst nicht Fürbitte tun, wenn du nicht an die Wirklichkeit der Erlösung glaubst. Dann machst du aus der Fürbitte oberflächliches Mitgefühl für andere Menschen. Damit verstärkst du aber nur noch ihre selbstgefällige Zufriedenheit darüber, daß sie ohne Verbindung zu Gott sind. Fürbitte heißt, die Einstellung Christi zu dem, für den wir beten, zu bekommen. Das ist gemeint mit dem Erstatten dessen, »was noch mangelt an den Trübsalen

Christi«. Deshalb gibt es so wenige, die Fürbitte tun. Gib acht, daß du dich nicht in mehr Schwierigkeiten verstrickst, als Gott für dich vorgesehen hat! Wenn du zuviel weißt, mehr als Gott dir zugedacht hat, kannst du nicht beten: die Verhältnisse, in denen sich die Menschen befinden, sind so erdrückend, daß du nicht zur Wirklichkeit durchdringen kannst.

Der wahre Fürbittebeter ist der, der versteht, wovon Paulus spricht, wenn er sagt: »Denn wir wissen nicht, was wir beten sollen, wie sich's gebührt; sondern der Geist selbst tritt für uns ein mit unaussprechlichem Seufzen.«

17. September

Meine Seele ist betrübt bis an den Tod. Matthäus 26, 38

Haben wir schon eine Sekunde lang Jesus beim Beten zugesehen? Haben wir jemals verstanden, warum der Heilige Geist und unser Herr Jesus selbst so sehr darauf geachtet haben, daß der Todeskampf in Gethsemane überliefert wurde? Es ging dort nicht um den Todeskampf eines Menschen oder eines Märtyrers. Das war der Todeskampf Gottes als Mensch. Gott tritt, als Mensch, in die letzte Phase der unüberbietbaren übernatürlichen Erlösung der Menschheit ein. Wir sollten viel mehr Zeit, als wir es gewohnt sind, daran wenden, über die grundlegenden Wahrheiten nachzudenken, auf die der Geist Gottes die Einfachheit unserer christlichen Erfahrung aufbaut.

Sei dir darüber im klaren: Was das Beten leicht macht, ist nicht unser Scharfsinn oder unser Durchblick, sondern der qualvolle Todeskampf Gottes, als Er uns erlöste! Eine Sache ist soviel Wert, wie sie kostet. Das Gebet wiegt nicht soviel, wie es uns kostet, sondern so viel, wie es Gott kostete, um uns das Beten zu ermöglichen. Es kostete Gott so viel, daß ein kleines Kind beten kann. Es kostete Gott so viel, daß jeder beten kann.

Aber es ist an der Zeit, daß diejenigen unter uns, die Seinen Namen nennen, das Geheimnis des Preises kennenlernen. Das Geheimnis ist: »Meine Seele ist betrübt bis an den Tod.« Diese Worte öffnen die Tür zum Verstehen des Todeskampfes unseres Herrn Jesus.

18. September

Kämpft darum, daß ihr durch die enge Pforte eingeht!
Lukas 13, 24

Wenn du in einem Gewissenskonflikt stehst und die Prüfung bestehst, wirst du einen guten Einfluß ausüben auf alle, mit denen du zusammenkommst. Wenn du dagegen nicht kämpfst, verbreitest du einen Gifthauch. Vielleicht weiß es keiner außer dir, daß du einen moralischen Sieg errungen hast, indem du die Keuschheit wähltest oder auf dem Gebiet deines Gefühlslebens den richtigen Weg einschlugst. Doch du wirst für alle anderen Menschen einen ungeahnten Segen bedeuten.

Wenn du dich jedoch weigerst zu kämpfen, bedeutest du eine Belastung für jeden, der in deine Nähe kommt. Das ist ein anerkanntes psychologisches Gesetz, obwohl es wenig bekannt ist. Kämpfe, um die Selbstsucht zu überwinden! Dann bist du eine gewaltige Hilfe. Wenn du aber die Neigung zu geistlicher Trägheit und Undiszipliniertheit nicht überwindest, bist du für alle um dich herum ein Hindernis. Diese Dinge sind ungreifbar, aber sie sind da.

Jesus sagt zu uns: »Kämpft darum, daß ihr durch die enge Pforte eingeht!« Du gehst nie allein hindurch. Wenn du kämpfst, um hindurchzugehen, gewinnen andere dadurch Kraft und Mut. Die Männer und Frauen, durch die wir weiterkommen und Orientierungshilfe empfangen, sind jene, die um ihr Ich kämpfen. Nicht um ihre Selbstbehauptung – das ist ein Zeichen von Schwäche –, sondern um den Aufbau ihrer Persönlichkeit. Es gibt Menschen, in deren Gesellschaft man keine gemeinen Gedanken haben kann, ohne sich augenblicklich zurechtgewiesen zu fühlen.

19. September

Es ist umsonst, daß ihr früh aufsteht und hernach lange sitzt und eßt euer Brot mit Sorgen, denn Seinen Freunden gibt Er es im Schlaf. Psalm 127, 2

Ich weiß nicht, ob du schon einmal darauf geachtet hast, was die Bibel über den Schlaf aussagt. Es ist nicht wahr, daß der Schlaf nur der körperlichen Wiederherstellung dient. Das könnte schon in einer viel kürzeren Zeit erfolgen, als Gott es einrichtete. In unserem Text erkennen wir eine viel tiefere, bedeutungsvollere Funktion des Schlafes als ausschließlich zur körperlichen Erholung. »Denn Seinen Freunden gibt Er es im Schlaf.«
Die tiefsten Anliegen unserer Seele, ob sie gut oder böse sind, werden während des Schlafes gefördert. Es ist nicht nur ein physisches Faktum, daß du ratlos zu Bett gehst und dir beim Erwachen klar vor Augen steht, wie du dich zu verhalten hast. Gott hat dir während des Schlafes zurechtgeholfen. Manchmal kommt Gott nicht an uns heran, bis wir schlafen. In der Bibel werden uns Beispiele dafür berichtet, wie Gott die Seelen Seiner Diener im tiefen Schlummer in tiefere Gemeinschaft mit Ihm brachte (vgl. 1. Mose 2, 21; 15, 12).
Wenn ein Problem oder eine ausweglose Situation dich bedrängen und keine Lösung sich abzeichnet, erscheint sie dir nach der Ruhe der Nacht oft leicht zu finden. Das Problem hat nichts Verwirrendes mehr an sich. Du weißt, daß der Glaubende im Schlaf und im wachen Zustand in

Sicherheit ist. Du wirst nicht erschrecken »vor dem Grauen der Nacht« noch »vor den Pfeilen, die des Tages fliegen.«

Der Schlaf ist Gottes Himmelsgabe. Er schaltet sanft unser Bewußtsein ab. Unterdessen wendet sich Gott dem unbewußten Seelenleben zu an den Orten, wo nur Er und Seine Engel Zutritt haben. Wenn du dich zur Ruhe legst, laß deine Seele zuvor mit Gott zusammen sein! Befiehl Ihm dein Leben an mit der Bitte um Seinen Frieden in den Stunden des Schlafes! Dann wird die freundliche Schöpferhand unseres Gottes eine tiefe und weitreichende Aufbauarbeit an Geist, Seele und Leib tun.

20. September

Darum sollt ihr nicht sorgen . . . Euer himmlischer Vater weiß ja . . . Matthäus 6, 31 ff.

Glauben zu haben stellt einen Menschen radikal auf die Probe. Im Universum seiner Erfahrungswelt, inmitten von Dingen, die im Widerspruch zu seinem Glauben stehen, muß er aushalten und sein Vertrauen auf den Gott setzen, der Sein Wesen in Jesus Christus offenbart hat. Die Aussagen Jesu geben zu erkennen, daß Gottes Wesen von Liebe und Gerechtigkeit und Wahrheit gekennzeichnet ist.

Was uns in unserem Leben tatsächlich widerfährt, scheint zu beweisen, daß Er nicht so ist. Halten wir dann fest an der Botschaft, daß Gott gut ist? Treten wir für Seine Ehre ein, unabhängig davon, was sich im Bereich des tatsächlichen Lebens ereignet? Wenn wir es tun, werden wir feststellen, daß Gott in Seiner Vorsehung das zweifache Universum – das Universum der Offenbarung und das Universum unserer Erfahrungswelt – in vollkommener Harmonie miteinander hält. In einer Krise sind die meisten von uns Heiden: Wir denken und handeln wie Heiden. Nur einer von hundert ist wagemutig genug, sein Vertrauen auf Gott zu setzen.

Die goldene Regel für das Verstehen geistlicher Dinge ist nicht der Verstand, sondern der Gehorsam. Unterscheidungsvermögen in der geistlichen Welt wird nie durch den Verstand gewonnen. In der Erfahrungswelt jedoch ist es so. Wenn jemand naturwissenschaftliche Erkenntnisse sucht, ist die Neugier des Verstandes sein Führer. Wenn er aber verstehen will, was Jesus Christus lehrt, kann er nur durch Gehorsam dahin kommen.

Wenn uns etwas in geistlicher Hinsicht dunkel erscheint, so deshalb, weil wir etwas nicht tun wollen. Dunkelheit in Dingen des Verstandes kommt aus Unwissenheit. Geistliche Dunkelheit kommt, wenn etwas da ist, wo ich nicht gehorchen will.

21. September

Jesus aber wußte, daß Ihm der Vater alles in die Hand gegeben hatte und daß Er von Gott gekommen war und zu Gott ging. Johannes 13, 3

Wir hatten wohl erwartet, daß dem Satz die Mitteilung folgen würde: »Da wurde Er vor ihnen verklärt.« Aber wir lesen, daß das Nächste, was unser Herr Jesus tat, in die allerniedrigste Wertstufe einzuordnen ist: »Er nahm einen Schurz, band ihn um . . . und fing an, den Jüngern die Füße zu waschen.«

Können wir ein Handtuch gebrauchen wie unser Herr Jesus? Handtücher und Waschbecken und Füße und Sandalen, alle die kleinen, alltäglichen Dinge unseres Lebens verraten schneller als alles andere, was in uns steckt. Nicht bei den großen Anlässen zeigt es sich, wer wir sind, sondern bei den kleinen. Es muß der fleischgewordene Gott an der Arbeit sein, wenn die geringsten alltäglichen Arbeiten richtig getan werden sollen.

»Wenn nun Ich, euer Herr und Meister, euch die Füße gewaschen habe, so sollt auch ihr euch untereinander die Füße waschen.« Unser Herr Jesus sagte nicht: »Ich habe Tausenden das Heil gebracht. Ich bin überaus erfolgreich in meinem Dienst gewesen. Jetzt geht und tut dasselbe.« Er sagte: »*Ich habe euch die Füße gewaschen. Jetzt geht und wascht auch euch gegenseitig die Füße.*«

Wir versuchen uns des Auftrags zu entledigen, indem wir denen die Füße waschen, die nicht zu unserem Lebensbereich gehören. Wir waschen die Füße der Heiden oder Füße in den Elendsvierteln. Aber wie wäre es, wenn ich die Füße meines Bruders, meiner Frau, meines Mannes, die Füße meines Gemeindepfarrers waschen würde! Unser Herr Jesus sagt: »Wascht euch untereinander die Füße!«

Hast du bemerkt, wieviel Humor unser himmlischer Vater hat? Er zeigt sich darin, daß Er uns genau die richtigen Menschen in den Weg stellt. Es sind nämlich solche, die uns zu erkennen geben, wie wir Ihm gegenüber gewesen sind. »Jetzt«, sagt Er, »erweise diesen dieselbe Liebe, die Ich dir erwiesen habe!« Wenn Jesus Christus uns aus Liebe und Gnade aus dem Staub emporgehoben hat, müssen wir diese Liebe auch anderen entgegenbringen.

22. September

Wißt ihr nicht, daß euer Leib ein Tempel des Heiligen Geistes ist? 1. Korinther 6, 19

Ein Körper ist dazu bestimmt, »ein Tempel des Heiligen Geistes« zu sein. Es liegt an mir, ob ich in meinem körperlichen Verhalten für die Ehre Jesu Christi eintrete. Wenn der Geist Gottes einzieht, reinigt Er den Tempel und läßt auch nicht eine Lieblingssünde weiterbestehen. Das eine, worauf Jesus Christus in meinem körperlichen Leben besteht, ist Keuschheit. Ein Christ darf nicht den

Tempel Gottes entheiligen, indem er sich mit Dingen abgibt, mit denen er sich nicht abzugeben hat. Wenn wir das doch tun, werden wir Gottes Hand zu spüren bekommen.

Sobald der Geist Gottes in uns einzieht, wird uns klar, welche Folgen das hat: Alles, was nicht von Gott ist, muß erbarmungslos hinausgeworfen werden. Das überrascht viele. Sie sagen: »Mir wurde gesagt, Gott würde denen, die Ihn bitten, den Heiligen Geist geben. Darauf bat ich um den Heiligen Geist und dachte, Er würde mir Freude und Frieden bringen. Aber seit der Zeit ist alles viel schwerer geworden.« Das ist das Zeichen dafür, daß Er gekommen ist. Er wirft »die Wechsler und das Vieh« hinaus, d. h. das, was den Tempel zu einem Umschlagplatz für unsere Selbstverwirklichung macht.

Wir kommen bald dahinter, warum das Evangelium nie willkommen ist. Solange wir mit gewinnenden Worten über die Freundlichkeit sprechen und die schönen Gedanken, die der Heilige Geist uns eingibt, wenn Er kommt, sind die Menschen begeistert. Aber das ist nicht das Evangelium. Das Evangelium räumt auf mit allem, was ein Mensch als Grund ansehen könnte, auf dem er stehen kann, außer dem Grund der Erlösungstat Jesu. Du kannst vom Frieden des Himmels und der Freude am Herrn erzählen. Die Menschen werden dir zuhören. Aber sage ihnen, daß der Heilige Geist zu ihnen kommen und ihren Anspruch auf ihr Recht auf sich selbst hinauswerfen muß. Augenblicklich kommt Unmut auf. »Ich kann mit meinem Körper machen, was ich will. Ich kann hingehen, wo ich will.«

Die meisten Menschen sind keine Schurken und Verbrecher, die in grober Sünde leben. Sie führen ein anständiges und ehrbares Leben. Gerade für solche ist das Eingreifen Gottes etwas Furchtbares. Es zeigt nämlich, daß die natürlichen Tugenden eine götzendienerische Feindschaft gegen Gott darstellen können.

23. September

Wenn der Heilige Geist in uns einzieht, scheint es zuerst, als stecke Er uns in ein Gefängnis. Dann öffnet Er uns die Augen und zeigt uns die Weite, in die wir gestellt sind. Jetzt ist das Wort für uns wahr geworden: »Alles ist euer« (1. Korinther 3, 22), von der winzigsten Blume, die blüht, bis zu Gott auf Seinem Thron. Wenn wir das Geheimnis begriffen haben, daß Gott selbst die Quelle unseres Lebens ist, kann Er uns die Entfaltung unseres Wesens anvertrauen. Jede Entfaltung unseres Wesens wandelt die Selbstsucht in Selbstlosigkeit.

Das ist nicht nur ein Merkmal der Christen. Es gilt für die menschliche Natur überhaupt, auch losgelöst von der Gnade Gottes. Jede Inspiration, ob echt oder falsch, stärkt die Persönlichkeit. Sie gibt dem Menschen das Gefühl, mit sich selbst und mit jedem Menschen eins zu sein. Er ist selbstlos, solange die Inspiration anhält.

Paulus sagt: »Sauft euch nicht voll Wein« (Epheser 5, 18) – das wäre die gefälschte Nachahmung der wahren Umwandlung –, »sondern laßt euch vom Geist erfüllen«. Als Folge davon werden alle von der Eigenliebe diktierten Überlegungen sofort umgewandelt. Du denkst dann, ohne daß du dich darum bemühen mußt, nur noch an das Wohl anderer und an die Ehre Gottes.

Wem erlaubst du es, dich zu einer Einheit zu machen und dir das Gefühl der Selbstlosigkeit zu geben? Sei vorsichtig! Als Christen dürfen wir uns nur einer einzigen Macht öffnen, dem Heiligen Geist. Er wird uns so umgestalten, daß es uns leicht fallen wird, einander in der Furcht Gottes untertan zu sein.

24. September

Ihr sollt nicht meinen, daß Ich gekommen bin, Frieden auf die Erde zu bringen. Ich bin nicht gekommen, Frieden zu bringen, sondern das Schwert. Matthäus 10, 34

Es ist angenehmer, dem natürlichen Heiden zu begegnen, einem Mann, auf dessen Wort man sich verlassen kann, einem moralischen und aufrechten Menschen, als dem Christen, der so viel vom Geist Gottes hat, daß er keinen Spaß mehr an der Sünde hat, aber nicht genug, daß er von ihr frei wird.

Nirgends in der Bibel findest du einen Hinweis darauf, daß etwas zerstört wird um der Zerstörung willen. Menschen zerstören um des Zerstörens willen, auch der Teufel. Gott tut das nie. Er zerstört das Falsche und das Böse zu dem einen Zweck: dem Offenbarwerden, dem Freiwerden des Guten.

Der Sinn des Schwertes ist, daß alles zerstört wird, was einen Menschen davon abhält, befreit zu werden. Das erste, was die Errettung mit sich bringt, ist das Element der Zerstörung. Dagegen wehren sich die Menschen. Das sollten wir uns bewußt machen, wenn wir hören, was unser Herr Jesus über Seinen eigenen Auftrag sagte: »Ihr sollt nicht meinen, daß Ich gekommen bin, Frieden auf die Erde zu bringen. Ich bin nicht gekommen, Frieden zu bringen, sondern das Schwert.« Unser Herr Jesus gibt sich zu erkennen als den Zerstörer alles Friedens und alles Glücks und der Unwissenheit, wo immer diese ein Mantel für die Sünde sind (vgl. Matthäus 3, 10). Es klingt wie eine Herausforderung zu sagen, daß Jesus nicht kam, um Frieden zu bringen. Aber so sagt Er selbst.

Das eine, worauf Jesus Christus hinarbeitet, ist die Zerstörung alles dessen, was die Emanzipation der Menschen behindert. Daran, daß Menschen glücklich und friedlich und erfolgreich sind, läßt sich noch nicht ablesen, daß sie frei sind vom Schwert Gottes. Wenn ihr

Glück und ihr Friede und ihr Wohlergehen und ihre Selbstzufriedenheit auf einem unbefreiten Leben gründen, wird bald das Schwert über sie kommen, und all ihr Friede, ihre Ruhe und ihre Freude werden zerstört.

25. September

Denn Ich sage euch: Wenn eure Gerechtigkeit nicht viel besser ist als die der Schriftgelehrten und Pharisäer, so werdet ihr nicht in das Himmelreich kommen.
Matthäus 5, 20

Nimm Saulus von Tharsus als Beispiel des Pharisäismus. In seinem Brief an die Philipper sagt er selbst: »nach dem Gesetz ein Pharisäer, . . . nach der Gerechtigkeit, die das Gesetz fordert, untadelig« (Philipper 3, 5–6). Jesus Christus sagt, daß wir als Seine Jünger diese Gerechtigkeit übertreffen müssen. Kein Wunder, daß wir uns von Seinen Aussagen hoffnungslos überfordert fühlen. Unsere Gerechtigkeit soll besser sein als die des Menschen, dessen äußeres Verhalten nach dem Gesetz ohne Tadel war. Wohin führt das? Geradewegs in die Verzweiflung.

Wenn wir uns Jesus Christus und Seinem Wort stellen, antworten wir auf Seinen Aufruf: »Selig sind, die reines Herzens sind«: »Herr, wie soll ich ein reines Herz bekommen? Wenn ich je ohne Tadel sein soll bis in die geheimsten Winkel meiner Willensregungen, mußt Du eine gewaltige Änderung in mir schaffen.« Genau dazu ist Jesus Christus gekommen. Er kam nicht, um uns *zu sagen*, wir sollten heilig sein, sondern um uns heilig *zu machen*, untadelig in den Augen Gottes. Wenn ein Mann oder eine Frau dahin gelangt, dann allein um der übernatürlichen Gnade Gottes willen.

Du kannst nicht mehr unter frommem Deckmantel wei-

terleben, wenn du mit der Bibel in Berührung kommst.
Der Geist Gottes reinigt uns von allem scheinheiligen
Gehabe. Es hat keinen Platz mehr.

26. September

**Da machte Gott der Herr den Menschen aus Erde vom
Acker und blies ihm den Odem des Lebens in seine Nase.
Und so war der Mensch ein lebendiges Wesen.**
1. Mose 2, 7

Gott machte den Menschen als eine Mischung von Erde
und Gottheit. Die »Erde« eines Menschenleibes ist seine
Ehre, nicht seine Schande. Jesus Christus offenbarte sich
in dieser »Erde«, und Er behauptet, daß Er mit Seiner
Göttlichkeit in jedem Menschen Wohnung machen kann.
Das Neue Testament lehrt uns, wie wir den Leib unter
Kontrolle halten und zu einem Diener machen können.
Ein Übermaß an Arbeit ist eine Folge der Sünde. Es darf
niemals zum Dauerzustand werden. Es wird jedoch zum
Dauerzustand, weil wir die Tatsache außer acht lassen,
daß der Staub der Erde Gott gehört und daß der Mensch
dazu lebt, Gott zu verherrlichen.
Wenn wir nicht die Gegenwart des Göttlichen in unserem
Staub aufrechterhalten können, wird das Leben zu einer
mühseligen Plackerei. Wenn ein Mensch lebt, um aufzu-
häufen, was dem Lebensunterhalt dient, lebt er überhaupt nicht. Er hat gar keine Zeit dafür. Er ist festgehal-
ten durch eine wie auch immer geartete Fronarbeit,
durch die der Betrieb am Laufen gehalten wird.

27. September

Wie einer nackt von seiner Mutter Leibe gekommen ist, so fährt er wieder dahin, wie er gekommen ist, und trotz seiner Mühe nimmt er nichts mit sich, wenn er dahinfährt. Prediger 5, 14

Wenn ein Mensch stirbt, kann er nichts von dem, was er in seinem Leben getan oder geschaffen hat, mit sich nehmen. Das einzige, was er mitnehmen kann, ist das, was er *ist.* In der Bibel findet sich keine Grundlage für die moderne Spekulation, daß es nach dem Tod eine zweite Chance gibt. Es kann sein, daß es noch eine Möglichkeit zur Umkehr gibt. Es kann viele interessante Dinge geben – aber die Bibel lehrt nichts darüber. Die Zeit zwischen Geburt und Tod ist uns zu unserer Bewährung gegeben.

Die Bergpredigt führt den natürlichen Menschen in die Verzweiflung, und genau das will Jesus damit erreichen. Sobald wir nämlich am Rande der Verzweiflung stehen, sind wir bereit, zu Jesus Christus als Arme zu kommen und von Ihm beschenkt zu werden. »Selig sind, die geistlich arm sind« – das ist die erste Grundregel des Himmelreichs. Solange wir so eingebildet und selbstgerecht sind, daß wir meinen, wir könnten es schon schaffen, wenn Gott uns hilft, muß Gott uns laufen lassen, bis wir unserer Dummheit an irgendeinem Hindernis den Hals brechen. Dann werden wir bereit sein zu kommen und von Ihm zu empfangen.

Die Grundlage des Reiches Jesu Christi ist die Armut, nicht der Besitz; nicht Entscheidungen für Jesus Christus, sondern das Bewußtsein, nichts zu sein. Wenn wir uns darüber im klaren sind: »Ich kann nicht einen einzigen Schritt auf dem Weg des Glaubens tun«, dann sagt Jesus: »Selig bist du.« So treten wir ein. Es dauert sehr lange, bis wir glauben, daß wir arm sind. Das Bewußtsein unserer

Armut bringt jeden von uns an seine Grenze. An der Grenze aber steht Jesus Christus.

28. September

Willst du Mein Urteil zunichte machen und Mich schuldig sprechen, daß du recht behältst? Hiob 40, 8

Wie auch immer das Weltall beschaffen sein mag, es ist uns nicht gefügig. Manche modernen Wissenschaftler wollen uns das allerdings weismachen. Sie sagen, wir könnten das Meer und die Luft und die Erde in den Griff bekommen. Ganz richtig, das kann man, wenn man nur wissenschaftliche Abhandlungen liest und sich mit erfolgreichen Experimenten beschäftigt. Aber über kurz oder lang entdeckst du Kräfte, die alle deine Berechnungen über den Haufen werfen und beweisen, daß das Weltall wild und unlenkbar ist.

Und doch hatte Gott ursprünglich vorgesehen, daß der Mensch es beherrschen sollte. Daß er es nun nicht kann, liegt daran, daß der Mensch Gottes Ordnung durcheinander brachte. Anstatt Gottes Herrschaft über sich selbst anzuerkennen, wurde der Mensch sein eigener Gott und verlor dadurch die Herrschaft über alles andere (siehe 1. Mose 3).

Als Jesus Christus kam, war Er mühelos Herr über das Leben in der Luft, auf der Erde und unter dem Himmel. An Ihm sehen wir, welche Stellung Gott dem Menschen ursprünglich zugedacht hatte. Wenn du wissen willst, wie die Menschheit auf der Grundlage der Erlösung einmal sein wird, findest du es in Jesus Christus widergespiegelt: eine vollkommene Einheit zwischen Gott und Mensch, ohne Kluft dazwischen.

Jetzt besteht noch eine Kluft, und das Weltall ist unbezähmbar, nicht gebändigt. Alle möglichen Formen von Aberglauben geben vor, sie könnten das Universum beherrschen. Der wissenschaftliche Scharlatan verkündigt, er könne das Wetter bestimmen. Weiter gibt er an, daß er okkulte Kräfte hat und das unbezähmbare Weltall zähmen kann. Gott sagt, daß das nicht geht.

29. September

Denn wir haben nicht mit Fleisch und Blut zu kämpfen, sondern ... mit den bösen Geistern zwischen Himmel und Erde. Epheser 6, 12

In unserer Zeit steht der Spiritismus in Blüte. Männer und Frauen kommen mit abgeschiedenen Geistern in Verbindung und verbünden sich mit den unsichtbaren Mächten. Wenn du schon so weit gegangen bist, aus Kaffeesatz die Zukunft zu lesen, *hör auf damit!* Wenn du schon das Wahrsagen aus Karten praktiziert hast, *hör auf damit!* Ich will dir sagen, warum.

Der Teufel gebraucht diese scheinbar harmlosen Dinge, um in den Köpfen der Männer und Frauen, besonders junger Männer und Frauen, eine unbezwingbare Neugier zu wecken. Dadurch können sie unter die Herrschaft von Engelheeren kommen, die Gott hassen, unter die Herrschaft der Mächtigen und Herren dieser Welt, die in der Finsternis herrschen. Sage nie: »Was sollte es schon schaden!« Denk logisch weiter und frage: »Wohin führt es mich?«

Du bist absolut sicher, solange du unter dem Schutz des Erlösungsopfers Jesu stehst. Wenn du das aber nicht tust – dabei ist es ganz gleichgültig, was du im einzelnen erlebst –, bist du absolut schutzlos. Jederzeit können Gefahren auf dich zukommen, Schrecken und Dunkelheit können dich umfangen und dich mit ständiger Lebensbedrohung quälen.

Gott gebe es, daß wir uns von diesen Dingen so weit wie möglich entfernt halten. Sollte aber die unergründliche

Vorsehung Gottes es so führen, daß du in die Nähe einer spiritistischen Sitzung gerätst, bete, bete unaufhörlich, und du wirst alle Macht des Mediums – falls es wirklich eines ist – lähmen. Keine spiritistische Sitzung kann weitergehen, wenn ein Christ in der Nähe ist, der Gott im Gebet zu erreichen weiß. In dieser Situation können keine Geister auftreten. Ich könnte von wunderbaren Erfahrungen erzählen, wie Gottes Macht sich erwies. Gott sei gepriesen: Die Erlösung Jesu Christi macht uns zu Überwindern der Engelmächte.

30. September

Und Er tat dort nicht viele Zeichen wegen ihres Unglaubens. Matthäus 13, 58

Die Erlösung ist die große objektiv in Erscheinung tretende Tatsache des christlichen Glaubens. Sie zeigt sich nicht nur in der Heilserfahrung eines Menschen, sondern auch in der Grundlage seines Denkens. Die Botschaft der Erlösung bedeutet, daß Jesus Christus auf die Erde kam, um durch Seinen Tod am Kreuz die ganze Menschheit auf eine neue Grundlage zu stellen, auf der jeder in die vollkommene Gemeinschaft mit Gott zurückgelangen kann. »Ich habe . . . das Werk vollendet, das Du Mir zu tun gegeben hast.« Was war vollendet? Die Erlösung der Welt. Die Menschen *werden* nicht erst in Zukunft erlöst. Sie *sind* erlöst. »Es ist vollbracht.«
Nicht die Rettung einzelner Männer und Frauen wie du und ich war vollbracht. Die ganze Menschheit war auf den Grund der Erlösung gestellt. Glaube ich das? Dann will ich jetzt an den schlimmsten Menschen denken, den ich kenne, den Menschen, für den ich keinerlei Sympathie empfinde, den Menschen, der ein ständiger Pfahl in meinem Fleisch ist, der so gemein ist, wie man nur sein kann. Kann ich mir vorstellen, daß dieser Mensch »voll-

kommen in Christus Jesus« dargestellt wird? Wenn ich das kann, habe ich den Anfang des christlichen Denkens begriffen. Es sollte einem Christen leicht fallen, von jedem Menschen ohne Ausnahme sich vorstellen zu können, daß er »vollkommen in Christus Jesus« dargestellt wird.

Aber wie selten denken wir so! Wenn ich ein ernsthafter evangelistischer Prediger bin, sage ich vielleicht zu jemandem: »Oh ja, ich glaube, daß Gott dich retten kann«, und glaube doch nicht in meinem Herzen, daß große Hoffnung für ihn besteht. Unser Unglaube ist die schwerste Schranke für das Werk Jesu Christi an den Seelen der Menschen. »Und Er tat dort nicht viele Zeichen wegen ihres Unglaubens.«

1. Oktober

Nicht, daß ich's schon ergriffen habe oder schon vollkommen bin; ich jage ihm aber nach, um es zu ergreifen, nachdem ich von Christus Jesus ergriffen bin.
Philipper 3, 12

Um im Leben zurechtzukommen, müssen wir in unserem Denken sinnvolle Gedankenverbindungen herstellen. Das geschieht durch unsere eigene Festlegung. Jeder von uns hat in seinem Denken Vorstellungen, die er auf eine bestimmte Art miteinander verknüpft hat und die kein anderer auf dieselbe Weise miteinander verbindet. Daraus erklärt sich die Verschiedenheit der einzelnen Menschen. Du kannst z. B. den Stuhl, auf dem du sitzt, ausschließlich mit der Vorstellung geistiger Arbeit verbinden. Du kannst einen geeigneten Platz haben, wo du ungestört sein kannst und der in dir nur den Gedanken an das Beten auslöst. Wir machen uns gar nicht genügend klar, wie stark wir Plätze, an denen wir leben und arbeiten, prägen durch das, was wir gewohnheitsmäßig dort tun.

Auf das geistliche Leben übertragen bedeutet das Gesetz der Gedankenassoziationen, daß wir uns darin üben müssen, das zu denken, was dem Willen Gottes entspricht. Wie vielen von uns ist es selbstverständlich, den Sommerurlaub mit Gottes Absicht in Verbindung zu bringen, der Seinem Volk eine Ruhe verheißen hat (Hebräer 4, 9 f.)? Ist uns das Morgengrauen ein Anlaß, uns an jene Morgenfrühe am See Genezareth nach der Auferstehung zu erinnern? Wir sollten es lernen, alles Geschehen in der Natur mit Gedanken in Verbindung zu bringen, die Gott ehren. Dann wird unsere Phantasie nie unseren Impulsen ausgeliefert sein. Bei diesem geistlichen Vorgang wirkt kein anderes Gesetz, als wir es uns oben vergegenwärtigten. Es ist dasselbe Gesetz.

Wenn wir einmal daran gewöhnt sind, diese Dinge miteinander in Verbindung zu bringen, wird jedes gewöhnliche Geschehnis dazu dienen, unser Denken nach göttlichen Maßstäben zu befruchten. Das ist immer dann der Fall, wenn wir unser Denken an den von Gottes Geist gegebenen Richtlinien orientiert haben. Das läßt sich nicht ein für allemal machen. Das kann man nur *immer* machen. Denke nur nicht, daß es nur dir schwerfällt, deine Gedanken so auszurichten. Das geht allen so. Der Charakter eines Menschen ist nichts weiter als der gewohnheitsmäßige Verlauf seiner Gedankenassoziationen.

2. Oktober

Jesus, der Anfänger und Vollender des Glaubens.
Hebräer 12, 2

Das Geschäft des Glaubens ist es, die göttliche Wahrheit in die Praxis umzusetzen. Was glaubst du wirklich? Nimm dir einmal Zeit und stell es zusammen. Setzt du deinen Glauben in die Tat um? Du sagst: »Ich glaube, daß Gott mich geheiligt hat.« – Ist dein tagtägliches Leben der Beweis dafür? »Ich glaube, daß Gott mich mit dem Heiligen Geist getauft hat.« – Warum? Weil dir kalte Schauer über den Rücken laufen? Weil du Gesichte hast und wunderbare Gebetszeiten erlebst? Der Beweis dafür, daß wir mit dem Heiligen Geist getauft sind, ist, daß wir eine unübersehbare Ähnlichkeit mit Jesus haben und die Menschen auf uns aufmerksam werden, wie sie auf die Jünger nach Pfingsten aufmerksam wurden. Wenn wir zu Jesus gehören, kann unsere Ähnlichkeit mit Ihm niemandem entgehen.

Eine große Gefahr besonders in evangelikalen Kreisen liegt darin, daß man zwar den Willen Gottes auf Grund der biblischen Aussagen kennt, daß aber keinerlei praktische Auswirkungen im Leben des betreffenden Menschen zu sehen sind. Der christliche Glaube ist die allerpraktischste Sache der Welt.

Es kann sein, daß der Heilige Geist dir beim persönlichen Bibellesen oder einer Versammlung etwas klargemacht hat, was dein Herz zum Glühen bringt, den Horizont deines Verstandes weitet und deinen Willen beflügelt, es zu ergreifen. Dann mußt du alles bis zum letzten Heller bezahlen und darfst vor keinem Einsatz zurückschrecken, bis der Auftrag, den du empfangen hast, restlos ausgeführt und Wirklichkeit geworden ist.

3. Oktober

Wer Mich liebt . . . Johannes 14, 23

Die Liebe ist für die meisten von uns etwas Unbestimmtes. Wir wissen eigentlich nicht, was wir meinen, wenn wir von Liebe reden. Die Liebe, von der Paulus in 1. Korinther 13 spricht, bedeutet, daß meine Person einer anderen Person den absoluten Vorrang einräumt. Alles kommt darauf an, wer diese andere Person ist. Jesus fordert, daß der absolute Vorrang Ihm gegeben

wird. Wir können nicht auf Befehl lieben, aber doch steht
Sein Wort da: »Wenn jemand zu Mir kommt und haßt
nicht Vater und Mutter, Frau und Kinder, Brüder und
Schwestern, und dazu sich selbst« – hier geht es also um
das Hassen jeder Bindung, die das Herz von der Bindung
an Jesus trennt –, »dann kann er nicht Mein Jünger sein.«
Die Bindung an die Person Jesu ist das einzige, worum es
geht.

Kein Mensch auf der ganzen Erde hat die Liebe, die Jesus
fordert, wenn sie ihm nicht gegeben wurde. Wir können
Jesus Christus bewundern, eine hohe Meinung von Ihm
haben und Ihm Ehrerbietung entgegenbringen: Wenn
wir nicht den Heiligen Geist haben, lieben wir Ihn nicht.

4. Oktober

**Wer darf auf des Herrn Berg gehen, und wer darf stehen
an Seiner heiligen Stätte? Wer unschuldige Hände hat
und reines Herzens ist ... Psalm 24, 3 u. 4 a**

Wir stehen heute in der Gefahr, den Verlockungen fal-
scher Wege zum Himmelreich zu erliegen. »Diese Sache
muß unverzüglich durchgezogen werden. Wir können
nicht warten. Wir brauchen gleich Ergebnisse«, so oder
ähnlich heißt es. Wenn Gottes Absicht nur wäre, den
Menschen bessere Lebensbedingungen zu verschaffen,
kämen schneller Ergebnisse zustande, wenn man die Erlösung beiseite ließe. Das Erlösungsgeschehen vollzieht
sich nach menschlichen Maßstäben nämlich erschrek-
kend langsam. Wenn es also auch anders geht, wenn es
genügt, von der Hand in den Mund zu leben, brauchen
wir die ganze Lehre Jesu nicht. Wir brauchen uns dann
nicht in der Geduld zu üben, bis Gottes Ratschluß an Sein
Ziel gekommen ist.

Wer die Anweisungen der Bergpredigt als Hinweis auf
eine zukünftige Heilszeit ansieht, beraubt das Kreuz sei-

ner Bedeutung. Wenn Jesus Christus mich nicht jetzt ändern kann, so daß die Veränderung von außen sichtbar wird in meiner Familie, an meinem Arbeitsplatz, wann soll Er mich dann ändern? Was soll mich dann so umgestalten, daß ich meine Feinde lieben kann, daß ich für meine Verfolger beten kann, wenn ich es jetzt nicht tun kann?

Kein Leiden und keine Anstrengung auf meiner Seite verändern mich auch nur im geringsten. Das einzige, was mich verändern kann, ist die Wiedergeburt in das Reich Gottes hinein. Wenn ich darauf hoffe, daß der Tod mich heilig macht, erwarte ich vom Tod, vom »letzten Feind«, daß er fertigbringt, was die Erlösungstat Jesu nicht fertigbringt. Allein das Kreuz Christi heiligt mich. Das wird in meinem Leben in der Sekunde Wirklichkeit, da ich zulasse, daß es geschieht.

Das Reich Gottes ist im Kreuz verborgen. Aber vergeistige nicht das Gottesreich in ein verschwommenes Etwas! Verfalle auch nicht in den entgegengesetzten Fehler, ihm festumrissene Formen und eine ungeistliche Konkretisierung zu geben! Es ist nicht wahr, daß das Kommen des Reiches Gottes dadurch ermöglicht wird, daß die Erde von Kriegen und Wirren und Umwälzungen erschüttert wird. Auf solche Weise kann das Reich Gottes nicht kommen, das ist unmöglich. Nichts kann das Gottesreich herbeiführen außer der Erlösung. Sie vollzieht sich im Leben des einzelnen Menschen auf der Grundlage des Kreuzes Jesu und nicht anders.

5. Oktober

Weiter sage Ich euch: Wenn zwei unter euch eins werden auf Erden ... Matthäus 18, 19

Das Eins-Sein in der Zielsetzung darf man sich nicht als Übereinkunft vorstellen, daß man gemeinsam gegen

Gottes Festung anstürmen und so lange kämpfen will, bis
Er nachgibt. Es wäre völlig verkehrt, wenn wir uns vor-
neweg über unsere Bitte absprechen wollten und dann zu
Gott gingen und warteten – nicht, bis Er uns Seine Gedanken über die betreffende Sache zu erkennen gibt,
sondern bis wir Ihm die Erlaubnis abnötigen, das zu tun,
was wir uns schon in unserem Kopf zurechtgelegt hatten,
bevor wir beteten. Vielmehr sollten wir übereinkommen,
Gott zu bitten, daß Er uns Seinen Willen im Blick auf die
anstehende Sache kundtut.

Das Einswerden auf Erden ist nicht eine Zurschaustel-
lung beharrlichen Bettelns, das keine Grenzen kennt,
sondern ein Gebet, bei dem wir uns der Begrenzung
durch das Leiten des Heiligen Geistes bewußt sind. Es ist
das Erklingen einer »Symphonie« auf Erden – dieser Begriff steht wörtlich im Grundtext – mit unserem Vater,
der im Himmel ist.

Stell dich vorbehaltlos in die Gegenwart Gottes und leg
Ihm deine Probleme vor, alles das, womit du nicht mehr
weiterkommst! Bitte um das, was du *willst*, und Jesus
Christus sagt, daß deine Gebete erhört werden. Es läßt
sich leicht erkennen, ob es uns ernst ist mit dem, was wir
erbitten. Es zeigt sich daran, wie wir leben, wenn wir
nicht beten.

6. Oktober

Ich bin der Weg und die Wahrheit und das Leben.
Johannes 14, 6

Wie weit wir auch vom Kurs abgekommen sein mögen,
wir müssen immer wieder zu diesen Worten unseres
Herrn Jesus zurückkehren: »Ich bin der Weg.« Nicht
eine Straße, die wir hinter uns lassen, sondern der Weg
selbst. Jesus Christus ist der *Weg Gottes*, nicht ein Weg,
der zu Gott führt. Deshalb sagt Er: »Kommt her zu *Mir*«,

»Bleibt in *Mir*«.

»Ich bin die Wahrheit.« Nicht die Wahrheit über Gott, nicht eine Anzahl von Regeln, sondern die Wahrheit selbst. Jesus Christus ist die *Wahrheit Gottes*. »Niemand kommt zum Vater ohne Mich.« Zu Gott als dem Schöpfer können wir auch auf anderen Wegen gelangen. Aber niemand kann zu Gott als dem Vater auf irgendeinem anderen Weg als durch Jesus Christus kommen (vgl. Matthäus 11, 27).

»Ich bin das Leben.« Jesus Christus ist das *Leben Gottes*, so wie Er auch der Weg und die Wahrheit Gottes ist. Das ewige Leben ist nicht eine Gabe *von Gott*, sondern es ist Gott selbst, der sich uns gibt. Das Leben, das Jesus mir gibt, ist das Leben Gottes. »Wer den Sohn hat, der hat das Leben«; »Ich bin gekommen, daß sie das Leben haben«; »Das ist das ewige Leben, daß sie Dich erkennen, der Du allein wahrer Gott bist.«

Wir müssen auf dem *Weg* bleiben, wir müssen in die *Wahrheit* hineingeführt werden, wir müssen von dem *Leben* durchdrungen werden.

7. Oktober

Ich bin der Weg. Johannes 14, 6

Unser Herr Jesus sagte: »Ich bin der Weg.« Nicht der Weg zu jemandem oder zu etwas. Er ist der Weg zum Vater, auf dem wir bleiben (Johannes 15, 4). Er *ist* der Weg; nicht: Er war der Weg. Es gibt keinen Weg, ein Leben zu führen, in dem man Gott zum Vater hat, als wenn man in Christus lebt. Wer Christus hat, hat das Leben. Den Weg zum Vater findet man nicht durch das Gesetz, auch nicht durch Gehorsam oder durch ein Glaubensbekenntnis, sondern durch Jesus Christus selbst. Er ist der Weg des Vaters, durch den jede Seele Frieden und Freude und Mut finden kann.

Ich bin ... die Wahrheit. Johannes 14, 6

Die Wahrheit ist kein System, keine Verfassung, noch nicht einmal ein Glaubensbekenntnis. Die Wahrheit ist der Herr Jesus Christus selbst, und Er ist die Wahrheit über den Vater wie Er auch der Weg des Vaters ist. Wir neigen dazu, die Wahrheit als logische Feststellung zu verstehen. Damit machen wir sie zu einem Prinzip, anstatt zu erkennen, daß sie eine Person ist. Im Grunde genommen gibt es keine christlichen Prinzipien. Vielmehr ist es so, daß der Glaubende in Christus bleibt und damit auf dem Weg, auf dem er Gott zum Vater hat. Dadurch werden seine Augen geöffnet, daß er die Wahrheit Gottes im Vorübereilen der Zeit erkennt.

Ich bin das Leben. Johannes 14, 6

Die machtvolle Erklärung unseres Herrn Jesus: »Ich bin das Leben« wird von der Ewigkeit her bestätigt. Er ist das Leben des Vaters, genauso wie Er der Weg des Vaters und die Wahrheit des Vaters ist ...
Wir sollten es uns einprägen und ständig in unserem Denken verfügbar haben, daß Jesus Christus das Leben ist. Unser Leben, alle unsere Quellen (Psalm 87, 7) sind in Ihm. Deshalb, ob wir essen oder trinken oder was wir tun, laßt es uns alles zur Ehre Gottes tun.

8. Oktober

Ich bin die Tür. Johannes 10, 9

Hier wird uns in einem Bild gezeigt, wie wir als Kinder Gottes leben sollen. Wir gehen hinein durch unseren Herrn Jesus, der die Tür ist. Nicht ein für allemal, sondern jeden Tag, in jeder Angelegenheit. Hast du Probleme im körperlichen Bereich? Geh hinein durch die Tür, und du bist gerettet! Probleme in geistigen Dingen?

Tritt ein, und du bist gerettet! Unser Leben setzt sich aus tausenderlei Kleinigkeiten zusammen. In ihnen allen müssen wir lernen, durch die Tür hineinzugehen. Das Hineingehen im Namen Jesu ist die Voraussetzung für unsere tägliche Rettung, nicht nur die Rettung von der Sünde, sondern eine Rettung, durch die unsere Zugehörigkeit zu unserem Herrn unverkennbar deutlich wird.

Lebst du in der täglichen Erfahrung der Rettung? Oder bist du jetzt, in diesem Augenblick, in deinem körperlichen Leben, in deinem Denken, in deinen Lebensumständen von Jesus Christus abgeschnitten? Ist in deinem Leben Nebel, Dunkelheit, Müdigkeit, innere Not? Jeden Tag kommen Dinge, die den Weg zu verbauen scheinen. Aber du kannst immer zur Tür hineingehen und Rettung erfahren.

Unsere Vorstellung von der Errettung ist allzuleicht die einer wasserdichten Kabine. Wenn wir sie betreten, ist es mit aller unserer Freiheit vorbei. So ist es aber von unserem Herrn Jesus nicht gemeint. Er sagt: er »wird ein- und ausgehen«. Gehen wir durch die Tür hinein, um unserer täglichen Arbeit nachzugehen oder nur bei Gottesdiensten oder anderen christlichen Veranstaltungen? Mit dem Bild vom Ein- und Ausgehen weist unser Herr Jesus auf die Freiheit eines Sohnes hin. Ein Knecht kann nicht ein- und ausgehen, wie er will. Aber Jesus sagt: »Ich nenne euch nicht mehr Knechte; denn ein Knecht weiß nicht, was sein Herr tut. Euch aber habe Ich Freunde genannt.« Nichts ist dir verschlossen, wenn du durch die Tür eingehst.

9. Oktober

Und der drinnen würde antworten: Mach mir keine Unruhe! Die Tür ist schon zugeschlossen. Lukas 11, 7

Es gibt Zeiten im geistlichen Leben, da Gott nicht unser Freund zu sein scheint. Eine Zeitlang war alles klar und eindeutig und gut zu verstehen. Aber jetzt sind wir in einem Zustand der Dunkelheit und der Ratlosigkeit. Das Gleichnis vom bittenden Freund gibt Jesus als Veranschaulichung dafür, wie der himmlische Vater in Zeiten geistlicher Verwirrung erscheint: als ein Mann, dem seine Freunde gleichgültig sind. Wir sind in Not, oder unsere Freunde oder unsere Familien sind in Not. Obwohl wir zu Gott gehen, der bisher immer unser Freund gewesen ist, tut Er nichts.

Es ist, als sage Jesus zu Seinen Jüngern: »Es gibt Zeiten, da der himmlische Vater euch so vorkommt. Aber gebt nicht auf! Denkt daran, was ich Euch gesagt habe: *Wer bittet, der empfängt.*« Bis das eintritt, ist die Freundschaft Gottes verborgen. Es gibt Dinge, für die es keine Erklärung gibt. Aber halte deine Verbindung zu Gott aufrecht! Halte dich voll Vertrauen an Ihm fest! Der Tag wird kommen, da du alles verstehst. Nur wenn wir durch die Verworrenheit hindurchgehen, kommen wir dahin, wo Gott uns haben will.

Sag nie, nur weil es besser klingt, daß Gott etwas getan hat, wenn Er es nicht getan hat! Gib nie vor, eine Antwort zu haben, wenn du sie nicht hast! Jesus sagte: »Wer bittet, der empfängt.« Wir sagen: »Ich habe gebeten, aber nicht empfangen.« Das liegt daran, daß wir in geistlicher Verwirrung bitten. Jesus sagte zu Jakobus und Johannes: »Ihr wißt nicht, was ihr bittet.« Sie wurden in die Gemeinschaft mit dem Kelch und der Taufe Jesu Christi hineingeführt, aber anders, als sie es erwartet hatten.

10. Oktober

Wohin soll ich gehen vor Deinem Geist, und wohin soll ich fliehen vor Deinem Angesicht? Psalm 139, 7

Der Psalmist sagt aus, daß Gottes Wissen über ihn zugleich Gottes Gegenwart in seinem Leben mit sich bringt. Gott weiß nicht nur alles über ihn, sondern in diesem Wissen ist Er bei ihm. Wo ist ein Ort, da Gott nicht ist? Die Hölle? Nein, in der Hölle ist Gott. Wenn es Gott nicht gäbe, gäbe es auch keine Hölle. »Machte ich mir die Hölle zum Lager, so bist Du dort.«

Das erste, was ein Narr tut, ist, daß er sich Gott vom Halse schafft: »Die Toren sprechen in ihrem Herzen: ›Es ist kein Gott‹« (Psalm 14, 1). Dann schafft er Himmel und Hölle ab, dann alle Konsequenzen, die sich daraus für sein Verhalten ergeben hätten. Gut und Böse gibt es für ihn nicht. Der Psalmist sagt, daß überall, wohin es ihn nach Gottes unausforschlicher Vorsehung auch immer verschlagen mag, ihm die erstaunliche Gegenwart Gottes entgegentreten wird.

Sobald du anfängst, dir eine Zukunft zurechtzulegen und Pläne zu entwickeln, zerbricht Gott dir dein Programm. Er tut das solange, bis wir es lernen, wie Kinder zu leben in dem Wissen, daß Gott herrscht und regiert und von Freude erfüllt ist, und bis die Freude an Ihm unsere Stärke ist. Wenn wir sagen: »Auch dort würde Deine Hand mich führen und Deine Rechte mich halten«, so liegt darin keine angstvolle Vorausahnung.

Er hat uns bisher Seine Liebe erwiesen, deshalb ruhen wir im Vertrauen auf Ihn. Die einzige Ruhe, die es gibt, finden wir in dieser Auslieferung unserer ganzen Existenz an die Liebe Gottes. Sie bewahrt uns vor dem Gestern und dem Morgen – »von allen Seiten umgibst Du mich« – und gibt Sicherheit im Heute: »und hältst Deine Hand über mir.« Dieses Wissen gab unserem Herrn Jesus den unerschütterlichen Frieden, der Ihn immer erfüllte.

Wir müssen dem Allmächtigen wie ein Schwarm Moskitos vorkommen mit unseren zahllosen Sorgen und Ängsten und den Gefahren, die wir uns ausmalen – alles nur, weil wir nicht in das elementare Leben in der Gemeinschaft mit Gott eintreten wollen. Jesus kam, um es uns zu geben.

11. Oktober

Darum wollen wir singen und spielen, solange wir leben, im Hause des Herrn! Jesaja 38, 20

Jesus Christus lehrte Seine Jünger das Heucheln: »Wenn du aber fastest, so salbe dir den Kopf und wasche das Gesicht, damit du dich nicht vor den Leuten mit deinem Fasten zeigst.« Sag nicht, daß du fastest oder daß du die Nacht im Gebet verbracht hast! Wasch dein Gesicht, und laß auch deinen besten Freund nie wissen, was du auf dich nimmst!
Der natürliche Gleichmut wurde von Gott geschaffen. Wenn der Heilige Geist in uns wohnt, verklärt Er diese Gabe. Das führt dazu, daß die Leute nie an dich denken. »Er muß wachsen, ich aber muß abnehmen.« Johannes sagt das nicht mit bebenden Lippen oder aus Bescheidenheit. Er spricht aus, was in ihm einen Jubel auslöst und ihm die Erfüllung seines Lebens gebracht hat: »Ich soll abnehmen, weil Er gekommen ist!« Er sagt das aus einem starken, frohen Herzen heraus.
Nimmt Jesus Christus in meinem Leben zu, oder beschlagnahme ich alles für mich? Wenn mir meine Täuschungen genommen sind, sehe ich Ihn und Ihn allein. Da gibt es keine Illusionen mehr. Es ist ohne Bedeutung, wie sehr ich verletzt werde. Mir geht es nur darum, daß jeder Mensch »vollkommen in Christus« vor Gott gestellt wird.

12. Oktober

Wenn du aber Almosen gibst, so laß deine linke Hand nicht wissen, was die rechte tut! Matthäus 6, 3

Tue Gutes, bis es dir zu einer Gewohnheit wird, die du gar nicht mehr wahrnimmst! Dann weißt du nichts davon, daß du Gutes tust, und du wirst verwirrt dastehen, wenn Jesus Christus es aufdeckt. »Herr, wann haben wir dich hungrig gesehen und haben Dir zu essen gegeben?« »Was ihr einem von diesen meinen geringsten Brüdern getan habt, das habt ihr Mir getan.« So hochherzig legt unser Herr Jesus freundliche Taten aus, über die der betreffende Mensch selbst es sich nie erlaubte nachzudenken. Gewöhne es dir an, in eine solche Verbindung mit Gott zu kommen, daß du anderen wohltust, ohne zu wissen, daß du es tust! Dann verläßt du dich nicht mehr auf deine eigenen Impulse oder dein eigenes Urteilsvermögen. Du verläßt dich dann nur noch auf das Führen des Geistes Gottes.

Die Triebfeder deiner Motive wird das Herz des Vaters sein, nicht dein eigenes; das Urteil deines Vaters, nicht dein eigenes. Wenn du einmal in der richtigen Stellung zu Gott stehst, wird Er dich als einen Kanal benutzen, durch den Seine Entscheidung hindurchfließen kann.

Die Motive für Taten der Menschenliebe in unserer Zeit sind oft, daß man dem Armen helfen will, weil er es verdient, oder weil es uns unangenehm ist, ihn arm zu sehen. Jesus lehrte die Nächstenliebe nie aus solchen Motiven. Er sagte: »Gib dem, der dich bittet – nicht, weil er es verdient, sondern – weil Ich es dir sage!« Der große Beweggrund für alles Geben ist der Auftrag Jesu Christi.

Wir können immer hundertundeinen Grund dafür finden, den Anweisungen unseres Herrn Jesus nicht zu gehorchen. Dazu kommt es, wenn wir unseren Überlegungen mehr zutrauen als Seinem Verstand. Wir müssen uns darüber im klaren sein, daß unser Verstand Gott nicht mit einkalkuliert. Wie geht der zivilisierte Mensch in seinen Überlegungen vor? »Verdient dieser Mensch, was ich ihm gebe?« Sobald du so redest, sagt der Geist Gottes: »Wer bist denn du? Verdienst *du* mehr als andere Menschen die Segnungen, die du empfangen hast?«

13. Oktober

Der Menschensohn ist gekommen, ißt und trinkt; so sagt ihr: »Siehe, was ist dieser Mensch für ein Fresser und Weinsäufer!« Lukas 7, 34

Wir sind alle so todernste Leute, so auf unseren eigenen Charakter fixiert. Deshalb weigern wir uns, in den belanglosen Alltäglichkeiten uns als Christen zu verhalten. Wir begründen das mit eben dieser gottgegebenen Alltäglichkeit. Wenn du meinst, andere seien oberflächlicher als du, und deshalb mit einem Gesicht herumläufst, durch das andere sich verurteilt fühlen, bist du ein unerfreulicher Pedant. Lebe die äußerlichen Dinge des Lebens so, wie es dem gesunden Menschenverstand entspricht! Vergiß nicht, daß die alltäglichen Lebensbezüge ebenso von Gott sind wie die bedeutenden!

Was uns zur Ablehnung des Alltäglichen veranlaßt, ist nicht unsere Liebe zu Gott oder unsere Heiligkeit. Es ist vielmehr unser Wunsch, andere damit zu beeindrucken, daß wir nicht oberflächlich sind. Das ist ein sicheres Zeichen, daß wir Pedanten sind. Wir sollen den Stempel unseres Herrn und Meisters an uns tragen. Die Besserwisser seiner Zeit nannten Ihn einen Fresser und Weinsäufer. Sie sagten, Er befasse sich nicht mit den gewichtigen Dingen. Hüte dich davor, Verachtung für andere zu entwickkeln, weil du meinst, sie seien oberflächlich! Oberflächlichkeit ist kein Zeichen für Bosheit. Das Meer hat ein Ufer. Auch einem Oberflächlichen ist der Zugang zur

Ernsthaftigkeit und zur Tiefe der Gedanken nicht abgeschnitten.

Die alltäglichen Annehmlichkeiten des Lebens hat Gott
eingesetzt. In diesem Rahmen lebte auch unser Herr Jesus. Er lebte darin als Sohn Gottes. Für unseren Stolz ist
es leichter, nicht darin zu leben. Hüte dich davor, dich als
tiefgründigen Menschen in Positur zu werfen! Gott
wurde ein kleines Kind.

14. Oktober

**Wahrlich, Ich sage euch: »Die Zöllner und Huren kom-
men eher ins Reich Gottes als ihr.« Matthäus 21, 31**

Lies das Neue Testament! Dann stellst du fest, daß Jesus
Christus sich nicht entrüstete über die Dinge, die uns erregen. Uns bringt Unmoral aus dem seelischen Gleichgewicht. Doch Jesus begegnete solchen Dingen erstaunlich ruhig. Wenn Er in leidenschaftliche Entrüstung geriet, dann über Menschen, die sich so etwas nie zuschulden kommen ließen.

Worum es unserem Herrn Jesus immer ging, war die Haltung, die sich hinter der Moral bzw. Unmoral verbarg:
»Wenn Ich nicht gekommen wäre und es ihnen gesagt
hätte, so wären sie ohne Sünde . . .« (Johannes 15, 22).
Auch wenn Er nicht gekommen wäre, hätte jeder gewußt, daß es falsch ist, einem anderen das Leben zu nehmen. Dieses Gesetz ist ihm ins Herz geschrieben. Jeder
hätte gewußt, daß Unmoral falsch ist.

Aber niemand außer Jesus Christus wollte glauben, daß
der Ursprung der Sünde »mein Recht auf mich selbst« ist.
Jesus sagt: »Wenn du Mein Jünger sein möchtest, gib
dein Recht auf dich selbst an Mich ab!« Wenn wir verstehen, was Er damit meint, fangen wir an zu verstehen, daß
»das Trachten des Eigenwillens . . . Feindschaft gegen
Gott« bedeutet. Sie äußert sich in der Haltung: »Ich gebe

mein Recht auf mich selbst nicht auf. Ich diene Gott so, wie es mir gefällt.« Jesus Christus kam, um dieses Verlangen nach Selbstverwirklichung wegzunehmen.

15. Oktober

Durch Ihn aber seid ihr in Christus Jesus, der uns von Gott her ... zur Heiligung geworden ist.
1. Korinther 1, 30

Die Sterne machen kein Aufheben von dem, was sie tun. Gott macht kein Aufheben von dem, was Er tut. Auch Nachfolger Jesu machen kein Aufheben von dem, was sie tun. Die Leute, die immer übergeschäftig sind, gehen allen anderen auf die Nerven.
Durch die Menschen, die mit Ihm eins sind, wirkt Gott unaufhörlich. Gott wendet sich den Zerbrochenen zu und den Abgehetzten und denen, die auf der Strecke geblieben sind. Er läßt ihnen dienen durch die Gläubigen, die nicht von ihren eigenen Lasten umgeworfen werden. Es sind die, die durch ihr Eins-Sein mit Ihm völlige Ruhe gefunden haben. Folglich kann Er durch sie etwas tun.
Ein geheiligter Nachfolger Jesu bleibt in jeder Lage im ganzen Vertrauen auf Gott. Die Heiligung ist nicht etwas, was der Herr Jesus mir gibt. Heiligung ist *Christus in mir*. Es gibt nur *eine* Heiligkeit, die Heiligkeit Gottes. Und es gibt nur *eine* Heiligung, die Heiligung, deren Ursprung in Jesus Christus liegt. Ein geheiligter Nachfolger Jesu ist gelöst von sich und seinen Angelegenheiten. Er lebt in der Gewißheit, daß Gott alles zu einem guten Ende führt.

16. Oktober

Erforsche mich, Gott, und erkenne mein Herz; prüfe mich und erkenne, wie ich's meine! Psalm 139, 23

Wir müssen leben als solche, die Gott ständig auf Herz und Nieren prüft. Wenn du wissen willst, was Gottes Prüfmaßstab ist, hör auf Jesus Christus: »denn von innen, aus dem Herzen der Menschen, kommen die bösen Gedanken ...«, und dann folgt eine Aufzählung von schlimmen Dingen, deren sich wenige von uns in ihrem Leben bewußt sind.

Deshalb reagieren wir vielleicht unwillig und empören uns gegen die Diagnose Jesu Christi: »Mir ist es noch nie danach zumute gewesen, einen Mord oder Ehebruch zu begehen. Folglich können diese Dinge auch nicht in mir sein.« Wer so redet, gibt zu erkennen, daß er sich selbst nicht im entferntesten kennt. Wenn wir es vorziehen, uns auf unsere vermeintliche Unschuld zu verlassen, fällen wir ein Urteil über den einzigen Meister über das menschliche Herz, den es gibt. Wir sagen Ihm dadurch, daß Er nicht weiß, wovon Er redet.

Das einzig Richtige ist, auf Jesus Christus zu hören und dann unser Herz an Gott auszuliefern, damit es erforscht und bewahrt und mit dem Heiligen Geist erfüllt wird. Das Wunderbare ist, daß wir auf diesem Weg die Wahrheit der Aussage Jesu Christi über das menschliche Herz aus unserer tatsächlichen Erfahrung nie zu erkennen brauchen und nie erkennen werden. Wenn wir aber auf unseren eigenen Rechten und auf unserer eigenen Klugheit bestehen, kann sich jeden Augenblick in unserem persönlichen Leben ein Ausbruch ereignen. Dann müssen wir zu unserem unaussprechlichen Entsetzen erkennen, daß das, was Jesus sagte, schrecklich wahr ist.

17. Oktober

Dann geht er hin und nimmt sieben andre Geister mit sich, die schlimmer sind als er selbst; und wenn sie hineinkommen, wohnen sie darin, und es wird mit diesem Menschen schlimmer als vorher. Lukas 11, 26

Die Menschen sagen: »Ich kann es nicht ändern, daß ich sündige«; »Ich kann nicht anders, als das zu tun.« Haben sie recht? Völlig recht. Man kann endlos Überlegungen über den schwachen Willen anstellen. Das führt zu gar nichts. Es liegt nicht am schwachen Willen des Menschen. Er ist mit einer stärkeren Macht verbündet. Wenn ein Mensch sich einmal mit dem Fürsten dieser Welt verbündet hat, gebe ich nichts mehr auf seine ganze Willensstärke. Er kann mit ihr nicht eine Sekunde vor der furchtbaren Macht der Finsternis dieser Welt bestehen.
Nach den Aussagen des Neuen Testamentes gibt es so etwas wie Besessenheit durch unsaubere, arglistige, boshafte Geister, die Leib und Seele in die Hölle verdammen. Ein Herz, das sittliche Werte kennt, aber leer ist, wird zur Wohnstätte dieser Geister, wenn ein Mensch nicht auf der Hut ist. Doch wenn ein Mensch vom Geist Gottes wiedergeboren wurde und im Licht bleibt, kann er gar nicht anders, als auf dem richtigen Weg bleiben. Er ist gehalten von der gewaltigen Kraft des allmächtigen Gottes. Was sagt der Apostel Johannes? »Das Böse wird ihn nicht antasten.« Was für eine wunderbare Gewißheit!
Gott gebe es, daß wir so mit dem Heiligen Geist erfüllt sind, daß wir Seine Warnungen vor falschen Wegen erkennen und befolgen. Es gibt keine Macht, die ein Kind Gottes täuschen könnte, das im Licht vor Gott bleibt.

18. Oktober

Um wieviel mehr wird dann das Blut Christi, der sich selbst als Opfer ohne Fehler durch den ewigen Geist Gott dargebracht hat, unser Gewissen von den todbringenden Werken reinigen, damit wir dem lebendigen Gott dienen! Hebräer 9, 14

Vergebung bedeutet nicht nur, daß ich von der Sünde erlöst und zum Eingang in den Himmel bereitet bin. Vergebung bedeutet auch, daß ich in ein neues Verhältnis, in die Identifizierung mit Gott in Christus gebracht bin.

Die Grundlage des Vergebens Gottes ist Seine Heiligkeit. Wenn Gott nicht heilig wäre, wäre Sein Vergeben nichts. Es ist unmöglich, daß Gott Sünde übersieht. Wenn Gott also vergibt, dann muß es einen Grund geben, der Ihn rechtfertigt. Wenn ich Vergebung empfange, ohne daß ich dadurch verändert werde, schadet die Vergebung mir und ist ein Zeichen hoffnungsloser Schwäche auf der Seite Gottes. Wenn ein Mensch von seiner Sünde überführt ist, weiß er, daß Gott ihm nicht vergeben kann. Wenn Er es doch täte, würde es bedeuten, daß der Mensch ein ausgeprägteres Empfinden für Gerechtigkeit hat als Gott.

Wenn Gott einem Menschen vergibt, gibt Er ihm die Erbanlagen Seines Sohnes, d. h. Er wandelt ihn um nach dem Vorbild des Vergebenden. Vergebung ist eine Offenbarung: Hoffnung für Hoffnungslose – das ist die Botschaft des Evangeliums.

Vielleicht wendet jetzt jemand ein: »Ich will gern die Vergebung Gottes annehmen. Was ist aber mit denen, die ich ins Unrecht gesetzt habe? Kann Gott mein Gewissen reinigen?« Zahlreiche Menschen werden von Jesus abgehalten, weil diese Dinge bei der Verkündigung der Erlösung nicht oder nicht deutlich genug angesprochen werden. Die Ehrlichkeit hält mehr Menschen von ihrem Heil ab als die Unehrlichkeit.

19. Oktober

Wem dies aber fehlt, der ist blind. 2. Petrus 1, 9

Wenn das Wesen Christi in uns eingeprägt wird, müssen wir darauf achten, daß unsere menschliche Natur in völligem Gehorsam gegenüber allem lebt, was der Sohn Gottes uns zeigt. Gott gibt uns nicht charakterliche Qualitäten; Er gibt uns das Leben Seines Sohnes.

Wir können Ihn entweder ignorieren und uns weigern, Ihm zu gehorchen, oder wir können Ihm so gehorchen, so jeden Gedanken und jede Vorstellung an Ihn gefangengeben, daß das Leben Jesu an unserem sterblichen Leib offenbar wird. Es geht dabei nicht darum, ob wir vor der Hölle errettet sind, sondern darum, ob wir gerettet sind, um den Sohn Gottes an unserem sterblichen Leib zu offenbaren. Wir sind dafür verantwortlich, daß wir uns fit halten, damit Er sich offenbaren kann.

Es gibt nur eine Möglichkeit, sich fit zu halten. Sie liegt in der Erziehung durch Unangenehmes. In dem, was uns unangenehm ist, geben wir zu erkennen, ob wir das Leben des Sohnes Gottes offenbaren oder ein Leben der Feindschaft gegen Ihn leben. Wenn unerfreuliche Dinge geschehen, ist an uns dann die Freundlichkeit des Sohnes Gottes zu finden oder aber der Ärger eines Menschen, der fern von Ihm ist? Sooft das Ich die Oberhand gewinnt, wird das Leben des Sohnes Gottes in uns unterdrückt und verfälscht. Es kommt zu Mißstimmungen, und Sein Leben leidet. Das Wachsen in der Gnade kommt in dem Augenblick zum Stillstand, wo wir dem Ärger Raum geben.

20. Oktober

Ihr aber seid das auserwählte Geschlecht . . .; deshalb sollt ihr die großen Taten Dessen verkündigen, der euch aus der Finsternis in Sein wunderbares Licht berufen hat. 1. Petrus 2, 9

Die Nachahmung ist eine der ersten Reaktionen eines Kindes. Sie ist keine Sünde. Wir lernen uns selbst zu erkennen, indem wir andere nachahmen. Unser Bestreben, nicht überspannt und ausgefallen zu sein, ist nicht von Feigheit diktiert. Es ist die einzige Kraft zur Selbsterhaltung, die wir haben. Wenn du viel allein bist, wirst du ein Sonderling. Du kannst nie die Eigenarten erkennen, die du an dir hast. Einige Leute wollen keine geistliche Gemeinschaft mit anderen. Sie leben in Löchern und Winkeln für sich allein. Das Neue Testament warnt vor solchen, die »Spaltungen hervorrufen« (Judas 19).
Durch die Gnade Gottes werden wir aus unserer Lebensart herausgeholt und werden so auffallend wie *gesprenkelte* Vögel. Sobald du einen Maßstab der Nachahmung vorschlägst, die von dem Kreis, dem du angehörst, nicht anerkannt wird, erfährst du, was Petrus sagt: »Das befremdet sie, daß ihr euch nicht mehr mit ihnen in dasselbe wüste, unordentliche Treiben stürzt« (1. Petrus 4, 4).
Der Geist Gottes erhebt die natürliche Haltung der Nachahmung auf eine andere Ebene. Durch Gottes Gnade fangen wir an, unseren Herrn Jesus nachzuahmen und Ihn zu ehren. Es ist der natürliche Trieb eines Kindes, seine Mutter nachzuahmen. Wenn wir wiedergeboren sind, erhebt der Heilige Geist diesen Trieb auf die geistliche Ebene. Die Nachahmung unseres Herrn Jesus wird für uns auf übernatürliche Weise natürlich.
Das Wachstum in der Gnade geschieht auf natürlichem Weg, nicht künstlich. Das Kopieren ist die Verfälschung der Nachahmung. Es bringt den Frömmler hervor. Das

ist jemand, der immer sein Allerbestes versucht, um zu sein, was er nicht ist.

Wenn du gut bist, versuchst du nie, es zu sein. Es ist nur natürlich, daß wir so sind wie der, mit dem wir am meisten zusammen sind. Wenn wir daher die meiste Zeit mit Jesus Christus verbringen, werden wir Ihm ähnlich werden – weil das natürlicherweise so in uns angelegt ist und weil Gott Seinen Geist in uns gibt.

21. Oktober

Wir ... nehmen alles Denken gefangen und führen es zum Gehorsam gegen Christus. 2. Korinther 10, 5

Wenn das Denken Christi in uns ausgeprägt werden soll, müssen wir die Kräfte unseres Denkens aufgeben. Dagegen wehren sich die meisten von uns. Das Denken Christi wird in uns auf dieselbe Weise aufgebaut, wie wir das natürliche Denken aufbauen, d. h. durch die Art unserer Reaktion, wenn wir mit Dingen außerhalb unserer Person in Berührung kommen. Das Denken ist unmittelbar an seine physische Maschine, das Gehirn, angeschlossen. Wir tragen die Verantwortung dafür, daß diese Maschine sich die richtigen Gewohnheiten aneignet.

»Geh deine Gedanken durch«, sagt Paulus (vgl. Philipper 4, 8). Unterwirf dich niemals der zwingenden Vorstellung, daß du es nicht in der Hand hast, was du denkst! Du hast es in der Hand. Wir müssen uns selbst dazu wachrütteln, daß wir jeden Gedanken gefangennehmen unter den Gehorsam Christi. Bete nie über deinen bösen Gedanken! Dadurch würden sie sich in dir festsetzen. Aufhören, abstellen – nur so ist mit allem Verkehrten zu verfahren! Unnachsichtig mußt du es auf der Schwelle deines Denkens packen und darfst es keinen Schritt weiterlassen. Wenn du den Heiligen Geist empfangen hast, wirst du feststellen, daß du die Kraft hast, alle Gedanken gefangenzunehmen und zum Gehorsam gegenüber Christus zu führen.

Jesaja sagt, daß ein Mensch einen Baum nimmt und ihn in zwei Teile schlägt. Aus dem einen Teil kocht er sein Essen, aus dem anderen schnitzt er einen Götzen zum Anbeten. »Keiner von uns tut so etwas!« sagen wir. Aber wir tun es *doch*. Es gibt noch andere Dinge als Holz, nämlich unsere Köpfe. Wir gebrauchen die eine Hälfte unseres Kopfes, um unseren Lebensunterhalt zu verdienen und die andere Hälfte, um einen Gott anzubeten. Bei den meisten ist es nicht der lebendige Gott, sondern ein Abgott. Feststellen kann das jeder daran, wer über den Ablauf seiner Gedanken zu bestimmen hat.

22. Oktober

Sammelt euch aber Schätze im Himmel! Matthäus 6, 20

Wenn dir irgend etwas auf der Welt gelingen soll, mußt du dich darauf konzentrieren und immer wieder üben. Genauso ist es in geistlichen Dingen. Es wird dir klarwerden, daß du vieles nicht tun kannst, wenn du dich auf Gott konzentrieren willst. Diese Dinge können in den Augen anderer ganz in Ordnung sein. Sie sind es aber nicht für dich, wenn du in der Gegenwart Gottes bleiben willst. Laß es deinem engen Gewissen nie zu, daß es einen anderen verdammt! Halte die persönliche Verbindung zu Gott aufrecht! Sieh zu, daß du auf Gott ausgerichtet bleibst, nicht auf deine Überzeugungen oder Meinungen! Immer, wenn du im Zweifel darüber bist, ob etwas richtig oder falsch ist, geh es logisch konsequent an: »Ist es etwas, worauf Jesus Christus abzielt oder etwas, worauf Satan abzielt?« Sobald deine Entscheidung feststeht, handle auch danach!

23. Oktober

Die ein Brandmal in ihrem Gewissen haben.
1. Timotheus 4, 2

Das menschliche Auge kann Schaden nehmen, wenn es zu lange auf intensives Weiß gerichtet ist. Das ist zum Beispiel bei Schneeblindheit der Fall, wenn Menschen monatelang blind bleiben. Das Gewissen kann Schaden nehmen, wenn wir uns in okkulte Dinge einlassen und zu viel Zeit aufs Spekulieren verwenden. Wenn wir uns dann wieder dem menschlichen Leben zuwenden, sind wir stockblind.

Für Engel kann es angehen, ihre Zeit mit Gesichten und Meditation zu verbringen. Wenn ich aber Christ bin, finde ich Gott in den normalen Ereignissen meines Lebens. Die besonderen Gebetszeiten sind eine andere Sache. Wenn ich mich zurückziehe und mich auf nur ein Gebiet festlege und mein Verhältnis zum menschlichen Leben vergesse, begehe ich einen großen Fehler. Wenn ich mich nämlich später wieder menschlichen Dingen zuwende, bin ich blind. Ich habe kein Erkennungsvermögen mehr. Versuche ich, eine geistliche Erfahrung mit Gott zu mir herabzuziehen?

Wenn Gott uns gerettet und geheiligt hat, besteht die Gefahr, daß wir es verhindern wollen, daß der Eindruck Seiner besonderen Nähe wieder weicht. Wir weigern uns, unsere normale Arbeit wieder aufzunehmen. Bald werden wir überhaupt nicht mehr weiterwissen, denn wir halten uns an einer Erfahrung fest, statt auf ein richtiges Verhältnis zu Gott bedacht zu sein, der die Erfahrung schenkte.

24. Oktober

Dies laß deine Sorge sein! 1. Timotheus 4, 15

Anders übersetzt könnte dieser Satz auch lauten: »Darüber denke nach« oder: »Meditiere über diese Dinge«. Meditieren heißt nicht, wie ein Kieselstein in einem Bach zu liegen und das Wasser der Gedanken über sich hinwegfließen zu lassen. Das wäre ein Träumen. Meditation ist die aktivste geistliche Tätigkeit. Sie erfordert die Mitwirkung jedes Bereiches von Körper und Geist. Geistliches Verhalten aus einer Anstrengung heraus ist ein sicheres Zeichen einer falschen Beziehung zu Gott. Gehorsam durch Anstrengung am Anfang des Glaubenslebens ist ein sicheres Zeichen dafür, daß wir Gott um jeden Preis gehorchen wollen.

Nehmen wir die Zeit. Jedem von uns ist für die Dauer seines Lebens Zeit gegeben. Die meisten von uns aber vergeuden ihre Zeit und meinen, sie könnten sie bis in die Ewigkeit hinein ausdehnen: »Ach, über diese Dinge will ich nachdenken, wenn ich Zeit habe.« Die einzige Zeit, die du dann hast, ist der Tag nach deinem Tod, und das wird die Ewigkeit sein. Eine oder eine halbe Stunde tägliches Nachdenken und Meditieren über unser geistliches Leben ist das Geheimnis des Vorwärtskommens.

Betet, ohne nachzulassen . . . 1. Thessalonicher 5, 17

Es gibt einen Quietismus des frommen Sichgehenlassens. Das ist das geistliche Gegenstück zu dem, was im Bereich des gesellschaftlichen Lebens das Herumlungern ist. Man kann das unkritisch als meditierendes Beten bezeichnen. Aber die Meditation kann man im praktischen Leben nur durch strenge Selbstdisziplin im Nachdenken über den Kern eines Themas erreichen.

Ein geheiligter Mensch ist sich nie bewußt, daß er ein Beter ist. Er bemüht sich bewußt und anhaltend darum, sich im Ausleben des göttlichen Lebens in ihm zu üben. Im

Neuen Testament wird das Gebet gerade unter dem Blickwinkel der harten Übung gesehen. Dabei werden geistliche Energien von außerweltlicher Kraft gespeist und in den kleinen Begebenheiten des Alltags dargestellt.

25. Oktober

Aber Abraham . . . trat zu ihm und sprach . . .
1. Mose 18, 23

Der Sinn der Fürbitte liegt darin, daß wir sehen, was Gott tut. Deshalb besteht ein inniges Verhältnis zwischen dem Kind und dem Vater, das nie in plumpe Vertraulichkeit ausartet. Wir müssen die Sorgen, die uns Schmerzen und Ängste bereiten, in Gottes Herz hineinschütten. Dann kann Er für uns und vor unseren Augen die Schwierigkeiten lösen, die wir nicht lösen können. Wir schädigen unser geistliches Leben, wenn wir unsere Nöte vor Gott hinknallen und sagen: »Tu Du es!« Eine solche Einstellung weiß nichts vom wahren Einssein mit Gott. Wir müssen mitsamt unseren Problemen uns selbst vor Gott hinwerfen und zusehen, wie Er sie löst.

Vielleicht sagst du jetzt: »Aber ich habe keinen Glauben.« Bring Gott deine Probleme und bleib vor Ihm stehen, bis Er sie löst! Dann werden Gott und die Lösung deiner Probleme für immer dir gehören. Hüte dich vor kindischer Launenhaftigkeit in deiner Einstellung zu Gott! Wenn wir den Boden in Gottes unmittelbarer Umgebung sehen könnten, würden wir ihn mit den »Spielzeugen« von Kindern Gottes besät vorfinden. Die Kinder haben gesagt: »Das ist kaputt. Ich kann nicht mehr damit spielen. Bitte gib mir ein neues Geschenk!« Nur einer von tausend setzt sich hin und sagt: »Ich will zusehen, wie mein Vater das wieder in Ordnung bringt.«

Manchmal denke ich, daß wir einmal beschämt dastehen

werden, wenn wir dem Herrn Jesus begegnen. Dann werden wir nämlich erkennen, wie blind und töricht wir waren. Er schickte uns Leute über unseren Weg, für die wir beten sollten, oder gab uns Gelegenheiten, sie zu warnen und zur Umkehr zu rufen. Wir aber, anstatt zu beten, versuchten herauszufinden, was nicht in Ordnung ist. Unser Auftrag ist zu beten, so daß, wenn ihnen die Augen aufgehen, Jesus Christus der erste ist, dem sie begegnen.

26. Oktober

Und wenn ihr betet, sollt ihr es nicht wie die Heuchler tun, die gern in den Synagogen und an den Straßenecken stehen und beten, damit sie von den Leuten gesehen werden. Matthäus 6, 5

Vielleicht hast du bisher noch gar nicht bemerkt, daß du immer große Sorgfalt darauf verwendest, denen, die es zu würdigen wissen, zu erzählen, wie früh du morgens aufstehst, um zu beten. Auch sagst du ihnen, wie viele Nächte du ganz im Gebet verbringst, und mit großem Eifer verkündest du, daß die Versammlungen, die du leitest, meistens die vorgesehene Zeit überschreiten. Das ist alles fromme Schauspielerei. Jesus sagt: »Tut das nicht!« Unser Herr Jesus hat nicht gesagt, daß es falsch ist, an den Straßenecken zu beten. Aber er sagte, daß es falsch ist, es aus dem Motiv heraus zu tun, daß man »von den Leuten gesehen« wird. Es ist nicht falsch, am frühen Morgen zu beten. Aber es ist falsch, wenn das Motiv dafür ist, daß man will, daß andere es wissen.
Laß dich von diesen Worten, die auf die Situation der neutestamentlichen Zeit zugeschnitten sind, persönlich ansprechen: »Aber wenn ihr betet, sollt ihr nicht viel plappern.« In einer anderen Übersetzung lesen wir: ». . . sollt ihr nicht immer wieder dasselbe sagen.« Unser Herr Jesus betete im Garten Gethsemane ein und das-

selbe Gebet dreimal im selben Wortlaut. Er gab Seinen Jüngern ein Gebet, von dem Er wußte, daß es überall in der Christenheit jahrhundertelang nachgebetet würde. Deshalb kann Er hier nicht die bloße Wiederholung oder die Formulierung meinen. Die zweite Hälfte des Verses macht es uns leichter zu verstehen, was gemeint ist: »denn sie meinen, sie werden erhört, wenn sie viele Worte machen.« D. h.: Verlaß dich nicht auf deinen Ernst, als sei er die Grundlage für die Erhörung!

Der Ausdruck »durchbeten« besagt oftmals, daß wir uns in eine verbissene Ernsthaftigkeit hineinmanövrieren. Der Schweiß, den uns das Beten kostet, wird dann fälschlich als Inspiration gedeutet. Es ist ein Irrtum zu meinen, daß wir auf Grund unserer Ernsthaftigkeit gehört werden. Wir werden auf der evangeliumsgemäßen Grundlage erhört: »So haben wir nun, liebe Brüder, durch das Blut Jesu die Freiheit zum Eintritt in das Heiligtum« (Hebräer 10, 19).

27. Oktober

Wenn ihr in Mir bleibt und Meine Worte in euch bleiben, werdet ihr bitten, was ihr wollt, und es wird euch zuteil werden. Johannes 15, 7

Es wird oft gesagt, daß einem Menschen in seinem Leben Leiden bevorsteht, wenn er nicht betet. Das bezweifle ich. Das Gebet unterbricht das ehrgeizige Tätigsein. Kein Mensch, der von der Arbeit gedrängt wird, hat Zeit zum Beten. Aber Gebetslosigkeit bringt tatsächlich Leiden. Was darunter leiden wird, ist das Leben aus Gott in dem betreffenden Menschen.

Dieses Leben wird nicht durch Speise, sondern durch das Gebet ernährt. Wenn wir das Gebet als Mittel zur eigenen Weiterentwicklung ansehen, wird es uns nichts einbringen. Wir finden diese Auffassung vom Gebet auch nirgends in der Bibel. Gebet ist auch etwas anderes als Meditation. Das Gebet ist das, was das Leben aus Gott in uns zum Wachsen bringt.

Wenn ein Mensch von oben geboren ist, fängt in ihm das Leben des Sohnes Gottes an. Er kann dieses Leben entweder verkommen lassen oder es ernähren. Das Gebet ist der Weg, wie das Leben aus Gott genährt wird. Unser Herr Jesus nährte das Leben aus Gott in sich durch das Gebet. Er war ständig in Verbindung mit Seinem Vater. Gewöhnlich fassen wir das Gebet auf als ein Mittel, etwas für uns zu bekommen. Die biblische Auffassung vom Beten dagegen ist, daß dadurch Gottes Heiligkeit und Gottes weiser Wille sich verwirklichen können, unabhängig davon, wer kommt oder wer geht. Die Auffassungen, die wir gemeinhin mit dem Gebet verbinden, finden sich im Neuen Testament nicht.

28. Oktober

So wie du, Vater, in Mir bist und Ich in Dir, so sollen auch sie in Uns sein. Johannes 17, 21

Das Gebet ist nicht etwas, wodurch man etwas von Gott erlangt. Das ist eine sehr anfängerhafte Auffassung. Das Gebet ist das, wodurch man in völlige Gemeinschaft mit Gott kommt. Ich weiß, daß Er schon alles weiß, bevor ich es Ihm sage. Trotzdem sage ich es Ihm, damit ich lerne, es zu sehen, wie Er es sieht. Jesus sagt: »Betet, weil ihr einen Vater habt, nicht weil es euch beruhigt. Und laßt Ihm Zeit zum Antworten.«

Gott existiert nicht dazu, daß Er unsere Gebete erhört. Aber durch unsere Gebete lernen wir Gottes Gedanken kennen. Das wird in Johannes 17 ausgesagt: »damit sie eins sind, so wie Wir eins sind.« Bin ich Jesus wirklich so nahe? Gott wird mir keine Ruhe lassen, bis ich es bin. Es gibt ein Gebet, das Gott erhören muß. Das ist das Gebet Jesu Christi. Es spielt keine Rolle, wie unvollkommen oder unreif ein Nachfolger Jesu ist. Wenn er auf dieses Angebot eingeht, wird seine Bitte erhört.

Was wir viel zuwenig beachten, ist die enge Wechselbeziehung zwischen dem göttlichen Geist und dem menschlichen Geist. Dieses Ineinandergreifen von Göttlichem und Menschlichem in jeder Phase unseres Glaubenslebens ist in Römer 8, 26 eindrücklich dargestellt. Das beste Beispiel für das Wirken des Heiligen Geistes in einem menschlichen Geist ist an unserem Herrn Jesus Christus in den Tagen Seines Erdenlebens zu finden. Einigen Auslegern zufolge sind wir so schwach, daß der Geist Gottes alle unsere Schwächen zur Seite kehrt und ungeachtet unseres Zustandes betet. Aber wir erkennen, daß unser Herr Jesus den Unterschied zwischen Seinem eigenen Geist und dem Geist Gottes wahrnahm und daß Seine Gedanken und Sein Wille sich immer den Gedanken und dem Willen Gottes unterordneten: »Ich kann nichts von Mir aus tun.«

29. Oktober

... daß sie allezeit beten und darin nicht nachlassen sollten. Lukas 18, 1

Jesus lehrte die Jünger auch das geduldige Beten. Du kannst mit Gott in Ordnung sein, und doch zögert Gott die sichtbare Erhörung deiner Gebete hinaus. Dann hüte dich davor, das falsch auszulegen! Sieh nicht in Ihm einen unaufmerksamen Freund oder einen unnatürlichen Vater oder einen ungerechten Richter! Mach vielmehr weiter mit Beten! Dein Gebet wird bestimmt erhört werden, denn: »Wer bittet, der empfängt.« Wir sollen »allezeit beten und darin nicht nachlassen«, d. h. nicht aufgeben. »Euer himmlischer Vater wird es euch eines Tages alles erklären. Er kann es jetzt nicht tun, weil Er gerade dabei ist, euren Charakter zu formen.«

Ein Mensch bekommt vom Leben alles, was er sich von ihm wünscht. Er erwartet nämlich nichts, wohinter nicht auch sein Wille steht. Wenn jemand auf Reichtum ausgeht, wird er Reichtum bekommen. Sonst war es närrisch von ihm, eine solche Erwartung zu hegen. »Wenn ihr in Mir bleibt«, sagt Jesus, »und Meine Worte in euch bleiben, werdet ihr bitten, *was ihr wollt*, und es wird euch zuteil werden.« Wir beten dummes Zeug in frommer Einkleidung. Unser Wille steht nicht dahinter. Dann sagen wir noch, Gott erhöre uns nicht. Wir haben Ihn ja nie um etwas *gebeten*. Bitten bedeutet, daß unser Wille hinter dem steht, was wir haben möchten.

Du sagst vielleicht: »Aber ich bat Gott, mein Leben in einen Garten des Herrn umzugestalten. Daraufhin kam die Pflugschar des Leides. So habe ich statt eines Gartens eine Wildnis bekommen.« Gott gibt nie eine falsche Antwort. Der Garten deines natürlichen Lebens mußte umgepflügt werden, bevor Gott ihn als einen Garten des Herrn anlegen konnte. Er wird jetzt den Samen in die Erde legen. Laß Gottes Jahreszeiten über deine Seele kommen! Dann wird dein Leben in kurzer Zeit ein Garten des Herrn sein.

30. Oktober

Die Heilige Schrift . . ., die dich lehren kann, daß du durch den Glauben an Christus Jesus gerettet wirst. 2. Timotheus 3, 15

Lerne ich, mit der Bibel richtig umzugehen? Wenn ich brauchbar für den Dienst des Meisters werden will, muß ich in der Bibel richtig zu Hause sein. Einige Christen arbeiten nur mit einigen Stellen; unser Herr Jesus will uns fortlaufend Anweisungen aus Seinem Wort geben. Fortgesetzte Unterweisung macht Hörer zu Jüngern.

Hüte dich davor, bei der geistlichen »Baby-Nahrung« stehen zu bleiben, d. h. die Bibel zu lesen, um eine fertige Erkenntnis vorgesetzt zu bekommen! Lies die Bibel, um deiner Seele Nahrung zu verschaffen! Lerne immer weiter, hör nie damit auf! Dann wird sich dir zur rechten und zur linken Hand die Wahrheit erschließen, bis du entdeckst, daß es kein Problem im menschlichen Leben gibt, das die Bibel nicht aufgreift.

Aber denk daran, daß es auch Wahrheiten gibt, die unser Herr Jesus uns erst offenbaren kann, wenn unser Charakter soweit ausgebildet ist, daß er sie ertragen kann. Die Erkenntnis der Wahrheit Gottes und die Entwicklung des Charakters gehen Hand in Hand.

Das Leben, das Gott dem christlichen Mitarbeiter einpflanzt, ist das Leben Jesu Christi. Es wandelt unablässig geistliches Ungeformtsein in herrlichen praktischen Charakter um.

31. Oktober

»Mein Gott, mein Gott, warum hast Du Mich verlassen?« Matthäus 27, 46

Der Schrei am Kreuz ist für uns nicht auszuloten. Die einzigen – und das sage ich ganz bewußt – die einzigen, die dem Verständnis des Schreies Jesu ein wenig nahegekommen sind, sind nicht die Märtyrer. Sie wußten, daß Gott sie nicht verlassen hatte. Seine Gegenwart war ihnen so wunderbar enthüllt. Auch nicht die einsamen Missionare, die getötet oder im Stich gelassen werden. Sie sind voll jubelnder Freude, denn Gott ist bei ihnen, wenn Menschen sie verlassen.

Die einzigen, die in die Nähe eines Verstehens solcher Erfahrung der Gottverlassenheit kommen, sind Männer wie Kain, der sagte: »Meine Strafe ist zu schwer, als daß ich sie tragen könnte«, Männer wie Esau, von dem es heißt: »Er schrie laut«, Männer wie Judas.

Jesus Christus erfuhr und kostete es tiefer aus, als je ein Mensch es auskosten kann, was es bedeutet, durch die Sünde von Gott getrennt zu sein. Wenn Jesus Christus ein Märtyrer ist, ist unsere Erlösung ein Mythos. Wir sind klugen Fabeln gefolgt, wenn Jesus Christus nicht alles das ist, als was dieser Schrei Ihn zu erkennen gibt: der fleischgewordene Gott, der zur Sünde gemacht wurde, um die Menschen von Hölle und Verdammnis zu retten. Die Tiefe dieses Schreies Jesu ist tiefer, als je ein Mensch geraten kann. Es ist ein Schrei aus dem Herzen Gottes. Die Höhe und Tiefe unserer Errettung ist nur zu ermessen gewesen von dem allmächtigen Gott auf Seinem Thron und von Jesus Christus im Rachen der Hölle.

1. November

Ein Lamm . . ., das war geschlachtet. Offenbarung 5, 6

In den Tagen Seiner Erdenzeit war an Jesus Christus das göttliche Paradox von Löwe und Lamm zu finden. Er war ein Löwe in Seiner Majestät als Gebieter von Wind und Dämonen. Er war ein Lamm in Seiner Demut: »der nicht mit Schmähungen antwortete, als Er geschmäht wurde.« Er war ein Löwe in Seiner Macht, als Er die Toten auferweckte. Er war ein Lamm in Seiner Geduld, denn »wie ein Lamm, das zur Schlachtbank geführt wird, und wie ein Schaf, das verstummt vor seinem Scherer, tat Er Seinen Mund nicht auf.« Er war ein Löwe in Seiner Vollmacht, als Er verkündete: »Ihr habt gehört, daß den Alten gesagt worden ist . . . Ich aber sage euch . . .« Er war ein Lamm in Seiner Freundlichkeit gegenüber den Schwachen und Kleinen: »Laßt die Kinder zu Mir kommen . . . und Er herzte sie und legte die Hände auf sie und segnete sie.«

In unserem persönlichen Leben erweist Jesus Christus sich als das alles: Er ist das Lamm, das unsere Sünde sühnt, uns aus der Verdammnis emporhebt und in uns Sein Erbe der Heiligkeit einpflanzt. Er ist der Löwe, der über uns herrscht, so daß wir voll Freude sagen: »Die Herrschaft meines Lebens ist auf Seiner Schulter.«

Was für das Leben des einzelnen gilt, soll auch für das ganze Weltall Wirklichkeit werden. Es kommt die Zeit, da der Löwe aus Juda regieren wird und da »die Reiche der Welt unserem Herrn und Seinem Christus« gehören.

Ein letztes Paradox: In Offenbarung 6, 16 ist vom »Zorn des Lammes« die Rede. Wir wissen, was der Zorn eines Löwen ist. Aber »der Zorn des Lammes« – das übersteigt unser Fassungsvermögen. Alles, was wir darüber sagen können, ist, daß der Zorn Gottes die furchtbare Kehrseite der Liebe Gottes ist.

2. November

Ein jegliches hat seine Zeit, und alles Vorhaben unter dem Himmel hat seine Stunde. Prediger 3, 1

Die Zeitepochen, die Gott eingesetzt hat, sind nur für den Geist Gottes erkennbar. Wenn wir meinen, die Zeitalter des Heilshandelns Gottes seien etwas, was man sehen kann, irren wir uns gewaltig. Salomo läßt keinen Zweifel daran, daß Gott gewisse unabänderliche Zeitabschnitte festgesetzt hat. Aber er geht nicht so weit zu sagen, wie Augustin und Calvin es taten, daß Gott deshalb durch Seine eigenen Gesetze gebunden ist.

Es gibt gewisse Geschehnisse, die allein in Gottes Hand liegen, z. B. Geburt und Tod. Innerhalb der Grenzen von Geburt und Tod kann ich machen, was ich will. Aber ich kann nicht meine Geburt rückgängig machen, noch kann ich dem Tod entfliehen. Diese beiden Grenzen sind mir gesetzt. Die Grenzen zu setzen ist mir verwehrt. Aber innerhalb der Grenzen kann ich mich betätigen, wie es mir gefällt. Ob ich ein kummervolles oder frohes Dasein habe, hängt davon ab, was ich zwischen den Grenzen des mir gegebenen Zeitabschnitts mache.

Keinem Menschen ist sein Schicksal vorgegeben. Jeder macht sich sein Schicksal selbst. Jeder Mensch kann wählen zwischen den beiden Endpunkten, die der Menschheit zugewiesen sind: der Erlösung und der Verdammnis. Der Fatalismus ist nichts als eine Vergötterung der Feigheit, die aus der Weigerung kommt, die Verantwortung für diese Wahl zu übernehmen. Die Kraft zur eigenen Wahl ist das Geheimnis der menschlichen Verantwortungsfähigkeit. Ich kann wählen, auf welchem Weg ich gehen will. Aber ich habe keine Macht, das Ziel des Weges zu ändern, wenn ich ihn einmal betreten habe. Doch habe ich immer die Möglichkeit, vom einen auf den anderen Weg überzuwechseln.

3. November

Und Gott der Herr gebot dem Menschen und sprach: ... von dem Baum der Erkenntnis des Guten und Bösen sollst du nicht essen; denn an dem Tage, da du von ihm ißt, mußt du des Todes sterben. 1. Mose 2, 16. 17

Wenn ich etwas wissenschaftlich erforschen will, sind Neugier und Wissensdurst meine Wegbereiter. Wenn ich aber etwas auf dem Gebiet der Sittlichkeit erkennen will, kann ich das nur durch Gehorsam tun.

Gott setzte den Menschen in einen Garten mit dem Baum der Erkenntnis des Guten und Bösen und sagte: »Du sollst nicht davon essen.« Gott sagte nicht, daß sie Gut und Böse nicht erkennen sollten, sondern, daß sie Gut

319

und Böse nicht dadurch erkennen sollten, daß sie von dem Baum aßen. Sie sollten das Böse in derselben Weise erkennen wie Jesus Christus, nämlich als den Gegensatz zum Guten. Aber sie aßen von dem Baum.

Als Folge davon erkennt die Menschheit das Gute als das Gegenteil des Bösen. Adam kannte das Böse positiv und das Gute negativ, und keiner von uns kennt die Ordnung, die von Gott vorgesehen war. Keiner, der von der Frucht des Baumes gegessen hat, kennt das Böse als das Gegenteil des Guten. Der Wissensdurst des menschlichen Herzens findet zuerst die schlechten Dinge heraus. Die Frucht des Baumes der Erkenntnis des Guten und Bösen schafft in uns eine Neigung zu unersättlicher Neugier in der Richtung des Bösen.

Erst wenn ein Mensch durch Jesus Christus zurechtgebracht ist, geht die Neigung in die andere Richtung: ein unstillbarer Durst nach Gott ergreift ihn. Jesus Christus kannte das Böse negativ, dadurch, daß Er das Gute positiv kannte. Er aß nie von dem Baum. Wenn ein Mensch durch den Geist Gottes wiedergeboren ist, ist das auch der Lebensstil für ihn.

4. November

Aber immer ist ein König, der dafür sorgt, daß das Land bebaut wird, ein Gewinn für das Land. Prediger 5, 9

»Im Schweiße deines Angesichts sollst du dein Brot essen. Verflucht sei der Acker um deinetwillen! Dornen und Disteln soll er dir tragen.« Die Erde ist verflucht wegen der Abtrünnigkeit des Menschen. Wenn der Zeitpunkt in der Geschichte da ist, da diese Abtrünnigkeit zu Ende ist, wird das Ackerland auch nicht mehr unter dem Fluch stehen. Die Vollendung der Erlösung wird »einen neuen Himmel und eine neue Erde« einschließen. »Es sollen Zypressen statt Dornen wachsen«, und es werden

»die Wölfe . . . bei den Lämmern wohnen.« Statt der wilden Grausamkeit der Tiere wird es dann Stärke ohne Grausamkeit sein. Das können wir uns jetzt noch gar nicht vorstellen.

In Zeiten von Aufruhr oder Krieg tritt das ein, wovon Salomo hier spricht. Um ein Auskommen zu haben, mußt du zu dem Staub zurückgehen, von dem du gekommen bist. Das Seltsame an der Zivilisation ist, daß sie die Menschen vom Boden abzieht und sie veranlaßt, eine künstliche Existenz fernab von der natürlichen aufzubauen. Die Zivilisation ist zu einem ausgeklügelten System geworden, das es dem Menschen ermöglicht, ohne Gott zu leben.

Wenn infolge eines brutalen Überfalls der Zivilisation ein vernichtender Schlag versetzt wird, haben die meisten von uns kein Bein, auf dem sie stehen können. Salomo erinnert uns daran, daß König wie Bauer ihr Leben nur durch sachgerechte Bodenbestellung fristen können. Die Gesetze, die uns in der Bibel gegeben werden, schließen eine Anweisung für die Behandlung der Erde ein. Sie weisen mit Nachdruck darauf hin, daß dem Boden die ihm zustehende Ruhezeit gegeben werden muß, und machen deutlich, daß nur auf dieser Basis unsere Existenzgrundlage gesichert ist.

5. November

Niemand lebt davon, daß er viel besitzt. Lukas 12, 15

Das erste, was Gott mit einem geheiligten Menschen macht, ist, daß Er ihm das Herz auftut und ihm einen weltweiten Blick schenkt. Das geschieht, indem Er ihm das Wesen des Heiligen Geistes einpflanzt. Wenn wir von oben geboren sind, geht uns die Erkenntnis auf, daß wir für Gott geschaffen sind, nicht für uns selbst. Durch die Wiedergeburt erkennen wir Gottes großen Plan für die

Menschheit. Das läßt alle unsere kleinen, armseligen, engstirnigen Vorstellungen weichen.

Wenn wir viel in der Gegenwart Gottes gelebt haben, fällt uns auf, wie klein das Leben der Männer und Frauen ist, die Gott nicht anerkennen. Das sahen wir vorher gar nicht. Ihr Leben erschien uns weit und großzügig. Aber jetzt erkennen wir das große Getue um Dinge, die absolut nichts mit Gottes Absicht zu tun haben und weitab von Gottes Willen liegen. Weil die Menschen in den Dingen leben, die sie besitzen, statt in ihrer Beziehung zu Gott, scheint Gott zuweilen grausam zu sein.

Es gibt unzählige Dinge, die Menschen in ihren Bann schlagen können und die Gott beiseite fegen muß, weil sie hoffnungslos an Seinem Willen vorbeiführen. Wenn wir in diesen Dingen leben, werden wir mit ihnen dahingerafft.

6. November

Denn ihr kennt die Gnade unsres Herrn Jesus Christus: obwohl Er reich war, wurde Er doch arm um euretwillen, damit ihr durch Seine Armut reich werdet.
2. Korinther 8, 9

Unser Herr Jesus Christus wurde um unseretwillen arm. Das tat Er nicht als Beispiel für uns, sondern um uns das untrügliche Geheimnis Seines Glaubens zu geben. Das »berufsmäßige« Christentum ist ein Glaube an die Besitztümer, die Gott geweiht sind. Der Glaube Jesu Christi ist ein Glaube der persönlichen Beziehung zu Gott und hat überhaupt nichts mit Besitztümern zu tun. Der Jünger Jesu ist nicht reich an Besitz, sondern an persönlicher Identität. Freiwillige Armut war das auffallende Merkmal der Lebensweise Jesu (Lukas 9, 58).

Die Armut ist an den Kindern Gottes zu allen Zeiten zu finden gewesen. Heute schämen wir uns, arm zu sein. Wir fürchten uns davor. Der Grund, warum wir so wenig über die innere, geistliche Seite der äußeren Armut hören, ist, daß so wenige von uns den Platz Jesu oder den von Paulus einnehmen.

Die Furcht vor der Armut wird uns unser geistliches Rückgrat zerbrechen, wenn wir nicht fest an Gott gebunden sind. Das Leben unseres Herrn Jesus war davon gekennzeichnet, daß Er losgelöst war von allem, was Menschen an diese Welt bindet. Infolgedessen konnte Er überallhin gehen, wo Sein Vater Ihn haben wollte.

7. November

So gibt es denn für den Menschen nichts Besseres, als zu essen und zu trinken und sein Herz bei seiner Mühsal guter Dinge sein zu lassen. Freilich habe ich erkannt, daß auch dies von der Hand Gottes abhängt. Prediger 2, 24 (Menge)

Eine grundlegende Lektion im christlichen Glauben ist, daß Gottes Wille uns im Zufälligen entgegentritt. Wir sind Männer und Frauen, wir stehen unter dem Einfluß unserer Triebe, wir müssen auf dieser Erde leben. Ständig ereignen sich Dinge zufällig. Was für einen Wert hat es zu sagen, daß es nicht so ist? »Eine der unveränderlichsten Tatsachen auf der Erde ist die Veränderlichkeit.« Dein und mein Leben setzt sich aus einer Vielzahl von Zufällen zusammen.

Es ist unsinnig zu sagen, daß es vorherbestimmt ist, daß du soundsoviele Knöpfe an deinem Jackett hast. Wenn das aber nicht vorherbestimmt ist, dann ist überhaupt nichts vorherbestimmt. Wenn das, was uns begegnet, vorherbestimmt wäre, hätten wir keinerlei Verantwortung. Eine falsche Auffassung vom geistlichen Leben läßt uns von Gott Wunder erwarten, statt daß wir unsere Pflicht tun. Wir haben darauf zu achten, daß wir unsere

Pflicht aus dem Glauben an Gott heraus tun. Jesus Christus hat es übernommen, alles das zu tun, was ein Mensch nicht tun kann – aber nicht das, was der Mensch tun kann.

Der Gang der Ereignisse ist zufällig. Wenn wir Gott kennen, wissen wir, daß Sein Wille uns auf diesem Weg begegnet. Wir leben in dieser zufälligen Anordnung der Dinge, und unser Auftrag ist es, die bleibende Ordnung Gottes darin aufrechtzuerhalten. In der Sakramentslehre wird uns gesagt, daß uns durch die einfachen Elemente von Brot und Wein die Gegenwart Gottes zuteil wird. Wir sollen nicht Erfolg oder Wohlstand anstreben. Wenn wir uns im Essen und Trinken unsere Beziehung zu Gott vergegenwärtigen können, stehen wir in der richtigen Haltung.

8. November

Ich bin nackt von meiner Mutter Leibe gekommen, nackt werde ich wieder dahinfahren. Der Herr hat's gegeben, der Herr hat's genommen; der Name des Herrn sei gelobt. Hiob 1, 21

Wenn wir den Tatsachen unmittelbar ins Auge sehen, geraten wir in Verzweiflung – nicht in Aufregung, sondern regelrecht in Verzweiflung. Gott macht keinem Menschen Vorwürfe, wenn ihn Verzweiflung ergreift. Der denkende Mensch muß ein Pessimist sein. Denken kann nie Optimismus hervorrufen. Der größte Weise, der je gelebt hat, sagte: »Wo viel Weisheit ist, da ist viel Grämen.« Der Grund der Dinge ist nicht vernunftgemäß, sondern unergründlich und tragisch. Wer den Dingen gegenübertritt, wie sie sind, gerät in den Hexenkessel der Verzweiflung.

Ibsen stellt diese Erfahrung in seinem literarischen Werk dar. Es liegt kein herausfordernder Trotz in seiner Darstellung. Er weiß, daß es in der Natur so etwas wie Vergebung nicht gibt und daß jeder Sünde ihre gerechte Strafe folgt. Sein Fazit über das Leben ist das stiller Verzweiflung, weil er nichts von der Offenbarung Gottes in Jesus Christus weiß.

»Selig sind, die Leid tragen.« Unser Herr Jesus spricht immer von diesem Ausgangspunkt aus, nie von der Grundlage des »Evangeliums des Temperaments« aus. Wenn ein Mensch in Verzweiflung gerät, weiß er auch, daß sein ganzes Denken ihn nie herausholen wird. Er kann nur herauskommen durch Gottes schöpferisches Eingreifen. D. h., er ist genau in der richtigen Situation, um von Gott das zu empfangen, was er sich selbst nicht geben kann.

9. November

Hiob rief aus: »Verflucht sei der Tag, an dem ich geboren wurde, und die Nacht, die da verkündete: ein Knäblein ist empfangen!« Hiob 3, 2. 3

Ein Optimist kann ich nur sein, wenn ich entweder die biblische Offenbarung des Heilsplans Gottes angenommen habe oder wenn ich vom Temperament her auf den Optimismus hin angelegt bin. Es ist unmöglich, ungehindert zu denken und dabei optimistisch zu bleiben. Ein Mensch braucht sich nur den Fakten rückhaltlos zu stellen, dann ist der Pessimismus die unausbleibliche Folge. Wenn über dem menschlichen Leben nicht eine Tragik liegt, wenn es keine Kluft zwischen Gott und Mensch gibt, dann ist die Erlösung durch Jesus Christus nur »viel Lärm um nichts«.

Hiob sieht alles nüchtern. Ein Mensch mit gesundem Verstand gründet sein Leben auf die tatsächlichen Gegebenheiten. Aber wenn er dann vom Tod eines geliebten Menschen getroffen wird und die Phase des Aufbegehrens und die nachfolgende Phase des Lästerns hinter sich hat, wird er erkennen, wie auch Hiob es herausfand, daß die Verzweiflung die Basis des menschlichen Lebens ist – es sei denn, daß ein Mensch Gottes Botschaft annimmt und in das Reich Jesu Christi eintritt.

Es ist gut, wenn wir vorsichtig sind mit unserem Urteil über andere Menschen. Ein Mensch redet vielleicht dem Anschein nach in lästerlicher Weise gegen Gott. »Wie entsetzlich!«, sagen wir dann. Aber wenn wir genauer hinsehen, erkennen wir, daß dieser Mensch Schmerzen hat, daß er durch irgend etwas verletzt und fast in den Wahnsinn getrieben wurde. Die Stimmung, aus der heraus er redet, geht vorüber. Sein Leiden wird in ihm ein ganz neues Verhältnis zu den Dingen hervorbringen. Denk daran, daß Gott zuletzt sagte, daß die Freunde Hiobs nicht die Wahrheit über Ihn gesprochen hatten, während das bei Hiob der Fall war!

10. November

Gott aber erweist Seine Liebe zu uns darin, daß Christus für uns gestorben ist, als wir noch Sünder waren.
Römer 5, 8

Wenn du noch nie durch Spannungen gegangen bist, nie von Problemen in die Zange genommen warst, wenn du dich immer gut unter Kontrolle hast und dir deshalb nichts vorzuwerfen brauchst, und jetzt jemand zu dir kommt und zu dir sagt, daß Gott dich so liebt, daß Er Seinen Sohn für dich in den Tod gab, kann dich höchstens ein gutes Benehmen davon abhalten, dich darüber lustig zu machen. Die meisten Menschen, die nie durch Leid gegangen sind, sehen den Tod Jesu Christi als einen Irrweg an.

Wenn ein Mensch am Ende seines Verstandes ist und nicht mehr weiter weiß, wenn sein dickes Fell durchlöchert ist und er auf einmal hellwach geworden ist, geht ihm zum ersten Mal etwas anderes auf: »Jetzt verstehe ich es endlich: Ich hielt Ihn für Den, der geplagt und von Gott geschlagen und gemartert wäre. Aber jetzt erkenne ich, daß Er um meiner Missetat willen verwundet wurde.«

Die große, grundlegende Nachricht im Blick auf die Menschheit ist, daß Gott uns erlöst hat. Die Erlösung kommt in unser Leben hinein, wenn unsere Not so groß geworden ist, daß wir erkennen, daß wir Erlösung brauchen. Es ist ein trauriger Fehlgriff, wenn wir anderen Menschen nur die Aufforderung »Kopf hoch!« anzubieten wissen. Einer der oberflächlichsten und banalsten Kommentare, die wir geben können, ist der Hinweis: »Auf Regen folgt Sonnenschein.« Manchmal regnet es anhaltend und das Unwetter richtet großen Schaden an, bevor es nachläßt.

An der Mauer der Welt steht Gott mit ausgestreckten Armen. Wenn einer bis dorthin getrieben wird, empfängt er den Trost Jesu Christi. Durch die Leiden im menschlichen Leben vollbringen wir keine Erlösung, aber wir erkennen durch sie, warum es für Gott nötig war, die Erlösung zu vollbringen. Es ist nicht nötig, daß jeder Mensch durch diese Leiden geht, aber es ist eine Zeit schweren Leidens nötig, damit uns der stolze Zweifel ausgetrieben wird. Es ist gut, ehrerbietig gegenüber dem zu sein, was wir nicht verstehen. Wer in schweren Gewissensnöten steht, wird einem Neuanfang entgegengeführt. Er läuft nachher besser als zuvor und hat größere Aussichten auf den Sieg.

11. November

**Er aber lag hinten im Boot und schlief auf einem Kissen.
Markus 4, 38**

Der in Markus 4, 35–41 berichtete Vorfall ist nicht ein

Vorfall im Leben eines Menschen, sondern im Leben Gottes als Mensch. Dieser Mensch, der da im Boot schläft, ist der fleischgewordene Gott. Jesus hatte zu den Jüngern gesagt: »Laßt uns hinüberfahren.« Aber als der Sturm aufkam, enttäuschten sie Ihn, statt sich auf Ihn zu verlassen. Die Situation war so beängstigend, daß ihr gesunder Menschenverstand fieberhaft zu arbeiten begann. In ihrer Panik gerieten sie ganz außer sich. Voller Schrecken weckten sie Ihn auf.

Wenn wir in Angst sind, sollten wir unser großes Vorrecht, zu Gott zu beten, in Anspruch nehmen. Aber unser Herr Jesus hat das Recht zu erwarten, daß die, die Seinen Namen nennen und Sein Wesen an sich tragen, Ihm Vertrauen entgegenbringen. Wenn wir mit unserer Weisheit am Ende sind, verfallen wir statt dessen in die Art des Betens zurück, wie Ungläubige sie üben. Damit beweisen wir, daß wir nicht das kleinste Atom Vertrauen zu Ihm und Seinem Weltregiment haben. Er schläft – das Ruder ist nicht in Seiner Hand. Wir sitzen da in heller Aufregung. Gott erwartet von Seinen Kindern, daß sie Ihm in Krisenzeiten so fest vertrauen, daß sie es sind, auf die Er sich verlassen kann.

Es ist für unser geistliches Leben viel gewonnen, wenn wir aufhören, Gott mit persönlichen Schwierigkeiten oder irgendwelchen ich-bezogenen Anliegen in den Ohren zu liegen. Gott erwartet von uns das eine, das Ihn verherrlicht: daß wir am absoluten Vertrauen auf Ihn festhalten, indem wir Seine Zusagen in Anspruch nehmen und keinen Zweifel daran dulden, daß Sein Plan in Erfüllung geht.

12. November

Den Frieden lasse Ich euch zurück, Meinen Frieden gebe Ich euch. Johannes 14, 27

Wir reden vom Frieden Jesu. Aber ist uns überhaupt klar, was dieser Friede war? Lies die Geschichte Seines Lebens, der 30 Jahre stiller Unterordnung in Nazareth, der drei Jahre des Dienstes voll Verleumdung, Bosheit und Haß, die Er erduldete! Das alles war unermeßlich schlimmer, als wir es je erleben können. Und Sein Friede blieb ungetrübt. Er konnte nicht erschüttert werden.
Diesen Frieden will Gott uns als Seine Gabe schenken. Nicht einen Frieden, der diesem nahekommt, sondern diesen Frieden. In aller Unrast des Lebens, in unserer Arbeit für unseren Lebensunterhalt, in jeder gesundheitlichen Verfassung, wie auch immer Gott unsere Lebensumstände lenkt: »Meinen Frieden« – der unerschütterliche, unzerstörbare Friede Jesu wird uns verliehen und soll uns ständig begleiten.
»Euer Leben ist verborgen mit Christus in Gott.« Haben wir es zugelassen, daß dieses gewaltige Wunder uns umgibt und durchdringt, bis wir anfangen, den weiten Raum zu sehen, der uns damit für unser Wachstum gegeben ist? »Wer unter dem Schirm des Höchsten sitzt« – ein solcher Mensch ist absolut sicher.

13. November

Es genügt dem Jünger, daß er so ist wie sein Lehrer und der Knecht wie sein Herr. Matthäus 10, 25

Im Orient singen die Frauen, während sie das Korn zwischen den Mühlsteinen mahlen. Der »Klang der Mühlsteine« ist Musik in den Ohren Gottes. Das Weltkind empfindet ihn nicht als Musik. Aber der Christus-Nachfolger, der zu Brot gemacht wird, weiß, daß sein Vater alles am besten beurteilen kann und daß Er nie das Leiden zulassen würde, wenn Er damit nicht eine bestimmte Absicht verbinden würde. Übelgelaunte Menschen, schwere Lebensumstände, Armut, vorsätzliche Mißverständnisse und Entfremdungen, das alles sind Mühlsteine.

Hatte Jesus etwas davon in Seinem Leben? Er hatte drei Jahre lang einen Teufel in seiner engsten Umgebung. Er lebte zu Hause zusammen mit Brüdern und Schwestern, die nicht an Ihn glaubten. Von den Pharisäern wurde Er unaufhörlich bekämpft und mißverstanden. Und Er sagt: »Der Jünger steht nicht über dem Lehrer.«

Wenn wir das winzigste Stückchen Selbstmitleid in uns haben, kann Gott es nicht wagen, uns in die Nähe der Mühlsteine zu bringen. Wenn diese Erfahrungen aber für dich Wirklichkeit werden, denk daran, daß Gottes Augen über jeder Kleinigkeit wachen!

Jetzt verstehen wir, warum unser Herr Jesus 33 Jahre lang das Leben führte, von dem uns das Neue Testament berichtet. Bevor Er irgend einem Menschen den Zugang zu diesem Leben öffnen konnte, mußte Er ihm zeigen, wie das Leben eines Menschen nach Gottes Willen aussieht.

Das Leben Jesu ist das Leben, das wir hier zu leben haben, nicht nach dem Tod. Nach unserem Erdenleben gibt es keine Möglichkeit mehr für uns, ein solches Leben zu führen. Es muß hier sein.

14. November

Wer nun sich selbst erniedrigt und wie dies Kind wird, der ist der Größte im Himmelreich. Matthäus 18, 4

Als die Jünger ihre Meinungen darüber äußerten, wer der Größte sein sollte, nahm Jesus ein kleines Kind in Seine Arme und sagte: »Wenn ihr nicht so werdet, werdet ihr das Himmelreich nie sehen.« Er machte aus dem kleinen Kind kein Ideal. Sonst hätte Er die Mitte Seiner Lehre zerstört. Wenn die Demut zum Ideal erhoben würde, würde das nur zu noch größerem Stolz führen. Demut ist kein Ideal. Sie ist die unbewußte Folge eines Lebens, das in der richtigen Stellung gegenüber Gott ist und in Ihm Seine Mitte hat. Unser Herr Jesus wendet sich gegen den Ehrgeiz. Hätte Er ein kleines Kind zum Maßstab gemacht, hätte das nur die Art und Weise der Äußerung des Ehrgeizes geändert.

Was ist ein kleines Kind? Wir wissen alle, was ein kleines Kind ist – bis wir danach gefragt werden. Dann stellen wir fest, daß wir es nicht wissen. Wir können darauf verweisen, daß es besonders gut oder besonders böse ist, aber keines davon ist das Kind. Wir wissen instinktiv, was ein Kind ist, und wir wissen instinktiv, was Jesus Christus meint. Aber sobald wir es in Worte fassen sollen, entschwindet es uns. Ein Kind wird von einem unbewußten Prinzip in seinem Inneren geleitet.

Wenn wir wiedergeboren sind und dem Heiligen Geist gehorchen, leben wir unablässig unbewußt Demut aus. Mühelos machen wir uns allen zu Dienern – nicht weil das unser Ideal ist, sondern weil wir nicht anders können. Unser Auge ist nicht auf unseren Dienst gerichtet, sondern auf unseren Erlöser.

Es gibt nichts Schrecklicheres als bewußte Demut. Das ist die satanische Form des Stolzes.

15. November

Wenn das Weizenkorn nicht in die Erde fällt und stirbt, bleibt es ein einzelnes Korn; wenn es aber stirbt, bringt es viel Frucht. Johannes 12, 24

Der Tod ist der von Gott ersehene Weg, auf dem Er uns Leben gibt. In früheren Zeiten zogen sich die Mönche von allem zurück, um zu beweisen, daß sie dafür tot waren. Als sie dann alles verlassen hatten, erkannten sie, daß sie lebendiger waren als je zuvor.

Jesus schloß sich nie von der Welt ab. Die erste Veranstaltung, zu der Er Seine Jünger mitnahm, war eine Hochzeit. Er sonderte sich nicht von der Gesellschaft ab. Er hielt sich nicht auf Abstand. So wenig tat Er das, daß sie Ihn einen »Fresser und Weinsäufer« nannten! Aber Jesus hatte ein Kennzeichen: Er war tot für das alles. Es beeindruckte Ihn nicht. Das »Hundertfältig«, das Jesus versprach, bedeutet, daß Gott einen Menschen überall und mit allem betrauen kann, wenn er tot ist für die irdischen Dinge . . .

Wir sprechen davon, daß wir die »Kraft der Auferstehung Jesu« in Anspruch nehmen können und sollen. Aber versuch es einmal! Du kannst sie nicht in Anspruch nehmen, wann du willst. Du wirst nie einen Atemzug jenes Lebens bekommen, bis du tot bist, d. h. tot für jeden Wunsch, einen Segen für Leib oder Seele oder Geist zu empfangen. Sobald du dem stirbst, ist das Leben Gottes in dir, und du weißt nicht wohin vor überströmender Freude darüber.

16. November

Und wenn Er kommt, wird Er der Welt aufdecken, was es mit der Sünde . . . auf sich hat. Johannes 16, 8

Wir stehen in der Gefahr, der Sündenerkenntnis den falschen Platz im Leben eines Menschen zuzuweisen. Der Mensch, der wie kein anderer seine Sünde erkannte, war der Apostel Paulus: »Ich lebte einst ohne Gesetz; als aber das Gebot kam, wurde die Sünde lebendig, ich aber starb« (Römer 7, 9. 10). Paulus sagt in seinem Bericht über seine Bekehrung nichts von Sündenerkenntnis, nur von der Erkenntnis seiner Dunkelheit und Not und inneren Zerrissenheit. Aber nachdem Paulus drei Jahre in

Arabien gewesen war und der Heilige Geist ihn in das helle Licht der Wahrheit gestellt hatte, fing er an, die Sündendiagnosen zu stellen, die wir in seinen Briefen haben.

Wenn du wissen willst, was Sünde ist, frag nicht den von Sünde überführten Sünder danach! Frag den geheiligten Christus-Nachfolger, den, der durch die Sühnung seiner Sünde wach geworden ist für die Heiligkeit Gottes! Ein solcher Mensch kann anfangen, dir zu sagen, was Sünde ist. Ein Mensch an der Bußbank, der sich im Schmerz über seine Sünde windet, ist erschüttert, weil seine Sünden ihn aus dem Gleichgewicht geworfen haben. Aber er weiß sehr wenig darüber, was Sünde ist. Erst wenn wir im Licht wandeln, wie Gott im Licht ist, fangen wir an zu verstehen, bis zu welchen unergründlichen Tiefen die Reinigung durch das Blut Jesu Christi hindurchdringt (1. Johannes 1, 7).

17. November

Alle Morgen weckt Er mir das Ohr, daß ich höre, wie Jünger hören. Jesaja 50, 4

Haben wir uns eingeübt in das Hören auf das, was Gott sagt? Haben wir dieses entschlossene Hören in unser praktisches Leben eingebaut? Vielleicht sind wir in der Lage zu bezeugen, was Gott für uns getan hat. Aber ist an dem Leben, das wir führen, abzulesen, daß wir jetzt keine Hörenden mehr sind, sondern nur noch in der Erinnerung an das einst Gehörte leben? Unsere Ohren müssen in der Übung bleiben, Gottes Stimme herauszuhören. Nur so können wir ständig innerlich erneuert werden.

Wenn dann eine Krise kommt, wenden wir uns instinktiv an Gott. Dann ist die Gewohnheit des Hörens bereits gebildet. Am Anfang sind wir vom dröhnenden Lärm unserer eigenen Befürchtungen erfüllt. Wir sind so beherrscht

von dem, was wir gehört haben, daß wir nichts weiteres
mehr hören können. Wir müssen auf das hören, worauf
wir bisher noch nie gehört haben. Dazu ist es nötig, daß
wir innerlich abgesondert sind.

»Er weckt mir das Ohr, daß ich höre, wie Jünger hören.«
Lies mindestens einmal in der Woche die Bergpredigt
und überlege, wie weit du ihr zugehört hast. »Liebt eure
Feinde; segnet, die euch fluchen!« Wir hören darauf
nicht, weil wir nicht wollen. Wir müssen es lernen, in allem auf Jesus zu hören. Wir müssen uns daran gewöhnen,
herauszufinden, was Er sagt. Wir können die Lehren Jesu
nicht in die Tat umsetzen, wenn wir nicht wiedergeboren
sind, und wir können nicht alle Seine Lehren sofort in die
Tat umsetzen. Der Heilige Geist bringt uns immer wieder
ein Wort unseres Herrn Jesus ins Gedächtnis zurück und
wendet es auf die gesamte Situation an, in der wir sind.
Die Frage ist nur: »Richten wir uns auch danach?« »Wer
diese Meine Rede hört und sie tut . . .« Wenn Jesus Christus dir ein Wort nahebringt, weiche ihm nicht aus!

18. November

**Wenn jemand Dessen Willen tun will, wird ihm klar wer-
den, ob diese Lehre von Gott ist oder ob Ich aus Mir
selbst rede. Johannes 7, 17
Wenn ihr dies nun wißt – selig seid ihr, wenn ihr's tut.
Johannes 13, 17**

Wenn du an Jesus glaubst, wirst du deine Zeit nicht ausschließlich im ruhigen Wasser innerhalb des Hafens zubringen, wo alles voll Heiterkeit und Wonne ist, aber wo
du immer festgemacht bist. Du mußt aus dem Hafen aus-
laufen in die großen Tiefen Gottes hinein. So kommst du
zu einer Gotteserkenntnis »aus erster Hand«, so erlangst
du geistliches Erkennungsvermögen. Wenn du die Halte-
taue nicht durchschneidest, wird Gott sie in einem Sturm

abreißen und dich hinausschicken müssen. Willst du die Verankerung nicht lösen und geradewegs auf Gott lossteuern, indem du dich von dem starken Strom Seines Planes für dich tragen läßt?

»Wenn jemand Dessen Willen tun will, wird ihm klar werden . . .« Wenn du weißt, daß du etwas Bestimmtes tun solltest, und du tust es, weitet sich dein Blick sofort. Wenn du in einer Sache von geistlicher Trägheit beherrscht bist und der Sache nachgehst, wirst du folgendes feststellen: Es fing an, als du wußtest, daß du etwas Bestimmtes tun solltest. Du tatst es aber nicht, weil es dir nicht dringlich erschien. Und jetzt hast du den klaren Blick nicht mehr, du hast kein Erkenntnisvermögen. Statt in Krisenzeiten geistliche Selbstbeherrschung an den Tag zu legen, bist du geistlich verwirrt. Es ist gefährlich, sich gegen das Wachsen im Glauben zu sperren.

19. November

Und der Herr wandte das Geschick Hiobs, als er für seine Freunde Fürbitte tat. Hiob 42, 10

Bist du schon zu diesem »als« gekommen? Wenn du in der Lage Hiobs bist und Probleme hast, die dich ganz in Anspruch nehmen, denk daran: Als Hiob für seine Freunde betete, machte Gott ihn frei! Bete für deine Freunde, dann wird Gott auch deine Gefangenschaft wenden! Die Befreiung kommt, während du Fürbitte tust. Das ist nicht bloß eine Reaktion. So handelt Gott. Es geht nicht darum, sich Zeit zum Bibellesen zu verschaffen, sondern um spontane Fürbitte inmitten unserer täglichen Arbeit.

Dann werden wir Befreiung auf der ganzen Linie erfahren, nicht weil wir die Probleme verstehen, sondern weil wir erkennen, daß Gott den Weg der Fürbitte gewählt hat, um Seine Wunder seelischer Genesung zu tun. So geh an deine Arbeit und bete, dann wird Gott Gelegenheit haben, in das Leben anderer einzugreifen! Du brauchst nicht einmal mit ihnen zu sprechen. Gott hat das Leben der Christen auf den Boden der Erlösungstat Jesu Christi gegründet. Wenn wir auf dieser Grundlage beten, steht Gottes Ehre auf dem Spiel, und Er wird das Gebet erhören.

20. November

Geh in deine Kammer, schließ die Tür zu und bete zu deinem Vater, der im Verborgenen ist! Matthäus 6, 6

Gebet, das keine Willensanstrengung kostet, erkennt Gott nicht an. »Wenn ihr in Mir bleibt und Meine Worte in euch bleiben, werdet ihr bitten, was ihr wollt, und es wird euch zuteil werden«, sagte Jesus. Das heißt nicht soviel wie: Bittet, was euch in den Kopf kommt, sondern: Bittet, was ihr *wollt*. Was willst du allen Ernstes? Bitte darum! Wir *bitten* um sehr wenig.
Bedenke, wie lange unser Herr Jesus auf dich gewartet hat! Er ist dir nahegekommen, als Er zu dir redete. Jetzt bete zu Ihm! Verschaff dir einen Platz, keine Stimmung, sondern einen festen Platz und such ihn immer wieder auf! Bete dort zu Gott! Der Heilige Geist in dir wird dir helfen.
Befolge jetzt die Aufforderung: »Geh in dein Kämmerlein!« Denk daran: Es ist ein zum Beten ausgewählter Ort, nicht einer, da man kleine Vorträge hält oder sonst irgend etwas tut. Er ist nur zum Beten da. Vergiß das nie!

21. November

Und bittet ... für mich ..., damit mir das rechte Wort gegeben wird ...! Epheser 6, 19

Von uns aus denken wir, daß es unnötig ist, für »Paulus« zu beten, für Prominente. Gott wird schon für sie sorgen, meinen wir. Die Leute, die in der Arbeit für Gott in der vordersten Front stehen, sind der List des Teufels am meisten ausgesetzt. Wir müssen unablässig für diese Leute beten. Gott gibt uns je und dann ein erschreckendes Beispiel dafür, was geschieht, wenn wir es nicht tun.

Die Gebete der Heiligen geben oder aber nehmen Gott die Möglichkeit, Seine Wunder zu vollbringen. Wenn wir darum beten, daß Gottes Wille geschehen möge, sagen wir meistens: »zu Gottes Zeit« und meinen damit: »zu meiner Unzeit«. Deshalb rufen unsere Gebete keine Stille im Himmel hervor, keine Ergebnisse, keine Wirkungen.

Wenn wir beten, geben wir Gott die Möglichkeit, im unbewußten Bereich der Menschen zu wirken, für die wir beten. Wenn wir uns in die Stille zurückziehen, ist die Passion des Heiligen Geistes am Werk, Seelen zu retten, nicht unsere Passion, und Er kann durch uns wirken, wie Er will.

22. November

Was geht dich das an? Johannes 21, 22

Ein Jünger ist also jemand, der sich weder um seine eigenen Angelegenheiten noch um die eines anderen kümmert. Der Jünger hat seine Augen immer auf Jesus gerichtet und folgt Ihm unbeirrt nach. Wir lesen Bücher über die Hingabe anderer Menschen. Doch das fügt dem Bau unseres Lebens nichts hinzu. Es ist nur ein Gerüst. Es muß wieder verschwinden. Eines Tages bleibt uns nur noch eines: Jesus nachfolgen.

Eine der härtesten Lektionen, die uns erteilt werden, betrifft unsere hartnäckige Weigerung, einzusehen, daß wir uns nicht in das Leben anderer Leute einzumischen haben. Es dauert lange, bis wir die Gefahr erkennen, selbst Vorsehung zu spielen, also uns in Gottes Aufträge für andere einzumischen.

Wir sehen z. B. jemanden leiden und sagen: »Er soll nicht leiden. Dafür werde ich sorgen.« Wir halten daraufhin unsere Hand genau vor das, was Gott zugelassen hat. Wir aber wollen verhindern. Dann muß Er sagen: »Was geht dich das an?« Wir zögern Gottes Handeln hinaus, wenn wir fortgesetzt nach unseren eigenen Vorstellungen vorgehen.

23. November

So ziehet nun hin, die ihr dem Schwert entronnen seid, und haltet euch nicht auf! Gedenkt des Herrn im fernen Lande und laßt euch Jerusalem im Herzen sein.
Jeremia 51, 50

»Und laßt euch Jerusalem«, die von Gott erleuchtete Stadt, »im Herzen sein.« Stell dich einmal der Frage: »Was lasse ich mir im Herzen sein?« Wenn jemand sich nicht um seinen Garten kümmert, ist es bald kein Garten mehr. Wenn ein Nachfolger Jesu sich nicht um die Gedanken seines Herzens kümmert, wird es bald zu einem Müllabladeplatz für Satans Vogelscheuchen. Lies, welche furchtbaren Dinge nach der Aussage des Paulus im Herzen eines Gläubigen wachsen, wenn er nicht acht auf sich hat (z. B. Kolosser 3, 5)!

Wir werden dazu aufgefordert, daß wir uns Jerusalem im Herzen sein lassen. Das bedeutet, daß wir unser Denken unter Kontrolle haben und es einem Ziel unterstellen. Laß nur solche Dinge hinein, die der von Gottes Herrlichkeit erleuchteten Stadt würdig sind! Das ist eine Anweisung, die uns gegeben ist. Sorge durch aufmerksames Prüfen deiner Gedanken dafür, daß sich nichts einschleicht, was Gottes unwürdig ist!

Uns ist nicht genügend klar, wie wichtig es ist, daß wir vor

dem Schlafengehen beten: »Erlöse uns von dem Bösen!«
Ist diese Bitte in unserem Herzen lebendig? Dann sind
wir in der richtigen Ausgangsposition, um den Herrn am
Ende des Tages zu bitten, daß Er über unseren Gedanken
und Träumen wachen möge. Er wird es tun.

24. November

**Stellt euch Gott zur Verfügung als Menschen, die tot wa-
ren, aber nun lebendig sind, und eure Glieder Gott als
Waffen der Gerechtigkeit! Römer 6, 13**

Wenn ich wiedergeboren bin, hat sich mein menschliches
Wesen dadurch nicht verändert. Es ist dasselbe wie vorher, ich stehe noch in derselben Beziehung zum Leben,
ich habe dieselben Körperorgane. Aber die Triebfeder
meines Handelns ist jetzt anders. Ich muß jetzt darauf sehen, daß alle meine Glieder von der neuen Veranlagung
beherrscht werden (s. Römer 5, 13. 19).
Es gibt nur eine Art von menschlicher Natur. Es ist die
menschliche Natur, die wir alle in uns haben. Ebenso gibt
es auch nur eine Art von Heiligkeit. Das ist die Heiligkeit
Jesu Christi. Gib Ihm »Ellbogenfreiheit«! Dann wird Er
sich in dir offenbaren, und andere Menschen werden Ihn
erkennen. Die Menschen kennen den Menschen zu gut,
um sich darin zu täuschen, woher Güte und Freundlichkeit stammen. Wenn sie gewisse Merkmale vorfinden,
wissen sie, daß sie nur von der Innewohnung Jesu kommen.
Es handelt sich nicht um edle menschliche Züge, sondern
um eine echte »Blutsverwandtschaft« mit Jesus. Es ist
Seine Freundlichkeit, *Seine* Geduld, *Seine* Reinheit, niemals die meine. Die ganze Kunst des geistlichen Wandels
besteht darin, daß meine menschliche Natur sich zurück-
zieht und dem neuen Wesen freie Bahn gibt.

25. November

Selbst wenn Er mich umbringen sollte, will ich auf Ihn vertrauen. Hiob 13, 15

Um den Glauben an Gott zu veranschaulichen, verweisen wir manchmal fälschlich auf den Glauben eines Geschäftsmanns an einen Scheck. Wenn man sich im Geschäftsleben auf etwas verläßt, gründet man sich auf eine Kalkulation. Aber der Glaube an Gott kann nicht durch den »Glauben« veranschaulicht werden, den wir im natürlichen Leben haben. Der Glaube an Gott ist ein gewaltiges Wagnis ins Dunkle hinein. Ich muß glauben, daß Gott gut ist, trotz allem, was dem in meiner Erfahrung widerspricht. Es ist nicht leicht zu sagen, daß Gott Liebe ist, wenn alles, was geschieht, diese Aussage Lügen straft. Die Seele jedes Menschen stellt ein Schlachtfeld dar. Die Frage ist, ob wir wie Hiob ausharren und sagen: Obwohl alles hoffnungslos aussieht, will ich auf Gott vertrauen.

Die Grundlage für den Glauben eines Menschen an Gott ist, daß Gott die Quelle und der Erhalter alles Seienden ist, nicht, daß Er der alles Seiende ist. Hiob erkennt das und rechnet fest damit, daß einmal alles eine Erklärung finden wird. Habe ich solchen Glauben – nicht Glauben an ein Prinzip, sondern Glauben an *Gott*, daß Er gerecht und wahr ist und recht hat?

Viele von uns haben überhaupt keinen Glauben an Gott, sondern nur an das, was Er für uns getan hat. Wenn uns das nicht unmittelbar erkennbar ist, zerbricht unser Glaube, und wir sagen: »Warum geschieht das mir? Warum ist es zum Krieg gekommen? Warum bin ich verwundet und krank? Warum ist mein bester Freund gefallen? Jetzt glaube ich nicht mehr an Gott.«

26. November

Es ist gut, wenn du dich an das eine hältst und auch jenes nicht aus der Hand läßt; denn wer Gott fürchtet, der entgeht dem allen. Prediger 7, 18

Sei nicht fanatisch in deinem Glauben, und sei nicht respektlos und aufdringlich! Denk daran, daß das richtige Gleichgewicht zwischen den beiden Extremen gewahrt sein muß! Wenn dein Glaube dich nicht zu einem besseren Menschen macht, ist es ein fauler Glaube. Der Beweis, ob ein Glaube echt ist, wird erbracht, wenn es um diese vier Dinge geht: Essen, Geld, Sexualität und die Mutter Erde. An diesen Dingen ist ein echtes, gesundes Leben mit Gott zu erkennen. Ein Glaube, der über sie hinweggeht, oder sie mißbraucht, ist nicht richtig.

Gott machte den Menschen aus dem Staub des Ackerbodens. Dieser Staub kann entweder göttliche oder teuflische Züge tragen. Denk daran, daß wir keine Dummköpfe sein sollen! Wir sollen heilige Menschen sein, vollblütig und heilig bis ins letzte, keine blutarmen Geschöpfe, die nicht genug Kraft haben, um böse zu sein.

Die von Jesus Christus angewiesene Einstellung zum Leben macht Männer und Frauen nicht zu geschlechtslosen Wesen. Sie befähigt sie vielmehr, heilige Männer und Frauen zu sein. – »Habsucht ist eine Wurzel aller Übel« (1. Timotheus 6, 10). Das Geld ist auch ein Prüfstein, an dem sich die Echtheit des Glaubens eines Menschen erweist oder nicht erweist. – Die Art und Weise, wie ein Mensch mit dem Erdboden umgeht, läßt ebenfalls erkennen, ob er ein Sohn Gottes ist oder nicht. – Zu allen diesen Dingen muß ein Mensch die richtige Beziehung haben aufgrund seiner persönlichen Verbindung mit Gott.

27. November

Ich muß wirken die Werke Des, der Mich gesandt hat, solange es Tag ist. Johannes 9, 4

Die meisten von uns sind in mancher Hinsicht blind. Wir sehen nur im Licht unserer Vorurteile. Ein Scheinwerfer erhellt nur, was in seinem Lichtkegel liegt, nichts weiter. Das Tageslicht jedoch offenbart hunderterlei Dinge, die der Scheinwerfer nicht gezeigt hatte.

Eine Idee wirkt wie ein Scheinwerfer und wird tyrannisch. Er teilt sie dir mit, und du sagst dir, daß die Sache vollkommen klar zu sein scheint. Das Leben ist ganz problemlos. Aber laß nur das Tageslicht der tatsächlichen Erfahrungen über seinen Weg kommen. Dann gibt es tausend Dinge, die seine Idee nicht erklären kann, weil sie nicht auf der einfachen, geraden Linie unterzubringen sind, die der Evolutionist gezeichnet hat.

Wenn ich mit Problemen zu kämpfen habe, bin ich dazu fähig, daß ich mich in meine eigenen Gedanken einschließe und mich weigere, auf andere überhaupt zu hören. Es gibt vieles, was weder schwarz noch weiß ist, sondern grau. Nichts unter dem Himmel ist einfach außer der Beziehung eines Menschen zu Gott auf der Grundlage der Erlösungstat Jesu Christi.

Als Jesus Christus auftrat, stellten Ihm Seine Jünger ungeduldig die Frage: »Warum sagst du uns nicht ohne Umschweife, wer du bist?« Jesus Christus konnte es nicht, weil man Ihn nur durch Gehorsam erkennen kann.

Wer wie ein Maschinengewehr redet, schießt sich einen geraden Weg frei. Aber er zerstört vieles dabei. – Man kann die Lösung eines Problems noch auf einem anderen Weg erreichen: dem langen Weg der Geduld. Jesus Christus ging bewußt diesen langen, langen Weg. Die Versuchung Satans lief darauf hinaus, Ihn auf eine Abkürzung zu locken. Satans Einflüsterungen kreisten um das eine Argument: »Du bist doch Gottes Sohn. So tu doch Gottes

Werk auf Deine Weise!« Die Antworten unseres Herrn Jesus sagten jedesmal: »Ich bin gekommen, um das Werk Meines Vaters auf Seine Weise zu tun, nicht auf Meine, obwohl Ich der Sohn Gottes bin.«

28. November

Das Wort Gottes ist ... ein Richter der Gedanken und Regungen des Herzens. Hebräer 4, 12

Das Denken spielt sich im Herzen ab, nicht im Gehirn. Die wahren geistigen und geistlichen Kräfte eines Menschen liegen im Herzen. Das Herz ist das Zentrum des körperlichen Lebens, des Seelenlebens und des geistlichen Lebens. Der Ablauf des Denkens wird dem Gehirn und den Lippen zugeschrieben, weil es sich durch diese Organe artikuliert.

Nach den Aussagen der Bibel vollzieht sich das Denken im Herzen. Das ist der Bereich, wo der Geist Gottes wirksam ist. Wir können als allgemeine Regel aufstellen, daß Jesus Christus nie Fragen beantwortet, die aus dem Kopf eines Menschen kommen. Die Fragen, die unserem Gehirn entspringen, sind immer einem Buch entnommen, das wir gelesen haben, oder stammen von jemandem, den wir reden hörten.

Aber die Fragen, die aus unserem Herzen kommen, die wirklichen Probleme, die uns bedrängen, darauf geht Jesus Christus ein. Er kam, um die Fragen zu lösen, die dem innersten Zentrum des menschlichen Herzens entspringen. Diese Probleme lassen sich vielleicht schwer in Worten ausdrücken. Aber es sind die Probleme, die Jesus Christus lösen wird.

29. November

Du sollst den Herrn, deinen Gott, lieben mit ganzem Herzen, mit ganzer Seele, mit all deinem Verstand und mit all deiner Kraft. Markus 12, 30

Der Inhalt der Aussage von Markus 12, 29–31 ist viermal nacheinander Gott: Gott, der König meines Herzens – Gott, der König meiner Seele – Gott, der König meines Denkens – Gott, der König meiner Kräfte. Nichts weiter als Gott. Auswirken wird sich das darin, daß wir unseren Mitmenschen dieselbe Liebe erweisen, die Gott uns erwiesen hat. Das ist der äußere Aspekt dieser inneren Verbindung zu Gott: Ihn ziehe ich allem anderen vor.

Das zeigt sich an der Liebe des Herzens zu Jesus, am Opfern des Lebens für Jesus, an dem Denken, das nur Jesus geweiht ist, an den Kräften, die ich Jesus ausgeliefert habe, an dem Willen, der nur noch Gottes Willen tut, und am inneren Ohr der Persönlichkeit, die nur das hört, was Gott zu sagen hat.

Errettung bedeutet nicht nur ein reines Herz, ein erleuchtetes Denken, einen Geist, der mit Gott in Ordnung gekommen ist, sondern daß der ganze Mensch in die Offenbarung der wunderbaren Macht und Gnade Gottes einbezogen ist. Leib, Seele und Geist werden in eine faszinierende Gefangenschaft als Untergebene des Herrn Jesus Christus gebracht.

Ein Gasglühlicht kann diesen Zusammenhang verdeutlichen. Wenn der Glühstrumpf nicht richtig angelegt ist, glüht nur ein Stück von ihm. Wenn aber der Glühstrumpf genau paßt und das Licht eingeschaltet ist, ist der ganze Glühstrumpf einbezogen in eine ringsum geschlossene Lichtquelle, die weithin ausstrahlt. So soll auch jeder Bereich unseres Wesens erfaßt werden, bis wir entzündet sind mit der alles und alle umfassenden Güte Gottes.

30. November

Und die Pharisäer und Schriftgelehrten murrten ... Er sagte aber zu ihnen dies Gleichnis. Lukas 15, 2. 3

Achte beim Auslegen der Lehre unseres Herrn Jesus sorgfältig darauf, zu wem Er spricht! Das Gleichnis vom verlorenen Sohn war ein schmerzender Peitschenhieb für die Pharisäer. Wir müssen uns an die Darstellung Jesu im Neuen Testament erinnern lassen. Das Wesen, als das man Ihn uns heute darstellt, würde keinen beunruhigen. Er brachte jedoch Seine ganze Nation in Wut. Lies die Berichte über Seinen Dienst, und du wirst erkennen, wie oft Er helle Empörung auslöste!

Dreißig Jahre lang tat Jesus nichts, dann wetterte Er drei Jahre jedesmal los, wenn Er nach Jerusalem kam. Josephus sagt, Er sei wie ein Verrückter durch die Tempelhallen gelaufen. Über diesen Jesus Christus hören wir heute nichts mehr. Das Bild, das man heute von Ihm malt, voll Milde und Demut, führt dazu, daß uns die Bedeutung des Kreuzes völlig verlorengeht.

Wir müssen herausfinden, warum Jesus außer sich war vor Wut und Empörung über die Pharisäer und nicht über die, die fleischlichen Sünden verfallen waren. Welche Gesellschaft erträgt ein rasendes und um sich schlagendes Wesen wie Jesus Christus, der die am höchsten geachteten Pfeiler Seiner Zivilisation zu Boden stürzt und zeigt, daß ihr Ansehen und ihre Religiosität auf einen viel abscheulicheren Stolz gebaut ist als dem der Hure oder des Zöllners? Die letzteren sind abscheuerregend und gemein, aber die ersteren haben den Stolz keines anderen als des Teufels in ihrem Herzen.

Frage dich deshalb, was in deinem Herzen Entrüstung auslöst! Ist es dasselbe, was Jesus Christus in Empörung versetzte? Was uns entrüstet, ist das, was unseren gegenwärtigen Lebensstandard und unsere gesellschaftliche Sicherheit in Frage stellt. Jesus Christus konnte den Stolz nicht ertragen, der Gott Trotz bot und Ihn daran hinderte, Sein Recht über die Herzen der Menschen auszuüben. »Golgatha« heißt »Schädelstätte«. Dort wird unser Herr Jesus immer gekreuzigt – in der Bildung und im Verstand der Menschen, die keine Selbsterkenntnis durch das Licht Jesu Christi wollen.

1. Dezember

Töten hat seine Zeit, heilen hat seine Zeit; abbrechen hat seine Zeit, bauen hat seine Zeit. Prediger 3, 3

Jede Kunst, alles Heilen und alles Gute kann zu einem entgegengesetzten Zweck verwendet werden. Jede Möglichkeit, die ich habe, um einen anständigen Charakter auszubilden, kann ich auch dazu nutzen, mich auf das Gegenteil zuzubewegen. Diese Freiheit ist mir vom Schöpfer gegeben. Gott wird mir nichts in den Weg legen, wenn ich Ihm den Gehorsam verweigern will. Wenn Er es täte, wäre mein Gehorsam nichts wert.

Einige von uns beklagen sich darüber, daß Gott das Universum und das menschliche Leben nicht wie eine narrensichere Maschine angelegt hat, die so einfach zu bedienen ist, daß nichts schiefgehen kann. Wenn Er das getan hätte, wären wir bloße Roboter, ohne jede Identität. Wo man nicht verdammt werden kann, bedarf es auch keiner Erlösung.

Zwischen Geburt und Tod befinden wir uns zum überwiegenden Teil in unserer »Schale«. In uns ist etwas, was uns veranlaßt zu picken. Auf einmal springt die Schale. Statt daß wir in sanftes Licht gehüllt den Anbruch eines neuen Tages erleben, fährt das Neue wie ein Blitz auf uns herab. Das Universum, das uns bewußt wird, ist nicht von Ordnung geprägt, sondern von einer großen, erschreckenden Verwirrung. Es braucht Zeit, bis wir uns darauf einstellen.

Für die Leiden, die wir uns zuziehen, wenn wir Gott »davonlaufen«, sind wir, wie auch jeder andere Mensch, persönlich verantwortlich. Wenn wir unser Leben durcheinanderbringen, so liegt das zu einem großen Teil daran, daß wir nicht an dem Vertrauen festhielten, daß Gott mit uns geht und daß Seine Kraft ausreicht für jeden Weg.

2. Dezember

Da berührte Er ihre Augen und sprach: »Euch geschehe nach eurem Glauben!« Matthäus 9, 29

Nach menschlicher Auffassung verlieren wir schnell die »Unschuld des Auges«, von der Ruskin sprach. Ein Künstler gibt genau das wieder, was er in dieser »Unschuld« sieht. Er setzt nicht seine logischen Kräfte ein, auch läßt er nichts einfließen, was er sieht, weil er sich sagt, er sollte das sehen. Die meisten von uns wissen, was sie anschauen. Statt der »Unschuld« des Sehens zu vertrauen, verwirren wir das Bild, indem wir versuchen, uns zu sagen, was wir sehen. Wenn dir jemals einer beigebracht hat zu *sehen*, verstehst du, was ich meine.

Drummond sagt, daß Ruskin ihn *sehen* lehrte. Ein Künstler sagt uns nicht, was er sieht. Er befähigt uns zu sehen. Er teilt die nicht in Worte zu fassende Identität dessen, was er sieht, anderen mit. Es ist etwas Schönes, gemeinsam jemanden zu sehen.

Jesus sagt uns nie, was wir sehen sollen. Aber wenn Er unsere Augen berührt, wissen wir, daß wir das sehen, was Er sieht. Er stellt diese ursprüngliche Unschuld des Sehens wieder her. »Wenn jemand nicht von neuem geboren wird, kann er das Reich Gottes nicht sehen.«

3. Dezember

**Da sagte der junge Mann zu Ihm: »Das habe ich alles ge-
halten; was fehlt mir noch?« Matthäus 19, 20**

Niemand denkt jemals so klar oder ist je so Feuer und
Flamme für seine Ideen wie ein Teenager. Die Tragödie
fängt an, wenn er feststellt, daß sein tatsächliches Leben
nicht mit seinem Ideal in Einklang zu bringen ist. Sich
damit abzufinden, kostet ihn einen schweren Kampf.
Dann geht er zu Predigern, die von dem Ideal sprechen,
oder liest Bücher. Er ist auf der Suche nach dem Wahren
und hofft, es zu finden. Aber allzuoft findet er es nicht. Er
findet die Erkenntnis vor, aber nicht das Ausleben im
Alltag. Das bringt ihn in noch größere innere Nacht.
Das Ideal, das Jesus Christus vorstellt, übt auf einige
Leute eine richtige Faszination aus. An Ihm ist etwas, was
sie nicht mehr losläßt. Aber unweigerlich machen sie früher oder später die Erfahrung der ersten Jünger, die uns
in Markus 14, 50 überliefert ist: »Da verließen Ihn alle
und flohen.« Dann kann man hören: »Ich habe alles, was
ich hatte, drangegeben für das Ideal, das Jesus Christus
verkündigte. Ich habe ehrlich mein Bestes versucht, um
Ihm zu dienen. Aber ich kann nicht mehr weitermachen.
Das Neue Testament spricht von Idealen, die ich nicht erreichen kann. Ich werde meine Ideale nicht herunter-
schrauben. Aber mir ist klar, daß ich nicht darauf hoffen
kann, sie je zu verwirklichen.«
Kein Mensch ist so zerschlagen wie der, der der Religion
der Ideale anhängt und erkennt, daß er sie nicht erreichen kann. Viel mehr Menschen, als man annimmt, befinden sich in diesem Zustand. Die Menschen werden
durch ihre Ehrlichkeit genauso sehr von Jesus Christus
abgehalten wie durch ihre Unehrlichkeit.
»Ich bestreite nicht, daß Jesus Christus Menschen rettet,
aber wenn du nur wüßtest, wer ich bin! Die Fehler, die ich
gemacht habe, das Unrecht, das ich getan habe, soviel

Pfuschwerk! Ich wäre eine Schande für Ihn.« Zu solch einem sagt unser Herr Jesus: »Komm her zu Mir ... so wirst du Ruhe finden für deine Seele.«

Wer zu Jesus Christus kommt, erfährt, daß Er ihn nicht auffordert, sein Bestes zu geben, sondern sagt: »Liefere dich Mir aus, dann lege Ich das in dich hinein, was das Ideal ausmacht. Dann kannst du es durch Meine Kraft im Alltag ausleben.« Ohne Jesus Christus besteht eine unüberbrückbare Kluft zwischen dem Idealen und dem Tatsächlichen.

4. Dezember

Ihr aber seid nicht von der Selbstsucht bestimmt, sondern vom Geist, wenn wirklich der Geist Gottes in euch wohnt. Römer 8, 9

Wenn wir eins geworden sind mit Jesus Christus und Er Wohnung in uns genommen hat, dann sind wir lebendig und werden immer lebendiger. Das Leben als Christ hält den geheiligten Menschen immer jung, erstaunlich jung, voll Gewißheit, daß alles in Ordnung gebracht ist. Ein junger Christ ist erstaunlich einfallsreich und geladen mit Freude, weil er das Heil Gottes erkennt. Aber die wahre Fröhlichkeit kommt aus dem Wissen, daß wir alle unsere Sorgen auf Ihn werfen dürfen und daß Er für uns sorgt. Das ist der deutlichste Hinweis darauf, daß wir eins sind mit Jesus Christus.

Das eine an unserem Herrn Jesus, das die Pharisäer schwer zu verstehen fanden, war Seine Sorglosigkeit im Zusammenhang mit den Dingen, die sie feierlich ernst nahmen. Und was die religiösen Menschen zur Zeit des Paulus verwunderte, war seine unzerstörbare Heiterkeit. Er packte alles schwungvoll an, was sie mit großem Ernst angingen. Nur in einer Hinsicht verstand Paulus keinen Spaß. Das war seine Beziehung zu Jesus Christus. Sie nahm er ganz ernst. Seine religiösen Zeitgenossen dagegen waren völlig gleichgültig.

5. Dezember

Der Gott des Friedens aber heilige euch durch und durch . . . 1. Thessalonicher 5, 23

Durch den Sündenfall starb der Mensch nicht nur von Gott ab, sondern er zerfiel auch mit sich selbst. Wenn ein Mensch vom Geist Gottes wiedergeboren ist, wird er in ein Leben mit Gott und in die Einheit mit sich selbst geführt. Unerläßlich für das neue Leben ist der Gehorsam gegenüber dem Geist Gottes, der unserem Geist Kraft verliehen hat. Es muß ein ganzer Gehorsam an Geist, Seele und Leib sein. Wir dürfen nicht einen Teil unserer Person getrennt von den anderen Teilen ernähren.
Gott entwickelt nie einen Bereich unserer Person auf Kosten des anderen. Geist, Seele und Leib werden in Einklang gehalten. Denk daran: Unser Geist geht nicht weiter, als wir unseren Körper bringen! Der Geist Gottes treibt uns immer aus den Phasen des Träumens, der Erregbarkeit, der Ekstase hinaus, wenn wir in diese Richtung neigen.
Wer ein blindes Geistesleben vorzieht, ein Leben in den trüben, unklaren Regionen des Geistes, und sich weigert, die Führungen des Heiligen Geistes in das rationale Leben zu übertragen, öffnet übernatürlichen Kräften, die nicht von Gott sind, ein Einfallstor. Es ist unmöglich, daß wir unseren Geist bewachen. Der Einzige, der alle Seine Eingänge bewachen kann, ist Gott. Gib dich nie einer Ekstase hin, wenn du sie nicht rational umsetzen kannst! Prüf das jedesmal!
Gebetsnächte oder -tage und intensives Warten auf Gott können unserer Seele schweren Schaden zufügen und

Satan eine Tür öffnen. Halt dir deshalb immer vor Augen, daß wir die Zeiten, die wir in der Gemeinschaft mit Gott zubringen, in unserer Seele und unserem Leib zum Ausdruck kommen lassen müssen!

6. Dezember

Denn in Ihm ist alles geschaffen ... und Er ist vor allem, und es besteht alles in Ihm. Kolosser 1, 16. 17

Unser natürliches Leben ist bestimmt von einem wilden Begehren der Dinge, die wir sehen »Ich muß es sofort haben« – ohne Rücksicht auf die Folgen.

Ich muß losgelöst sein von den Dingen, die ich sehe, und in eine lebendige Verbindung mit dem Schöpfer dieser Dinge kommen. Wenn ich ausgefüllt bin von den geschaffenen Dingen und Jesus Christus vergesse, werde ich erkennen müssen, daß die Dinge mich enttäuschen. Wenn die Selbstverwirklichung der »Chef« ist, der über mir steht, beschmutze ich den Tempel des Heiligen Geistes. Auch wenn ich unbescholten und aufrichtig bin, habe ich mich dann zum Herrscher über mein eigenes Leben gemacht. »Gib dein Recht auf dich an Mich ab«, sagt Jesus, »gestatte es Mir, daß Ich Mich in dir verwirkliche!« Er löscht das wilde Begehren aus, indem Er uns von den Dingen löst. Jetzt können wir Ihn erkennen. So führt Gott uns in die Fülle des Lebens hinein.

Die meisten von uns sind nicht da, wo Gott uns haben will, um uns das »Hundertfältig« zu geben. Wir sagen: »Ein Spatz in der Hand ist besser als die Taube auf dem Dach.« Doch Gott will uns das Dach mit allen Tauben darauf geben! Es ist unerläßlich, daß wir von den Dingen gelöst sind und ihnen dann in einer neuen Haltung gegenübertreten. Besitzstreben hindert das geistliche Wachstum. Deshalb wissen so viele von uns nichts von der Gemeinschaft mit Jesus Christus.

7. Dezember

Willst du vollkommen sein . . .? Matthäus 19, 21

Der Eingang ins Leben geschieht durch die Erkenntnis,
wer Jesus ist. Sie wird uns in der Wiedergeburt geschenkt.
»Willst du zum Leben eingehen, so ist das der Weg.« Das
zweite »Willst du« geht viel tiefer: »Willst du vollkommen sein . . .«, d. h.: »Willst du vollkommen sein, so
vollkommen, wie Ich es bin, so vollkommen wie dein Vater im Himmel?«
Dann folgen die Bedingungen. Wollen wir wirklich vollkommen sein? Hüte dich davor, an dem Ausdruck »vollkommen« herumzudeuteln! Vollkommenheit bedeutet
nicht die volle Reife und Vollendung der Kräfte eines
Menschen, sondern das vollkommene Bereitetsein zum
Tun des Willens Gottes (vgl. Philipper 3, 12–15).
Angenommen, Jesus Christus kann mich vollkommen an
Gott anschließen, mich so vollkommen mit Ihm in Ordnung bringen, daß ich in der Lage bin, den Willen Gottes
zu tun. Will ich dann wirklich, daß Er es tut? Will ich, daß
Gott mich um jeden Preis vollkommen macht? Es hängt
sehr viel davon ab, was der wirkliche Wunsch tief drinnen
in meinem Herzen ist. Können wir mit Robert Murray
McCheyne sagen: »Herr, mach mich so heilig, wie es für
einen erlösten Sünder möglich ist«? Ist wirklich dieser
Wunsch in unserem Herzen? Unsere Wünsche treten
immer ans Licht, wenn wir diesem »Willst du« Jesu nach-
gehen. »Willst du vollkommen sein?«

8. Dezember

Besser ist ein guter Name als kostbares Salböl, und besser der Tag des Todes als der Tag der Geburt. Prediger 7, 1 (Menge)

Salomo spricht hier vom Charakter, nicht vom Ruf eines

Menschen. Der Ruf ist das, was die anderen von dir denken. Der Charakter ist das, was du im Verborgenen bist, wo niemand dich sieht. Da erweist es sich, was der Charakter eines Menschen wert ist. Salomo sagt, daß der Mensch, der während seines Lebens einen verständigen, urteilsfähigen Charakter erlangt hat, einer wunderbar erfrischenden, beruhigenden, heilenden Salbe vergleichbar ist.

Im Neuen Testament bedeutet »Name« häufig soviel wie »Wesensart«. »Wo zwei oder drei versammelt sind in Meinem Namen« (Matthäus 18, 20), d. h. in Meiner Wesensart. Jeder, der einem Menschen mit guter Wesensart begegnet, wird dadurch gebessert, es sei denn, er wäre mit Absicht böse. Wenn von jemandem gesagt wird, er sei von guter Wesensart, so bedeutet das nicht, daß er ein frommer Mensch ist, der dauernd Bibelworte zitiert.

Die Wesensart eines Menschen beweist sich in der Atmosphäre, die er ausstrahlt. Wenn wir in der Nähe eines Menschen mit einer guten Wesensart sind, werden wir durch sie emporgehoben. Wir empfangen nicht, was wir irgendwie benennen könnten. Doch unser Gesichtskreis wird erweitert, der Druck von unserem Gemüt und Herzen genommen. Wir sehen alles mit anderen Augen.

9. Dezember

Solange ich aber in diesem Leib lebe, lebe ich im Glauben an den Sohn Gottes . . . Ich werfe die Gnade Gottes nicht weg. Galater 2, 20. 21

Wir stehen in der Gefahr, zu vergessen, daß wir nicht tun können, was Gott tut, und daß Gott nicht tut, was wir tun können. Wir können uns nicht erlösen oder heiligen. Nur Gott kann das. Aber Gott gibt uns nicht gute Gewohnheiten. Er gibt uns nicht unseren Charakter. Er bewerkstelligt nicht einen guten Wandel für uns. Das alles müs-

sen wir tun. Wir müssen das ausleben, was Gott in uns
hineingelegt hat (Philipper 2, 12 f.).

Geistliche Niederlagen erleiden wir nicht, weil der Teufel
uns angreift, sondern weil wir in sträflicher Unwissenheit
darüber leben, wie Gott uns gemacht hat. Denk daran:
Der Teufel hat den menschlichen Körper nicht gemacht!
Vielleicht hat er versucht, sich dabei einzumischen. Aber
geschaffen wurde der menschliche Körper von Gott.
Auch nachdem wir erlöst sind, bleibt er in seiner Struktur
unverändert.

Wir sind z. B. nicht mit der fertigen Gewohnheit auf die
Welt gekommen, uns unsere Kleidung richtig anzuzie-
hen. Wir müssen uns diese Gewohnheit aneignen. Übertrage diesen Tatbestand auf dein geistliches Leben:
Wenn wir wiedergeboren sind, gibt Gott uns nicht eine
Reihe fertiger heiliger Gewohnheiten mit auf den Weg.
Wir müssen sie uns zulegen. Das Bilden von Gewohnheiten auf der Grundlage des übernatürlichen Wirkens Gottes an unserer Seele ist die Erziehung unseres geistlichen
Menschen. Viele von uns weigern sich, das zu tun. Wenn
wir faul sind, werfen wir die Gnade Gottes weg.

10. Dezember

**Darum, wer diese Meine Rede hört und sie tut, der
gleicht einem klugen Mann, der sein Haus auf Fels baute.
Matthäus 7, 24**

Wir sprechen dann und wann davon, daß jemand Luft-
schlösser baut. Dort sollte ein Schloß auch tatsächlich
stehen. Hat man jemals von einem unterirdischen Schloß
gehört? Das Problem ist, wie du das Fundament unter
dein in die Luft ragendes Schloß bekommst, damit es auf
dem Boden stehen kann. Um ein Fundament unter unser
Schloß zu bringen, müssen wir auf die Worte Jesu Christi
achten. Vielleicht lesen und hören wir sie und können

im Augenblick nicht viel damit anfangen. Aber irgendwann kommen wir in eine Lage, in der der Heilige Geist uns daran erinnert, was Jesus sagte. Gehorchen wir dann? Jesus sagt, daß dadurch Fundamente unter geistliche Schlösser gelegt werden, daß der Mensch auf »diese Meine Rede« hört und sie tut. Achte auf Seine Worte, und nimm dir dazu Zeit!

Unsere geistlichen Schlösser müssen gut gebaut sein. Was ein Gebäude wert ist, entscheidet nicht seine Schönheit, sondern sein Fundament. Es gibt schöne geistliche Bauten, die nach dem Vorbild von Büchern oder Menschen errichtet sind, voll der schönsten Ausdrucksweise und praktischer Betätigung. Aber wenn sie getestet werden, fallen sie zusammen. Sie waren nicht auf die Reden Jesu Christi aufgebaut, sondern völlig in die Luft gebaut, ohne Fundament.

»Baue deinen Charakter Stück um Stück unter der Anleitung Meiner Worte«, sagt Jesus. Wenn dann die große Prüfung kommt, stehst du fest wie ein Fels. Es ist nicht ständig Krisenzeit. Wenn die Krise aber kommt, ist in ein, zwei Sekunden alles schon geschehen. Du hast keine Möglichkeit, dich herauszureden. Du bist augenblicklich entlarvt. Wenn einer sich im Verborgenen durch das Hören auf die Worte Jesu innerlich aufgebaut hat und sie befolgt, hält ihn, wenn die Krise hereinbricht, nicht seine Willenskraft. Er ist gehalten von Gottes Macht.

Fahre fort, dich im Wort Gottes aufzubauen, wenn niemand dich beobachtet! Dann wirst du in der Zeit der Krise erkennen, daß du felsenfest stehst. Wenn du dich aber nicht auf dem Wort Gottes aufgebaut hast, wirst du zusammenbrechen, wie stark dein Wille auch sein mag. Alles, was du aufbaust, wird in einer Katastrophe enden, wenn es nicht auf die Reden Jesu Christi gebaut ist. Wenn du dagegen tust, was Jesus Christus dir sagte, und deine Seele aus Seinem Wort ernährst, brauchst du dich vor keiner Krise zu fürchten, wie sie auch aussehen mag.

11. Dezember

Ihr forscht in der Schrift; denn ihr meint, ihr habt das ewige Leben darin; und sie ist's, die von Mir Zeugnis gibt.
Johannes 5, 39

Die Bibel ist das Universum der Offenbarungstatsachen. Die natürliche Welt ist das Universum der Verstandestatsachen. Wir kommen mit jedem der beiden auf völlig verschiedene Weise in Kontakt. Mit dem natürlichen Universum stellen wir die Verbindung durch unsere Sinne her. Die Grundlage dafür ist die Neugier unseres Verstandes. Wissenschaftliche Erkenntnisse sind systematisierter gesunder Menschenverstand und beruhen auf ausgeprägter Wißbegier. Wißbegier in der natürlichen Welt ist in Ordnung. Sie ist nicht zu tadeln. Wenn wir nicht wißbegierig sind, werden wir nie etwas wissen. Gott ermutigt nie zur Faulheit.

Wenn wir uns dem Universum der Bibel zuwenden, den Offenbarungstatsachen über Gott, leistet uns die Wißbegier unseres Verstandes nicht den geringsten Dienst. Unsere Sinne taugen dazu nicht. Wir können Gott nicht durch Suchen erkennen. Vielleicht schaltet sich unser Verstand mit bestimmten Überlegungen und Vorstellungen ein. Doch sind das nur Abstraktionen. Zu den Tatsachen, die in der Bibel offenbart sind, erlangen wir nur durch den Glauben Zugang. Der Glaube hat nichts mit Leichtgläubigkeit zu tun. Glaube, das ist mein persönlicher Geist, der im Gehorsam gegen Gott steht.

Die Bibel handelt nicht von vernunftgemäßen Fakten. Das natürliche Universum hat mit derartigen Fakten zu tun. Wir kommen an sie durch unsere Sinne heran. In der Bibel geht es um Offenbarungstatsachen. Das sind Tatsachen, an die wir nicht durch unseren gesunden Menschenverstand herankommen können, Tatsachen, über die wir uns vielleicht auf Grund unseres Verstandes lustig machen wollen. Jesus Christus ist z. B. eine solche Offen-

barungstatsache oder die Sünde oder der Teufel, auch
der Heilige Geist. Keine von diesen ist eine dem menschlichen Verstand einsichtige Tatsache. Wenn der Mensch
nur ein vom gesunden Menschenverstand geprägtes Wesen wäre, käme er sehr gut ohne Gott aus.

12. Dezember

Spricht Pilatus zu Ihm: »Was ist Wahrheit?«
Johannes 18, 38

Die Personalität der Wahrheit ist die große Offenbarung
des Christentums. »Ich bin die Wahrheit.« Unser Herr
Jesus sagte nicht, daß Er »alle Wahrheit« ist, so daß wir
Seine Aussagen wie ein Lehrbuch anwenden und die
Dinge daran prüfen könnten.
Es gibt Bereiche, wie z. B. die Naturwissenschaft, die
Kunst und die Geschichte, die eindeutig dem Menschen
zugewiesen sind. Hier müssen die Grenzen unseres Wis-
sens ständig ausgedehnt werden. Gott unterstützt nie die
Faulheit. Die Frage, die wir zu stellen haben, lautet nicht:
»Stimmt die Bibel mit den Erkenntnissen der modernen
Naturwissenschaft überein?«, sondern: »Helfen uns die
Erkenntnisse der modernen Naturwissenschaft zum besseren Verständnis der Dinge, die in der Bibel offenbart
sind?« Die Bibel ist eine ganze Bibliothek von Literatur,
die uns die endgültige Auslegung der Wahrheit gibt. Wer
die Bibel nicht unter diesem einen überragenden Gesichtspunkt versteht, hat an ihr ein Buch und weiter
nichts. Wer unseren Herrn Jesus Christus losgelöst von
der Offenbarung versteht, die die Bibel über Ihn gibt, ist
für alle respektlosen Verleumdungen des Unglaubens offen.
»Die Wahrheit« ist unser Herr Jesus selbst; »Die ganze
Wahrheit« ist die inspirierte Schrift, die uns die Wahrheit

auslegt; und »nichts als die Wahrheit« ist der Heilige Geist, »der Geist der Wahrheit«, der uns kraftvoll aus dem Tod zum Leben führt und uns heiligt und in »alle Wahrheit« leitet.

13. Dezember

... und daß du von Kind an die Heilige Schrift kennst ...
2. Timotheus 3, 15

Wir werden nicht von dem geprägt, womit wir uns am meisten beschäftigen, sondern von dem, was die größte Macht auf uns ausübt. Fünf Minuten mit Gott und Seinem Wort verbringen ist mehr wert als der ganze Rest des Tages. Schlagen wir die Bibel auf, um Gott zu uns reden zu hören, um »unterwiesen zu werden zur Seligkeit«? Oder sind wir nur auf der Jagd nach Texten, die wir Ansprachen zugrunde legen können? Es gibt Leute, die in der Bibel herumvagabundieren und nur so viel herausnehmen, wie sie brauchen, um ihre Predigten zu machen. Nie lassen sie Gottes Wort aus der Bibel heraustreten und zu ihnen sprechen. Hüte dich davor, auf geistlichem Gebiet von der Hand in den Mund zu leben! Sei kein geistlicher Bettler!

... und Meine Worte in euch bleiben ...
Johannes 15, 7

Haben wir es uns angewöhnt, auf die Worte Jesu zu hören? Ist es uns klar, daß Jesus mehr von unseren Geschäften versteht als wir selbst? Wenden wir Sein Wort auf unsere Kleidung, unser Geld, unsere Hausarbeit an? Oder meinen wir, daß wir diese Dinge allein besorgen können? Der Geist Gottes ist immer dabei, die Worte Jesu aus ihrem biblischen Zusammenhang herauszunehmen und in die Zusammenhänge unseres persönlichen Lebens hineinzustellen.

14. Dezember

Der natürliche Mensch aber nimmt nichts an, was vom Geist Gottes kommt. 1. Korinther 2, 14

Nur wer von oben geboren ist und im Licht wandelt, erkennt die Bibel als Gottes Wort. Unser Herr Jesus Christus, das *Wort* Gottes, und die Bibel, die *Worte* Gottes, stehen oder fallen miteinander. Sie können nie getrennt werden, ohne daß das zu verheerenden Folgen führt. Die Haltung eines Menschen zu unserem Herrn Jesus bestimmt seine Haltung zur Bibel. Was Gott sagt, bedeutet einem Menschen, der nicht von oben geboren ist, nichts. Für ihn ist die Bibel einfach eine Zusammenstellung literarischer Texte, die Beachtung verdient nach dem Motto: »Das ist es, und weiter nichts.« Die ganze Verwirrung rührt daher, daß das nicht gesehen wird.

Wenn wir die Perlen der Offenbarung Gottes ungeistlichen Leuten vorzeigen, werden sie sie mit Füßen treten, sagt Gott. Nicht uns werden sie mit Füßen treten. Das wäre nicht so schlimm. Aber sie werden die Wahrheit Gottes mit Füßen treten. Diese Worte sind nicht Menschenworte, sondern die Worte Jesu Christi. Allein der Heilige Geist kann uns ihre Bedeutung aufschließen. Es gibt Wahrheiten, die Gott nicht leicht verständlich macht. Das einzige in der Bibel, was Gott einfach macht, ist der Weg der Erlösung und Heiligung. Danach hängt unser Verstehen völlig von unserem Wandel im Licht ab. Immer wieder verwässern Menschen das Wort Gottes, um es denen genehm zu machen, die nicht geistlich sind. Deshalb wird das Wort Gottes von »Säuen« zertreten.

15. Dezember

Den Christen – nicht nur in ihrer Allgemeinheit, sondern wirklich geistlichen Leuten – wird durchweg vorgeworfen, daß sie sehr unpräzise denken. Sehr wenige von uns machen Gebrauch von unserem Vorrecht, geistlich zu denken, wie wir sollten. Wir leben heilsgeschichtlich im Zeitalter des Heiligen Geistes. Die meisten von uns denken nicht so, wie es dieser gewaltigen Tatsache angemessen wäre. Wir denken vor-pfingstliche Gedanken. Der Heilige Geist ist kein lebendiger Faktor in unserem Denken. Wir haben nur eine unklare Vorstellung davon, daß Er da ist.

Viele Mitarbeiter in der christlichen Gemeinde würden es in Frage stellen, daß wir um den Heiligen Geist bitten sollen (Lukas 11, 13). Die Betonung liegt im Neuen Testament nicht auf der Aufforderung: »Glaubt an den Heiligen Geist«, sondern auf dem Ruf: »Empfangt den Heiligen Geist!« Das bedeutet nicht, daß der Heilige Geist nicht da ist. Es bedeutet, daß Er da *ist* in Seiner ganzen Kraft. Er ist da zu dem einen Zweck, daß die Menschen, die an Ihn glauben, Ihn auch aufnehmen. Das erste, um das es uns also gehen sollte, ist die praktische, bewußte Annahme des Heiligen Geistes.

Mach immer einen Unterschied zwischen dem Gewährenlassen des Geistes und dem Annehmen des Geistes! Wenn der Geist am Werk ist in einer Zeit gewaltiger Erweckung, ist es sehr schwer, den Geist nicht gewähren zu lassen. Aber Ihn annehmen ist etwas ganz anderes. Wenn wir in einer Erweckungszeit der Macht des Geistes Gottes nachgeben, haben wir vielleicht den Eindruck, überaus gesegnet zu sein. Wenn wir den Geist aber nicht aufnehmen, ist es hinterher garantiert schlechter um uns bestellt als vorher. Das ist zum einen eine psychologische

Tatsache und zum anderen eine Tatsache des Neuen Testaments.

Daher müssen wir uns als Christen fragen: Ist unser Glaube vom Heiligen Geist und Seiner Kraft bestimmt? Sind wir an die Kraft des Heiligen Geistes angeschlossen, und hat Er in unserem Denken freie Bahn?

16. Dezember

Denn der Menschensohn kommt zu einer Stunde, in der ihr's nicht erwartet. Lukas 12, 40

Das Element der Überraschung gehört untrennbar zum Leben des Heiligen Geistes in uns. Wir werden wiedergeboren durch die große Überraschung: »Der Wind weht, wo er will, und du hörst sein Sausen wohl; aber du weißt nicht, woher er kommt und wohin er geht. So ist es bei jedem, der aus dem Geist geboren ist« (Johannes 3, 8). Die Menschen können den Wind nicht festbinden. Er weht, wo er will. Ebensowenig kann das Werk des Heiligen Geistes in logische Methoden eingefangen werden. Jesus kommt nie da, wo wir Ihn erwarten. Wenn es so wäre, hätte Er nicht gesagt: »Wacht!« »Darum seid auch ihr bereit! Denn der Menschensohn kommt zu einer Stunde, in der ihr's nicht erwartet«.

Jesus erscheint unter den allerunlogischsten Gegebenheiten, wenn wir Ihn am wenigsten erwarten. Die einzige Möglichkeit für einen christlichen Mitarbeiter, inmitten der Schwierigkeiten seiner Arbeit Gott treu zu bleiben, ist, für Seine überraschenden Besuche bereit zu sein. Wir dürfen nicht auf die Gebete anderer Menschen angewiesen sein, wir dürfen nicht Ausschau halten nach dem Mitgefühl der Kinder Gottes. Wir müssen bereit sein für den Herrn.

Dieses intensive Erwarten Seines Kommens auf Schritt und Tritt gibt einem Menschen die Haltung des Staunens eines Kindes, das Jesus bei uns finden möchte. Wenn wir gegenüber Gott richtig stehen, ist das Leben voller spontaner, freudegeladener Ungewißheit und Erwartung: Wir wissen nicht, was Gott als nächstes tun wird. Er füllt währenddessen unser Leben mit lauter Überraschungen.

17. Dezember

Ihr aber sollt mit dem Heiligen Geist getauft werden . . .
Apostelgeschichte 1, 5

Warum wollen wir mit dem Heiligen Geist getauft werden? Alles hängt von der Antwort auf diese Frage ab. Wenn wir mit dem Heiligen Geist getauft werden wollen, um brauchbar zu sein, ist es schon aus. Oder weil wir Frieden und Freude und Befreiung von Sünde suchen? Dann ist es schon aus. »Er wird euch mit dem Heiligen Geist taufen.« Nicht zu irgendeinem Zweck für uns selbst, sondern damit wir Seine Zeugen sind. Gott wird das Gebet um die Taufe mit dem Heiligen Geist nie erhören, außer um uns zu Zeugen Jesu zu machen. Wenn wir außer diesem noch irgendeinen anderen Wunsch verfolgen, sind wir abseits vom richtigen Weg.
Der Heilige Geist ist durchsichtige Ehrlichkeit. Wenn wir beten: »Oh Herr, taufe mich mit dem Heiligen Geist, was das auch mit sich bringen mag«, läßt Gott uns einen Blick auf unsere eigennützige und selbstsüchtige Einstellung tun, bis wir bereit sind, alles loszulassen, und nichts außer Ihm übrigbleibt. Solange der Egoismus da ist, muß einer von beiden weichen.
Gott ist sehr geduldig. Die Schwierigkeiten rühren nicht daher, daß etwa der Weg zu beschwerlich wäre. Sie haben ihre Ursache in dem unbeugsamen Stolz der Sünde, in dem widerwilligen, langsamen und hinhaltenden Eingehen auf Gottes Anweisungen, obwohl es in einem Augenblick erfolgen könnte. Das Annehmen der göttlichen

Natur schließt den Gehorsam gegenüber den göttlichen Anordnungen ein.

Die Befehle Gottes sind Befähigungen. Gott gibt uns den Beistand Seines Geistes. Wenn wir uns daranmachen, Seinen Willen zu tun, gibt uns der Heilige Geist sofort Seine Fähigkeit. Wir haben viel mehr Kraft, als wir wissen. Wer mit der Nachfolge Jesu Ernst macht, erkennt, daß der Heilige Geist ständig da ist, bis es uns zur Lebensgewohnheit wird.

Die Taufe mit dem Heiligen Geist ist das große, souveräne Werk der Person des Heiligen Geistes. In unserer persönlichen Erfahrung äußert sie sich in einer alles umfassenden Heiligung.

18. Dezember

Was kann der Mensch geben, um sein Leben auszulösen?
Markus 8, 37

Der moderne Christ lacht über den Gedanken an ein Endgericht. Daran zeigt sich, wie weit wir abirren können, wenn wir die Meinung übernehmen, daß der moderne Mensch unfehlbar ist und nicht unser Herr Jesus. Nach Seiner Auffassung wenigstens fällt die endgültige Entscheidung über unsere Zukunft in diesem Leben. Keinen Teilbereich der Lehre unseres Herrn Jesus verabscheut der moderne Mensch so sehr wie diesen.

Die Gleichnisse im 25. Kapitel des Matthäus-Evangeliums beleuchten in dreifacher Weise unser Leben aus der Sicht Gottes. Das Gleichnis von den zehn Jungfrauen zeigt, daß es vom Standpunkt unseres Herrn Jesus aus verheerend ist, durch dieses Leben zu gehen ohne Vorbereitung auf das kommende Leben. Das ist nicht die Exegese des Textes, sondern die klar erkennbare Hauptaussage.

Das Gleichnis von den anvertrauten Pfunden ist die Stellungnahme unseres Herrn Jesus zu der Gefahr, die Arbeit eines Lebens ungetan zu lassen.

Die Beschreibung des Weltgerichts schließlich ist ein Bild völliger Überraschung sowohl auf der Seite der Verlierer als auch der Gewinner. Sie hatten nie daran gedacht, daß es so ausgehen würde.

Wer die Lehre Jesu kennt, fragt nicht: »Was muß ich tun, um gut zu werden?«, sondern: »Was muß ich tun, um gerettet zu werden?« Wie lange brauchen wir, um den Sinn unseres Lebens zu verstehen? Eine halbe Sekunde.

19. Dezember

... daß ich hineingehe zum Altar Gottes, zu dem Gott, der meine Freude und Wonne ist. Psalm 43, 4

Die Freude ist das große Thema, das sich durch die ganze Bibel zieht. Wir verbinden mit der Freude die Vorstellung guter Laune oder guter Gesundheit. Aber das Wunder der Freude Gottes hat nichts zu tun mit dem Leben oder den Umständen oder dem Befinden eines Menschen. Jesus geht nicht auf einen Menschen zu und sagt: »Sei guter Dinge!« Er pflanzt das Wunder der Freude, die aus Gottes Herzen kommt, in den Menschen hinein. Die Hochburg des christlichen Glaubens ist *die Freude Gottes*.

Es ist etwas Großes, wenn ein Mensch Glauben an die Freude Gottes hat, wenn er weiß, daß nichts die Tatsache der Freude Gottes ändern kann. Gott regiert und herrscht und freut sich, und Seine Freude ist unsere Stärke. Das Wunder des Christenlebens ist, daß Gott einem Menschen die Freude inmitten äußeren Elends geben kann, eine Freude, die ihm Kraft gibt zu arbeiten, bis das Elend beseitigt ist. Freude ist nicht mit Glück gleichzusetzen, denn das Glück hängt von den äußeren Umständen ab. Es gibt Dinge in unseren Lebensumständen, die wir nicht beeinflussen können. Die Freude ist von alledem unabhängig.

Was war die Freude Jesu? Daß Er den Willen Seines Vaters tat. Er will, daß auch wir diese Freude haben.

». . . damit Meine Freude in euch bleibt und eure Freude vollkommen wird.« (Johannes 5, 11)

20. Dezember

Das sage Ich euch, damit Meine Freude in euch bleibt und eure Freude vollkommen wird. Johannes 15, 11

Was den Zeitgenossen des Paulus unbegreiflich blieb, war seine unerklärliche Heiterkeit. Nichts außer Jesus Christus nahm er ernst. Sie konnten ihn mit Steinen bewerfen und einkerkern. Was sie auch taten, es änderte seinen Frohsinn nicht. Das äußere Bild, das das Leben unseres Herrn Jesus bot, war das strahlender Umgänglichkeit – so sehr, daß Lästermäuler Ihn einen »Fresser und Weinsäufer, der Zöllner und Sünder Freund« nannten. Der tiefste Grund für die Geselligkeit unseres Herrn Jesus war ein anderer, als sie dachten. Aber sein ganzes Leben war von strahlender Fülle gekennzeichnet. Es war kein erschöpftes Leben.

»Wenn ihr nicht umkehrt und wie die Kinder werdet . . .« Wenn ein kleines Kind nicht voller Spontaneität und Lebensfülle ist, stimmt etwas nicht. Das übersprudelnde Leben und die Ruhelosigkeit sind Zeichen der Gesundheit, nicht der Ungezogenheit.

Jesus sagte: »Ich bin gekommen, damit sie das Leben und alles in Fülle haben sollen.« Laß dich füllen mit dem Leben, das zu geben Jesus gekommen ist! Menschen, die strahlend gesund sind, körperlich und geistlich, sind nicht umzuwerfen. Sie sind den Zedern des Libanon vergleichbar, die eine so überströmende Lebenskraft in ihrem Saft haben, daß jeder Schädling vergiftet wird, der versucht, auf ihnen zu leben.

21. Dezember

Ich bin nicht gekommen, um die Welt zu richten, sondern um die Welt zu retten. Johannes 12, 47

Jesus Christus kam nicht zur Urteilsverkündung. Er selbst ist das Urteil. Sooft wir mit Ihm zusammentreffen, werden wir augenblicklich gerichtet.

Jesus Christus war voll Liebe und Freundlichkeit. Trotzdem, und das ist etwas vom Auffallendsten an Ihm, spürten die Menschen in Seiner Gegenwart nicht nur, daß sie Hilfe zum Leben empfingen, sondern auch, daß sie sich schämen mußten. Durch Seine Gegenwart werden wir gerichtet. Wir sehnen uns danach, Ihm zu begegnen – und doch fürchten wir uns davor ...

Wenn du im Sommer ein Schaf ansiehst, würdest du sagen, daß es weiß ist. Aber wenn du es vor einem Hintergrund von frischgefallenem, strahlend weißem Schnee siehst, sieht es aus wie ein Schmutzfleck in der Landschaft. Wenn wir uns beurteilen, indem wir uns miteinander vergleichen, fühlen wir uns nicht verdammenswert (s. 2. Korinther 10, 12). Aber sobald Jesus Christus uns gegenübersteht – Sein Leben, Sein Reden, Seine Blicke, Sein äußerster Einsatz – fühlen wir uns augenblicklich gerichtet. Das Gericht, das die Gegenwart Jesu Christi bringt, veranlaßt uns, das Urteil über uns zu sprechen. Wir schämen uns, wir erkennen, daß wir das Ziel verfehlt haben, und für uns steht fest, daß wir so etwas nicht noch einmal tun wollen.

22. Dezember

Er war in der Welt, und die Welt ist durch Ihn gemacht; aber die Welt erkannte Ihn nicht. Johannes 1, 10

Im Leben jedes Menschen gibt es *einen* Bereich, wo Gott »Ellbogenfreiheit« haben muß: Wir dürfen kein Urteil über andere fällen. Genausowenig dürfen wir unsere eigenen Erfahrungen als Grundlage für die Beurteilung anderer benutzen. Es ist unmöglich, daß ein Mensch die Gedanken des allmächtigen Gottes kennt. Es ist gefährlich, von Vorurteilen her zu predigen. Das macht einen Menschen dogmatisch und der Richtigkeit seines Standpunkts sicher.

Die Frage, die wir uns alle stellen müssen, ist die: Würde ich Gott erkennen, wenn Er in einer Weise käme, auf die ich nicht vorbereitet bin – wenn Er im Trubel einer Hochzeitsfeier oder als Zimmermann käme? So erschien Jesus Christus den Pharisäern. Sie aber waren in ihren Vorurteilen gefangen. Deshalb sagten sie, Er sei wahnsinnig.

Heute versuchen wir eine religiöse Erweckung zustande zu bringen, während Gott die Welt in einer Erweckung der Gewissen heimgesucht hat. Die meisten von uns haben das noch gar nicht begriffen. Es gibt ganz bestimmte Merkmale, die hervortreten, wenn Gott am Werk ist: Der Mensch tritt zurück. Er ist ganz unwichtig. Er unterstellt sich einem Größeren und überläßt alles Ihm.

23. Dezember

Der Menschensohn ist gekommen, ißt und trinkt; so sagen sie: Siehe, was ist dieser Mensch für ein Fresser und Weinsäufer, ein Freund von Zöllnern und Sündern! Matthäus 11, 19

»Der Menschensohn ist gekommen, ißt und trinkt.« Sein Kommen in diesen ganz gewöhnlichen menschlichen Bezügen gehört zu den erstaunlichsten Tatsachen der Botschaft des Neuen Testaments. Der Unterschied zwischen der Heiligkeitsauffassung Jesu Christi und der anderer Religionen liegt genau hier. Die eine sagt, Heiligkeit vertrage sich nicht mit gewöhnlicher Nahrung und der Ehe. Aber Jesus Christus stellt einen Charakter dar, der Seinen geraden Weg mitten durch die Alltäglichkeiten hindurch geht. Er behauptet, daß der Charakter, den Er vorlebte, für jeden Menschen möglich ist, wenn er durch die ihm gewiesene Tür eingeht.

Mitten unter uns spielt sich heute eine starke Wiederbelebung der heidnischen Religionen ab. Viele gebrauchen die Begriffe des Hinduismus oder Buddhismus, um das Christentum darzulegen. Am Ende aber stellen sie gar nicht das Christentum dar, sondern das allgemein menschliche Verlangen nach Hingabe. Dieses Merkmal ist nicht spezifisch christlich. Die besondere Lehre oder das Evangelium der christlichen Religion ist die uneingeschränkte Heiligung, durch die Gott den Menschen mit den wenigsten Aussichten nimmt und einen Heiligen aus ihm macht.

24. Dezember

Meine Augen haben Deinen Heiland gesehen.
Lukas 2, 30

Der Apostel Paulus spricht von der »göttlichen Torheit« in der Gegenüberstellung mit der »menschlichen Weisheit«. Die Weisheit der Menschen sagte, als sie Jesus Christus sah: »Das kann nicht Gott sein.« Als die jüdischen Ritualisten Jesus Christus sahen, sagten sie: »Du bist ein Lästerer. Du stellst Gott überhaupt nicht dar.« Hanna und Simeon waren die einzigen Nachkommen Abrahams, die erkannten, wer Jesus war.

Damit ist die übrige Menge verurteilt. Wenn zwei, die ein Leben der Gemeinschaft mit Gott geführt haben, Jehova in dem Kind von Bethlehem erkennen konnten, verdienen die anderen, die Ihn nicht erkannten, das Verdammungsurteil. Sie sahen Ihn nicht, weil sie im Blick auf die

absolute Autorität Gottes, auf Seine symbolhafte Vor-
ankündigung des Heilsgeschehens oder auf das
Glaubensbekenntnis blind geworden waren. Als dann
das, was symbolhaft dargestellt war, erschien, konnten
sie Ihn nicht erkennen.

25. Dezember

**Der Engel antwortete ihr: »Der Heilige Geist wird über
dich kommen, und die Kraft des Höchsten wird dich
überschatten; darum wird auch das Kind heilig genannt
werden und Gottes Sohn.« Lukas 1, 35**

Jesus Christus wurde *in* diese Welt geboren, nicht *aus* ihr.
Er kam in die Menschheitsgeschichte von außerhalb der
Geschichte. Er entwickelte sich nicht aus der Geschichte
heraus.
Die Geburt unseres Herrn Jesus war ein Advent, eine
Ankunft. Er ging nicht aus der Menschheit hervor. Er
kam von oben her in sie hinein. Jesus Christus ist nicht
der beste Mensch. Er läßt sich vom Mensch-Sein her
überhaupt nicht erfassen. Er ist Gott in Menschengestalt;
nicht ein Mensch, der Gott wird, sondern Gott, der in das
menschliche Fleisch kommt, indem Er von außen her in
es eingeht. Sein Leben ist das Höchste und das Heiligste,
und es tritt ein durch die niedrigste Tür. Unser Herr Jesus
betrat die Menschheitsgeschichte über die Jungfrau Maria.
Genauso wie unser Herr Jesus von außen in die menschliche Geschichte einging, muß Er in uns von außen eingehen. Haben wir es zugelassen, daß unser persönliches
Leben ein »Bethlehem« für den Sohn Gottes wird? . . .
Das Verständnis der Neugeburt im Neuen Testament
beinhaltet, daß etwas in uns eingeht, nicht, daß etwas aus
uns heraustritt.

26. Dezember

Und das Wort wurde Mensch ... Johannes 1, 14

Wenn du Jesus Christus verkündigst, stell Ihn nie dar als ein wunderbares Wesen, das vom Himmel herabkam und Wunder tat und nicht im Leben drinstand wie wir! Das ist nicht der Christus des Evangeliums. Der Christus des Evangeliums ist die Person, die auf die Erde herabkam und unser Leben lebte und in denselben Lebensumständen lebte wie wir. Er wurde Mensch, um zu zeigen, in welcher Beziehung der Mensch zu Gott stehen sollte. Durch Seinen Tod und Seine Auferstehung kann Er jeden Menschen in diese Beziehung bringen. Jesus Christus ist das letzte Wort in der menschlichen Natur.

Die Gottesoffenbarung, die Jesus Christus gab, ist nicht die Offenbarung Gottes in Seiner Allmacht. Er zeigte uns das innerste Wesen der Gottheit: unaussprechliche Demut und Reinheit, würdig unserer Ehrerbietung und Huldigung in jeder Lebenslage. In Seiner Menschwerdung erweist Gott sich würdig in der Sphäre, in der wir leben. Es ist die Sphäre der Offenbarung Gottes als des sich selbst Schenkenden.

27. Dezember

Nicht viele Weise ... sind berufen. 1. Korinther 1, 26

Was ist so schwach wie ein neugeborenes Kind? Ein anderes neugeborenes Kind! Und so lehrte unser Herr Jesus selbst, daß wir alle neugeborene Kinder werden müssen. Kein Wunder, daß Paulus sagt: »Seht doch, liebe Brüder, auf eure Berufung: Nicht viele Weise nach dem Urteil der Menschen, nicht viele Mächtige, nicht viele Vornehme sind berufen.«

Die Schwäche des »neugeborenen Kindes« wird in der

Botschaft des Neuen Testamentes so sehr mißverstanden. Unser Herr Jesus hat unsagbare Geduld mit uns, bis wir begreifen, daß es absolut unerläßlich ist, daß wir von oben geboren werden. Diese Geduld findet ihresgleichen nur in Seiner Geduld mit dem Willen Seines Vaters.

Jesus Christus kam, um die großen Gesetze Gottes in das menschliche Leben zu integrieren. Das ist das Wunder der Gnade Gottes. Wir sollen Briefe sein, »erkannt und gelesen von allen Menschen«. Es gibt keinen Platz im Neuen Testament für den Menschen, der sagt, er sei aus Gnade gerettet, an dem aber nicht die Äußerungen der Gnade zu erkennen sind, Jesus Christus kann durch Seine Erlösung unser Leben in Einklang mit unserem Bekenntnis unseres Glaubens bringen.

28. Dezember

Meine lieben Kinder, ich leide noch einmal Geburtswehen um euch, bis Christus in euch Gestalt gewinnt! Galater 4, 19

Was Maria, der Mutter unseres Herrn, historisch in der Empfängnis des Sohnes Gottes widerfuhr, findet sein Gegenstück in dem, was sich in jeder wiedergeborenen Seele abspielt. Maria stellt das natürliche individuelle Leben dar, das geopfert werden muß, damit es in eine Darstellung des wirklichen Lebens des Sohnes Gottes verklärt werden kann.

Das individuelle Leben ist die Hülle des persönlichen Lebens. Wenn der Sohn Gottes in mir Gestalt gewinnt, muß das Schwert durch es hindurchgehen (»und auch durch deine eigene Seele wird ein Schwert dringen« – Lukas 2, 35). Was in uns zum Kampf antritt, sind die natürlichen Tugenden, nicht die Sünde, soweit wir sie als Sünde erkennen. Aber mein Stolz steht auf, mein Geltungsbedürfnis, mein Temperament, meine Sympathien.

Gott muß durch das alles unerbittlich das Schwert stoßen. Und wenn ich an meinen natürlichen Neigungen festhalte, muß das Schwert durch mich hindurchgehen.

Die neue Schöpfung gründet sich auf den neuen Menschen in Christus (s. Epheser 4, 24), nicht auf die natürlichen Gaben des ersten Adam. Das natürliche Leben ist nicht ausgelöscht. Wenn ich zu Gott komme in der Ausschließlichkeit des Glaubens, schafft Er Neues auf der Grundlage Seines eigenen Wesens. Der Heilige Geist sorgt dafür, daß ich darauf achte, mein natürliches Leben in Einklang mit dem neuen Leben zu bringen, das in mir ausgestaltet wird.

Unser Herr Jesus kann nie im Rahmen menschlicher Tugenden erfaßt werden. Sie lassen sich nicht auf Ihn anwenden. Sie lassen sich auch nicht auf den neuen Menschen in Christus anwenden. Alles, was man erkennen kann an denen, die ein Eigentum Christi sind, ist, daß sie zu Jesus gehören. Die Persönlichkeit, die in ihnen hervortritt, ist die des Sohnes Gottes. Sein Leben ist in ihnen sichtbar.

29. Dezember

Denn was dem Gesetz unmöglich war, weil es sich angesichts unseres Eigenwillens als zu schwach erwies, das hat Gott getan: Er sandte zur Sühne für die Sünde Seinen Sohn in der Gestalt von uns sündigen Menschen und vollstreckte an einem menschlichen Leib das Urteil über die Sünde, damit die Forderung des Gesetzes durch uns erfüllt wird, die wir nicht dem menschlichen Begehren folgen, sondern dem Geist Gottes. Römer 8, 3. 4

Gott erwartet von uns nicht, daß wir Jesus Christus nachahmen. Er erwartet von uns, daß wir es zulassen, daß das Leben Jesu in unserem sterblichen Fleisch dargestellt wird. Gott richtet unsere Lebensumstände entsprechend ein und stellt uns an schwierige Plätze, wo keiner uns helfen kann. Wir können dann entweder das Leben Jesu unter solchen Bedingungen ausleben oder aber Feiglinge sein und sagen: „Ich kann das Leben Gottes dort nicht darstellen." Dann rauben wir Gott die Ehre. Wenn du das Leben Gottes in der wie auch immer beschaffenen menschlichen Ausgabe darstellst, die du bist – Gott kann es dort nicht darstellen, deshalb rief Er dich –, wirst du Gott ehren.

Das geistliche Leben eines Mitarbeiters ist wörtlich: „Gott ist offenbart im Fleisch." Wenn Jesus Christus nicht in meinem sterblichen Fleisch geoffenbart wird, trage ich die Schuld daran. Es liegt daran, daß ich nicht Sein Fleisch esse und Sein Blut trinke. Genauso wie ich Nahrung zu mir nehme und mein Körper sie aufnimmt, muß ich, so sagt es Jesus, Ihn in meine Seele aufnehmen. „Wer Mich ißt, wird leben um Meinetwillen." Nahrung ist noch nicht Gesundheit und die Wahrheit noch nicht Heiligkeit. Die Nahrung muß durch ein richtig arbeitendes Organsystem dem Körper einverleibt werden, bevor als Ergebnis die Gesundheit eintritt.

Die Wahrheit muß von dem Kind Gottes aufgenommen werden, bevor sie sich als Heiligkeit äußern kann. Es kann sein, daß wir die richtige Lehre in unserem Blickfeld haben, aber doch die darin enthaltenen Wahrheiten nicht in uns aufnehmen. Hüte dich davor, aus einer Lehraussage der Wahrheit *die* Wahrheit zu machen! „*Ich* bin . . . die Wahrheit", sagte Jesus. Lehraussagen sind unser Ausdruck jener lebenswichtigen Verbindung mit Ihm. Wenn wir das, was Jesus sagte, von Ihm selbst trennen, führt das geistlich dazu, daß wir uns gehen lassen. Auf die Seele wirkt eine Form der Lehre ein, die nie im Leben Gestalt angenommen hat, und das Leben wird vom Zentrum, Jesus Christus, wegmanövriert.

30. Dezember

Damit hat Er uns für ein unvergängliches, unbeflecktes und unverwelkliches Erbe ausersehen, das im Himmel für euch aufbewahrt wird. 1. Petrus 1, 4. 5

„. . . das im Himmel für euch aufbewahrt wird", das ist eine große Verheißung des Neuen Testamentes. Aber sie fehlt in der modernen Evangelisationsarbeit. Wir sind so erfüllt von dem, was Gott uns hier an Aufträgen bereithält, daß wir den Himmel vergessen haben.

Es gibt einige Vorstellungen vom Himmel, die auf ihren Ursprung zurückgeführt werden müßten, damit geklärt werden kann, ob sie ihre Wurzeln in unserem Glauben haben oder ob es fremde Blumen sind. Eine davon ist, daß der Himmel ein Zustand und nicht ein Ort ist. Das ist nur eine Teilwahrheit. Denn es kann keinen Zustand ohne einen Ort geben.

Die große Aussage des Neuen Testamentes über den Himmel ist das „Danach" ohne die Sünde, „ein neuer Himmel und eine neue Erde, in denen Gerechtigkeit herrscht". Diese Verheißung übersteigt unsere Vorstellungskraft. Petrus erinnert jeden Christen daran, daß ein unbeflecktes Erbe auf uns wartet, das unsere kühnste Erwartung übertrifft. Alles, was wir je erhofft oder erträumt oder uns vorgestellt hatten, wird in Ihm enthalten sein und noch weit mehr. Im Leben des Christen gilt immer: Es ist *besser zu kommen* – solange, bis das *Beste von allem* kommt.

31. Dezember

Das Alte ist vergangen. 2. Korinther 5, 17

Mit dem „Alten" meint Paulus nicht nur die Sünde und den „alten Menschen". Er meint alles, was unser Leben als natürliche Menschen ausmachte, bevor wir neu geschaffen wurden durch Christus. Das umfaßt sehr viel mehr, als einige von uns denken. Das „Alte" bedeutet nicht nur die Dinge, die falsch sind – jeder Narr gibt Falsches auf, wenn er kann –, sondern auch Dinge, die richtig sind. Sieh dir das Leben Jesu an, dann verstehst du, was Paulus meint! Unser Herr Jesus lebte ein natürliches Leben wie wir. Es war für Ihn keine Sünde zu essen. Aber es wäre für Ihn eine Sünde gewesen, während jener 40 Tage in der Wüste zu essen, weil Sein Vater für Ihn während dieser 40 Tage etwas anderes wollte. Er opferte Sein natürliches Leben dem Willen Gottes. So vergeht das „Alte".

In seinem 2. Brief an die Korinther erwähnt Paulus zur Verdeutlichung dieser Zusammenhänge die Herrlichkeit, die von Mose kam. Es war eine wirkliche Herrlichkeit, aber eine Herrlichkeit, die „aufhört" (3, 7). Gleicherweise schreibt der Verfasser des Briefes an die Hebräer von einem Bund, dem ein „Ende" gesetzt war (8, 13). Das natürliche Leben eines Menschen ist zwar eine Schöpfung Gottes, aber es ist dazu bestimmt, von einem geistlichen Leben nach der Art Jesu Christi abgelöst zu werden.

Beachte, was Paulus in seinem Brief an die Römer schreibt: „Ihr aber seid nicht von der Selbstsucht bestimmt, sondern vom Geist . . ." (8, 9). Paulus redete zu Männern und Frauen aus Fleisch und Blut, nicht zu körperlosen Geistern. Er spricht davon, daß der alte Zustand vorbei ist. „Ihr hattet eine andere Meinung als Jesus Christus", sagt er, „aber jetzt habt ihr euch dem Herrn zugewandt" (Gott gebe, daß du es tust, wenn es bei dir noch nicht geschehen ist), „die Decke ist abgetan"; und „wo der Geist des Herrn ist, da ist Freiheit."

Bibelstellenverzeichnis

1. Mose

1, 28 . . . . 18. 5.
2, 7 . . . . 26. 9.
2, 16. 17 . . . . 3. 11.
2, 21 . . . . 19. 9.
3, ... 28. 9.
3, 8 . . . . 1. 9.
4, 17 . . . . 12. 9.
14, 1–4 . . . . 14, 6.
15, 12 . . . . 19. 9.
18, 23 . . . . 25. 10.
18, 27 . . . . 7. 1.
21, 12 . . . . 11. 3.
22, 10 . . . . 8. 2.

2. Mose

2, 11 . . . . 5. 9.
32, 29 . . . . 22. 1.

3. Mose

19, 17 . . . . 5. 8.
25, 2–4 . . . . 18. 5.
26, 16 . . . . 3. 4.

Josua

24, 19 . . . . 12. 2.

1. Könige

7, 19 . . . . 22. 4.
8, 38 . . . . 7. 2.

Nehemia

5, 7 . . . . 10. 3.
8, 10 . . . . 12. 8.

Hiob

1, 21 . . . . 8. 11.
3, 2. 3 . . . . 9. 11.
7, 21 . . . . 15. 6.
13, 15 . . . . 25. 11.
14, 19 . . . . 18. 3.
28, 12. 28 . . . . 1. 5.
36, 22 . . . . 15. 8.
40, 8 . . . . 28. 9.
42, 3 . . . . 19. 5.
42, 5. 6 . . . . 21. 3.
42, 10 . . . . 19. 11.

Psalm

4, 1 . . . . 29. 8.
8, 5 . . . . 13. 9.
14, 1 . . . . 10. 10.
19, 13 . . . . 15. 4.
24, 3. 4 . . . . 4. 10.
43, 4 . . . . 19. 12.
46, 11 . . . . 26. 3.
87, 7 . . . . 7. 10.
106, 15 . . . . 18. 1.
124, 4 . . . . 28. 8.
126, 5. 6 . . . . 29. 8.
127, 2 . . . . 3. 5.,
                                   19. 9.
128, 2 . . . . 10. 8.
139, 1 . . . . 24. 2.
139, 7 . . . . 10. 10.
139, 21. 22 . . . . 5. 8.
139, 23 . . . . 16. 10.

Prediger

1, 5. 6 . . . . 29. 7.

2, 24	7.	11.
2, 26	14.	1.
3, 1	2.	11.
3, 3	1.	12.
3, 7	18.	6.
5, 3	1.	1.
5, 4	1.	1.
5, 7	17.	4.
5, 9	4.	11.
5, 11	3.	5.
5, 14	27.	9.
5. 18	4.	5.
6, 1. 2	26.	6.
6, 9	16.	6.
6, 10, 12	25.	4.
7, 1	8.	12.
7, 14	23.	1.
7, 18	26.	11.
9, 10	8.	5.
11, 2	12.	5.
11, 7. 8	15.	5.

Jesaja

5, 30	15.	3.
30, 21	25.	2.
38, 20	11.	10.
40, 31	19.	1.
45, 3	16.	3.
49, 1. 2	7.	6.
50, 4	17.	11.
50, 10	15.	3.
62, 6. 7	7.	3.

Jeremia

51, 50	23.	11.

Hesekiel

33, 31	1.	4.

Daniel

10, 12. 13	17.	2.

Hosea

14, 6	20.	6.

Joel

2, 25	27.	5.

Matthäus

3, 8	27.	2.
3, 10	24.	9.
3, 11	14.	2.
	15.	2.
	16.	2.
4, 1–4	20.	2.
4, 1	4.	2.
4, 3	19.	3.
4, 4	20.	2.
5, 6	28.	3.
5, 10	28.	3.
5, 11	13.	4.
5, 13	27.	3.
5, 14	13.	7.
	23.	8.
5, 16	14.	5.
5, 20	21.	7.
	11.	8.
	25.	9.
5, 29. 30	24.	1.
6, 3	12.	10.
6, 5	26.	10.
6, 6	8.	6.
	20.	11.
6, 20	22.	10.
6, 25	16.	5.
6, 28	29.	5.

6,31	....	17.	5.
6,31.12	....	20.	9.
7,3	....	29.	2.
7,8	....	20.	3.
7,12	....	3.	2.
7,21	....	27.	1.
7,22	....	17.	6.
7,24	....	10.	12.
8,20	....	21.	5.
9,29	....	2.	12.
9,38	....	14.	4.
10,25	....	26.	8.
		13.	11.
10,27	....	15.	3.
10,34	....	6.	2.
		24.	9.
10,39	....	24.	1.
11,15	....	10.	6.
11,19	....	23.	12.
11,27	....	6.	10.
11,28	....	3.	3.
		21.	4.
13,18	....	6.	2.
13,55.56	....	21.	2.
13,58	....	22.	1.
		30.	9.
14,29	....	24.	7.
15,19	....	30.	5.
16,21	....	5,	4.
16,24	....	21.	8.
		22.	8.
18,2.3	....	23.	2.
18,3	....	13.	1.
18,3–5	....	11.	6.
18,4	....	14.	11.
18,15	....	23.	3.
18,19	....	15.	1.
		5.	10.
18,20	....	8.	12.

19,20	....	13.	3.
		3.	12.
19,21	....	6.	5.
		2.	8.
		7.	12.
21,31	....	14.	10.
22,37.38	....	10.	5.
22,39	....	11.	5.
23	....	30.	5.
23,31	....	5.	1.
24,6	....	15.	7.
25	....	18.	12.
26,38	....	17.	9.
26,40	....	1.	8.
27,46	....	31.	10.
28,19	....	31.	1.

Markus

1,17	....	21.	4.
		24.	3.
3,21	....	21.	2.
4,38	....	11.	11.
7,21	....	30.	6.
7,21–23	....	29.	6.
7,21.22	....	7.	2.
7,23	....	7.	2.
8,34.35	....	17.	3.
8,37	....	18.	12.
9,2	....	2.	3.
9,4	....	26.	5.
9,5	....	18.	1.
		19.	7.
9,8	....	18.	4.
9,9	....	2.	1.
9,47	....	22.	6.
10,21	....	9.	8.
11,15	....	8.	7.
12,29.30	....	9.	6.
		29.	11.

12, 30	....	29. 11.
14, 3	....	18. 2.
14, 50	....	3. 12.

Lukas

1, 35	....	25. 12.
2. 19	....	10. 3.
2, 30	....	24. 12.
2, 35	....	28. 12.
2, 49	....	27. 4.
2, 51	....	6. 1.
		21. 2.
2, 51	....	21. 2.
3, 22	....	6. 6.
5, 31	....	4. 4.
6, 12. 13	....	1. 3.
6, 31	....	15. 9.
6, 38	....	11. 5.
6, 40	....	21. 2.
7, 34	....	13. 10.
8, 22	....	1. 2.
9, 58	....	6. 11.
		17. 6.
11, 2	....	12. 8.
11, 7	....	9. 10.
11, 13	....	1. 6.
		3. 6.
		15. 12.
11, 26	....	17. 10.
		5. 5.
		6. 9.
		5. 11.
12, 27	....	9. 3.
12, 40	....	16. 12.
12, 50	....	27. 4.
		1. 8.
13, 24	....	18. 9.
13, 32	....	27. 4.
14, 26	....	20. 8.

15, 2. 3	....	30. 11.
18, 1	....	29. 10.
19, 5	....	10. 7.
22, 28	....	11. 1.
		5. 4.
24, 16	....	16. 6.
24, 31	....	16. 6.
24, 49	....	1. 6.

Johannes

1, 3. 4	....	17. 8.
1, 10	....	22. 12.
1, 12	....	16. 8.
		17. 8.
1, 14	....	26. 12.
1, 32. 33	....	6. 6.
1, 36	....	6. 8.
1, 43	....	24. 6.
2, 24. 25	....	1. 7.
2, 25	....	16. 1.
		5. 3.
3, 3	....	29. 1.
		27. 7.
3, 7	....	23. 5.
		28. 7.
3, 8	....	16. 12.
3, 16	....	28. 5.
3, 19	....	22. 7.
4, 4	....	25. 6.
4, 48	....	20. 5.
5, 19	....	12. 3.
5, 39	....	9. 7.
		11. 12.
5, 39. 40	....	7. 7.
5, 46	....	9. 7.
6, 51	....	9. 5.
6, 68	....	14. 7.
7, 5	....	21. 2.
		7. 9.

7,17	18.	11.
7,38	17.	7.
8,12	26.	4.
8,28	12.	3.
8,58	11.	6.
9,4	27.	4.
	27.	11.
10,9	8.	10.
12,24	22.	2.
	15.	11.
12,36	26.	4.
12,47	21.	12.
12,50	30.	5.
	20.	1.
13,3	21.	9.
13,4	9.	6.
13,13	31.	5.
13,13.14	20.	1.
13,17	18.	11.
13,34	4.	1.
14,1	8.	3.
14,6	6.	10.
	7.	10.
14,8	24.	6.
14,9	30.	3.
	4.	8.
14,13	15.	1.
14,15	10.	5.
	18.	8.
14,23	3.	10.
14,26	11.	7.
14,27	12.	11.
15,4	7.	10.
15,7	8.	1.
	27.	10.
	13.	12.
15,11	19.	12.
	20.	12.
15,14	16.	4.

15,16	17.	1.
15,22	28.	6.
	14.	10.
16,8	27.	6.
	16.	11.
16,8.9	6.	3.
17,13	29.	4.
17,19	25.	8.
17,21	28.	10.
17,22	12.	6.
	19.	6.
18,38	12.	12.
19,17	7.	4.
19,30	9.	4.
20,1	27.	7.
20,15	11.	4.
20,21	11.	9.
21,16	23.	7.
21,17	12.	4.
21,18.19	24.	3.
21,22	22.	11.

Apostelgeschichte

1,5	17.	12.
2,1	2.	6.
2,22.23	30.	3.
4,32	30.	1.
20,28	25.	7.
26,19	3.	1.
	26.	4.

Römer

1,14	14.	9.
2,1	18.	4.
5,5	4.	3.
5,8	10.	11.
5,13.19	24.	11.
6,12	31.	7.
6,13	24.	11.

381

7,9.10	16.	11.
7,14	31.	3.
7,14.15	16.	7.
7,24	21.	6.
8,3.4	29.	12.
8,9	4.	12.
	31.	12.
8,13	28.	1.
8,19	18.	5.
8,19–22	13.	9.
8,26	12.	1.
	16.	9.
	28.	10.
8,26–28	30.	4.
8,28	21.	1.
	23.	4.
	31.	8.
8,35–39	6.	4.
	29.	8.
8,36	20.	7.
10,10	20.	4.
10,17	18.	7.
12,1	22.	2.
	21.	4.
12,2	7.	9.
15.3	8.	8.

1. Korinther

1,23	6.	4.
1,26	27.	12.
1,30	15.	10.
2,2	10.	4.
2,14	14.	12.
	15.	12.
3,21.22	23.	9.
4,7	7.	6.
4,17	24.	4.
6,19	13.	5.
	14.	5.

	22.	9.
8,9–13	15.	5.
9,22	14.	9.
9,27	4.	7.
10,31	15.	5.
11,30	1.	8.
12,13	6.	6.
13	3.	10.
13,7	9.	1.
15,9	21.	3.

2. Korinther

2,14	14.	9.
3,7	31.	12.
4,5	14.	3.
4,7	12.	7.
4,8	13.	8.
4,11	7.	8.
4,16	22.	3.
	30.	8.
5,17	4.	6.
	31.	12.
6,4	29.	3.
6,10	7.	5.
8,9	31.	3.
	6.	11.
9,8	5.	2.
10,5	2.	4.
	27.	8.
	21.	10.
10,12	21.	12.

Galater

2,19	24.	5.
	8.	9.
2,20.21	4.	3.
	2.	4.
	9.	12.

4, 19	25.	1.
	28.	8.
	28.	12.
5, 7	4,	9.
6, 7	3.	4.

Epheser

1, 3	25.	3.
1, 12	22.	1.
2, 4–6	6.	6.
4, 11–13	24.	8.
4, 13	30.	3.
	5.	6.
4, 24	28.	12.
4, 30	3.	6.
5, 1	24.	4.
5, 14	10.	9.
5, 17	2.	5.
5, 18	28.	4.
	23.	9.
5, 21	23.	9.
6, 11–13	17.	2.
6, 12	29.	9.
6, 18	14.	8.
6, 19	21.	11.

Philipper

2, 12	28.	2.
2, 12. 13	9,	12.
2, 13	3.	6.
2, 15	10.	1.
3, 5. 6	25.	9.
3, 8	11.	2.
	19.	4.
3, 12	1.	10.
3, 12–15	7.	12.
4, 8	1.	7.
	2.	7.

	3.	7.
	21.	10.

Kolosser

1, 16. 17	6.	12.
2, 6	2.	9.
	3.	9.
3, 5	21.	3.
	30.	7.
	3.	8.
	23.	11.

1. Thessalonicher

5, 17	24.	10.
5, 23	5.	12.

1. Timotheus

1, 13–15	21.	3.
4, 2	23.	10.
4, 15	24.	10.
6, 10	26.	11.

2. Timotheus

2, 3	9.	2.
2, 21	13.	6.
3, 15	30.	10.
	13.	12.

Hebräer

2, 8	11.	1.
2, 11	5.	4.
2, 17	5.	4.
4, 9 f.	1.	10.
4, 12	7.	7.
	28.	11.
4, 15	11.	1.
5, 8	31.	5.

383

8, 13	31.	12.
9, 14	30.	4.
	18.	10.
9, 22	25.	5.
10, 19	26.	10.
10, 24. 25	30.	1.
12, 2	2.	10.
12, 3	8.	8.

Jakobus

1, 15	22.	5.
1, 26	30.	5.
	18.	6.
2, 10	26.	7.
4, 4	28.	5.

1. Petrus

1, 4. 5	30.	12.
1, 6	19.	2.
1, 6. 7	15.	3.
2, 9	9.	9.
	20.	10.
2, 13	26.	2.
2, 21	8.	4.
	18.	6.
2, 22	18.	6.
4, 1	2.	2.
4, 4	20.	10.

4, 13	10.	2.
4, 16	13.	2.

2. Petrus

1, 9	19.	10.

1. Johannes

1, 7	22.	7.
	25.	7.
	16.	11.
3, 5	12.	7.
3, 15	29.	6.
5, 16	8.	4.
	1.	8.

Judas

20	3.	8.
21	26.	1.
24	5.	7.

Offenbarung

3, 7	23.	6.
5, 6	1.	11.
5, 12	19.	8.
6, 16	1.	11.
13, 8	12.	3.